MATHEMATIK eA
NEUE WEGE

ARBEITSBUCH FÜR GYMNASIEN

LÖSUNGEN NIEDERSACHSEN

erhöhtes Anforderungsniveau

Herausgegeben von

Henning Körner

Arno Lergenmüller

Günter Schmidt

Martin Zacharias

Schroedel
westermann

MATHEMATIK NEUE WEGE eA
Arbeitsbuch für Gymnasien
Niedersachsen
erhöhtes Anforderungsniveau

Lösungen

Bearbeitet von

Miriam Dolic, Manuela Hillje, Henning Körner, Arno Lergenmüller, Martin Zacharias

westermann GRUPPE

Druck A[4] / Jahr 2022
Alle Drucke der Serie A sind im Unterricht parallel verwendbar.

Redaktion: Marcel Orban
Grafiken: imprint, Ilona Külen, Zusmarshausen; Alexander Nicolaus, Hahndorf; Mario Valentinelli, Rostock; Michael Wojczak, Braunschweig
Taschenrechner-Screenshots: Texas Instruments Education Technology GmbH, Freising
Umschlaggestaltung: Janssen Kahlert Design & Kommunikation GmbH, Hannover
Bildquellen: |alamy images, Abingdon/Oxfordshire: Bognar, Tibor 64; VIEW Pictures Ltd 63. |iStockphoto.com, Calgary: AVTG 100; zhuzhu Titel, Titel. |Körner, Henning, Oldenburg: 76. |mauritius images GmbH, Mittenwald: imagebroker/Christian Reister 65. |Picture-Alliance GmbH, Frankfurt/M.: dpa 77. |Shutterstock.com, New York: Chiffanna 110; JaysonPhotography 62; Ronaldo Almeida 63; Ryzhov, Sergey 101. |stock.adobe.com, Dublin: Africa Studio 82.

Druck und Bindung: Westermann Druck GmbH,
Georg-Westermann-Allee 66, 38104 Braunschweig

ISBN 978-3-507-**88745**-9

Inhalt

Vorbemerkungen

Dieses Lösungsheft richtet sich in erster Linie an die Lehrenden.

Die Lösungsskizzen gestatten einmal einen schnellen Überblick über Anspruch und Intention der vielfältigen Aufgaben, zum anderen weisen sie vor allem bei den komplexeren und offenen Aufgaben auf verschiedene Lösungswege hin, wie sie von den Lernenden individuell beschritten werden können. Zusätzlich erläutern die kurzen didaktischen Hinweise vor den Lösungen zu jedem Kapitel noch einmal die konzeptionellen Anliegen der einzelnen Kapitel.

Die Lösungen und Lösungshinweise sind von der Sprache und dem Umfang so gehalten, dass sie je nach der gewählten Unterrichtsform und Entscheidung der Unterrichtenden meist auch den Lernenden zur Verfügung gestellt werden können. Dies entspricht der Auffassung von eigentätigem und selbstständigem Lernen und dem Erwerb von Lernstrategien, die diesem Buch zugrunde liegt. Häufig werden verschiedene Lösungswege explizit herausgefordert. In diesen Fällen stellen die dargestellten Lösungen nur eine von vielen Möglichkeiten dar.

Zu diesem Buch

Dieses Buch verfolgt hinsichtlich Konzeption und Gestaltung den für Mathematik NEUE WEGE typischen Ansatz eines Schulbuchs, indem es schüleraktiven, problemorientierten Unterricht als Alternative zu einem traditionellen Unterrichtsgang zur konzeptionellen Grundlage macht. Es berücksichtigt in mehrfacher Hinsicht die konstruktiven Ansätze, die im Zusammenhang mit der Diskussion um die Allgemeinbildung im Mathematikunterricht in den letzten Jahren entwickelt wurden.

Anmerkung zu gA und eA:
Wo immer möglich sind die Lernabschnitte und Aufgaben in gA und eA identisch, so dass eA ein gA+ ist wie es die Bildungsstandards und das KC vorsehen. So wird Lehrkräften eine größtmögliche Überschneidungsmenge an Aufgaben und verlässliche Transparenz mit einhergehender Arbeitseffizienz für die Unterrichtsgestaltung geboten.

Anmerkung zu „hilfsmittelfrei" und „mit digitalen Werkzeugen":
Im Sinne von „Digitalisierung" und in Anlehnung an das KC werden durchgehend als roter Faden neben den für Grundverständnis und sicheren Umgang mit Basistechniken notwendigen Berechnungen ‚zu Fuß' mit hinreichend umfänglichen Übungen selbst entwickelte Werkzeuge für GTR und CAS (Makros) sowie Applets angeboten, die effektive Berechnungen ermöglichen und tieferes Verständnis erzeugen. Diese komplettieren dann die auch im KC der Sek1 angelegte Parallelität von grafisch-numerischen Verfahren einerseits und algebraischen anderseits.

1. Das Buch unterstützt eine Unterrichtskultur, in der die absolute Dominanz des Grundschemas:
   kurze Einführung → algorithmischer Kern (Kasten) → Üben
   überwunden wird zugunsten einer **Methodenvielfalt mit offenen und schüleraktiven Lernformen.**

Dies zeigt sich zunächst in der Gliederung jedes Lernabschnittes in drei Ebenen **„grün 1 – weiß – grün 2"**.

- **1. grüne Ebene:** In der 1. grünen Ebene werden verschiedene Zugänge zum Thema des Lernabschnitts angeboten. Dies geschieht in Form von interessanten, aktivitäts- und denkanregenden Aufgaben, die einerseits die unterschiedlichen Interessen und Lerntypen ansprechen und anderseits außer- und innermathematische Hinführungen zum Kerninhalt des Lernabschnitts anbieten. Sie knüpfen an Vorerfahrungen der Lernenden an und regen zu unterschiedlichen Lösungsansätzen an. Häufig sind Wiederholungsaufgaben in die Neuerwerbsaufgaben eingebettet, so dass Vernetzungen mit vorher behandelten Inhalten aktiv ermöglicht werden.
- **Weiße Ebene:** Die weiße Ebene beginnt mit dem zentralen Basiswissen, das im hervorgehobenen Kasten festgehalten wird. Ergänzt wird das Basiswissen durch Beispiele, die die Inhalte in Aufgaben konkretisieren und als Vorlage („Musterlösung") für die Schülerinnen und Schüler dienen. In der anschließenden Übungsphase werden zunächst Aufgaben zum Thema angeboten, die in ihrer Grundstruktur ganz nahe an den Beispielen sind, so dass hier verlässlich die grundlegenden Kompetenzen erworben werden können und eine notwendige Ausformung von Routinen erfolgt. Wo notwendig und sinnvoll, werden grundsätzlich zunächst gekennzeichnete Aufgaben für eine hilfsmittelfreie Behandlung angeboten. Im weiteren Verlauf der Übungsphase werden die Inhalte auf vielfältige Weise durchgearbeitet und gefestigt. Hier treten dann auch Anwendungen und Vernetzungen auf um insgesamt ein „intelligentes Üben" zu ermöglichen. Um die Möglichkeiten von Selbsttätigkeit zu erhöhen werden Möglichkeiten zur Selbstkonrolle und Tipps angeboten.
  In den **Basiswissen** sind alle Pflichtinhalte des Kerncurriculums abgebildet, in den **gelben Merkkarten** werden ergänzende Sachverhalte angeboten, die im engeren Sinne aber nicht Pflichtstoff sind.
- **2. grüne Ebene:** Die 2. grüne Ebene ist der Erweiterung und Vertiefung gewidmet. In dieser Ebene befinden sich die fakultativen Inhalte eines Lernabschnitts. Ein wesentlicher Gesichtspunkt ist dabei die Einbindung der Aufgaben in Kontexte und Anwendungen. Ein zweiter Aspekt zielt auf offenere Unterrichtsformen (Experimente, Gruppenarbeit, Projekte), ein dritter auf passende Anregungen zum Problemlösen. Zusätzlich finden sich hier auch anschaulich gestaltete Lesetexte und Informationen.

Das Buch unterstützt vom Kontext der Aufgaben und von der Sprache her die Entwicklung und den Ausbau von Begriffen als Prozess. Dazu dient auch die konsequente Visualisierung mit Fotos, Skizzen und Diagrammen, sowohl zur Motivation, zum Strukturieren, zum Darstellen eines Sachverhaltes als auch zum leichteren Merken von Zusammenhängen.

2. Den Aufgaben liegt in allen Ebenen eine Auffassung des **„intelligenten Übens“** zugrunde.

Dies richtet sich in erster Linie wider einer einseitigen Ausrichtung an schematischem, schablonenhaftem Einüben von Kalkülen und nacktem Begriffswissen zugunsten eines vielfältigen Übens des Verstehens, des Könnens und des Anwendens. Zunächst werden in einem ersten Übungsteil im Anschluss an die Beispiele durchweg hinreichend viele Aufgaben angeboten, die einfaches Können stützen und dies auch für den Lernenden erfahrbar machen. Diese Aufgaben sind dann ebenso Bestandteil eines verstehensorientierten Lenprozesses, wie die weiterführenden Übungen, die folgenden Konstruktionsprinzipien zur Ermöglichung intelligenten Übens unterliegen:

Die Übungen
- sind im Umkreis von einfachen Problemen angesiedelt und häufig durch übergeordnete Aspekte zusammengehalten. Die Probleme erwachsen soweit möglich aus der Interessen- und Erfahrungswelt der Schüler.
- ermöglichen häufig kleine Entdeckungen oder vergrößern das über die Mathematik hinausweisende Sachwissen.
- fördern den konstruktiven Umgang mit Fehlern.
- fördern offene und kooperative Unterrichtsformen.
- bieten fächerverbindende und fächerübergreifende Aspekte.
- bieten die Möglichkeit zum Vergleich unterschiedlicher Lösungswege.
- machen den Erwerb von Strategien für das eigene Lernen bewusst.

3. Das Buch unterstützt **kumulatives und nachhaltiges Lernen**, d. h. die Lernenden erfahren deutlich Zuwachs an Kompetenz.

Dies wird durch verschiedene Gestaltungselemente erreicht:
- **Check-up:** Am Ende von jedem Kapitel gibt es übersichtliche Zusammenfassungen der Inhalte und zusätzliche Trainingsaufgaben zu den Basiskompetenzen. Die Lösungen sind am Ende des Buches.
- **Sichern und Vernetzen – Vermischte Aufgaben:** Am Ende eines Kapitels befinden sich übergreifende Übungen, deren Lösungen im Internet zu finden sind. Hier werden gezielt Übungen den Aufgabenbereichen *Trainieren, Verstehen und Anwenden* zugeordnet. Während die Lernabschnitte inhaltlich strukturiert sind, sind diese Aufgaben mehr nach Prozessen „quer dazu“ organisiert. Damit können die Fachinhalte eines Kapitels binnendifferenzierend je nach Bedarf vertiefend behandelt werden.
- **Grundwissen:** Dem Aufgreifen und Sichern von früherem Wissen und Fähigkeiten dienen kleine Aufgaben zum Basiswissen und den Basisfertigkeiten am Ende jeder weißen Ebene.
- **Zum Erinnern und Wiederholen:** Am Ende des Buches sind wichtige Inhalte vergangener Schuljahre zusammengestellt. Damit diese aktiv gefestigt oder wieder angeeignet werden können, sind zusätzlich einige Aufgaben dazu gegeben.

4. Die prozessorientierten Kompetenzen Modellieren und Begründen werden durchgehend explizit thematisiert und gefördert.

Die prozessorientierten Kompetenzen *Modellieren* und *Begründen* sind konstitutiver und durchgehend thematisierter Bestandteil im Buch und keine Singularitäten mit fakultativem Anstrich. So werden ihnen teilweise eigene Lernabschnitte mit entsprechenden Basiswissen gewidmet, immer aber sind in den Übungsphasen Aufgaben mit deutlich erkennbaren Sachsituationen als Ausgang mathematischer Tätigkeiten integriert. Die Sachsituationen sind, wo möglich, an die Lebenswelt der Schülerinnen und Schüler angelehnt, immer wieder werden auch Experimente zur eigenen Datenerzeugung angeboten. Die Kontexte sind so gewählt, dass sie als sinnvolle und nicht künstlich erzeugte erscheinen und erfassbar sind. Damit Schülerinnen und Schüler hier in gleicher Weise wie bei den Inhalten Kompetenzzuwächse erfahren können, sind Modellierungs- und Begründungsaufgaben kumulativ curricular eingebaut.

5. Die Benutzung **digitaler Werkzeuge** ist in Anlehnung an die curricularen Vorgaben integraler Bestandteil der inhaltlichen Gestaltung der Lernabschnitte.

Sowohl die Arbeit mit GTR und CAS als auch anderer Software ist so im Buch verankert, dass alle grundlegenden Verfahren (Befehle etc.) explizit an geeigneter Stelle in einem **Werkzeug** dargestellt werden, so dass auch hier ein kumulativer Lernzuwachs erfahrbar wird und ein entsprechender roter Faden entsteht. Spezifische Möglichkeiten eines CAS sind gekennzeichnet. Digitale Werkzeuge sind in dem Sinne konstitutiv eingewoben als es durchweg Aufgaben zur Exploration, Überprüfung und Rechenentlastung sowie zum vielfältigen Darstellungswechsel (Term – Tabelle – Graph) gibt. Darüberhinaus werden an geeigneten Stellen Applets mit GeoGebra-ähnlicher Bedienung angeboten, um vielfältige Visualisierungen zu ermöglichen, ohne dass Lehrkräfte diese selber „bauen“ müssen.

6. Das Buch wird eingebettet in eine integrierte Lernumgebung.

- **Übungsmaterialien** in Kopiervorlagen.
- **Arbeitshefte**. Diese unterstützen und erweitern insbesondere die im Lehrwerk bereits konsequent berücksichtigten Anliegen des Aufbaus grundlegender mathematischer Basisfähigkeiten und des kontinuierlichen Sicherns des dazu gehörigen Basiswissens.
- digitale Unterrichtsmaterialien (**BiBox**), mit denen
  - interaktive Zugänge zu Themenfeldern zum explorativen Lernen angeboten werden.
  - das Schulbuch digital zur Verfügung steht
  - Lehrkräfte eigene Arbeitsblätter etc. gestalten können
  - zusätzliche binnendifferenzierende Aufgaben zum Fördern und Fordern in Ergänzung zu vielen Aufgaben des Arbeitsbuches gegeben werden.

Kapitel 1 Integralrechnung

Didaktische Hinweise

Die Leitfrage innerhalb der Differenzialrechnung ist in NEUE WEGE die Frage nach der Änderung bei gegebenem Bestand. Geometrisch bedeutet dies dann die Steigung von Funktionsgraphen. Konsequent und analog dazu nimmt die Integralrechnung ihren Ausgang von der Frage nach dem Bestand, wenn das Änderungsverhalten gegeben ist

(Rekonstruktion aus Änderung, vgl. KC). Zentral ist dann die Erkenntnis, dass dies geometrisch auf die Bestimmung von Flächeninhalten unter dem Änderungsgraphen führt, Bestände also als „Summation unendlich vieler momentaner Änderungen" aufgefasst werden können. Charakteristisch für dieses Konzept ist damit die fast parallele Einführung der beiden Grundkonzepte zur Integralrechnung, Flächenbestimmung (Gesamtbilanz)

und Rekonstruktion. Dies erfolgt auch analog zur Einführung der Differenzialrechnung in Klasse 11. Es steht zunächst der Aufbau adäquater Grundvorstellungen im Mittelpunkt, ehe Kalküle entwickelt werden. Der Verzicht auf die frühzeitige Einführung komplexerer Theorieelemente und Begriffsfestlegungen ermöglicht es, dass von Beginn an in qualitativer Weise substanzreiche Probleme behandelt werden können. Der Integralbegriff wird also nicht nach einer vorgängigen Durststrecke über Produktsummen und deren Grenzwerte eingeführt, ehe er in Anwendungen kalkülorientiert genutzt wird, sondern es wird ein qualitativer Weg zum Hauptsatz mit dessen frühzeitiger, auf Einsicht fußender Einführung, aufgezeigt, der es ermöglicht, alle klassischen Anwendungen zu behandeln. Das Konzept „Rekonstruktion aus Änderung" begünstigt das frühe Erfassen der Kernaussage des Hauptsatzes. Die Erkenntnis, dass Stammfunktionen nicht immer zur Verfügung stehen, führt genetisch zur Präzisierung des Integralbegriffs über Grenzwerte von Produktsummen und der damit einhergehenden begrifflichen Ausschärfung wie sie vom KC gefordert ist.

In 1.1 geht es um qualitative Einsichten und Erfahrungen in vielfältigen Sachzusammenhängen analog zum einführenden Lernabschnitt in der Differenzialrechnung in Klasse 11. In 2.2 wird mit den Stammfunktionen das entscheidende Werkzeug zum Lösen der Probleme aus Sachsituationen eingeführt und der Umgang damit geübt. Damit ist sehr früh der erste Teil des Hauptsatzes („Integrieren als ‚Umkehrung' des Differenzierens") erfasst, ehe in 1.3 der zweite Teil mit dem daraus abgeleiteten Kalkül entwickelt wird. In 1.4 wird der Integralbegriff in Anlehnung an Riemann über Grenzwerte von Produktsummen eingeführt. In 1.5 und 1.6 werden die beiden Anwendungsbereiche, Rekonstruktionen aus Änderungen und Flächenbestimmungen in vielfältiger Weise thematisiert. 1.7 und 1.8 thematisieren die geforderten Weitungen auf ‚offene' Flächen (uneigentliche Integrale) und Volumen.

Zu 1.1: Der erste Lernabschnitt dient dem Aufbau und der Festigung adäquater Grundvorstellungen. In einer konkreten Anwendungssituation (Fallturm) und einer idealisierten Alltagssituation (Füllen einer Wanne) erfahren und erarbeiten Schülerinnen und Schüler die Entwicklung von Beständen (Höhe und Füllmenge) aus gegebenen Änderungsfunktionen (Geschwindigkeit und Zuflussrate) und den Zusammenhäng mit Flächenbestimmungen. Dieser Zusammenhang wird im Basiswissen qualitativ und an einem archetypischen Beispiel erläutert. Innerhalb der Übungsphase wird dieser Zusammenhang dann in vielfältigen Kontexten variierend durchgearbeitet. Dabei werden sowohl konkrete näherungsweise Berechnungen von Flächen als auch qualitative Rekonstruktionen von „Bestandsfunktionen" aus „Änderungsfunktionen" geübt.

Zu 1.2: Aufgrund des Ansatzes über „Rekonstruktion aus Änderung“ gerät der Zusammenhang zum Ableiten früh in den Blick, Schülerinnen und Schüler erfassen intuitiv die Kernaussage des Hauptsatzes. Deswegen wird dieser Zusammenhang hier mit der Einführung von Stammfunktionen auch schon früh in einem ersten Basiswissen festgehalten und dann durch die Einführung von Stammfunktionen und Regeln des Umgangs damit ergänzt. Damit stehen alle wesentlichen Werkzeuge zum Bearbeiten von Anwendungsproblemen bezüglich Rekonstruktion und Flächenbestimmung frühzeitig zur Verfügung.

Zu 1.3: Hier werden nun die notwendigen Begriffe, eingeführt und der Hauptsatz explizit formuliert. Dieser Lernabschnitt ist damit im Wesentlichen innermathematisch motiviert und orientiert. Mit der Einführung von Integralfunktionen wird auch das Werkzeug für eine umfängliche Formulierung und Begründung des Hauptsatzes geliefert (Unterschied zu gA). Viel Wert wird auf die parallele Formulierung der Zusammenhänge bezüglich „Rekonstruktion“ und „Flächenbestimmung“ gelegt. Dies schafft hinreichende Verständlichkeit. Nach einem operativen Durcharbeiten mit Berechnungen von Integralen und verständigem Umgang mit Integralfunktionen wird der Hauptsatz plausibel begründet.

Zu 1.4: In einem einführenden Text wird die Begrenztheit des bisherigen Vorgehens aufgezeigt (Integrieren hängt von der Existenz von Stammfunktionen ab) und ein Zugang über Summieren von Rechteckflächen motiviert. In verständnisfördernder Art wird das Prinzip zunächst anschaulich eingeführt mit dynamischer Unterstützung durch ein Applet (Aufgabe 1), ehe dann Berechnungen von Hand das Grundprinzip erlebbar machen. In enger Verzahnung mit digitalen Werkzeugen werden dann unterschiedliche Möglichkeiten für die Untersuchung des Grenzprozesses angeboten (Aufgabe 2). Die dazu notwendigen Formeln für Potenzsummen werden dem CAS entnommen und vorgegeben. Nach der begrifflichen Festigung im Basiswissen, wo auch das Integralzeichen und das „dx“ Erklärung finden, werden in einem Beispiel und einer Aufgabe die Berechnungen sichernd ‚zu Fuß‘ geübt, es bleibt aber bei Exemplarität. Die gewonnene begriffliche Weite wird dann für Schülerinnen und Schüler erfahrbar gemacht, indem einerseits mit digitalen Werkzeugen mithilfe des selbst erarbeiteten Makros prosum(n,a,b) effektiv auch Integrale näherungsweise bestimmbar werden, zu denen keine Stammfunktionen bekannt sind (Aufgabe 4), anderseits auch die Möglichkeit, nicht stetige Funktionen zu integrieren, aufgezeigt wird (Aufgabe 5). Die zweite grüne Ebene bietet mit der Trapezformel (Makro: trapez(n,a,b)) eine weitere Möglichkeit effektiv näherungsweise Integrale zu bestimmen. Außerdem wird mit der Keplerregel eine weitere Formel gebracht, die überraschenderweise manchmal sogar exakte Ergebnisse liefert. Eine Klärung wird später in 1.6 Aufgabe 23 aufgenommen.

Zu 1.5: Hier werden in vielfältigen Anwendungssituationen Bestandsrekonstruktionen thematisiert und der Umgang mit ihnen geübt. Das Basiswissen stellt als Musterbeispiel sowohl die grundlegende Kompetenz des Übersetzungsvorgangs von Texten in mathematische Ansätze und Operationen dar, als auch die sprachliche Formulierung von Ansätzen und Antworten wie sie allgemein und insbesondere auch im Abitur gefordert sind. Flexibles, verstehensorientiertes Arbeiten wird durch Probleme ergänzt, die nicht algorithmisch durch unmittelbare Anwendung des Hauptsatzes zu lösen sind (Aufgabe 11-13) und Modellierungsaktivitäten erzeugen und üben. Hier können vorgängige Verfahren, die im Zusammenhang mit der begrifflichen Exaktifizierung in 1.4 eingeführt wurden, wieder angewendet werden (prosum, trapez). In der zweiten grünen Ebene wird dazu eine Weitung angeboten, die ein effektives Verfahren zur näherungsweisen Bestimmung von Integralen auf der Grundlage von „Rekonstruktion aus Änderung“ anbietet (Richtungsfelder). Dies kann gewinnbringend, verständnisfördernd und vernetzend später im Zusammenhang mit Wachstum wieder aufgenommen und weitergeführt werden (Kap. 4.1).

Zu 1.6: Dieser Lernabschnitt ist dem zweiten Grundkonzept des Integrierens gewidmet, der Bestimmung von Inhalten krummlinig berandeter Flächen. Weil inhaltlich eng zusammengehörig, werden die beiden Grundfragen („Fläche zwischen Kurve und x-Achse" und „Fläche zwischen zwei Kurven" parallel eingeführt und gemeinsam in einem Basiswissen dargestellt. Die Übungsphase ist dann modular gestaltet, indem zunächst Flächen zwischen Kurven und der x-Achse behandelt werden, ehe dann Flächen zwischen zwei Kurven Thema sind. Die enge Nähe wird auf einer gelben Merkkarte festgehalten. In den Aufgaben 17-21 gibt es anspruchsvollere Problem (Parametervariationen, Extremwertaufgaben, komplexe Fläche). Mit „Parabelsegmenten" (innermathematisch) und Segmenten bei kubischen Funktionen (Aufgabe 23) werden zwei komplexere Probleme angeboten, die eine binnendifferenzierende Bearbeitung ermöglichen und Verknüpfung mit Früherem ermöglichen (Aufgabe 23). Die zweite grüne Ebene thematisiert den Begriff des Integrals als Mittelwert.

Zu 1.7: Mit numerischen, grafischen und plausiblen Argumentationen werden vielfältig „ins Unendliche offene" Flächen untersucht, Grenzprozesse thematisiert und damit einhergehend der Begriff „uneigentliches Integral" eingeführt. In diesem Zusammenhang wird sowohl der plausible Grenzwertbegriff übend aufgenommen (Aufgabe 3) als auch der Gebrauch digitaler Werkzeuge gefestigt, einerseits zur Erkenntnisgewinnung (Aufgabe 4/5) anderseits zum kritischen Umgang damit (Aufgabe 7/8/9c)). Etwas zum Staunen schließt diesen Lernabschnitt ab.

Zu 1.8: Die Berechnung von Rotationsvolumina erfolgt in dem Zweischritt von ersten Berechnungen ‚zu Fuß' für eine Konkretisierung der zugrundeliegenden Idee zur Übertragung auf GTR/CAS zur effektiven Berechnung. Auch hier liegt wieder ein Grenzprozess zugrunde. In der Übungsphase werden sowohl neuartige Körpervolumen bestimmt als auch bekannte Volumen mit dem neuen Werkzeug „wiederbestimmt" (Vernetzung). Zum Abschluss wird in der zweiten grünen Ebene das Staunen aus 1.7 wieder aufgenommen. Außerdem werden hier Bogenlänge und Mantelfläche als binnendifferenzierende Weitungen und Vertiefungen angeboten.

Anmerkung: Die themenspezifische Untersuchung von Potenzfunktionen durchzieht als immer wiederkehrendes Übungsmaterial die Lernabschnitte 1.6 (Aufgabe 10 (Flächen)), 1.8 (Aufgabe 2 (Volumen), Aufgabe 11 (Bogenlänge), Aufgabe 15 (Mantelfläche)).

Lösungen

1.1 Von der Änderung zum Bestand

10 **1** *Zumanjaro: Drop of Doom – der höchste Fallturm der Welt*

a)

Zeitintervall (in min)	Aktion
$t \in [0; 40]$	Die Passagiere werden mit der konstanten Geschwindigkeit $3{,}15\,\frac{m}{s}$ nach oben befördert.
$t \in [40; 48]$	Die Gondel steht in 126 m Höhe still.
$t \in [48; 52]$	Die Gondel fällt nach unten. Dabei steigt die Geschwindigkeit gleichmäßig bis ca. $40\,\frac{m}{s} \mathrel{\hat=} 144\,\frac{km}{h}$.
$t \in [52; 54]$	Durch den Bremsvorgang verringert sich die Geschwindigkeit gleichmäßig.
$t = 54$	Die Gondel hält am Ausgangspunkt an.

b) Der Bremsvorgang beginnt nach 52 s in einer Höhe von ca. 48 m.

c)

Zeit in s	10	20	30	40	48	50	52	54
Höhe in m	31,5	63	94,5	126	126	ca. 106	ca. 48	6

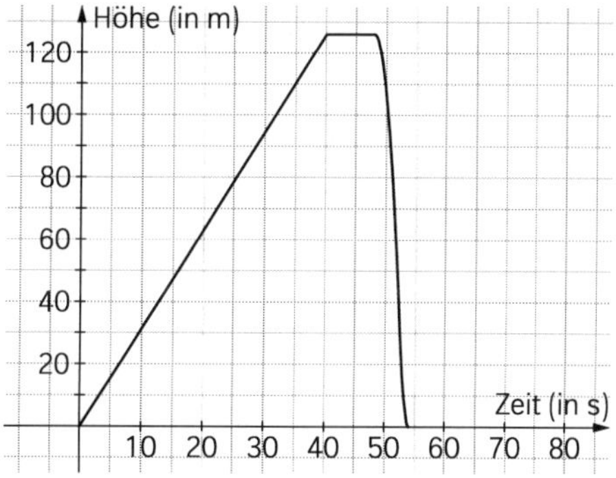

d) Die Höhe im Diagramm gibt jeweils den bis zu diesem Zeitpunkt durch das Geschwindigkeits-Zeit-Diagramm mit der x-Achse eingeschlossenen Flächeninhalt an.

2 *Der Zufluss liefert die Füllmengen – ein vereinfachtes Beispiel*

a)

Zeitintervall (in min)	Aktion
$t \in [0; 25]$	Konstanter Zufluss: 10 l/min
$t \in [25; 30]$	Konstanter Abfluss: –16 l/min
$t \in [30; 35]$	Konstanter Zufluss: 14 l/min
$t \in [35; 55]$	Keine Aktion
$t \in [55; 70]$	Konstanter Abfluss: –16 l/min

Der Zufluss bzw. Abfluss ist die Änderungsrate des Wasserbestandes in der Badewanne.

b)

Zeitpunkt t (in min)	Füllmenge (in Liter)
5	50
10	100
15	150
20	200
25	250
30	170
35	240
...	240
55	240
60	160
65	80
70	0

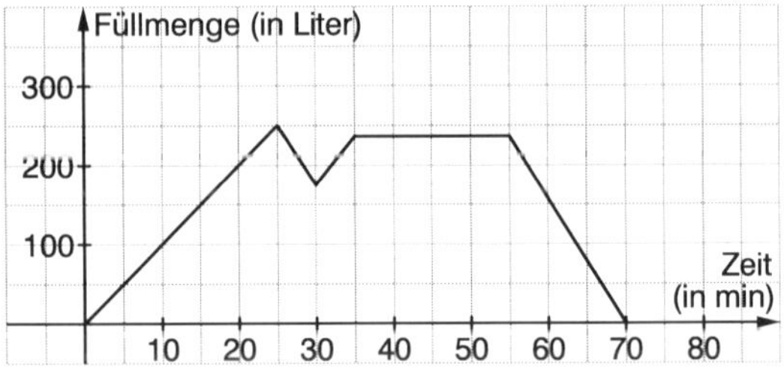

Der Graph Zeit → Füllmenge beschreibt Inhalte der Flächen, die im Intervall [0; t] zwischen dem Zuflussgraphen und der Zeitachse eingeschlossen sind. Die Flächeninhalte oberhalb der Zeitachse im Zuflussdiagramm vergrößern und die unterhalb der Zeitachse verkleinern die Füllmenge.

c)

Zeitpunkt t (in min)	Füllmenge (in Liter)
20	$20 \cdot 10 = 200$ Inhalt des Rechtecks
25	$25 \cdot 10 = 250$ Inhalt des Rechtecks
30	$25 \cdot 10 - 5 \cdot 16 = 170$ Inhalt des Rechtecks oberhalb der Zeitachse minus Inhalt des Rechtecks unterhalb der Zeitachse
70	$25 \cdot 10 - 5 \cdot 16 + 5 \cdot 14 + 20 \cdot 0 - 15 \cdot 16 = 0$ Inhalte der Rechtecke oberhalb der Zeitachse gehen mit positivem Vorzeichen und die Inhalte der Rechtecke unterhalb der Zeitachse gehen mit negativem Vorzeichen in die Bilanz ein.

d) Die Badewanne ist nach 70 Minuten leer.
Der Graph der Füllmenge wird um 30 Einheiten nach oben verschoben.

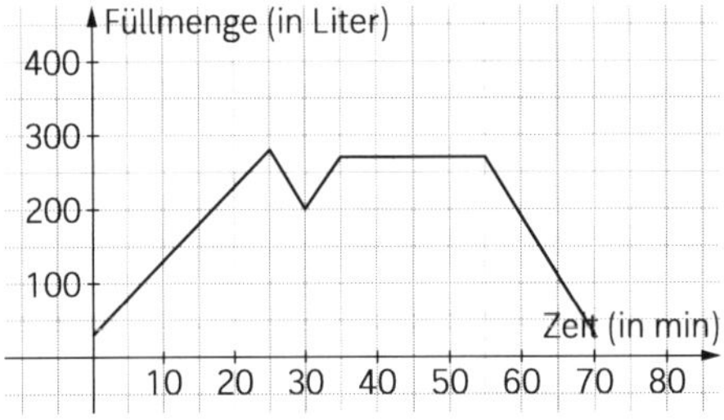

12 3 *Zufluss bekannt, Bestand gesucht*

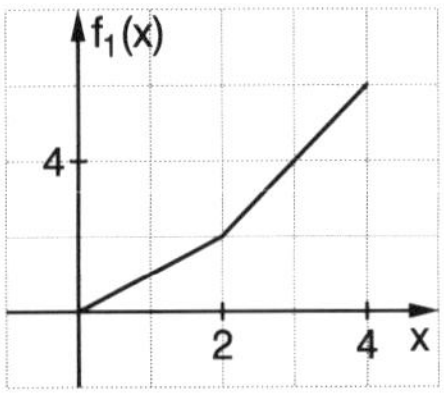

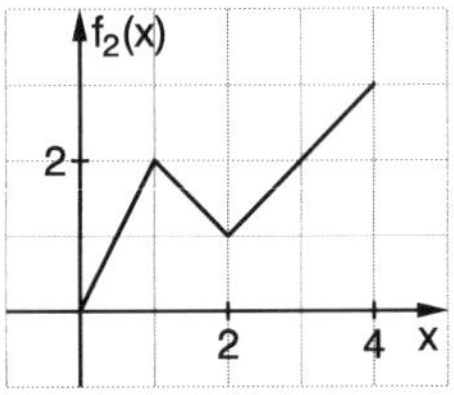

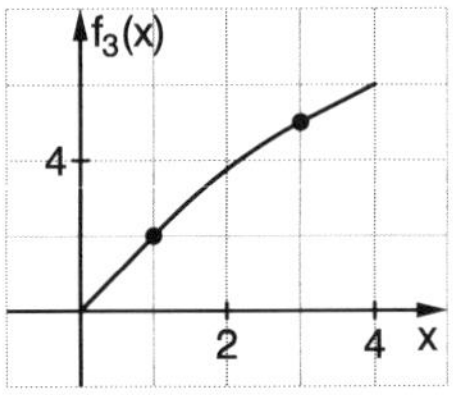

13 **4** *Geschwindigkeit-Zeit-Diagramm eines Rennwagens*

Mögliches Geschwindigkeit-Zeit-Diagramm (Modell Streckenzug):

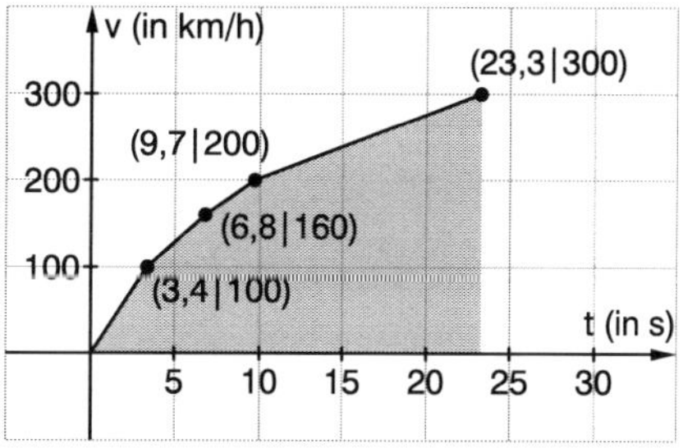

Bis der Wagen 300 $\frac{\text{km}}{\text{h}}$ schnell ist, legt er nach dem oben gewählten Modell ca. 1,26 km zurück. Lösungsweg: Die zurückgelegte Wegstrecke entspricht dem Flächeninhalt unter dem Graphen der Geschwindigkeit. Dieser Inhalt beträgt ca. 4534 Einheiten, wobei

1 Einheit $= 1\,\text{s} \cdot 1\,\frac{\text{km}}{\text{h}} = \frac{1}{3600}$ km gilt.

Die Wegstrecke beträgt also $4534 \cdot \frac{1}{3600}\,\text{km} \approx 1{,}26\,\text{km}$.

5 *Zwei Lastkähne*

a) Kurt fährt stets mit gleichbleibender Geschwindigkeit.
Luise startet mit 0 $\frac{\text{km}}{\text{h}}$, ihre Geschwindigkeit steigt proportional zu der Zeit in den ersten 3 Stunden und erreicht 30 $\frac{\text{km}}{\text{h}}$. Diese Geschwindigkeit wird in den folgenden 2 Stunden beibehalten. Von der 5. bis zur 9. Stunde bremst Luise von 30 $\frac{\text{km}}{\text{h}}$ auf 5 $\frac{\text{km}}{\text{h}}$.

b) Nach 9 Stunden sind Kurt 180 km und Luise ca. 160 km gefahren. Kurt ist also etwas weiter gefahren.

c) Nach 4,5 Stunden überholt Luisa Kurt, nach ca. 7,5 Stunden Kurt Luisa.

6 *Ein Schiff*

Lösung: Die gegebenen Werte sind in das Diagramm eingetragen. Da es keine zusätzlichen Informationen über die Geschwindigkeit des Schiffes zwischen den Messungen gibt, verbinden wir die Messpunkte durch Streckenzüge. Der zurückgelegte Weg kann mithilfe der Fläche unter dem Graphen geschätzt werden. Die Gesamtfläche wird als Summe der Flächeninhalte von Trapezen berechnet. Jedes der Trapeze ist 0,25 LE breit.

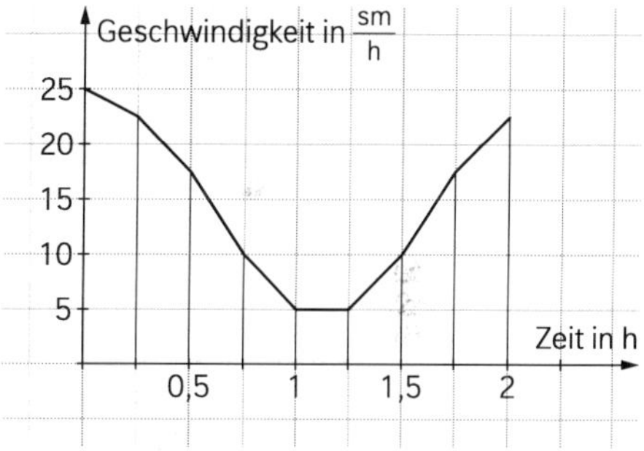

Berechnung:

$$A = 0{,}25 \cdot \Big(\tfrac{1}{2}(25+22) + \tfrac{1}{2}(22+17) + \tfrac{1}{2}(17+10) + \tfrac{1}{2}(10+5) + \tfrac{1}{2}(5+5) + \tfrac{1}{2}(5+10) + \tfrac{1}{2}(10+19) + \tfrac{1}{2}(19+24)\Big)$$
$$= 28{,}125$$

Interpretation:

Das Schiff legte von 10:00 bis 12:00 Uhr etwa 28 sm zurück.

7 *Gewinn – Verlust*

a) Gewinn in Zeitintervallen [0; 9] und [14; 18], Verlust im Zeitintervall [9; 14].
(Die Zeitangabe bedeutet das Ende eines Monats.)

b) Gesamter Gewinn beträgt ca. 1575 – 350 + 600 = 1825 (in Tausend €).

13 **8** *Tiere und ein Gebirgsprofil*

a) Tierpopulation

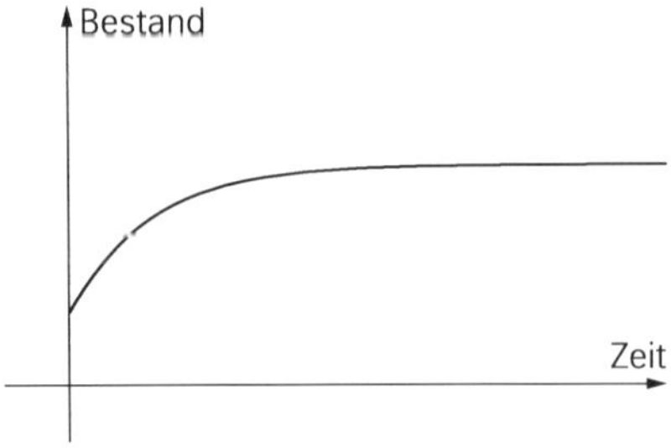

b) Gebirgsprofil

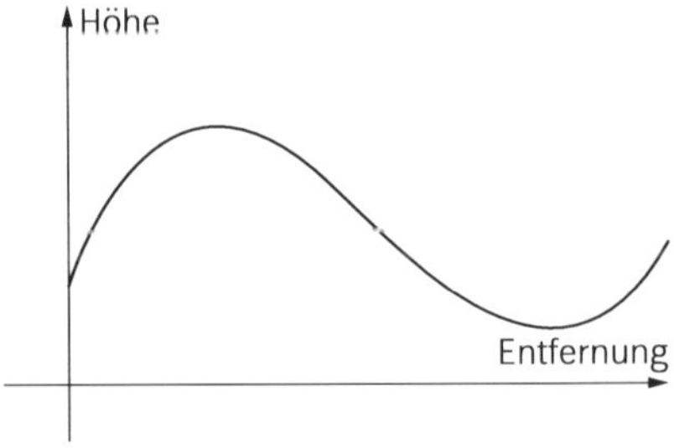

14 **9** *Elefantenrennen*

Die Aussagen stimmen. Das überholende Fahrzeug muss laut Text innerhalb von 45 s eine um mindestens $50\,m + 25\,m + 50\,m = 125\,m$ größere Strecke zurücklegen als das überholte Fahrzeug. Diese Bedingung wird bei $70\,\frac{km}{h}$ bzw. $80\,\frac{km}{h}$ eingehalten:

Der Streckenunterschied nach 45 s ist die Differenz der orientierten Flächeninhalte der beiden Fahrzeuge im Geschwindigkeit-Zeit-Diagramm.

Sie beträgt $10\,\frac{km}{h} \cdot 45\,s = \frac{10\,000}{3600}\,\frac{m}{s} \cdot 45\,s = 125\,m$.

Im Text wird nicht berücksichtigt, dass die Länge des überholenden LKWs auch noch berücksichtigt werden muss. Dann stimmt die Aussage nicht.

10 *Fahrtenschreiber*

a) Der Lkw 1 fährt mit gleichmäßiger Beschleunigung von $10\,\frac{km}{h}$ pro Minute und überholt so den Lkw 2, der in der ersten Minute mit $40\,\frac{km}{h}$ fährt. Der Lkw 2 beschleunigt dann aber seinerseits in den folgenden 3 Minuten und ist ab dem Zeitpunkt t_2 schneller als Lkw 1. Die Bestandsfunktion der Geschwindigkeit ist die im Zeitintervall [0; t] zurückgelegte Strecke.

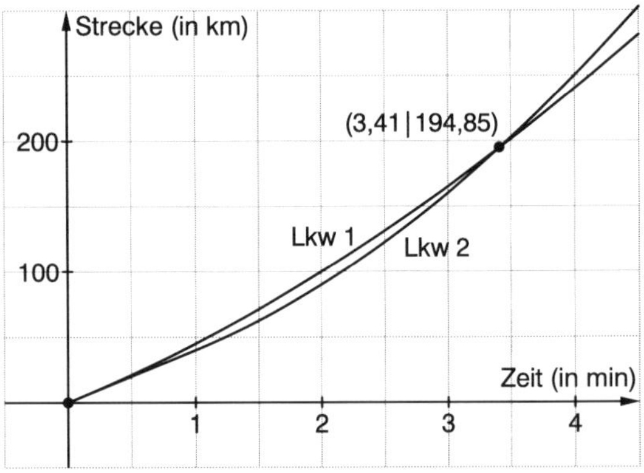

b)

Begründung im Kontext der Sachsituation:	Begründung anhand des Geschwindigkeit-Zeit-Diagramms
Der Lkw 1 war zu jedem Zeitpunkt in $[0; t_1]$ schneller als der Lkw 2 und hat deshalb im selben Zeitintervall eine größere Strecke zurückgelegt.	Der zurückgelegten Strecke entspricht der orientierte Flächeninhalt unter dem Graphen der Geschwindigkeit. Dieser orientierte Flächeninhalt in $[0; t_1]$ ist bei Lkw 1 größer als bei Lkw 2.

c) Der Lkw 2 überholt den Lkw 1 zum Zeitpunkt $t \approx 3{,}4\,min$.

15 **11** *Pumpspeicherwerk*

a)

Graph oberhalb der Zeitachse	Graph unterhalb der Zeitachse
Das Wasser fließt in den Speichersee. Je höher der Graph der Zuflussrate, desto schneller fließt das Wasser in den See.	Das Wasser fließt aus dem Speichersee. Je tiefer der Graph der Zuflussrate, desto schneller fließt das Wasser aus dem See.

b) Schätzung: Die Wassermenge hat sich um ca. 200 m^3 bis 230 m^3 verringert.

c) Graph Zeit → zugeflossene Wassermenge:

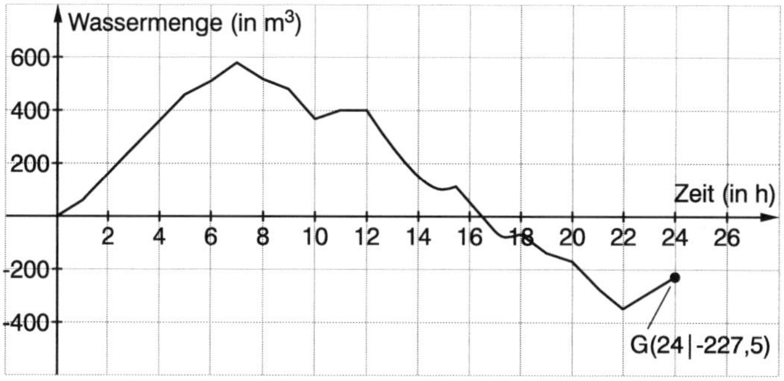

12 *Eine Ballonfahrt*

a) Der Ballon steigt 25 Minuten lang mit wachsender Geschwindigkeit und mit konstanter Beschleunigung. Danach bleibt die Wachstumsgeschwindigkeit bis zum Zeitpunkt 38 Minuten annähernd konstant. Danach fällt die Wachstumsgeschwindigkeit.

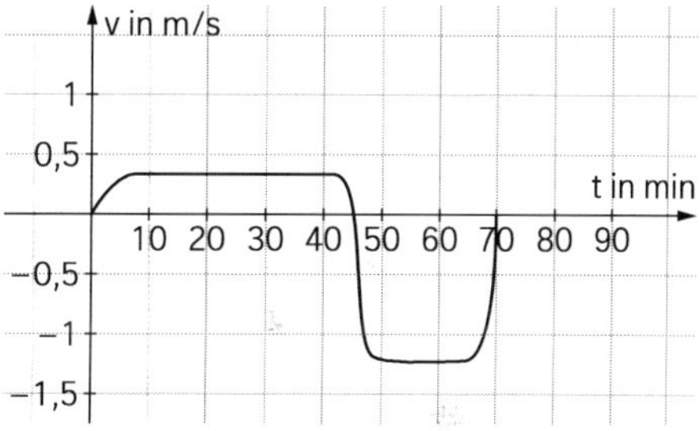

Nach ca. 43 Minuten sinkt der Ballon mit abnehmender Geschwindigkeit 5 Minuten lang, ehe er ca. 18 Minuten lang mit konstanter Geschwindigkeit sinkt. Danach sinkt der Ballon zwar weiter, aber mit abnehmender Geschwindigkeit (etwas langsamer), ehe er nach ca. 70 Minuten landet.

- Höhe nach 30 Minuten: Flächeninhalt unter der Kurven beträgt ca. 4 Kästchen, also ca. 1200 m.
- Maximale Steighöhe: nach ca. 43 Minuten erreicht; also die Fläche unter der Kurve in [0; 43]; entspricht ca. 6 Kästchen, also ca. 1800 m.

b) Die Fläche oberhalb der t-Achse mit dem Graphen ist größer als die Fläche unterhalb der t-Achse mit dem Graphen.
Die Schätzung der Fläche unterhalb der t-Achse ergibt ca. 5 Kästchen, also ca. 1500 m.
Der Ballon landet auf einem Berg, der ca. 300 m höher liegt als der Starplatz.

c) Die Fläche oberhalb der t-Achse muss kleiner sein als die Fläche unterhalb der t-Achse.

1.2 Von der Ableitung zur Bestandsfunktion – Stammfunktionen

16 **1** *Fahren mit einem Elektroauto*

a) In den ersten 20 Sekunden beschleunigt das Auto von $0\,\frac{m}{s}$ auf $30\,\frac{m}{s}$ und fährt mit erreichter Geschwindigkeit weiter. Von der 20. bis 30. Sekunde legt das Auto eine Wegstrecke von $10\,s \cdot 30\,\frac{m}{s} = 300\,m$ (Geometrisch: Flächeninhalt des gefärbten Rechtecks) zurück.

b) Problem: Die Fläche ist von einem krummlinigen Graphen begrenzt. Schätzung: ca. 400 m (20 s · 20 m/s = 400 m (Flächeninhalt des Rechtecks).

c) Die „Wegfunktion" kann ermittelt werden, indem man eine Funktion sucht, deren Ableitung die Änderungsfunktion (hier die Geschwindigkeits-Zeit-Funktion) ergibt.
Funktion für den Geschwindigkeitsverlauf in [0; 20]:
$f(x) = -\frac{3}{40}(x-20)^2 + 30 = -\frac{3}{40}x^2 + 3x$
Mögliche Wegfunktion in [0; 20]:
$F(x) = -\frac{1}{40}x^3 + \frac{3}{2}x^2$
$F(20) = 400$
Das Auto hat in den ersten 30 s 700 m zurückgelegt.

2 *Befüllen eines Wasserbeckens*

a) Berechnung über Flächen:

Zeit (in min)	1	5	10
Wassermenge (in l)	26	250	800

b) $f'(t) = f(t)$; Die Funktion der Zuflussrate ist die Ableitung der Wasserstandsfunktion.

c) $f(4) = 176$; $6t2 + 20t = 250$; $t = 5$ (vgl. a)

17 **3** *Bestandsfunktionen aus Änderungsfunktionen bestimmen*

a) $B(x) = \frac{1}{4}x^2$

$B'(x) = \frac{1}{2}x = f(x)$

$A_{[0;3]} \approx 2\frac{1}{4} = B(3)$

$A_{[0;5]} \approx 6\frac{1}{4} = B(5)$

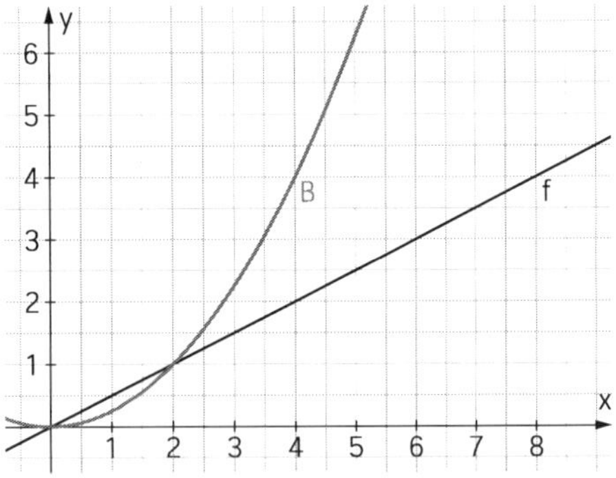

b) $B(x) = \frac{1}{12}x^3 + x$

$A_{[0;3]} \approx 5{,}25 = B(3)$

$A_{[0;5]} \approx 15{,}42 = B(5)$

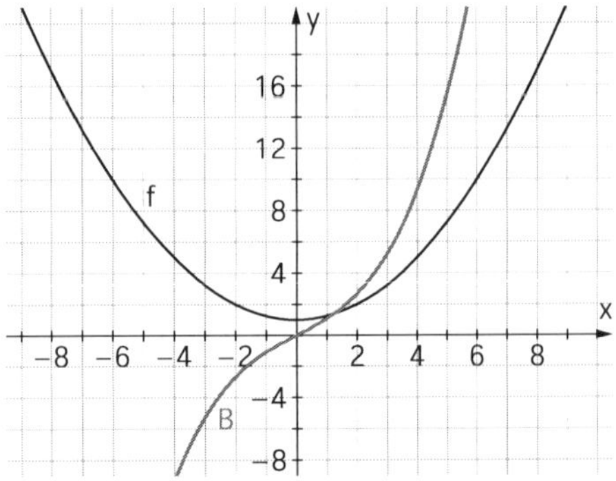

c) $f(x) = x(5-x) = -x^2 + 5x$

$B(x) = -\frac{1}{3}x^3 + \frac{5}{2}x^2$

$B'(x) = -x^2 + 5x = f(x)$

$A_{[0;3]} \approx 13{,}5 = B(3)$

$A_{[0;5]} \approx 20{,}8 = B(5)$

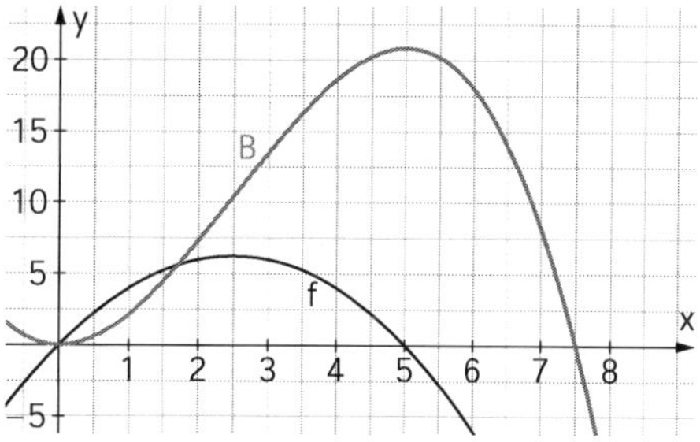

17 **4** *Änderungsratenfunktionen und Bestandsfunktionen*

a) Die passenden Paare: (1) – (D), (2) – (C), (3) – (B), (4) – (A)

b) Gesucht ist jeweils die Funktion f, sodass ihre Ableitung mit f′ übereinstimmt.

(1)	$f'(x) = 2$	$f(x) = 2x$	(D)
(2)	$f'(x) = -1{,}5 + 0{,}5x$	$f(x) = -1{,}5x + 0{,}25x^2$	(C)
(3)	$f'(x) = 0{,}25\,(x-4)^2$ $= 0{,}25x^2 - 2x + 4$	$f(x) = \frac{1}{12}x^3 - x^2 + 4x$	(B)
(4)	$f'(x) = 3 - x$	$f(x) = 3x - 0{,}5x^2$	(A)

18 **5** *Unterschiedliche Anfangsbestände und Bestandsfunktionen*

(1) Es gilt: $v(t) = s'(t)$ für $s(t) = -0{,}025t^3 + 1{,}5t^2 + c$ aufgrund der Ableitungsregel für konstante Summanden.
Im Sachkontext beschreiben die verschiedenen Funktionen s(t) unterschiedliche Startpunkte des Elektroautos.

(2) $B(t) = 6t^2 + 20t + 100$ bzw. $B(t) = 6t^2 + 20t + 300$

6 *Regeln für das Bestimmen von Bestandsfunktionen erkunden*

(1) $B(x) = \frac{1}{4}x^2 + 3x + c$ (2) $B(x) = \frac{1}{3}x^3 - 2x^2 + c$ (3) $B(x) = -\frac{1}{10}x^5 + x^3 - x + c$

19 **7** *Training*

a) $F(x) = x^3 - 2x^2 + x + c$

b) $F(x) = -\frac{1}{2}x^4 + 3x^2 + c$

c) $F(x) = \frac{1}{20}x^5 - \frac{2}{3}x^3 + 8x + c$

d) $F(x) = \frac{-2}{x} + \frac{1}{4}x^4$; $f(x) = x^2 - x - 6 + c$

e) $F(x) = \frac{1}{3}x^3 - \frac{1}{2}x^2 - 6x + c$

f) $F(x) = -4 \cdot \cos(x) + c$

g) $F(x) = -\frac{1}{24}x^6 + 4x^3 - 8x + c$

h) $F(x) = 3x^3 - 6x^2 + 4x + c$

i) $F(x) = \frac{1}{9}x^3 - x^2 + c$

j) $F(x) = \frac{4}{3} \cdot \sqrt{x^3} - x + c$

k) $F(x) = \frac{m}{3}x^3 + bx + c$

l) $F(x) = \frac{1}{4}x^4 + \frac{1-a}{3}x^3 - \frac{a}{2}x^2 + c$

8 *Zusammenhänge zwischen Ableitung und Funktion – Stammfunktionen klären*

a) (1) f′ hat zwei Nullstellen mit VZW
(Hochpunkt an der Stelle −1; Tiefpunkt an der Stelle 3).

(2) f′ ist in [−1; 3] negativ.

(3) f′ hat einen lokalen Extrempunkt an der Stelle 1, also hat f einen Wendepunkt an der Stelle 1.

(4) Beim Wendepunkt $(x_W = 1)$ gilt: $f'(x_W) < 0$.

b) $f'(x) = (x-1)^2 - 4 = x^2 - 2x - 3$

$f(x) = \frac{1}{3}x^3 - x^2 - 3x + c$

c) $f(x) = \frac{1}{3}x^3 - x^2 - 3x + 1$ verläuft durch (0|1)
$f(x) = \frac{1}{3}x^3 - x^2 - 3x + \frac{11}{3}$ verläuft durch (1|0)

19 **9** *Eine Lücke bei den Stammfunktionen*
Für $n = -1$ wäre $F(x) = \frac{1}{0}x^0$.
Da $\frac{1}{0}$ nicht definiert ist, kann mit der Potenzregel keine Stammfunktun für $f(x) = \frac{1}{x}$ angegeben werden.
f gibt für jeden x-Wert die Steigung von F an. Da f die x-Achse als Asymptote hat, wird die Steigung nie 0, also steigt der Graph von F immer weiter an. Man kann aber nicht zwingend erschließen, ob sie über alle Grenzen wächst. Die Stammfunktion von $\frac{1}{x^2}$ ist $-\frac{1}{x}$, diese wächst nicht über alle Grenzen.

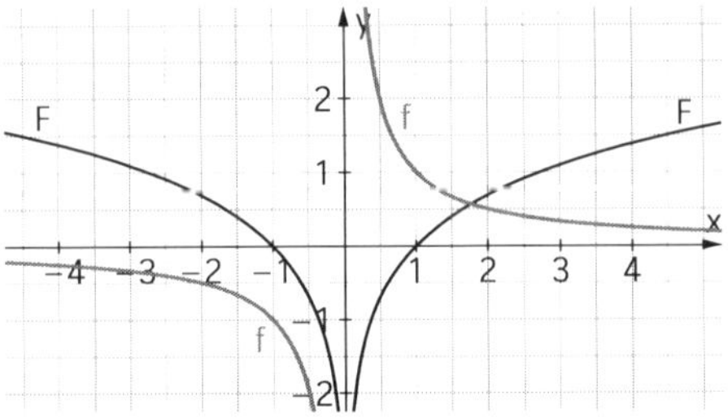

20 **10** *Freier Fall auf dem Mond*

	Fallzeit t (**Gesucht ist t mit $1{,}4 = s(t) = \frac{1}{2}gt^2$**)	**Aufprallgeschwindigkeit** **$v(t) = gt$ mit der Fallzeit t**
Mond **$g = 1{,}67\,\frac{m}{s^2}$**	ca. 1,29 s	ca. 2,16 $\frac{m}{s}$
Erde **$g = 9{,}81\,\frac{m}{s^2}$**	ca. 0,53 s	ca. 5,24 $\frac{m}{s}$

11 *Wachsende Beschleunigung*
Das Fahrzeug hat 25 m zurückgelegt.
Lösungsweg: $v(t) = 0{,}6t^2 \Rightarrow s(t) = 0{,}2t^3 \Rightarrow s(5) = 25\,m$

1.3 Der Hauptsatz der Differential- und Integralrechnung

21 **1** *Zu- und Abflüsse zu verschiedenen Startpunkten*

a)

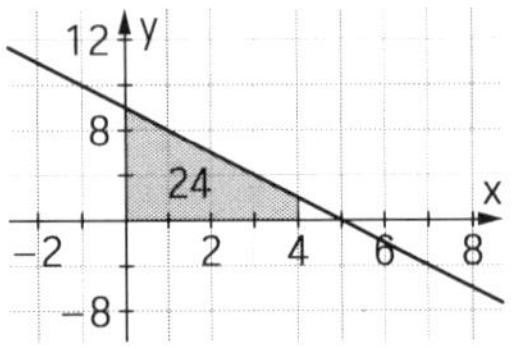

Zufluss beginnt bei $x = 0$. Vier Zeiteinheiten fließt Wasser mit abnehmender Zuflussrate zu.

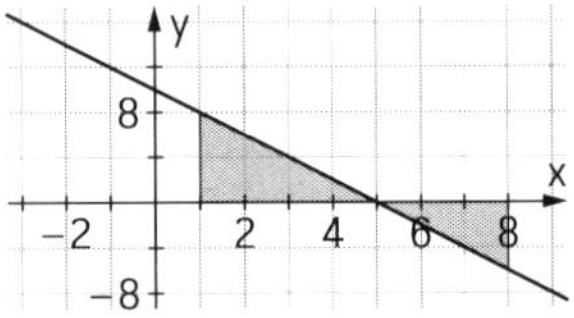

Nach einer Zeiteinheit fließt bis $x = 5$ Wasser hinzu, danach bis $x = 8$ mit zunehmender Abflussrate ab.

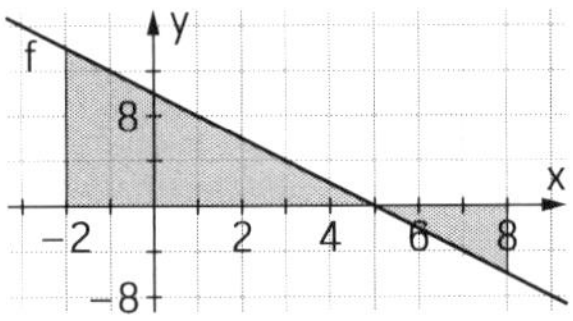

Zwei Zeiteinheiten früher beginnt Zu- Abflussprozess.

b) (A) – (2); (B) – (1); (C) – (3)

2 *Integralfunktionen und orientierte Flächeninhalte*

a) Der orientierte Inhalt zwischen a und b ist die Differenz aus dem orientierten Inhalt von 0 bis b und 0 bis a.

b) (1) Stammfunktion: $F(x) = x^2$; $F(3) = 9$, also $I_0(3) = 9$; $I_0(0{,}5) = 0{,}25$
Orientierter Inhalt zwischen 0,5 und 3: $I = 8{,}75$

(2) Stammfunktion: $F(x) = x^3$; $I_0(2) = 8$; $I_0(1) = 1$
Orientierter Inhalt zwischen 1 und 2: $I = 7$.

24 **3** *Berechnung von Integralen*

Hauptsatz: $\int_a^b f(x)\,dx = [F(x)]_a^b = F(b) - F(a)$ mit einer Stammfunktion F zu f

a)	b)	c)	d)	e)	f)	g)	h)
15	−16	4	1	$\frac{2}{3} = 0,\overline{6}$	$\frac{40}{3} = 13,\overline{3}$	0	28

h)	i)	j)	k)	l)
$\frac{212}{3} = 70\frac{2}{3}$	$\frac{a^3}{3} - \frac{a^2}{4} - \frac{1}{12}$	$\frac{c^4}{4} - c - 60$	$24a - 6$	$\sin(c) + 2c + 2\pi$

4 *Training: Integrale und Gleichungen*

a) $c = 24$
b) $b = -3$ oder $b = 5$
c) $a = -2$ oder $a = 2$
d) $a = 0$ oder $a = 0,5$

5 *Integrationsregeln 1*

(1) Der Flächeninhalt unter f in den Grenzen a und c setzt sich lückenlos aus den beiden Teilstücken zusammen. Die Summe der einzelnen Flächenstücke ergibt daher den gesamten Flächeninhalt.

(2) −f ergibt sich aus f durch Spiegelung an der x-Achse. Die Flächeninhalte sind daher zwar gleich groß, beachtet man aber die Orientierung der Flächen, haben diese entgegengesetzte Vorzeichen.

6 *Integrationsregeln 2*

a) $\int_a^b 2x^2\,dx = \frac{2}{3}b^3 - \frac{2}{3}a^3 = 2\left(\frac{1}{3}b^3 - \frac{1}{3}a^3\right) = 2 \cdot \int_a^b x^2\,dx$

$$\int_a^b (x^2 - x + 1)\,dx = \frac{1}{3}b^3 - \frac{1}{2}b^2 + b - \left(\frac{1}{3}a^3 - \frac{1}{2}a^2 + a\right)$$
$$= \frac{1}{3}b^3 - \frac{1}{3}a^3 + \left(-\frac{1}{2}b^2 + b - \left(-\frac{1}{2}a^2 + a\right)\right)$$
$$= \int_a^b x^2\,dx + \int_a^b (-x + 1)\,dx$$

b) $\int_a^b k f(x)\,dx = kF(b) - kF(a) = k(F(b) - F(a)) = k\int_a^b f(x)\,dx$

$$\int_a^b f(x) + g(x)\,dx = F(b) + G(b) - (F(a) + G(a))$$
$$= F(b) - F(a) + G(b) - G(a)$$
$$= \int_a^b f(x)\,dx + \int_a^b g(x)\,dx$$

c) ■ $\int_a^b f = F(b) - F(a) = -(F(a) - F(b)) = -\int_b^a f$

■ Der Zeitverlauf wird ‚umgedreht'. Aus zufließendem Wasser wird abfließendes, aus abfließendem wird zufließendes, deswegen Vorzeichenwechsel, die Orientierung ändert sich.

24 **7** *Eine bekannte Formel*

Für positive Zahlen a und b gilt

$$\int_0^a b = [b\ x]_0^a = b\cdot a - b\cdot 0 - b\cdot a.$$

Der Flächeninhalt eines Rechtecks mit den Seitenlängen a und b ist gleich Breite · Höhe = a · b.

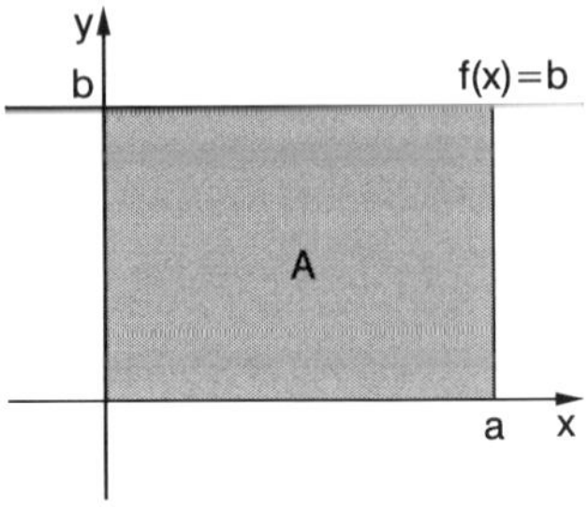

25 **8** *Der Größe nach ordnen*

(5) < (2) < (4) < (3) < (1) < (6)

9 *Terme veranschaulichen*

	Veranschaulichung am Graphen von f	Veranschaulichung am Graphen von F
(1) und (3)	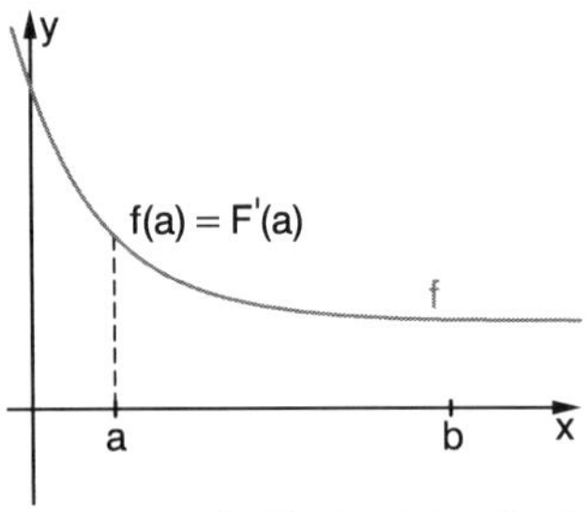 Der Term steht für den Wert der Funktion f an der Stelle a.	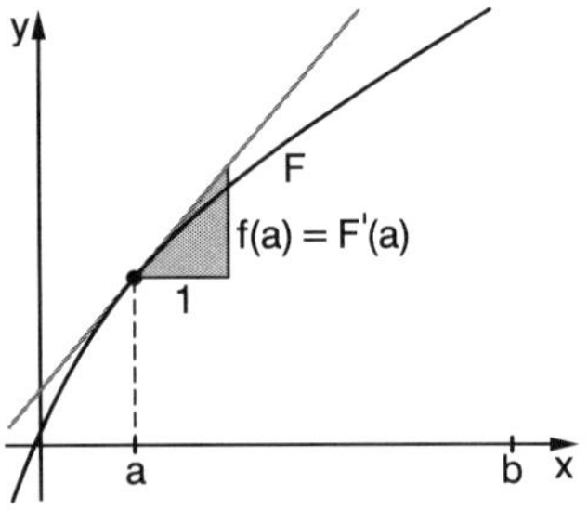 Der Term steht für die Steigung der Funktion F an der Stelle a.
(2) und (4)	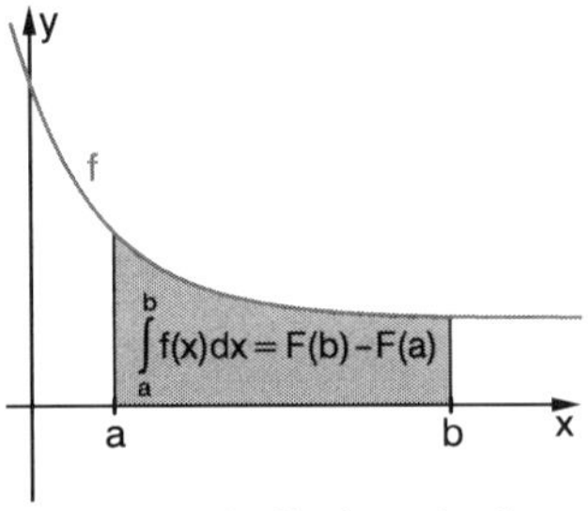 Der Term steht für den orientierten Flächeninhalt zwischen f und der x-Achse in [a; b].	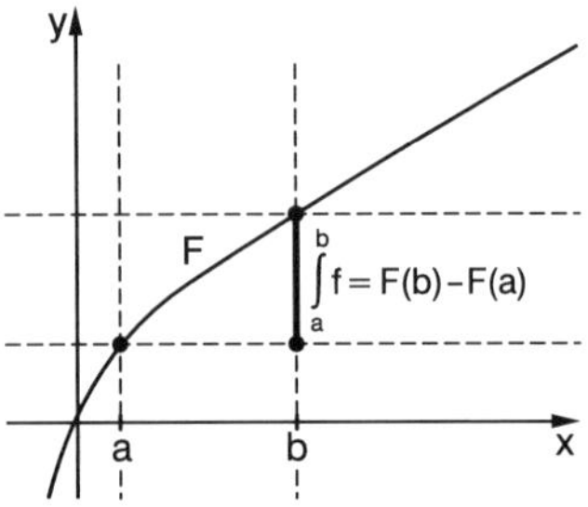 Der Term steht für den Zuwachs von F in [a; b].

10 *Unterschiedliche Integrationsvariablen*

a) $\int_0^a x^2\,dx = \left[\frac{1}{3}x^3\right]_0^a = \frac{1}{3}a^3$ $\int_0^a a^2\,dx = [a^2\cdot x]_0^a = a^3$

$\int_0^x a^2\,dx = [a^2\cdot x]_0^x = a^2\cdot x$ $\int_0^x a^2\,da = \left[\frac{1}{3}a^3\right]_0^x = \frac{1}{3}x^3$

b) (1) $\frac{t}{3}$ (2) $\frac{x^2}{2}$ (3) 0 (4) 2x

c) Integrationsvariable und Variable als Grenze dürfen nicht gleich sein (vgl. Basiswissen). CAS setzt Funktionsvariable als Grenze ein.

25 **11** *Vom Bild zur Integralfunktion*

a) Roter Graph: $f(x) = 2 - 0{,}5x$; Blauer Graph: $I_2(x) = 2x - \frac{1}{4}x^2 - 3$

b) Der blaue Graph geht aus dem Graphen von $I_0(x) = 2x - \frac{1}{4}x^2$ durch eine Verschiebung um 3 LE nach unten hervor.

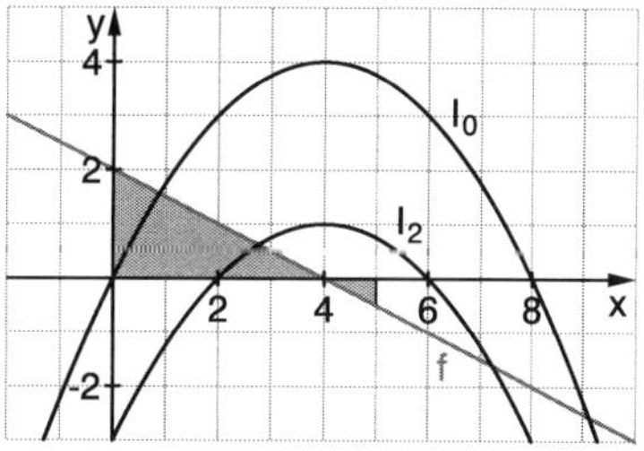

12 *Integralfunktionen berechnen*

a)	b)	c)	d)
$I_0(x) = 1{,}5x^2 - x$ $I_3(x) = 1{,}5x^2 - x - 10{,}5$	$I_0(x) = -\cos(x) + 1$ $I_\pi(x) = -\cos(x) - 1$	$I_0(x) = x^4 + 0{,}5x^2 - 2x$ $I_2(x) = x^4 + 0{,}5x^2 - 2x - 14$	$I_2(x) = \frac{1}{x} - 0{,}5$ (für $x > 0$)

26 **13** *Integralfunktion finden*

Nur g kann der Graph von $I_1(x)$ sein, denn:

(i) Die im Intervall [1; 1] eingeschlossene Fläche hat die Breite Null.
⇒ Der orientierte Flächeninhalt hat in [1; 1] den Wert Null.
⇒ Es muss $I_1(1) = 0$ gelten. Der Graph von h kommt nicht infrage.

(ii) f schließt in [1; 2] einen negativ orientierten Flächeninhalt ein und wechselt an der Stelle $x = 2$ in den positiven Wertebereich.
⇒ Der orientierte Flächeninhalt muss an der Stelle $x = 2$ einen Tiefpunkt besitzen. Der Graph von k kommt nicht infrage.

14 *Erkunden von Integralfunktionen mit dynamischem Funktionsplotter*

a) $f(x) = x^3 - 8x^2 - 15$; $I_{-0{,}5}(x) = \frac{1}{4}x^4 - \frac{8}{3}x^3 + \frac{15}{2}x^2$

b)
- Nullstellen der Randfunktion sind Punkte mit waagerechter Tangente der Integralfunktionen.
- Extremstellen der Randfunktion sind Wendestellen der Integralfunktionen.
- Verhalten der Integralfunktionen für $x \to \pm\infty$ hängt von Startwert ab.

c)

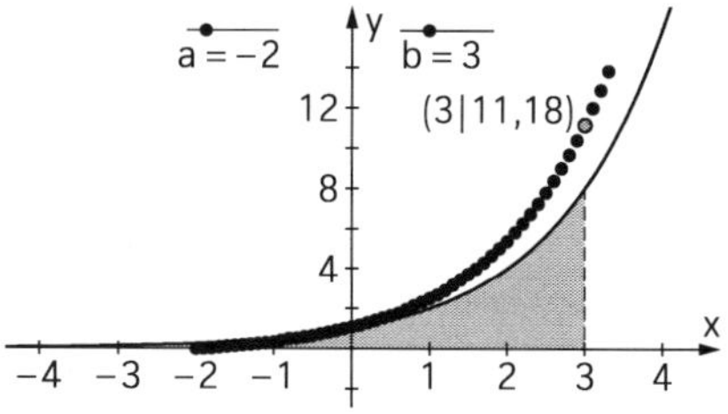

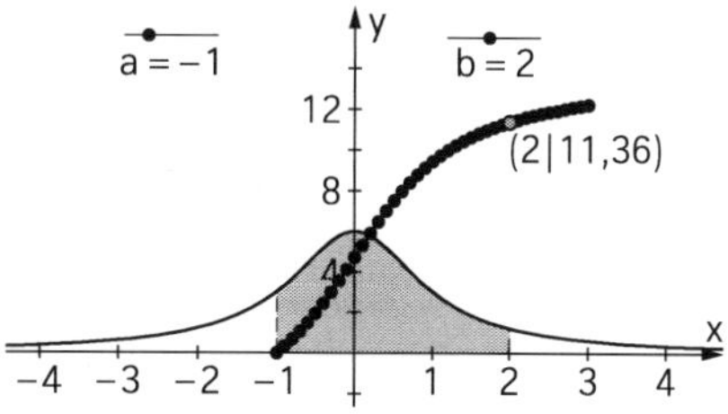

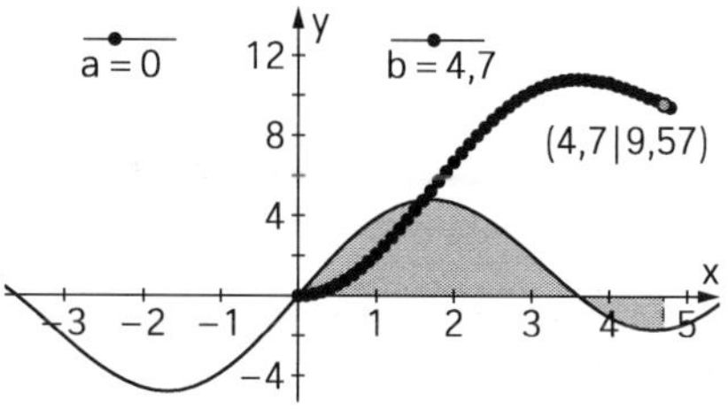

Von den Randfunktionen in (1) und (2) sind keine Stammfunktionen bekannt.

26 **15** *Integralfunktionen nach Anschauung*

a)

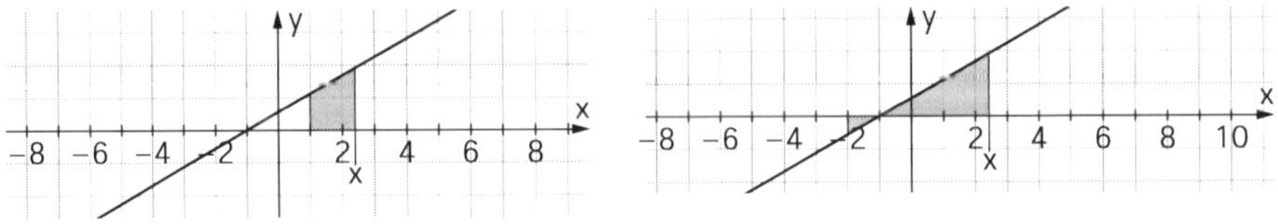

b)

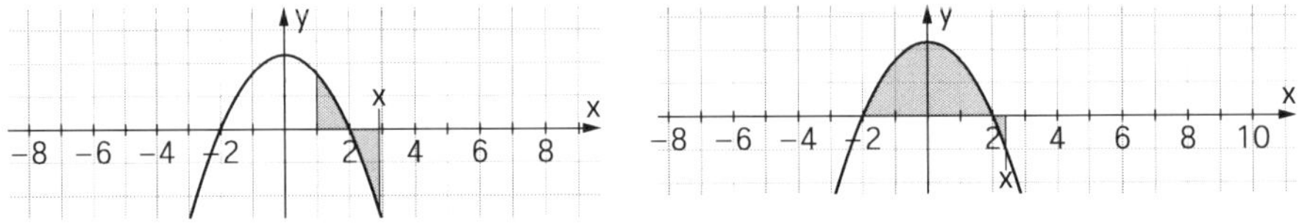

c)

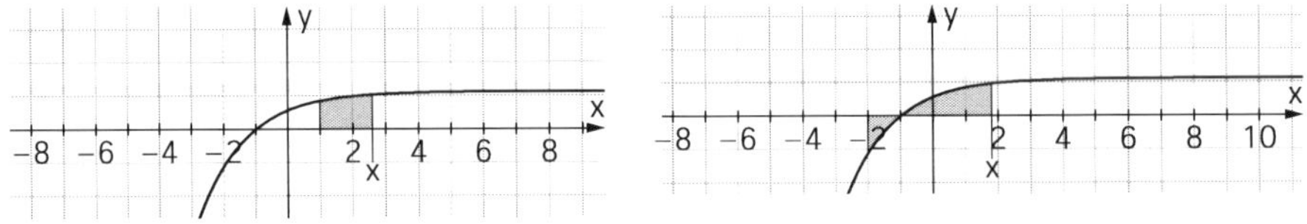

27 **16** *Ein anschaulicher Beweis des Hauptsatzes Teil 1*

a) –

b) $I_a(x+h) - I_a(x)$

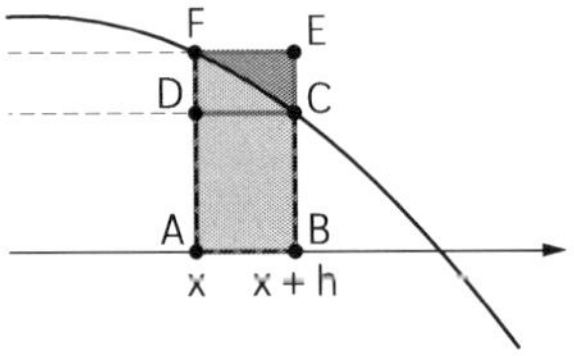

$f(x+h) \cdot h \leq I_a(x+h) - I_a(x) \leq f(x) \cdot h$

$f(x+h) \leq \frac{I_a(x+h) - I_a(x)}{h} \leq f(x)$

$\lim\limits_{h \to 0} f(x+h) \leq \lim\limits_{h \to 0} \frac{I_a(x+h) - I_a(x)}{h} \leq \lim\limits_{h \to 0} f(x)$

$f(x) \leq I_a'(x) \leq f(x)$

also: $I_a'(x) = f(x)$

17 *Genauer hingeschaut*

- Es gilt:

  $\lim\limits_{h \to 0} f(2) = f(2) = 1;\quad \lim\limits_{\substack{h \to 0 \\ h < 0}} f(2+h) = 2$

  Bei Annäherung von links und rechts an 2 erhält man unterschiedliche Grenzwerte.

- Die Randfunktion muss „in eins durchzeichenbar" sein (stetig sein).

18 *Beweis des Hauptsatzes Teil 2*

Weil $I_a(x)$ eine Stammfunktion von f ist, gilt: $I_a(x) = F(x) + c$

Mit $\int_a^a f(x)\,dx = 0$ folgt $I_a(a) = F(a) + c = 0 \Rightarrow c = -F(a) \Rightarrow I_a(b) = F(b) - F(a)$

19 *Integralfunktionen und Stammfunktionen*

a) Wegen $I_a(a) = \int_a^a f(x)\,dx = 0$ hat jede Integralfunktion I_a die Nullstelle a.

b) $F'(x) = 2x$; F kann keine Integralfunktion sein, weil F keine Nullstelle hat.

c) Die Integralfunktion zu f aus Aufgabe 17 ist

$I(x) = \begin{cases} 2x & ;\ 0 \leq x \leq 2 \\ x+2; & 2 < x \leq 4 \end{cases}$

I ist nicht differenzierbar an der Stelle 2 (Knick)

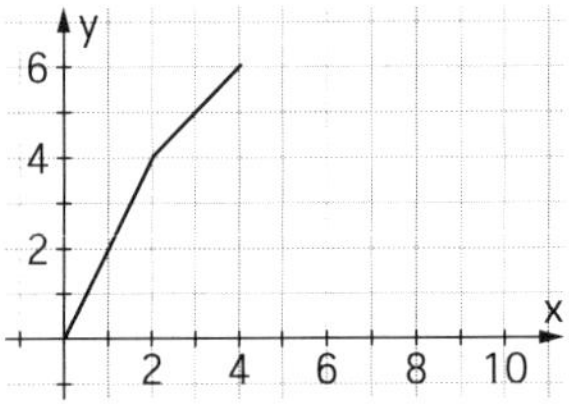

1.4 Integrieren ohne Stammfunktion

28 **1** *Rechtecke und Grenzprozesse – anschaulich*

a) Die Rechtecksummen streben für schmaler werdende Rechtecke gegen einen festen Wert.

b) Die Spur (roten Punkte) erzeugt näherungsweise die Integralfunktion.

29 **2** *Rechtecke und Grenzprozesse – mit Berechnung.*

a) Das Intervall wird in zunehmend schmalere Stücke zerlegt. Es werden Rechtecke betrachtet, deren Höhe der Funktionswert von f am rechten Rand ist.

$S_2 = \frac{5}{8} = 0{,}625$; $S_4 = \frac{15}{32} = 0{,}468\,75$; $S_8 = \frac{51}{128} = 0{,}398\,4375$

b) ■ Das Intervall wird in n Teile der Länge $\frac{1}{n}$ unterteilt. Die Rechtecke haben dann die Breite $\frac{1}{n}$ und die Höhe $f\left(\frac{1}{n}\right) = \left(\frac{1}{n}\right)^2$

(1) ■ $$\begin{aligned} S_n &= \frac{1}{n}\cdot\left(\frac{1}{n}\right)^2 + \frac{1}{n}\cdot\left(\frac{2}{n}\right)^2 + \ldots + \frac{1}{n}\cdot\left(\frac{n-1}{n}\right)^2 + \frac{1}{n}\cdot\left(\frac{n}{n}\right)^2 \\ &= \frac{1}{n}\cdot\left(\frac{1^2}{n^2}\right) + \frac{1}{n}\cdot\left(\frac{2^2}{n^2}\right) + \ldots + \frac{1}{n}\cdot\left(\frac{(n-1)^2}{n^2}\right) + \frac{1}{n}\cdot\left(\frac{n^2}{n^2}\right) \\ &= \frac{1}{n^3}\cdot 1^2 + \frac{1}{n^3}\cdot 2^2 + \ldots + \frac{1}{n^3}\cdot(n-1)^2 + \frac{1}{n^3}\cdot n^2 \\ &= \frac{1}{n^3}\cdot\left(1^2 + 2^2 + \ldots + (n-1)^2 + n^2\right) \end{aligned}$$

$S_n = \sum_{i=1}^{n} \frac{1}{n}\cdot\left(\frac{i}{n}\right)^2$; $S_n = \frac{1}{n^3}\sum_{i=1}^{n} i^2$

(2) ■ $$S_n = \frac{1}{n^3}\cdot\frac{n\cdot(n+1)\cdot(2n+1)}{6} = \frac{1}{6}\cdot\frac{(n+1)\cdot(2n+1)}{n^2} = \frac{1}{6}\cdot\left(\frac{n+1}{n}\right)\cdot\left(\frac{2n+1}{n}\right) = \frac{1}{6}\cdot\left(1+\frac{1}{n}\right)\cdot\left(2+\frac{1}{n}\right)$$

■ $$\lim_{n\to\infty}\left(\frac{1}{6}\cdot\left(1+\frac{1}{n}\right)\cdot\left(2+\frac{1}{n}\right)\right) = \frac{1}{6}\cdot 1\cdot 2 = \frac{1}{3}$$

$$\int_0^1 x^2\,dx = \left[\frac{1}{3}x^3\right]_0^1 = \frac{1}{3}$$

31 **3** *Bestimmte Integrale von Potenzfunktionen mit Produktsummen*

a) $$S_n = \left(\frac{b}{n}\right)\cdot\left(\frac{b}{n}\right)^3 + \left(\frac{b}{n}\right)\cdot\left(\frac{2b}{n}\right)^3 + \ldots + \left(\frac{b}{n}\right)\cdot\left(\frac{(n-1)\cdot b}{n}\right)^3 + \left(\frac{b}{n}\right)\cdot\left(\frac{n\cdot b}{n}\right)^3$$

$$= \sum_{k=1}^{n}\left(\left(\frac{b}{n}\right)\cdot\left(\frac{k\cdot b}{n}\right)^3\right) = \sum_{k=1}^{n}\left(\frac{k^3\cdot b^4}{n^4}\right) = \frac{b^4}{n^4}\sum_{k=1}^{n}k^3 = \frac{b^4}{n^4}\cdot\frac{n^2\cdot(n+1)^2}{4} = \frac{b^4}{4}\cdot\left(\frac{(n+1)^2}{n^2}\right) = \frac{b^4}{4}\cdot\left(1+\frac{2}{n}+\frac{1}{n^2}\right)$$

$$\lim_{n\to\infty}\left(\frac{b^4}{4}\cdot\left(1+\frac{2}{n}+\frac{1}{n^2}\right)\right) = \frac{b^4}{4}$$

b) $$S_n = \left(\frac{b}{n}\right)\cdot\left(\frac{b}{n}\right)^4 + \left(\frac{b}{n}\right)\cdot\left(\frac{2b}{n}\right)^4 + \ldots + \left(\frac{b}{n}\right)\cdot\left(\frac{n\cdot b}{n}\right)^4$$

$$= \sum_{k=1}^{n}\left(\left(\frac{b}{n}\right)\cdot\left(\frac{k\cdot b}{n}\right)^4\right) = \sum_{k=1}^{n}\left(\frac{k^4\cdot b^5}{n^5}\right) = \frac{b^5}{n^5}\sum_{k=1}^{n}k^4 = \frac{b^5}{n^5}\cdot\left(\frac{n^5}{5}+\frac{n^4}{2}+\frac{n^3}{3}-\frac{n}{30}\right) = b^5\cdot\left(\frac{1}{5}+\frac{1}{2n}+\frac{1}{3n^2}-\frac{1}{n^4}\right)$$

$$\lim_{n\to\infty} b^5\cdot\left(\frac{1}{5}+\frac{1}{2n}+\frac{1}{3n^2}-\frac{1}{n^4}\right) = \frac{b^5}{5}$$

4 *Produktsummen in [a; b] – eine universelle Formel*

a) $\frac{b-a}{n}$ ist die Breite von jedem Rechtecks; $f(x_k)$ die Höhe des k-ten Rechtecks.

b)

n	(1)	(2)	(3)	(4)
10	21,3654	5,5926	1,9835	1,6154
100	20,5123	5,1021	1,9998	1,6200

Weil Stammfunktionen zu den Randfunktionen unbekannt sind, können (2) und (4) nicht mit dem Hauptsatz bestimmt werden.

(1) $\int_1^{10} \sqrt{x}\,dx = \frac{2}{3} \cdot \sqrt{1000} - \frac{2}{3} \approx 20{,}4152$; (3) $\int_0^{\pi} \sin(x)\,dx - [-\cos(x)]_0^{\pi} = 2$

31 **5** *Integrale bei nicht stetigen Funktionen*

Die Rechtecke in [0; 2) haben bei Unterteilung in n-Intervalle alle den den Flächeninhalt $\frac{2}{n} \cdot 2$, insgesamt also $n \cdot \frac{4}{n} = 4$, was aus Anschauung schon klar ist.
Analog gilt für die Rechtecke in [2; 4]: $n \cdot \frac{2}{n} \cdot 1 = 2$

32 **6** *Eine alternative Summenbildung*

Fehler in Auflage 1 (2018) – die Formel heißt $S2_n = \frac{b-a}{n} \cdot \sum_{k=0}^{n-1} f\left(a + k \cdot \frac{b-a}{n}\right)$

a) Anschauliche Begründung: Die Rechtecke werden um eine ‚Position' nach rechts verschoben.
Das erste Rechteck aus Aufgabe 4 wird jetzt zum zweiten Rechteck usw.. Deswegen muss nur die Nummerierung beim Aufsummieren entsprechend geändert werden.
Der Unterschied der beiden Produktsummen wird durch die weißen Rechtecke angezeigt.
Schiebt man diese nach rechts (vgl. Abbildung), ist der Unterschied:

$\frac{b-a}{n} \cdot (f(b) - f(a)) = \frac{(b-a) \cdot f((b) - f(a))}{n}$

Es gilt: $\lim_{n \to \infty} \frac{(b-a) \cdot (f(b) - f(a))}{n} = 0$

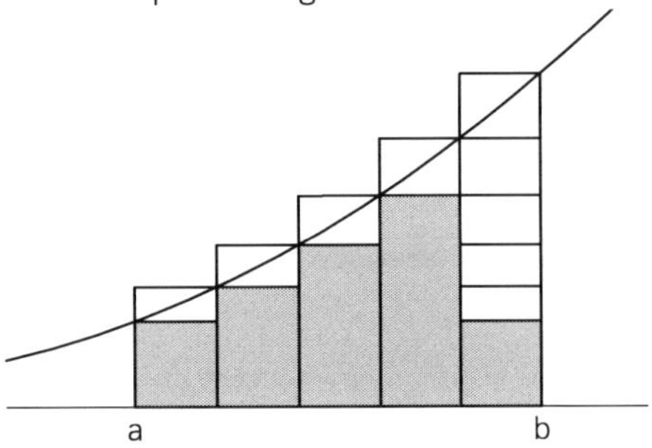

7 *Trapezformel*

b) $d = \frac{1}{4}$: $T_4 = \frac{1}{8} \cdot \left(0 + \frac{1}{16}\right) + \frac{1}{8} \cdot \left(\frac{1}{16} + \frac{1}{4}\right) + \frac{1}{8} \cdot \left(\frac{1}{4} + \frac{9}{16}\right) + \frac{1}{8} \cdot \left(\frac{9}{16} + 1\right) = \frac{11}{32} = 0{,}34375$

$\int_0^1 x^2\,dx = \frac{1}{3}$ Der Näherungswert ist schon ziemlich gut, obwohl es nur vier Trapeze sind.

c) (1) $\int_1^{10} \sqrt{x}\,dx$

A anzahl	B rechtecke	C trapeze
5.	22.2727	20.3267
10.	21.3654	20.3924
100.	20.5123	20.415
1000.	20.4249	20.4152

(2) $\int_{-1}^{2} 2^x\,dx$

A anzahl	B rechtecke	C trapeze	D
5.	6.172	5.122	
10.	5.59261	5.06761	
100.	5.10211	5.04961	
1000.	5.05468	5.04943	

(3) $\int_0^{\pi} \sin(x)\,dx$

A anzahl	B rechtecke	C trapeze
5.	1.93377	1.93377
10.	1.98352	1.98352
100.	1.99984	1.99984
1000.	2.	2.

(4) $\int_{-1}^{1} 2^{-x^2}\,dx$

A anzahl	B rechtecke	C trapeze	D
5.	1.60146	1.60146	
10.	1.61542	1.61542	
100.	1.62	1.62	
1000.	1.62005	1.62005	

Zusatzaufgabe: Es fällt auf, dass manchmal beide Näherungsformeln anscheinend dieselben Ergebnisse liefern.
Gilt das unabhängig von den Integrationsgrenzen? Gelingt eine Begründung?

d) $\int_0^4 x^2\,dx = \frac{64}{3} = 21,\overline{3}$

Das Trapezverfahren konvergiert schneller.

	A anzahl	B rechtecke	C trapeze
1	5.	28.16	21.76
2	10.	24.64	21.44
3	100.	21.6544	21.3344
4	1000.	21.3653	21.3333

33 8 *Keplerregel*

a) (1) $\int_1^{10} \sqrt{x}\,dx \approx \frac{3}{2}\cdot\left(1 + 4\cdot\sqrt{5,5} + \sqrt{10}\right) \approx 20,3147$

(2) $\int_{-1}^{2} 2^x\,dx \approx \frac{1}{2}\cdot\left(\frac{1}{2} + 4\cdot\sqrt{2} + 4\right) \approx 5,0784$

(3) $\int_0^{\pi} \sin(x)\,dx \approx \frac{\pi}{6}\cdot(0 + 4\cdot 1 + 0) \approx 2,0944$

(4) $\int_{-1}^{1} 2^{-x^2}\,dx \approx \frac{1}{3}\cdot\left(\frac{1}{2} + 4\cdot 1 + \frac{1}{2}\right) = \frac{5}{3} \approx 1,6667$

b)
- Es wird gezeigt, dass die Keplerformel für beliebige quadratische Funktionen den exakten Wert des Integrals liefert.
- Die Approximation von f durch eine Parabel in [a; b] mit Scheitel bei $\frac{a+b}{2}$ führt dazu, dass die Flächenstücke, bei denen f unterhalb der Parabel liegt, genauso groß sind wie die Flächenstücke, bei denen die Parabel oberhalb von f liegt.

c)

b	B keplerregel	C integ	D quotient
1.	0.208333	0.2	1.04167
2.	6.66667	6.4	1.04167
5.	651.042	625.	1.04167
10.	20833.3	20000.	1.04167

Es fällt auf, dass der Quotient aus „Kepler" und „Integral" wohl konstant ist.
Die Keplerregel liefert anscheinend immer das ca. 1,04-fache des Integrals.

1.5 Bestände rekonstruieren

34 **1** *Auf Tauchgang*

a) Es gilt $f(x) < 0$ für $x \in [0;\, 4]$, also taucht das Boot in den ersten 4 s ab. Nach 4 s erreicht es seine größte Tauchtiefe, da es für $x \in [4;\, 8]$ ein größeres Stück wieder auftaucht als es für $x \in [8;\, 10]$ wieder abtaucht.

b) Das Boot befand sich zu Beginn der Messung nicht an der Wasseroberfläche, da die von f eingeschlossenen Flächeninhalte unterhalb der x-Achse insgesamt kleiner sind als die Flächeninhalte oberhalb der x-Achse.

c) $A_{[0;4]} = \left| \int_0^4 f(x) \right| \approx 137{,}73$ $\quad A_{[4;8]} = \int_4^8 f(x) \approx 44{,}89$

$A_{[8;10]} = \left| \int_8^{10} f(x) \right| \approx 7{,}16$ $\quad A_{[10;15]} = \int_{10}^{15} f(x) \approx 212{,}5$

$-A_{[0;4]} + A_{[4;8]} - A_{[8;10]} + A_{[10;15]} = 112{,}5$

2 *Befüllen eines Beckens*

a) Das Wasser fließt zunächst zunehmend schneller ein. Nach 2,5 Stunden fließt es am schnellsten, ehe es dann zunehmend langsamer zufließt.

b) $\int_0^5 v(t)\,dt = \frac{125}{6}$; es fließen ca. 21 m^3 zu.

$\int_2^4 v(t)\,dt = \frac{34}{3}$; Zwischen der 2. und 4. Stunde fließen ca. 11,3 m^3 zu.

c) Nach knapp 7 Stunden ist das Wasser abgeflossen.

d)

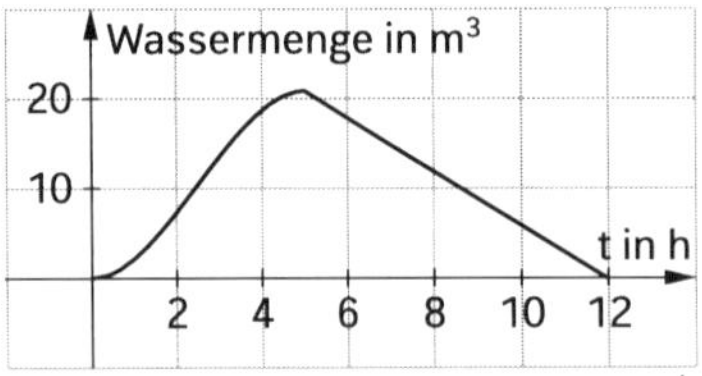

d) Ansatz für Abfluss (Anschluss an $\left(5 \,\middle|\, \frac{125}{6}\right)$:

$W(t) = -3t + c$; $\quad W(5) = -15 + c = \frac{125}{6} \;\Rightarrow\; c = \frac{215}{6} = 35\frac{5}{6}$

$$W(t) = \begin{cases} -\frac{1}{3}t^3 + \frac{5}{2}t^2 & 0 \le t \le 5 \\ -3t + 35\frac{5}{6} & 5 \le t \le \frac{125}{18} \end{cases}$$

36 **3** *Pflanzenbestand*

a) Der Bestand nimmt in den ersten 12 Jahren zu (die Zuwachsrate ist dann positiv) und in den folgenden 8 Jahren ab (die Zuwachsrate ist dann negativ).

b) Der maximale Bestand ist am Ende der Wachstumsphase, d. h. nach 12 Jahren, erreicht.

c) Der maximale Bestand beträgt $100 + \int_0^{12} f(x)\,dx \approx 140$ Pflanzen.

Der minimale Bestand ist nicht am Ende der Abnahmephase, d. h. nach 20 Jahren, erreicht, sondern zu Beginn der Beobachtung $(x = 0)$, denn zu jedem Zeitpunkt $x > 0$ wird die Gesamtänderung (Zuwachs) $\int_0^x f(t)\,dt$ positiv sein. Bestandswerte zum Vergleich: $F(0) = 100$; $F(20) = 126{,}\overline{6}$; für $0 \le x \le \frac{20}{3}$ gilt $100 \le F(x) \le 126{,}\overline{6}$

36 **4** *Gewinnentwicklung*

a) Am Ende des 0-ten Monats beträgt der Verlust 1200 €/Woche. Bis Mitte des 3. Monats werden die Verluste geringer, daraufhin und bis zur Mitte des 12. Monats werden wöchentlich Gewinne erzielt; der maximale wöchentliche Gewinn ist am Ende des 8. Monats zu verzeichnen. Kurz vor Ablauf des Jahres endet die Zeitspanne der wöchentlichen Gewinne.

b) In den ersten 4 Monaten spricht man besser von einem Gesamtverlust von

$$\int_0^4 f = -960\,€ \left(\text{Einheit: } \frac{1\,€}{1\text{ Woche}} \cdot 1\text{ Monat} \approx \frac{1\,€}{7\text{ Tage}} \cdot \frac{365\text{ Tage}}{12} \approx 4{,}345\,€\right).$$

Der Gesamtverlust beträgt $-960 \cdot 4{,}345\,€ = 4171\,€$.

Der Gesamtgewinn von Beginn des 2. Monats (d. h. vom Ende des 1. Monats) bis zum Ende des 10. Monats beträgt $\int_1^{10} f = 19125\,€$, wobei eine Einheit 4,345 € beträgt.

Das ergibt den Gesamtgewinn von $19125 \cdot 4{,}345\,€ \approx 83098\,€$.

5 *Helikopter*

a) $f_1 \to$ (B); $f_2 \to$ (A); $f_3 \to$ (C)

Gemeinsamkeiten (A), (B), (C)	Unterschiede
▪ Eine Steigphase am Anfang, eine Sinkphase zum Schluss ▪ zunächst zunehmend, dann abnehmende Steig- bzw. Sinkgeschwindigkeiten. (Graphen immer Rechtskurve → Linkskurve)	▪ Zeitpunkte des Übergangs vom Steigen ins Sinken. ▪ Maximale Steig- bzw. Sinkgeschwindigkeit ▪ Maximale Höhe ▪ Höhe der Landestelle

Nullstellen: Übergänge vom Steigen ins Sinken und umgekehrt

Extrempunkte: Maximale Steig- bzw. Sinkgeschwindigkeit

b) Anmerkung: Wegen der Realsituation reichen grafisch-numerische Lösungen für die Berechnung der Integrale und Extremstellen aus.

	(A)	(B)	(C)
Höhe nach einer Minute	$\int_0^{60} f_2(x)\,dx = -180\,m$	$\int_0^{60} f_1(x)\,dx = 0\,m$	$\int_0^{60} f_3(x)\,dx = 180\,m$
Höchste Punkte	$\int_0^{20} f_2(x)\,dx = 33{,}\overline{3}\,m$	$\int_0^{30} f_1(x)\,dx = 141{,}75\,m$	$\int_0^{50} f_3(x)\,dx = 182{,}3\,m$
Maximale Steig- bzw. Sinkgeschwindigkeit	Steigen: nach ca. 9 s: ≈ 2,52 m/s Sinken: nach ca. 44 s: ≈ 8,45 m/s	Steigen: nach ca. 13 s: ≈ 7,27 m/s Sinken: nach ca. 47 s: ≈ 7,27 m/s	Steigen: nach ca. 18 s: ≈ 6 m/s Sinken: nach ca. 44 s: ≈ 0,34 m/s
Landung auf Ausgangshöhe		(B)	

37 **6** *Eine Fuchspopulation*

<table>
<tr><th></th><th>Revier A</th><th>Revier B</th></tr>
<tr><td>a)</td><td>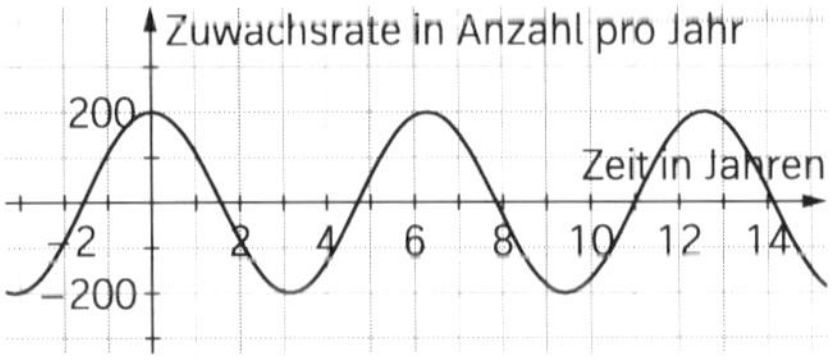

t∈[0; 1,6] Bestandszunahme
t∈[1,6; 4,7] Bestandsabnahme
t∈[4,7; 7,9] Bestandszunahme
t∈[7,9; 10] Bestandsabnahme</td><td>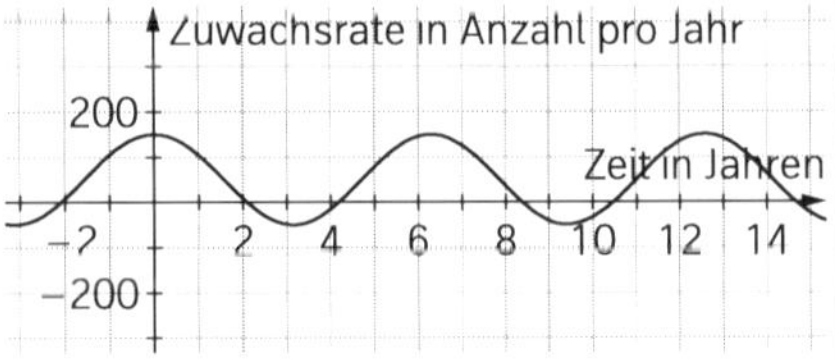

t∈[0; 2,1] Bestandszunahme
t∈[2,1; 4,2] Bestandsabnahme
t∈[4,2; 8,4] Bestandszunahme
t∈[8,4; 10] Bestandsabnahme</td></tr>
<tr><td>b)</td><td>Stärkstes Wachstum für $t = 0$ und $t = 6{,}3$
Stärkste Abnahme für $t = 3{,}1$ und $t = 9{,}4$
Geringste Änderung für $t \in \{1{,}6; 4{,}7; 7{,}9\}$</td><td>Stärkstes Wachstum für $t = 0$ und $t = 6{,}3$
Stärkste Abnahme für $t = 3{,}1$ und $t = 9{,}4$
Geringste Änderung für $t \in \{1{,}6; 4{,}7; 7{,}9\}$</td></tr>
<tr><td>c)</td><td>$F_A(t) = 200\sin(t) + 300$
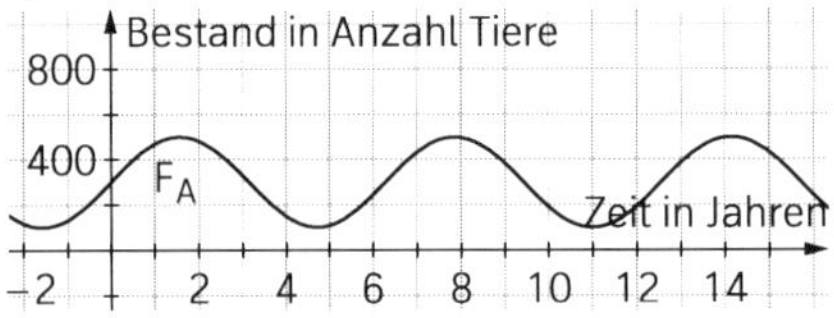

$F_A(0) = 300 = F_B(0)$
$F_A(1{,}9) \approx 490 \approx F_B(1{,}9)$</td><td>$F_B(t) = 100\sin(t) + 50t + 300$
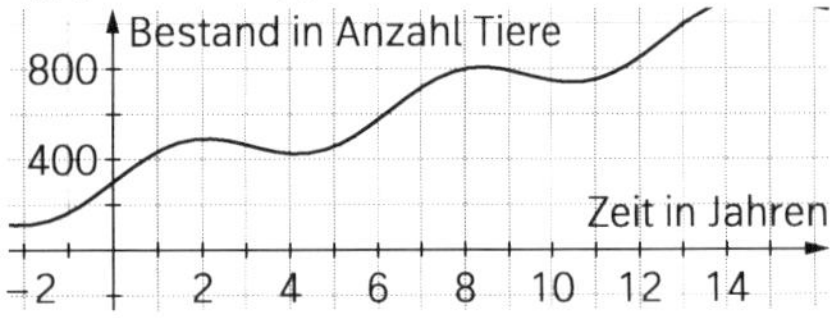

</td></tr>
<tr><td>d)</td><td>$F_A(1) \approx 468$
$F_A(2) \approx 482$
$F_A(3) \approx 328$
$F_A(4) \approx 149$
$F_A(5) \approx 108$
$F_A(10) \approx 191$</td><td>$F_B(1) \approx 434$
$F_B(2) \approx 491$
$F_B(3) \approx 464$
$F_B(4) \approx 424$
$F_B(5) \approx 454$
$F_B(10) \approx 746$</td></tr>
</table>

7 *Ein Wasserspeicher und ein Drachenflieger*

a) Abbildung: siehe Buch b) (blau)

(1) 1 Minute fließt Wasser zu, zunächst mit zunehmender Zuflussrate, dann mit abnehmender. In den nächsten beiden Minuten fließt Wasser ab, zunächst mit zunehmender Abflussrate, dann mit abnehmender Rate.

(2) 10 Minuten steigt der Drachen, zunächst mit zunehmender Geschwindigkeit, dann mit abnehmender. Die nächsten 20 Minuten sinkt der Drachen, zunächst mit zunehmender Geschwindigkeit, dann mit abnehmender.

(1) Einheit y: m^3. Bilanz: $\int_0^3 f(x)\,dx = -2{,}25$. Also müssen zu Beginn mindestens $2{,}25\,m^3$ Wasser im Tank sein.

(2) y in 100 m: Der Höhenunterschied beträgt 225 m.

b)
- Nullstelle in [1; 2]:
  (1) Im Speicher ist so viel Wasser wie zu Beginn des Füllvorganges.
  (2) Der Drachenflieger befindet sich auf der Höhe des Starts
  Nullstelle in [3; 4]: Dies setzt natürlich voraus, dass weiter Wasser fließt und der Drachenflieger fliegt.
  Die Bedeutung ist dieselbe wie bei der anderen Nullstelle.
- $F(x) = \frac{1}{4}x^4 + \frac{4}{3}x^3 + \frac{3}{2}x^2 + c$; $F(3) = -\frac{9}{4} + c = 2 \Rightarrow c = \frac{17}{4} = 4{,}25$
- $f'(x) = 0 \Rightarrow 3x^2 - 8x - 3 = 0 \Rightarrow x \approx 2{,}215\ (x \approx 0{,}451)$

- $F(x) = \frac{1}{4}x^4 + \frac{4}{3}x^3 + \frac{3}{2}x^2 + 4{,}25$ hat keine Nullstellen, kann also keine Integralfunktion sein.

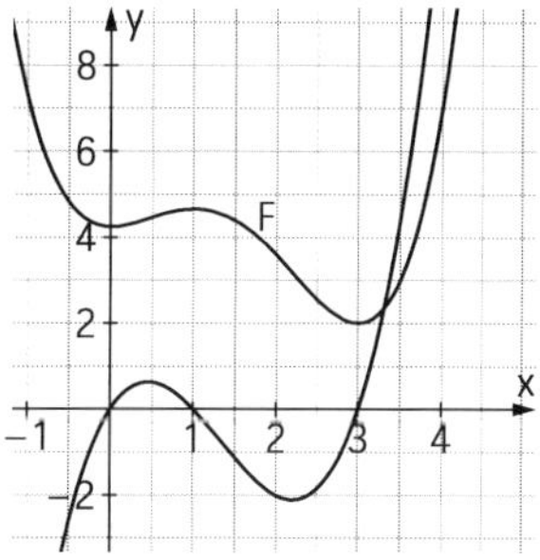

37 8 *Variationen der Änderungsrate eines Tierbestandes*

a)	b)	c)
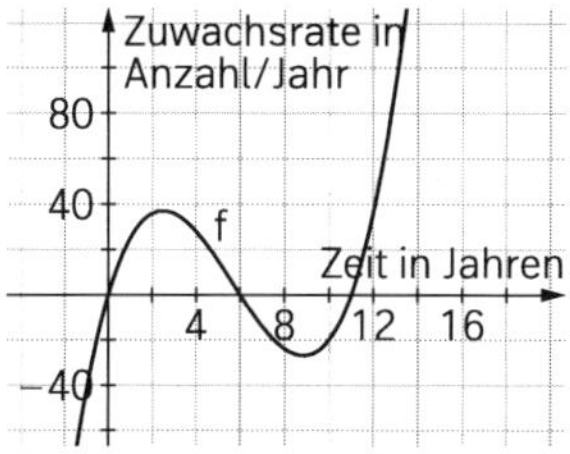 Der Bestand nimmt in den ersten 6 Jahren zu $(f(x) > 0)$ und in den folgenden 5 Jahren ab $(f(x < 0))$. Im letzten Jahr nimmt er wieder zu.	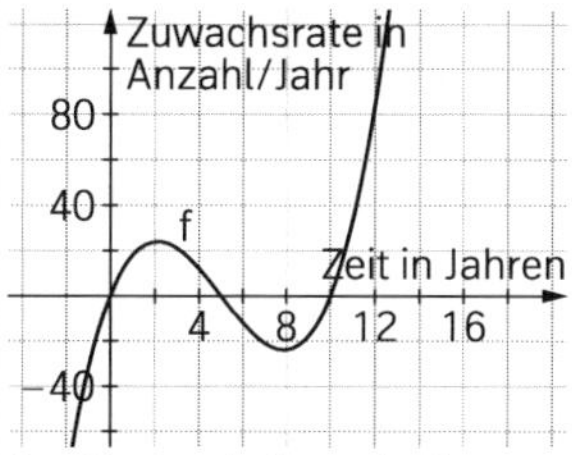 Der Bestand nimmt in den ersten 5 Jahren zu $(f(x) > 0)$ und in den folgenden 5 Jahren ab $(f(x < 0))$. In den letzten beiden Jahren nimmt er wieder zu.	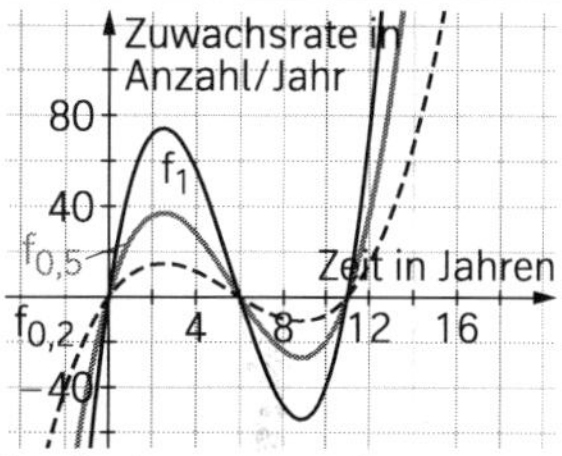 Im Sachzusammenhang beeinflusst k die Größe der Zuwachsrate. Das Verhältnis der Flächeninhalte zueinander wird von k als konstantem Faktor nicht beeinflusst. Die Zeiträume der Zu- bzw. Abnahme entsprechen den Zeiträumen in a)
■ Da die Fläche in [6; 11] unterhalb der x-Achse deutlich größer ist als die Fläche oberhalb der x-Achse in [11; 12], nimmt der Tierbestand in den letzten 6 Jahren insgesamt ab, der maximale Bestand ist am Ende des 6. Jahres erreicht: $10 + \int_0^6 f(x) = 154$ Der maximale Bestand beträgt 154 Tiere. ■ Die Fläche unterhalb der x-Achse ist kleiner als die Fläche oberhalb, also war der Anfangsbestand von 10 Tieren der niedrigste. $10 + \int_0^{12} f(x) = 82$ Der Bestand nach 12 Jahren beträgt 82 Tiere.	■ Da die mit der x-Achse eingeschlossenen Flächeninhalte augenscheinlich ungefähr gleich groß sind, müssen hier die Flächeninhalte berechnet werden: $\int_0^5 f(x) = 78{,}125$ $\int_5^{10} f(x) = -78{,}125$ $\int_{10}^{12} f(x) = 72$ Der maximale Bestand von ca. 128 Tieren ist nach 5 Jahren erreicht. ■ Die Fläche unterhalb der x-Achse ist kleiner als die Fläche oberhalb, also war der Anfangsbestand von 50 Tieren der niedrigste. $50 + \int_0^{12} f(x) = 122$ Der Bestand nach 12 Jahren beträgt 122 Tiere.	■ Der Bestand ist zu denselben Zeitpunkten maximal/minimal wie in a). Die Größe des Bestandes hängt jedoch von k ab: $10 + \int_0^6 f_k(x) = 10 + 288k$ Der maximale Bestand beträgt $10 + 288k$ Tiere ■ Der minimale Bestand entspricht dem Anfangsbestand von 10 Tieren. $10 + \int_0^{12} f(x) = 10 + 144k$ Der Bestand nach 12 Jahren beträgt $10 + 144k$ Tiere

a)	b)	c)
Extrempunkte von f: HP ≈ (2,49 | 37,2) TP ≈ (8,85 | −27,1) f(2,49) ≈ 37,19 f(8,85) ≈ −27,11 Maximale Zuwachsrate nach knapp 2,5 Jahren mit Rate von ca. 37 Tieren/Jahr. Minimale Zuwachsrate nach gut 9 Jahren mit Abnahmerate von ca. 27 Tieren/Jahr.	Extrempunkte von f: HP ≈ (2,11 | 24,1) TP ≈ (7,89 | −24,1) f(2,11) ≈ 24,1 f(7,89) ≈ −24,1 Maximale Zuwachsrate nach gut 2 Jahren mit Rate von ca. 24 Tieren/Jahr. Minimale Zuwachsrate nach gut 8 Jahren mit Abnahmerate von ca. 24 Tieren/Jahr.	Die Zeitpunkte der maximalen/minimalenZuwachsrate sind unabhängig von k, die Größe der Raten hängt aber jeweils von k ab: $f_k(2{,}49) \approx 74{,}38\,k$ $f_k(8{,}85) \approx -54{,}23\,k$ Maximale Zuwachsrate nach knapp 2,5 Jahren mit Rate von ca. 74 k Tieren/Jahr. Minimale Zuwachsrate nach gut 9 Jahren mit Abnahmerate von ca. 54 k Tieren/Jahr.

38

9 *Zuflussrate*

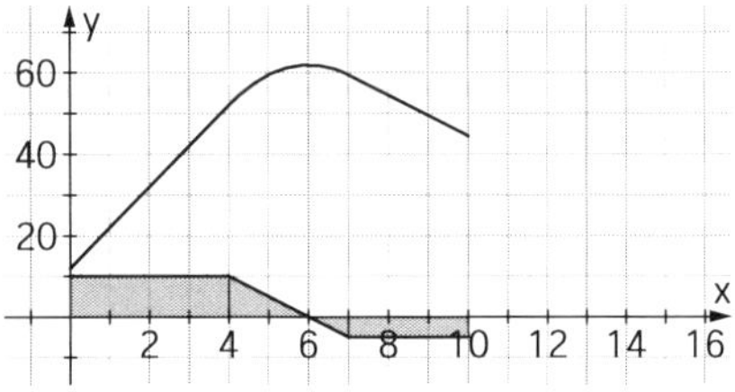

a) Es muss stetige Übergänge geben.

$$B(x) = \begin{cases} 10x + 12 & 0 \le x < 4 \\ -2{,}5x^2 + 30x - 28 \quad \text{für} & 4 \le x < 7 \\ -5x + 94{,}5 & 7 \le x \le 10 \end{cases}$$

$B(4) = 52 \Rightarrow -2{,}5 \cdot 4^2 + 30 \cdot 4 + c = 52$

$\Rightarrow c = -28$

$B(7) = -2{,}5 \cdot 7^2 + 30 \cdot 7 - 28 = 59{,}5$

$\Rightarrow -5 \cdot 7 + c = 59{,}5$

$\Rightarrow c = 94{,}5$

b) $B'(4) = f(4) = \begin{cases} 10 \\ 10; \\ - \end{cases} \qquad B'(7) = f(7) = \begin{cases} - \\ -5 \\ -5 \end{cases}$

Der Bestand ändert sich nicht abrupt nach 4 bzw. 7 Minuten. Die Zuflussrate ändert sich an diesen Stellen abrupt (Knicke im Graphen).

10 *Wasser im Keller*

a) Die Phasen b und d stellen 2 Leistungsstufen der Wasserpumpe dar. In den Phasen a, c und e wird an-, um- bzw. ausgeschaltet. Zeitintervalle (in min):

a	b	c	d	e
[0; 0,5]	[0,5; 1,5]	[1,5; 2]	[2; 4]	[4; ca. 6,08]

b) A ≈ 45 l

c) Grafischer Verlauf ist ähnlich der Darstellung im Bild. In den „Stoßpunkten" stimmen die Funktionswerte überein. An den Stellen 0,5; 2 und 4 stimmen die Steigungen überein (jeweils gleich Null).

Die Gesamtmenge des abgepumpten Wassers beträgt ca. 44,42 Liter:

$$\int_0^{0{,}5} a(x) + \int_{0{,}5}^{1{,}5} b(x) + \int_{1{,}5}^{2} c(x) + \int_2^4 d(x) + \int_4^{6{,}08} e(x) \approx 44{,}42$$

11 *Eine Quelle*

Die Wassermenge, die in den ersten 8 Tagen fließt, lässt sich abschätzen, indem man die Punkte gradlinig verbindet und den Flächeninhalt zwischen den Verbindungslinien und der x-Achse abschätzt. Hierzu kann jeweils der Mittelwert zwischen zwei angegebenen Werten als Fließgeschwindigkeit gewählt werden:

$$A = 1000\,\frac{l}{d}\left(2\,d \cdot \frac{(480 + 385)}{2} + 2\,d \cdot \frac{(385 + 335)}{2} \ldots\right) \approx 2\,790\,000\,l$$

Mit diesem Modell lässt sich aber keine Aussage über den Zeitpunkt des Versiegens der Quelle treffen. Hierzu benötigen wir eine Funktionsgleichung, die die Fließgeschwindigkeit beschreibt:

Modell 1: lineare Regression mit $f_1(t) = -23{,}6t + 450{,}7$

Wassermenge in 8 Tagen in diesem Modell: $\int_0^8 f_1(t)\,dt = 2\,850\,400\,l$

$f_1(t) = 0 \Rightarrow t = 19{,}1$

In diesem Modell versiegt die Quelle nach ca. 19 Tagen.

$\int_0^{19} f_1(t)\,dt = 4\,303\,500\,l$

Modell 2: exponentielle Regression mit $f_2(t) = 459{,}6 \cdot 0{,}93^x$

Wassermenge in 8 Tagen in diesem Modell: $\int_0^8 f_2(t)\,dt = 2\,789\,230\,l$

In diesem Modell versiegt die Quelle nie ganz. Allerdings wird die Liefermenge irgendwann verschwindend gering. Beispielsweise kann die Quelle als versiegt gelten, wenn pro Tag weniger als 50 l Wasser fließen.

$f_2(t) = 0{,}05 \Rightarrow t = 125{,}8$

Nach 126 Tagen fließen weniger als 50 l Wasser pro Tag.

Bis zu diesem Zeitpunkt hat die Quelle bereits $\int_0^{126} f_2(t)\,dt = 6\,332\,460\,l$ geliefert.

39 **12** *Ein Bambus*

Es ist keine Stammfunktion zu f bekannt („Polynom im Nenner"). Die Höhe des Bambus zum Zeitpunkt $t = 0$ ist nicht bekannt, diese muss zu den Werten in der Tabelle hinzuaddiert werden, um die tatsächliche Höhe des Bambus zu erhalten.

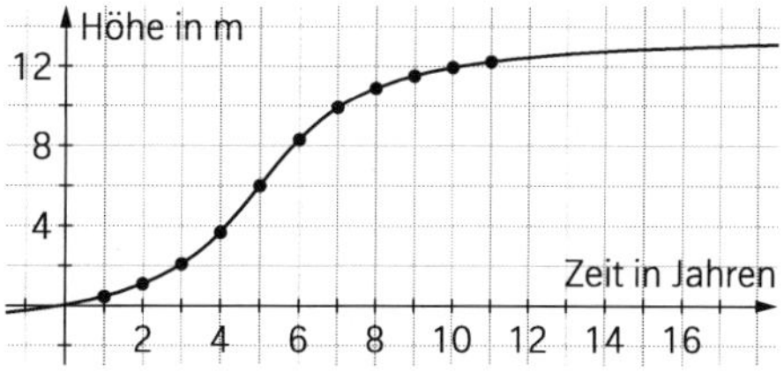

Jahr	1	2	3	4	5	6	7	8	9	10	11
Höhe in m	0,4	1	2	3,6	6	8,3	9,9	10,9	11,5	11,9	12,2

Der Bambus wird etwas höher als 12 m.

$f1(x) := \frac{10}{x^2 - 10 \cdot x + 29}$	*Fertig*
prosum(11,0,11)	12.1333
prosum(100,0,11)	12.1913
trapez(11,0,11)	12.1807
trapez(100,0,11)	12.1965

13 *„Vorauseilende" Ersatzteilproduktion*

Die bekannten Regeln für Stammfunktionen geben keine Bestandsfunktion für Exponentialfunktionen an.

Modell 1: f(t) lässt sich im Intervall [0; 10] gut durch $g(t) = 1{,}1(x-12)^2 + 35$ annähern (siehe Grafik).

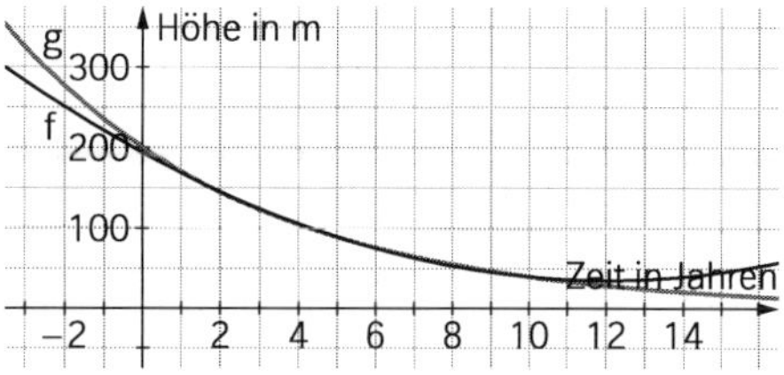

$\int_0^{10} g(t)\,dt \approx 981$

Modell 2: Flächeninhalt unter dem Graphen näherungsweise durch Rechtecke der Breite 2 Jahre annähern.

$A = 2\left(f(1) + f(3) + f(5) + f(7) + f(9)\right) \approx 984$

f1(x):=200·(0.85)^x	*Fertig*
prosum(100,0,10)	980.338
trapez(100,0,10)	988.369

40 14 *Bestandsfunktionen mit Richtungsfeldern*

a) Da in $f'(x) = \frac{10}{x^2 - 10x + 20}$ kein y auftritt, ist die Steigung unabhängig von den y-Werten. Dies entspricht der vorhandenen Erkenntnis, dass Stammfunktionen bis auf Verschiebung in y-Richtung eindeutig sind.

x	y	f'(x)
0	2	$\frac{10}{29} \approx 0{,}34$
1	3	0,5
2	5	$\frac{10}{13} \approx 0{,}77$
3	1	$\frac{10}{8} = 1{,}25$
4	3	2
5	4	2,5
6	2	2
7	4	1,25
8	5	≈ 0,77

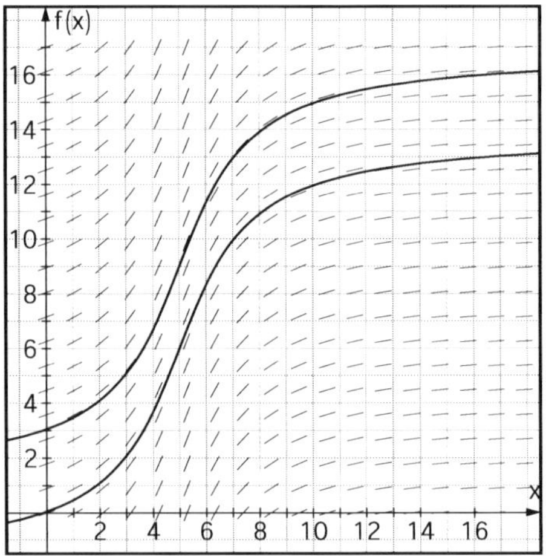

Anmerkung: Die Grafik stellt exakte Lösungen dar.

41 15 *Bambus – Variation der Anfangsbedingungen*

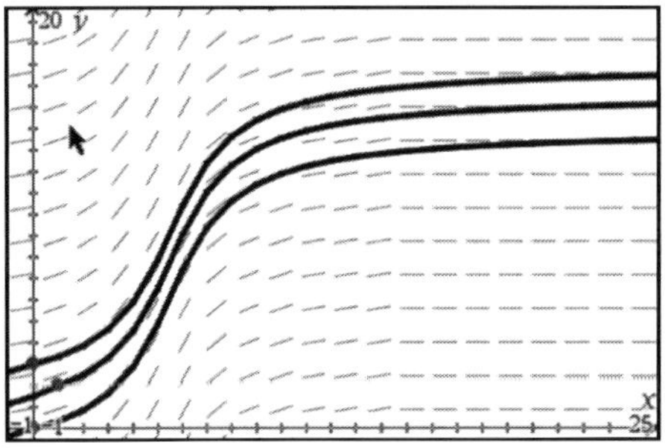

(0|3) bedeutet, dass zu Beginn der Messung der Bambus schon 3 m hoch war.
(1|2) bedeutet, dass nach einem Jahr der Bambus 2 m hoch ist. Dazu gehört ungefähr der Anfangswert 1,5.
Die grafische Untersuchung zeigt, dass der Bambus in Abhängigkeit vom Anfangswert unterschiedliche Höhe erreicht. Das ist eher unwahrscheinlich und zeigt, dass die Modellierung nicht optimal ist.

41 **16** *„Vorauseilende Ersatzteilproduktion" – Langfristiger Bedarf*

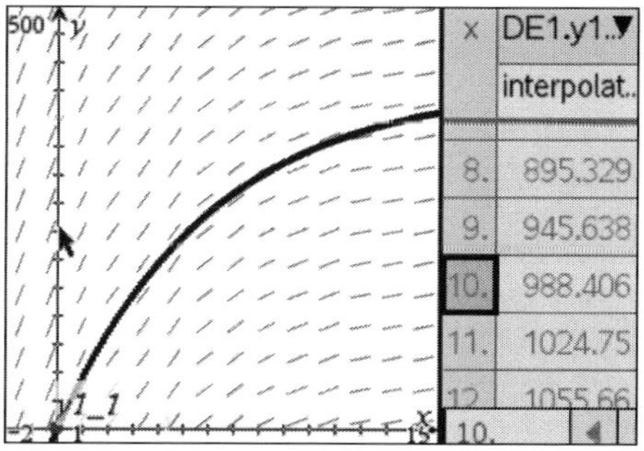

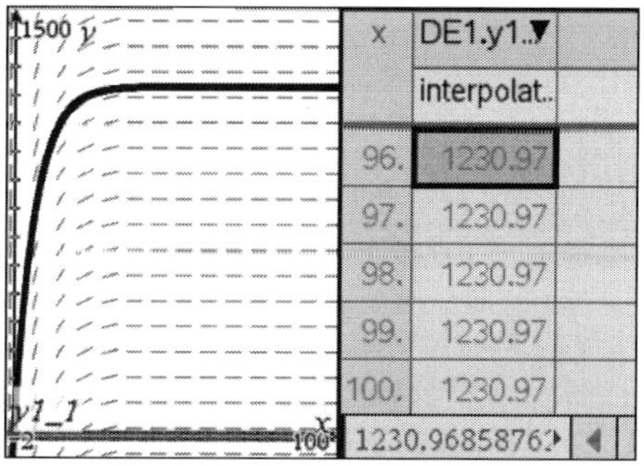

Der Bedarf scheint nicht über alle Grenzen zu wachsen, er konvergiert gegen ca. 1231 Ersatzteile. Das verwundert zunächst, weil ja „auf Ewigkeit" produziert werden soll.

17 *Gasförderung*

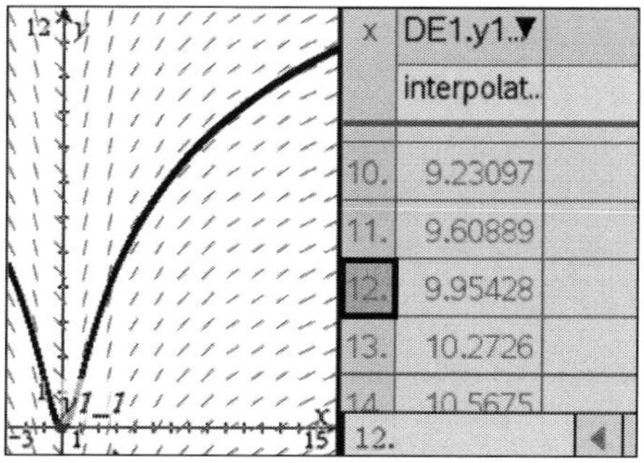

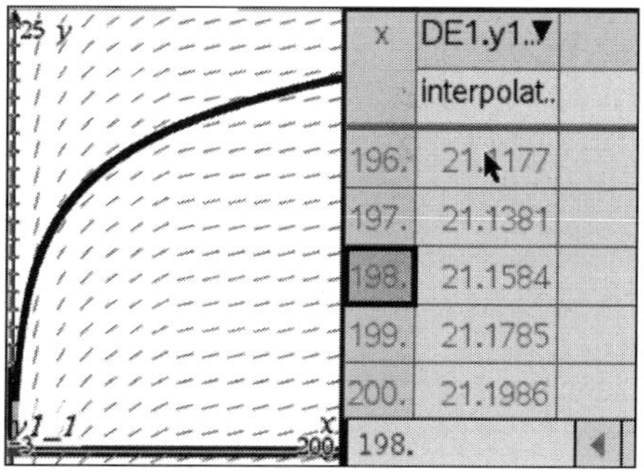

Die Fördermenge scheint langfristig ganz langsam über alle Grenzen zu wachsen obwohl die Förderrate gegen 0 strebt.

18 *Integrale mit Richtungsfeldern*

a) Startwert (– 1 | 0)

b) Startwert (0 | 0)

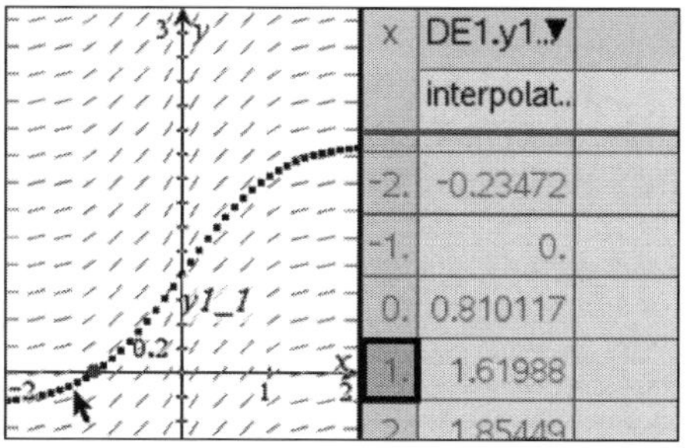

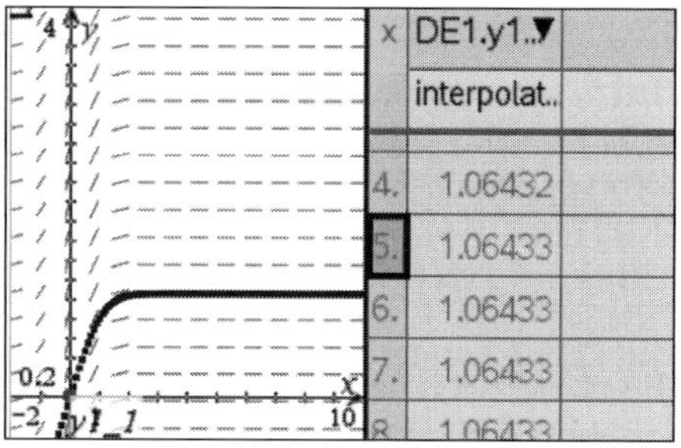

1.6 Flächen berechnen

42 **1** *Fläche zwischen Graphen und x-Achse auf verschiedenen Intervallen*

Flächeninhalt der gefärbten Fläche (in FE):

(1) $\int_{1}^{3} f = \frac{16}{3} = 5{,}\overline{3}$ (2) $\left|\int_{-2}^{-1} f\right| + \int_{-1}^{3} f = 13$

(3) $\left|\int_{-2}^{-1} f\right| + \int_{-1}^{3} f + \left|\int_{3}^{3,5} f\right| = 13 + \left|-\frac{13}{24}\right| = \frac{325}{24} \approx 13{,}54$

Problem: Die Integralfunktion gibt die Bilanz der orientierten Flächeninhalte an. Die geometrischen Inhalte der Flächen müssen daher einzeln berücksichtigt werden und dürfen nicht negativ sein.

Verfahren zur Bestimmung eines geometrischen Flächeninhalts:

- Einzelne Flächenstücke identifizieren.
- Die orientierten Inhalte der Flächenstücke einzeln berechnen.
- Beträge der orientierten Flächeninhalte bilden und addieren.

42 2 *Fläche zwischen zwei Graphen*

Einfacher Spezialfall:

Schnittstellen: $x^2 + 1 = -\frac{1}{2}x^2 + 7 \rightarrow x_{1,2} = \pm 2$

Die gefärbte Fläche entsteht, wenn man von der Fläche zwischen g und der x-Achse die Fläche zwischen f und der x-Achse subtrahiert. Entsprechend gilt für die Flächeninhalte:

$$\int_{-2}^{2} g(x)\,dx - \int_{-2}^{2} f(x)\,dx = \int_{-2}^{2} (g(x) - f(x))\,dx = \int_{-2}^{2} \left(-\frac{3}{2}x^2 + 6\right) dx = 16$$

1. Verallgemeinerung:

Man könnte denken, dass zunächst Teilflächen berechnet werden müssen, weil die Fläche teilweise oberhalb und teilweise unterhalb der x-Achse liegt, aber:

Wenn man beide Graphen so weit in y-Richtung verschiebt, dass die Fläche vollständig oberhalb der x-Achse liegt, erhält man den einfachen Spezialfall, Verschiebungen (Kongruenzabbildungen) verändern nicht Flächeninhalte, formal:

$$A = \int_{a}^{b} (f + k) - \int_{a}^{b} (g + k) = \int_{a}^{b} (f + k - (g + k)) = \int_{a}^{b} (f - g)$$

In diesem Fall erhält man denselben Flächeninhalt wie beim einfachen Spezialfall, weil man die Fläche hier erhält, indem man die dortige an $y = 2$ spiegelt.

2. Verallgemeinerung:

Schnittstellen: $x_1 = -2;\; x_2 = 1;\; x_3 = 2$

Strategie:

- Von Schnittstelle zu Schnittstelle vorgehen
- Immer „Funktion oberhalb minus Funktion unterhalb".

$$\int_{-2}^{1} (g(x) - f(x))\,dx + \int_{1}^{2} (f(x) - g(x))\,dx = \frac{45}{4} + \frac{7}{12} = 11\frac{5}{6}$$

44 3 *Schätzen und rechnen*

Alle Flächeninhalte in FE:

a) $A = \left|\int_{-1}^{1} f\right| = \frac{2}{3}$ b) $A = \left|\int_{-1}^{1} f\right| = \frac{4}{3}$ c) $A = \left|\int_{-1}^{2} f\right| = \frac{17}{4}$ d) $A = \left|\int_{-3}^{-2} f\right| + \left|\int_{-2}^{2} f\right| + \left|\int_{2}^{3} f\right| = \frac{23}{6}$

In Auflage 1 (2018) passen Graph und Funktionsgleichung in d) leider nicht zusammen. Nach Anschauung muss die Funktion f die Gleichung $f(x) = \frac{1}{4}x^2 - 1$ haben.

e) $A = \left|\int_{0}^{\pi} f\right| = 2$ f) $A = \left|\int_{0}^{\frac{\pi}{2}} f\right| + \left|\int_{\frac{\pi}{2}}^{\frac{3\pi}{2}} f\right| = 3$

45 4 *Skizzieren, Schätzen, rechnen und überprüfen*

Alle Flächeninhalte in FE:

a) Nullstellen von f: $-\sqrt{2}, \sqrt{2}$; $A = \left|\int_{-1}^{\sqrt{2}} f\right| + \left|\int_{\sqrt{2}}^{3} f\right| \approx 8{,}44$

b) Nullstellen von f: – 2, 2; $A = \left|\int_{-4}^{-2} f\right| + \left|\int_{-2}^{2} f\right| + \left|\int_{2}^{4} f\right| = 32$

c) Nullstellen von f: $\frac{\pi}{2}, \frac{3\pi}{2}$; $A = \left|\int_{0}^{\frac{\pi}{2}} f\right| + \left|\int_{\frac{\pi}{2}}^{\frac{3\pi}{2}} f\right| + \left|\int_{\frac{3\pi}{2}}^{2\pi} f\right| = 4$

d) f hat keine Nullstellen; $A = \left|\int_{1}^{4} f\right| = \frac{3}{4}$

e) Nullstelle von f: 1 $A = \left|\int_{-2}^{1} f\right| + \left|\int_{1}^{2} f\right| = \frac{19}{2}$

f) Nullstellen von f: $-\pi$, 0, π; $A = \left|\int_{-\pi}^{0} f\right| + \left|\int_{0}^{\pi} f\right| = 4$

45 **5** *Integrale und Flächeninhalte 1*

a = −2; b = 0; c = 3

(1) $\int_{-2}^{3} f(x)\,dx = -\frac{125}{24}$: Orientierter Inhalt, den f mit x-Achse umschließt.

(2) $\int_{-2}^{0} f(x)\,dx + \int_{0}^{3} f(x)\,dx = -\frac{125}{24}$: Orientierter Inhalt, den f mit x-Achse umschließt.

(3) $\int_{-2}^{0} f(x)\,dx - \int_{0}^{3} f(x)\,dx = \frac{253}{24}$: Inhalt der Fläche, die f mit x-Achse umschließt.

6 *Integrale und Flächeninhalte 2*

Aufgrund der Symmetrie zur y-Achse liefern beide Integrale dasselbe Ergebnis. Diese Methode kann immer angewendet werden, wenn f symmetrisch zur y-Achse ist und wenn die Grenzen vom Betrag her gleich groß sind.

7 *Integrale und Flächeninhalte 3*

Die Integrale ergeben beide den Wert 0, obwohl der Flächeninhalt zwischen den Graphen und der x-Achse offensichtlich nicht 0 ist. Allerdings ist der orientierte Flächeninhalt unterhalb der x-Achse aufgrund der Punktsymmetrie zum Ursprung jeweils genauso groß wie der orientierte Flächeninhalt oberhalb der x-Achse, allerdings mit unterschiedlichem Vorzeichen.

Diese Phänomen tritt bei allen zum Ursprung punktsymmetrischen Randfunktionen auf, wenn die Grenzen vom Betrag her gleich groß sind.

8 *Parameterwerte bestimmen 1*

(1) $a = \sqrt[3]{12} \approx 2{,}289$

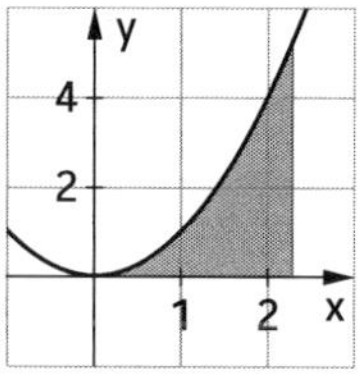

(2) a1 = 0; a2 = 4

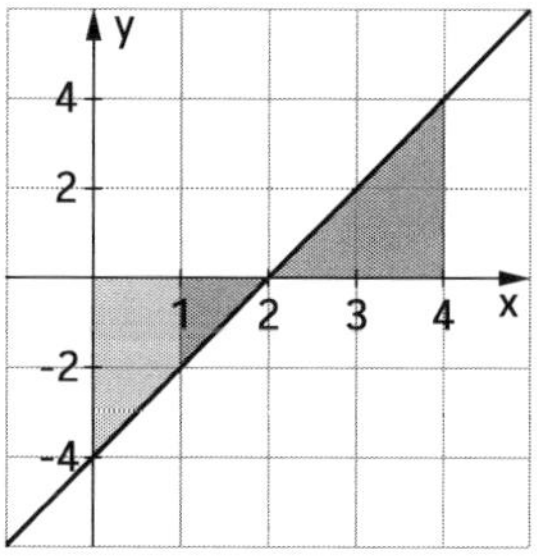

(3) a = −4

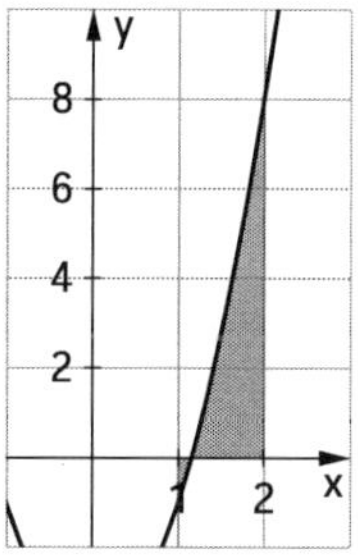

45 **9** *Parameterwerte bestimmen 2*

a) $k = 0$ unmittelbar als Lösung erfassbar.

$$\int_0^k (-3x^2 + 4)\,dx = [-x^3 + 4x]_0^k = -k^3 + 4k = 0$$

$\Rightarrow k_1 = -2;\ k_2 = 0;\ k_3 = 2$

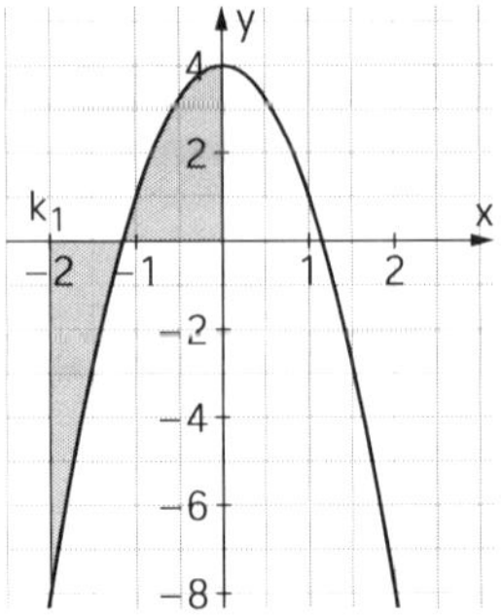

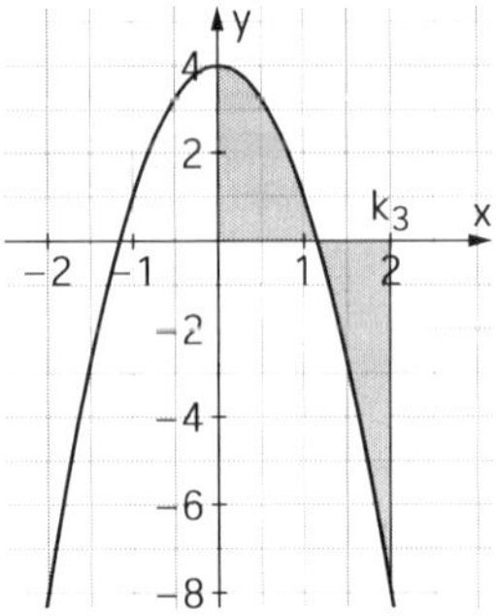

b) $a = 1$ unmittelbar als Lösung erfassbar.

$$\int_1^a (2x)\,dx = [x^2]_1^a = a^2 - 1 = 0$$

$\Rightarrow a_1 = -1;\ a_2 = 1$

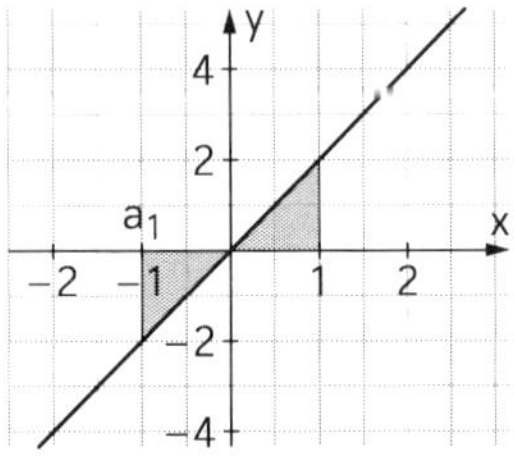

c) $\int_a^2 (2x)\,dx = [x^2]_a^2$

$= 4 - a^2 = 2 + a^2$

$\Rightarrow a_1 = -1;\ a_2 = 1$

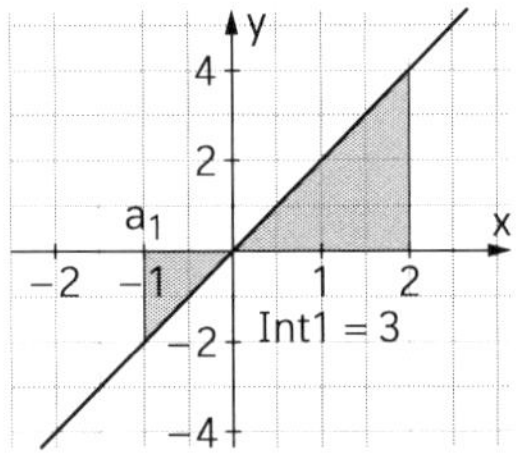

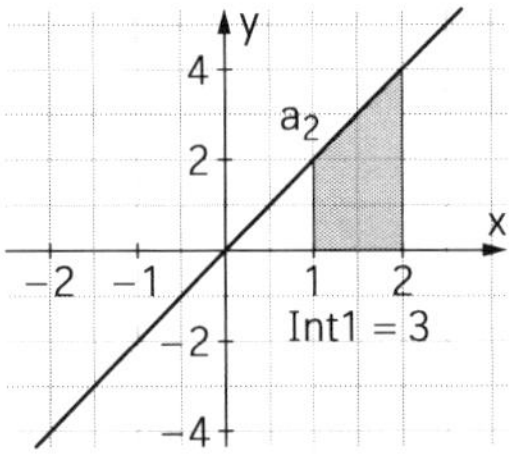

d) $\int_{-\sqrt{k}}^{\sqrt{k}} (x^2 - k)\,dx = \left[\frac{1}{3}x^3 - kx\right]_{-\sqrt{k}}^{\sqrt{k}}$

$= \frac{1}{3}\sqrt{k^3} - \sqrt{k^3} - \left(-\frac{1}{3}\sqrt{k^3} + \sqrt{k^3}\right)$

$= -\frac{4}{3}\sqrt{k^3} = -\frac{9}{2}$

$\Rightarrow k = \frac{9}{4}$

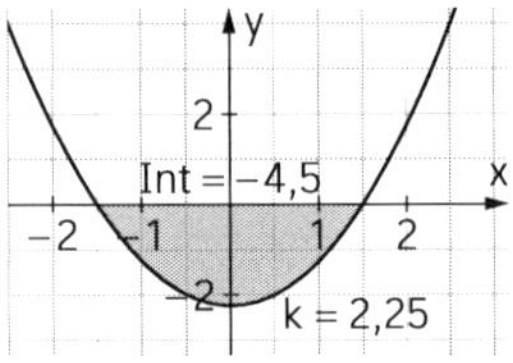

46 **10** *Flächenschrumpfung*

a) $\int_0^1 x^n\,dx = \left[\frac{1}{n+1}x^{n+1}\right]_0^1 = \frac{1}{n+1}$; Es gilt: $\lim\limits_{n\to\infty}\frac{1}{n+1} = 0$; $\frac{1}{n+1} < \frac{1}{1000} \Rightarrow n + 1 > 1000 \Rightarrow$ $n > 999$

b) Orange Fläche: $\int_0^b x^n\,dx = \left[\frac{1}{n+1}x^{n+1}\right]_0^b = \frac{b^{n+1}}{n+1}$

Lila Fläche: Dreieck – Orange: $\frac{1}{2}\cdot b\cdot b^n - \frac{b^{n+1}}{n+1} = \frac{b^{n+1}}{2} - \frac{b^{n+1}}{n+1} = \frac{(n-1)\,b^{n+1}}{2(n+1)}$

Verhältnis der Flächen: $\frac{b^{n+1}}{n+1} : \frac{(n-1)b^{n+1}}{2(n+1)} = \frac{2}{n-1}$. Für $n = 1$ existiert keine lila Fläche.

c) Forschungsaufgabe:

$$\int_1^{1+\frac{1}{n}} x^n\,dx = \left[\frac{1}{n+1}x^{n+1}\right]_1^{1+\frac{1}{n}} = \frac{1}{n+1}\cdot\left(1+\frac{1}{n}\right)^{n+1} - \frac{1}{n+1} = \frac{1}{n+1}\cdot\left(\left(1+\frac{1}{n}\right)^{n+1} - 1\right)$$

Was passiert mit $\left(1+\frac{1}{n}\right)^{n+1}$ für $n \to \infty$? Man kann dies nicht durch elementare Untersuchung des Terms erschließen

Numerische Untersuchung:

n = 100: 2,7319; n = 1000: 2,7196; n = 10 000: 2,7184

Der Ausdruck scheint zu konvergieren. Damit gilt: $\lim\limits_{n\to\infty}\left(\frac{1}{n+1}\cdot\left(\left(1+\frac{1}{n}\right)^{n+1} - 1\right)\right) = 0$

Hinweis: Wenn „e“ schon eingeführt ist, kann man hier schön darauf Bezug nehmen.

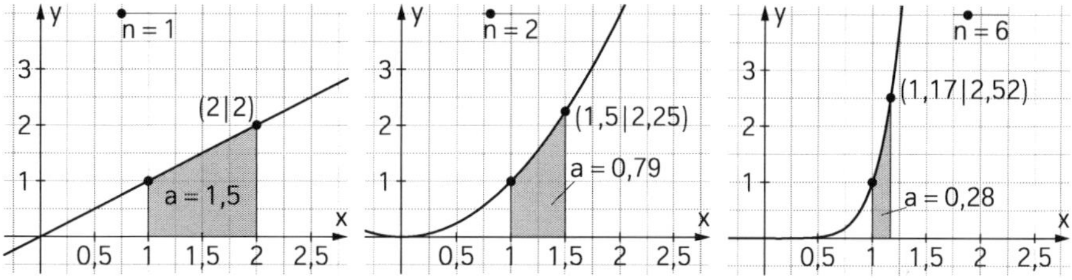

46 **11** *Flächen zwischen Graphen – schätzen und rechnen*

a) $A = \int_{-1}^{1} \left((2x+4) - (x^2+2x+3)\right)dx = \left[x - \frac{x^3}{3}\right]_{-1}^{1} = \frac{4}{3} = 1,\overline{3}$

b) $A = \int_{-2}^{2} \left((2x+7) - (x^2+2x+3)\right)dx = \left[-\frac{1}{3}x^3 + 4x\right]_{-2}^{2} = \frac{32}{3} \approx 10,67$

c) Drei Schnittstellen: –1; 0; 3

$$A = \int_{-1}^{0} \left((x^3-3x) - 2x^2\right)dx + \int_{0}^{3} \left(2x^2 - (x^3-3x)\right)dx = \frac{71}{6} = 11,8\overline{3}$$

12 *Training „zu Fuß“*

Lösungsmuster: Die Schnittstellen $x_1; \ldots; x_n$ von f und g werden bestimmt.

Die eingeschlossene Fläche hat den Inhalt $A = \left|\int_{x_1}^{x_2}(f-g)\right| + \ldots + \left|\int_{x_{n-1}}^{x_n}(f-g)\right|$.

	Schnittstellen	Flächeninhalt A	Grafik
a)	$-2\sqrt{2} \approx -2,83$; $2\sqrt{2} \approx 2,83$	$\frac{32\sqrt{2}}{3} \approx 15,08$	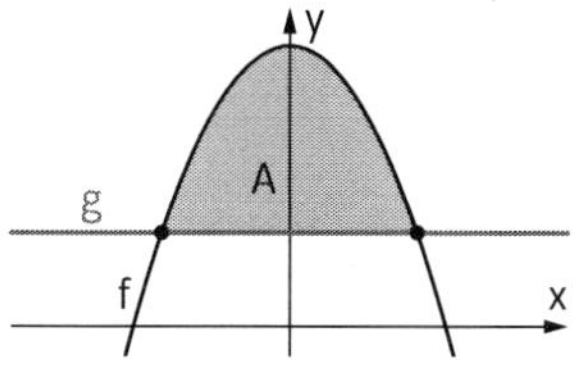
b)	–2; 2	$\frac{32}{3} \approx 10,67$	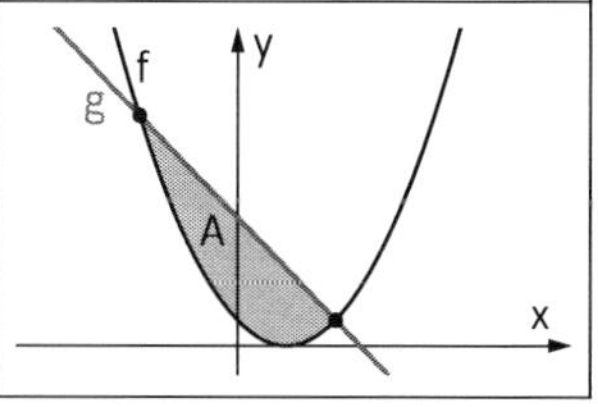

	Schnittstellen	Flächeninhalt A	Grafik
c)	−2; 0; 2	8	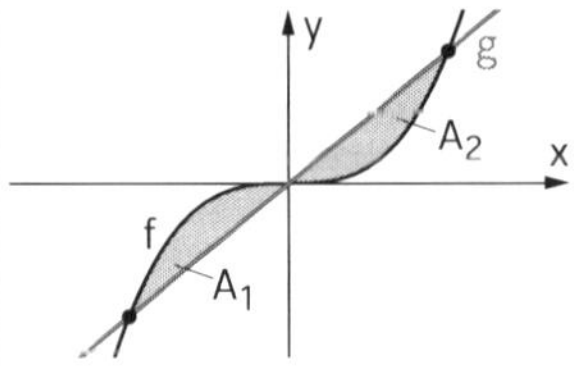
d)	−1; 0; 1	$\frac{4}{3} \approx 1{,}33$	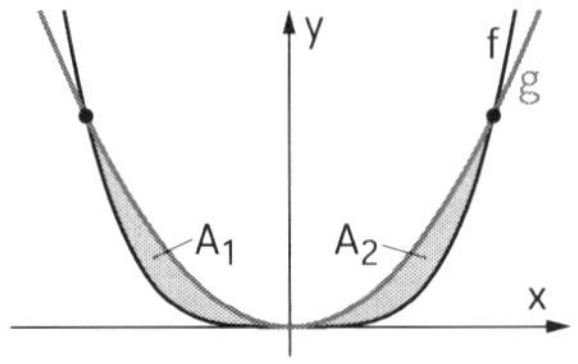
e)	0; 2π	$2\pi \approx 6{,}28$	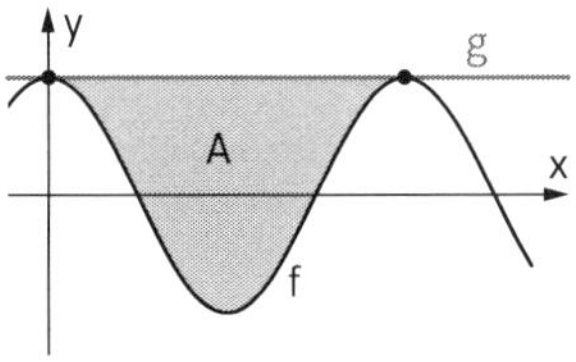
f)	−2; 3	$\frac{125}{6} \approx 20{,}83$	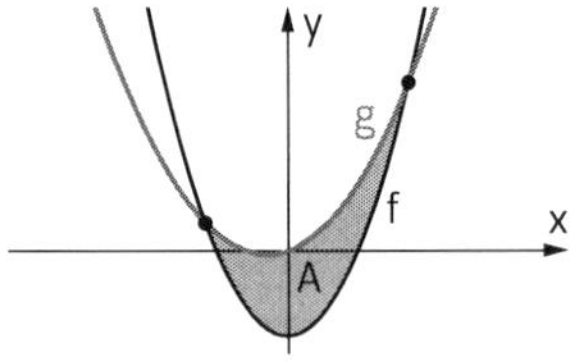

46 13 *Training mit GTR*

	Schnittstellen	Flächeninhalt A	Grafik
a)	−2; 1 ; 4	40,5	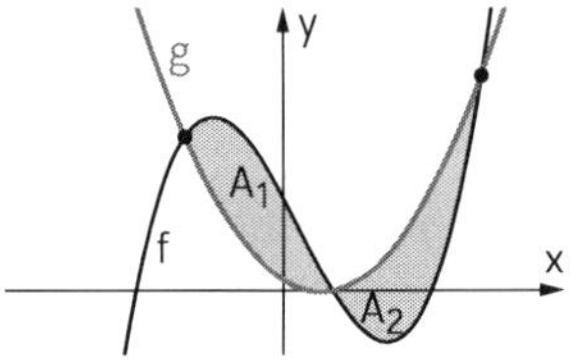
b)	−1,22; 2	21,51	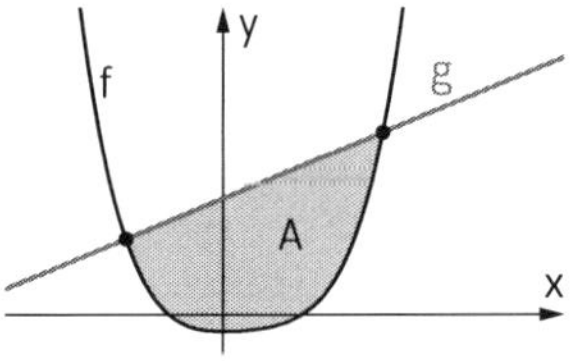
c)	−1; 2; 4	21,08	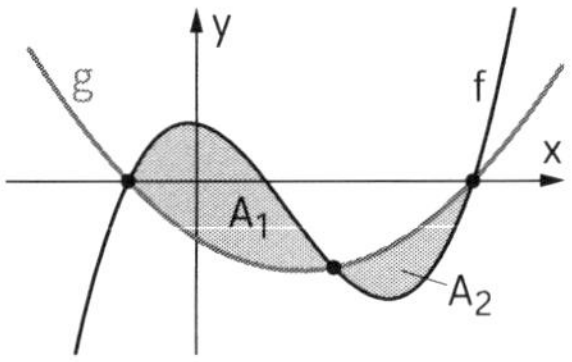

d)

Schnittstellen	Flächeninhalt A	Grafik
−2,54; −2; 1; 3,54	92,7	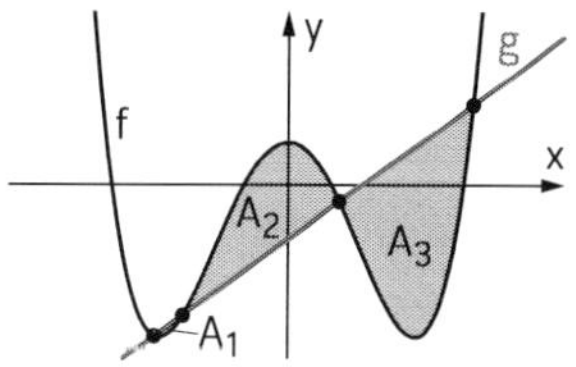

e) Grafisch-numerische Untersuchung:
$A \approx 15{,}08$
Wegen des Steigungsverhaltens von f und g gibt es drei Schnittpunkte.
Rechnungen:
Schnittpunkte:
$x^3 - 1 = 4x^2 - 4$
Unmittelbar kein algebraisches Lösungsverfahren bekannt.
Aus Grafik: $f(1) = g(1) = 0$
Weitere Schnittstellen nur grafisch-numerisch.
Anmerkung: CAS liefert auch algebraische Lösungen

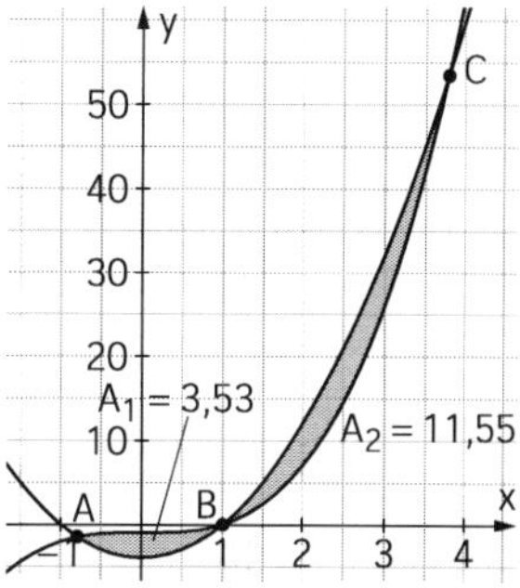

f) In Standardbildschirmeinstellungen ist nur Schnittstelle 0 unmittelbar ersichtlich, die Lagebeziehung in [1,5; 3] bleibt zunächst unklar. Aus dem unterschiedlichen Steigungsverhalten kann auf weitere Schnittstelle für $x < -2$ geschlossen werden.

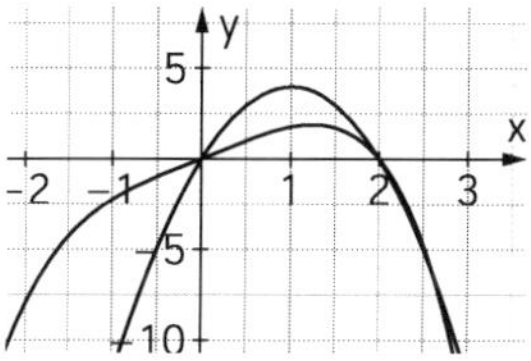

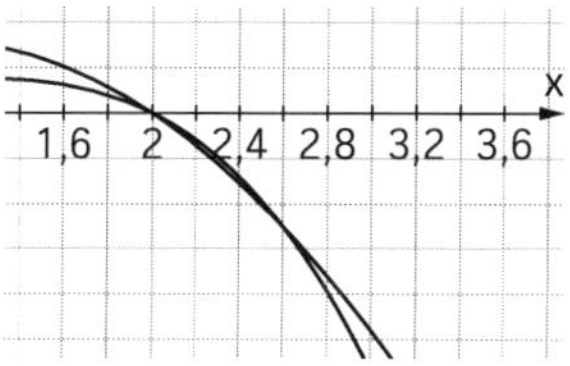

Es gibt Schnittstellen bei ca. 2 und ca. 2,6

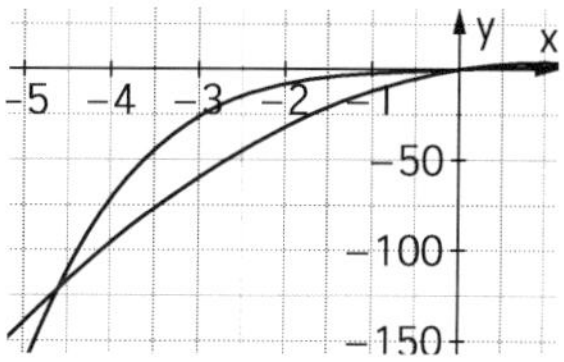

Es gibt Schnittstelle bei ca. −4,5

$f(0) = g(0) = 0$; $f(2) = g(2) = 0$;
Grafisch-numerische Flächenbestimmung. $A \approx 93{,}36$
Die Fläche in [0; 2] kann algebraisch bestimmt werden.

$$\int_0^2 \left(\frac{1}{4}x^4 - 4x^2 + 6x\right)dx$$
$$= \left[\frac{1}{20}x^5 - \frac{4}{3}x^3 + 3x^2\right]_0^2$$
$$= \frac{8}{5} - \frac{32}{3} + 12 = \frac{44}{15} = 2{,}9\overline{3}$$

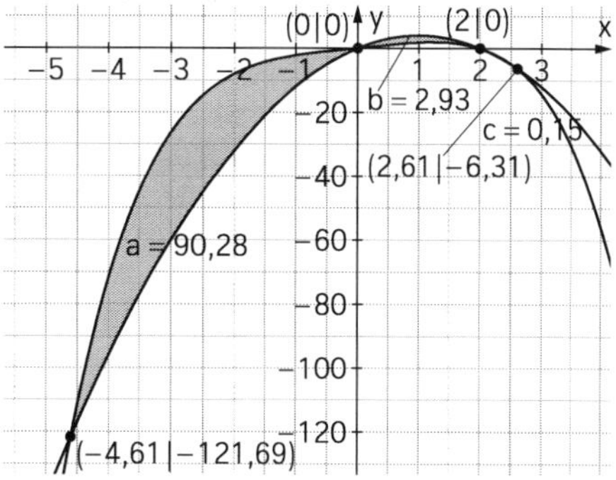

47 **14** *Integrale und Flächeninhalte 4*

$$\int_{-1}^{3} f(x) - g(x)\,dx = -\frac{32}{3} = \int_{-1}^{3} h(x)\,dx$$

Vgl. gelber Kasten auf S. 36

15 *Schmuckstücke im Parabeldesign*
Seien A_1, A_2, A_3 die Flächeninhalte der Schmuckstücke entsprechend den Abbildungen 1, 2 und 3. Das 1. Schmuckstück hat die größten Materialkosten, denn es gilt $A_1 > A_2 = A_3$.

Begründung: Um jeweils die gleichen Flächeneinheiten zu verwenden, ist die Wahl eines einheitlichen Koordinatensystems sinnvoll, z. B.: Das dargestellte Quadrat entspreche dem Fensterausschnitt $-1 \le x \le 1$; $-1 \le y \le 1$.
Bild 1: Geschickte Zerlegung und Verschiebung ergeben ein flächengleiches Rechteck, $A_1 = 2$ FE.
Bild 2 und Bild 3, einige alternative Begründungen (mit unterschiedlichen Modellierungen) anhand von Symmetrieüberlegungen:

Die Gesamtfläche des Schmuckstücks ist jeweils 4-mal so groß wie die Fläche zwischen $f(x) = \sqrt{x}$ und $g(x) = x^2$ in [0; 1]: $A_2 = A_3 = 4 \cdot \int_0^1 (f - g) = \frac{4}{3}$ FE Analog wie oben: $f(x) = 1 - x^2$ und $g(x) = (x-1)^2$ für A_3	Die Gesamtfläche des Schmuckstücks ist jeweils 8-mal so groß wie die Fläche zwischen $f(x) = x$ und $g(x) = x^2$ in [0; 1]: $A_2 = A_3 = 8 \cdot \int_0^1 (f - g) = \frac{4}{3}$ FE

47 16 *Ein Firmenlogo*

a) Der untere Rand wird beschrieben durch $g(x) = -x^4 + 2x^2 - 1$.
$f'(x) = 4x^3 - 4x$ also gilt $f'(-1) = f'(1) = 0$

b) $A = 2 \cdot \int_{-1}^{1} f(x)\,dx = \frac{32}{15} \approx 2{,}13$
Der höchstmögliche Preis/m² beträgt 37,50 €.

c) $A_{rot} = A_{gelb} = 0{,}597$
$A_{grün} = A_{blau} = 0{,}469$
Die Trennungslinien treffen den Rand nicht in den Wendepunkten. WP $\left(\pm\sqrt{\frac{1}{3}} \,\middle|\, \pm\frac{4}{9}\right)$.

48 17 *Parabelhalbierung mithilfe passender Geraden*

a) Die gesuchte Gerade: $g(x) = 9 - \left(\frac{3}{\sqrt[3]{2}}\right)^2 \approx 3{,}33$
Lösungsbeispiel:
Nullstellen von f: −3; 3
Der Graph von f schließt mit der x-Achse eine Fläche ein: $A = \int_{-3}^{3} f(x)\,dx = 36$ (in FE).
Schnittstellen der gesuchten Geraden g mit dem Graphen von f seien −k und k.
$\Rightarrow g(x) = 9 - k^2$ (g ist konstante Funktion)
f und g schließen miteinander die Fläche mit Inhalt $\int_{-k}^{k} (f(x) - g(x))\,dx = \frac{4}{3}k^3$ ein.
Dieser Flächeninhalt soll halb so groß wie A sein: $\frac{4}{3}k^3 = \frac{1}{2}A \Rightarrow k = \frac{3}{\sqrt[3]{2}} \approx 2{,}38$

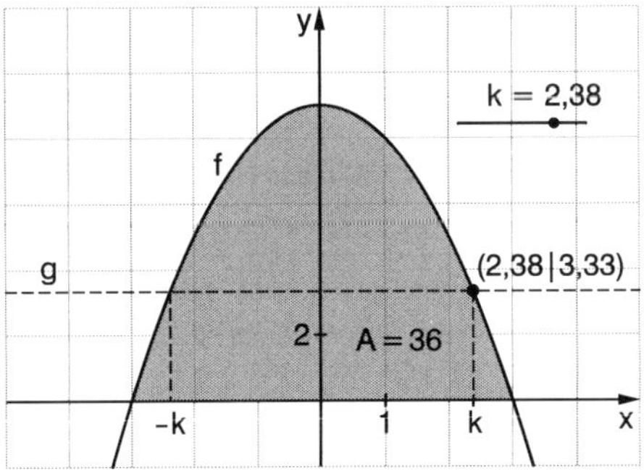

b) Die gesuchte Gerade: $g(x) = \left(3 - \frac{3}{\sqrt[3]{2}}\right)x \approx 0{,}62\,x$
Lösungsbeispiel:
Nullstellen von f: 0; 6
Der Graph von f schließt mit der x-Achse eine Fläche ein: $A = \int_0^6 f(x)\,dx = 18$ (in FE)
Die gesuchte Gerade schneidet den Graphen von f in den Punkten $(0|0)$ und $P(a|f(a))$ mit $0 < a < 6$; sie hat also die Steigung $\frac{f(a)}{a} = 3 - 0{,}5a. \Rightarrow g(x) = (3 - 0{,}5a)x$
f und g schließen miteinander eine Fläche mit Inhalt $\int_a^0 (f(x) - g(x))\,dx = \frac{a^3}{12}$ ein.
Dieser Flächeninhalt soll halb so groß wie A sein: $\frac{a^3}{12} = \frac{1}{2}A \Rightarrow a = 3 \cdot 2^{\frac{2}{3}} \approx 4{,}76$

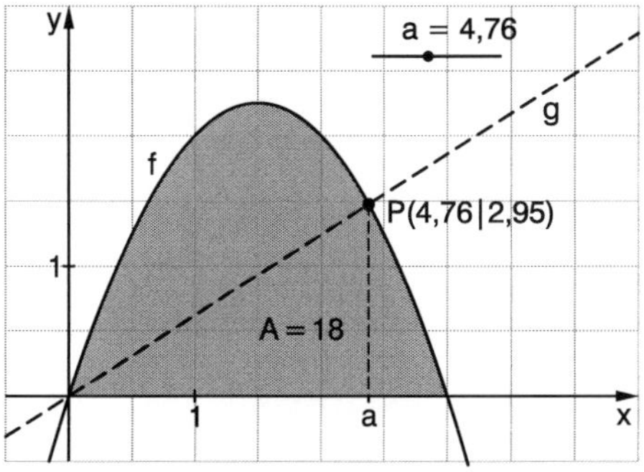

48 **18** *Wandernder Streifen*
Der Streifen ist so zu legen, dass $k = \frac{\sqrt{13}+1}{2} \approx 2{,}3$ gilt.
Lösungsbeispiel:
f hat die Nullstellen 0 und 6. Das blaue Flächenstück hat den Inhalt
$A(k) = \int_k^{k+3} f = -\frac{1}{2}k^3 + \frac{3}{4}k^2 + \frac{9}{2}k + \frac{45}{8}$.
An der Stelle $k = \frac{\sqrt{13}+1}{2} \approx 2{,}3$ ist dieser Flächeninhalt maximal.

19 *Flächenstücke*
a) Die gesuchte Funktionsgleichung: $g(x) = \frac{1}{4}$
Rechnung: $A_1 = A_2 \Leftrightarrow A_1 + (-A_2) = 0 \Leftrightarrow \int_0^1 (t^3 - x^3)\,dx = 0 \Leftrightarrow t = \left(\frac{1}{4}\right)^{\frac{1}{3}}$
Probe: $A_1 = A_2 = \frac{3}{32} \cdot 2^{\frac{1}{3}} \approx 0{,}118$ (in FE)
b) Die gesuchte Funktionsgleichung: $g(x) = \frac{1}{8}$
Rechnung: $A_1(t) + A_2(t) = \int_0^t (t^3 - x^3)\,dx + \int_t^1 (x^3 - t^3)\,dx = 1{,}5t^4 - t^3 + 0{,}25$;
Minimum für $t = \frac{1}{2}$
Dann gilt: $A_1 + A_2 = \frac{7}{32} = 0{,}21875$ (in FE)

48 **20** *Ein maximales Rechteck*

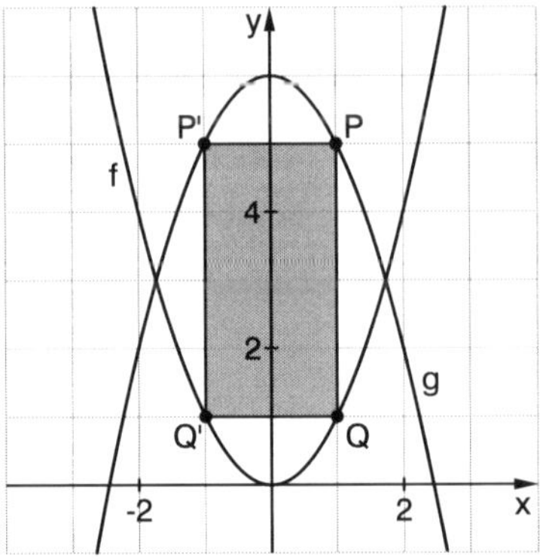

Lösungsbeispiel: Die Graphen von f und g schneiden sich an den Stellen $-\sqrt{3}$ und $\sqrt{3}$
Sie schließen die Fläche mit dem Inhalt $8\sqrt{3} \approx 13{,}86$ (in FE) ein. Die beiden unteren und die beiden oberen Eckpunkte des Rechtecks sind jeweils symmetrisch bezüglich der y-Achse, da f und g achsensymmetrisch sind. Seien $-a$ und a die x-Koordinaten der Eckpunkte des Rechtecks, dabei gelte $0 < a < \sqrt{3}$. Sein Flächeninhalt beträgt Breite · Höhe $= 2a \cdot \big(g(a) - f(a)\big) = -4a^3 + 12a$.
Dieser Flächeninhalt ist für $a = 1$ am größten und beträgt 8 FE. Die Koordinaten der Eckpunkte sind $P(1|5)$, $Q(1|1)$, $P'(-1|5)$, $Q'(-1|1)$.
Die von f und g umschlossene Fläche ist um den Faktor $\sqrt{3}$ größer.

21 *Puzzeln*

Schnittpunkte: $A(1|2)$, $B(2|1)$, $C(4|4)$; Überschlag: 3 FE; Beispiele für Strategien:

Strategie 1	**Strategie 2**
Eine Gerade durch B parallel zur y-Achse teilt die gefärbte Fläche in zwei Stücke. $A = \int_1^2 (h-g) + \int_2^4 (h-f) = \frac{17}{6} = 2{,}8\overline{3}$ (in FE)	Man berechnet die Inhalte der Flächen, die von h in [1; 4], von g in [1; 2] und von f in [2; 4] mit der x-Achse eingeschlossen werden. $A = \int_1^4 h - \int_1^2 g - \int_2^4 f = \frac{17}{6} = 2{,}8\overline{3}$ (in FE)

49 **22** *Parabelsegmente*

a) Beispiel für eine Beschreibung: Wenn der Streifen von links nach rechts wandert, nimmt der Umfang solange ab, bis die Symmetrieachsen des Streifens und der Parabel übereinstimmen. Danach nimmt der Umfang immer mehr zu.

b)

Funktionen	**Schnittstellen**	**Streifenbreite**	**Flächeninhalt** $A = \int_{x_1}^{x_2} (g-f)$
f und g_1	−2; 2	4	$\frac{32}{3} = 10{,}\overline{6}$
f und g_2	0; 4	4	$\frac{32}{3} = 10{,}\overline{6}$
f und g_3	−1; 3	4	$\frac{32}{3} = 10{,}\overline{6}$

Vermutung: Der Flächeninhalt bleibt konstant.
Für die Konstruktion der Segmente $\big(\text{mit } P(a\,|\,a^2),\ Q(a+4\,|\,(a+4)^2)\big)$ gilt allgemein

$g(x) = (2a+4)(x-a) + a^2$ und damit $A = \int_a^b (g-f) = \frac{32}{3} = 10{,}\overline{6}$.

Das bestätigt die Vermutung für $f(x) = x^2$ und die Streifenbreite 4.

c) (A) Mit dem Makro erhält man allgemein für die Schnittgeraden g_t:
$g_t(x) = 2(t+2)\cdot x - t(t+4)$
Allgemeine Schnittpunkte: $x = t$ und $x = t + 4$

$$\int_t^{t+4} g_t(x) - f(x)\,dx = \frac{32}{3}$$

Die Vermutung gilt für beliebige Segmente der Breite 4.

(B) Mit dem Makro erhält man allgemein für die Schnittgeraden g_{tk}:
$g_{tk}(x) = 2k(t+2)\cdot x - t(t+4)$
Allgemeine Schnittpunkte: $x = t$ und $x = t + 4$

$$\int_t^{t+4} g_{tk}(x) - f_k(x)\,dx = \frac{32}{3}k$$

Die Vermutung gilt auch für $f_k(x) = kx^2$ für beliebige Segmente der Breite 4.

(C) Mit dem Makro erhält man allgemein für die Schnittgeraden g_{tb} bei beliebiger Breite b:
$g_{tb}(x) = (2t+b)\cdot x - t(t+b)$
Allgemeine Schnittpunkte: $x = t$ und $x = t + b$

$$\int_t^{t+b} g_{tb}(x) - f(x)\,dx = \frac{b^3}{6}$$

Die Vermutung gilt auch für beliebige Segmente der Breite b.
Mit CAS kann allgemeiner Nachweis für $y = k\cdot x^2$ für Breite des Segments h einfach erbracht werden.

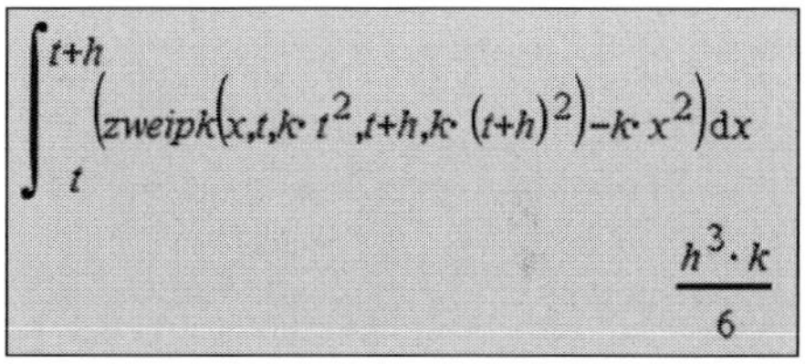

49 23 *Segmente bei Polynomen vom Grad 3 und Parabeln*
Fehler in Auflage 1 (2018): Der korrekte Term muss heißen: $q2(x) = 3x^2 - 3x + 3$

a) (1) Schnittstellen:
$x^3 - 4x + 6 = 6x^2 - 12x + 6$
$\Leftrightarrow x^3 - 6x^2 + 8x = x(x^2 - 6x + 8) = 0$
$\Rightarrow x_1 = 0;\ x_2 = 2;\ x_3 = 4$

$$\int_0^2 (f(x) - q1(x))\,dx = \int_2^4 (q1(x) - f(x))\,dx = 4$$

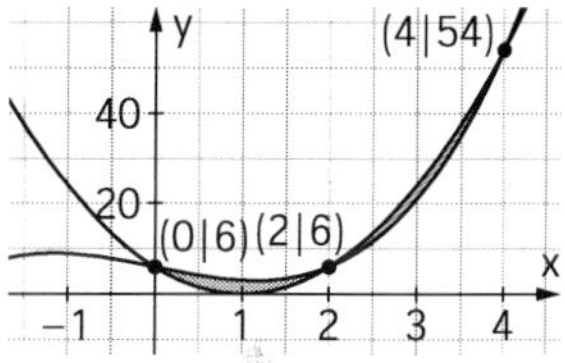

(2) $f(-1) = q2(-1);\ f(1) = q2(1);\ f(3) = q2(3)$

$$\int_{-1}^1 (f(x) - q1(x))\,dx = \int_1^3 (q1(x) - f(x))\,dx = 4$$

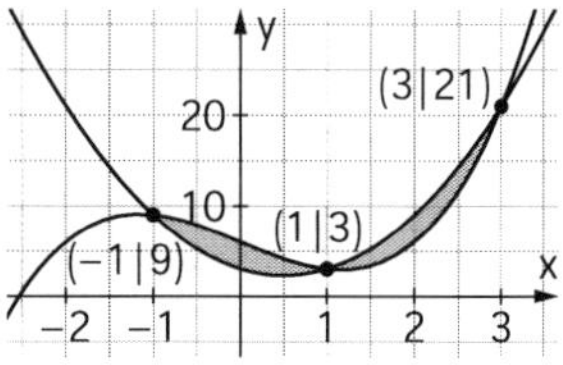

Die Teilflächen sind gleich groß, das Intervall der Schnittstellen immer 4 Einheiten lang.
Da die Orientierung wechselt, gilt:

$$\int_0^4 f(x)\,dx = \int_0^4 q1(x)\,dx \quad \text{und} \quad \int_{-1}^3 f(x)\,dx = \int_{-1}^3 q2(x)\,dx$$

b) q1: $k = 0$; q2: $k = -1$
Mit dem CAS wird gezeigt, dass der orientierte Inhalt der von f und q eingeschlossenen Flächen in jedem Intervall der Breite 4 immer 0 ist, d. h.: $\int_k^{k+4} f(x)\,dx = \int_k^{k+4} q(x)\,dx$
Gilt dies für alle kubischen Funktionen und Parabeln mit demselben „Schnittintervall" [a; b]?

c) a) und b) beschreiben die Situation der Keplerregel für kubische Funktionen.Das Ergebnis legt nahe, dass die Keplerregel auch für ganzrationale Funktionen vom Grad 3 das exakte Ergebnis liefert. Für quadratische liefert sie das exakte Ergebnis, für ganzrationale Funktionen vom Grad 4 nicht (vgl. Aufgabe 8 in 1.4).

50 **24** *Mittlere Tagestemperatur*

Durchschnittliche Temperatur: (A) ca. 19,5236 °C (B) ca. 19,5242 °C

Der prozentuale Unterschied der beiden Werte ist gering und beträgt ca. 0,003 %. Die Methode (B) entspricht der gewählten Modellierung am genauesten. Die Methode (A) nähert sich der Methode (B) bei steigender Anzahl der Ablesepunkte immer mehr.

25 *Mittlerer Gewinn*

Der mittlere Gewinn beträgt 1680 €.

26 *Lagerhaltungskosten*

Die mittleren täglichen Lagerkosten betragen 140 €. Begründung:

Pro Tag werden durchschnittlich $L_M = \frac{1}{30} \cdot \int_0^{30} L(x)\,dx = 400$ Stück gelagert.

$400 \text{ Stück} \cdot 0{,}35 \frac{€}{\text{Stück}} = 140\,€$

1.7 Offene Flächen berechnen

51 **1** *Wenn Flächen nicht ganz dicht sind – numerisch*

a) Erste naheliegende Vermutungen: Wegen der ‚ins Unendliche‘ offenen Flächen wächst der Flächeninhalt auch über alle Grenzen.

a) $f(x) = \left(\frac{1}{2}\right)^x$		**b)** $f(x) = \frac{1}{x}$			
k = 5	1,3976	k = 5	1,6094	k = 0,5	−0,6931
k = 10	1,4412	k = 10	2,3026	k = 0,1	−2,3025
k = 50	1,4427	k = 50	3,9120	k = 0,001	−6,9077
k = 100	1,4427	k = 100	4,6051	k = 0,0001	−9,2103
k → ∞?	→ ≈ 1,4427	k → ∞?	→ ∞?	k → 0?	→ − ∞?

Taschenrechner (und Computer) können nur endliche Werte verarbeiten.

2 *Wenn Flächen nicht ganz dicht sind – grafisch und rechnerisch*

a) $\int_1^k \frac{1}{x^2}\,dx = \left[-\frac{1}{x}\right]_1^k = -\frac{1}{k} + 1;$

Vermutung aus Grafik: Endlicher Wert, weil $I_1(k)$ sich asymptotisch $y = 1$ nähert.

Untersuchung mit Term: $\lim_{k\to\infty}\left(-\frac{1}{k} + 1\right) = 1$, weil $-\frac{1}{k}$ gegen 0 strebt.

b) $\int_1^k \frac{1}{\sqrt{x}}\,dx = [2\sqrt{x}]_1^k = 2\sqrt{k} - 2;$

Vermutung aus Grafik: Wächst über alle Grenzen, weil $I_1(k)$ wohl beliebig ansteigt.

Untersuchung mit Term: $2\sqrt{k} - 2 \to \infty$, weil $\sqrt{k}$ gegenn ∞ strebt.

52 3 *Uneigentliche Integrale?*

a)	Das Integral in [2; ∞] existiert nicht: $\int_2^c f(x)\,dx = 4(\sqrt{c} - \sqrt{2}) \xrightarrow[c \to \infty]{} \infty$	Das Integral in [0; 1] existiert: $\int_c^1 f(x)\,dx = 4(1 - \sqrt{c}) \xrightarrow[c \to 0]{} 4$	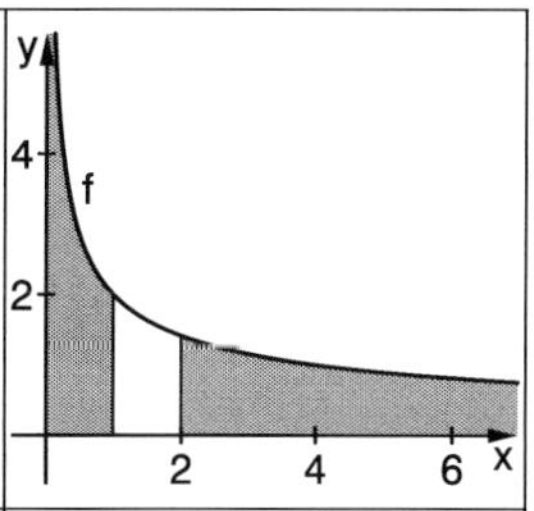
b)	Das Integral in [2; ∞] existiert: $\int_2^c f(x)\,dx = \frac{1}{8} - \frac{1}{2c^2} \xrightarrow[c \to \infty]{} \frac{1}{8}$	Das Integral in [0; 1] existiert nicht: $\int_c^1 f(x)\,dx = \frac{1}{2c^2} - \frac{1}{2} \xrightarrow[c \to 0]{} \infty$	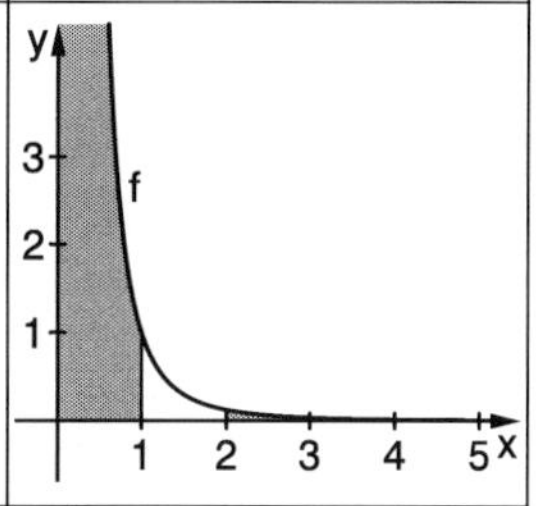
c)	Das Integral in [2; ∞] existiert: $\int_2^c f(x)\,dx = -\frac{8}{\sqrt{c}} + \frac{8}{\sqrt{2}} \xrightarrow[c \to \infty]{} \frac{8}{\sqrt{2}}$ $\approx 5{,}66$	Das Integral in [0; 1] existiert nicht: $\int_c^1 f(x)\,dx = -8 + \frac{8}{\sqrt{c}} \xrightarrow[c \to 0]{} \infty$	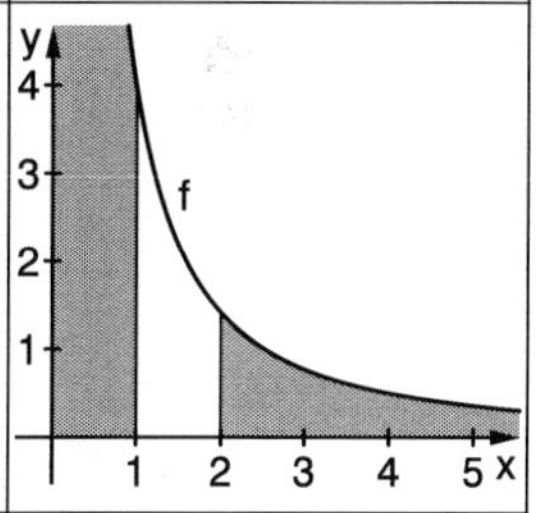
d)	Das Integral in [2; ∞] existiert nicht: $\int_2^c f(x)\,dx = c - \frac{1}{c} - \frac{1}{2} \xrightarrow[c \to \infty]{} \infty$	Das Integral in [0; 1] existiert nicht: $\int_c^1 f(x)\,dx = -c + \frac{3}{c} - 2 \xrightarrow[c \to 0]{} \infty$	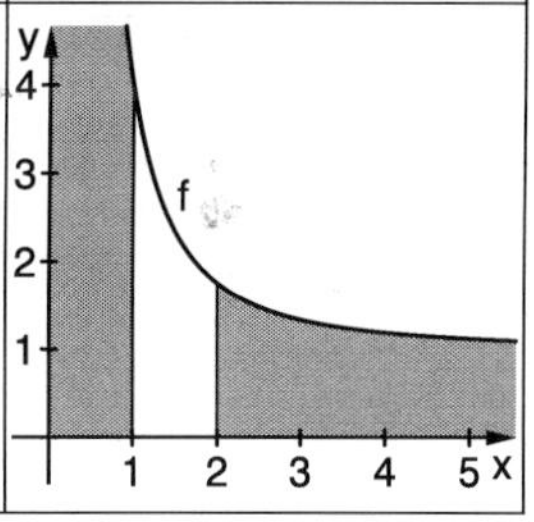

e) zu a) $\int_c^1 \frac{2}{\sqrt{x}}\,dx = 4(1 - \sqrt{c});\ 4\sqrt{c} < 0{,}01 \Rightarrow c < \frac{1}{160\,000} \approx 0{,}000\,006$

$\int_c^1 \frac{2}{\sqrt{x}}\,dx = 4(1 - \sqrt{c});\ 4\sqrt{c} < 0{,}0001 \Rightarrow c < \frac{1}{1\,600\,000\,000} \approx 6{,}25 \cdot 10^{-10}$

zu b) $\int_2^c \frac{1}{x^3}\,dx = \frac{1}{8} - \frac{1}{2c^2};\ \frac{1}{2c^2} < 0{,}01 \Rightarrow c > \sqrt{50} \approx 7{,}071$

$\int_2^c \frac{1}{x^3}\,dx = \frac{1}{8} - \frac{1}{2c^2};\ \frac{1}{2c^2} < 0{,}0001 \Rightarrow c > \sqrt{5000} \approx 70{,}71$

zu c) $\int_2^c \frac{4}{\sqrt{x^3}}\,dx = -\frac{8}{\sqrt{c}} + \frac{8}{\sqrt{2}};\ \frac{8}{\sqrt{c}} < 0{,}01 \Rightarrow c > 640\,000$

$\int_2^c \frac{4}{\sqrt{x^3}}\,dx = -\frac{8}{\sqrt{c}} + \frac{8}{\sqrt{2}};\ \frac{8}{\sqrt{c}} < 0{,}0001 \Rightarrow c > 6\,400\,000\,000$

53 **4** *Grafisch-numerische Untersuchungen*

Es sind keine Stammfunktionen zu den Randfunktionen bekannt, daher ist keine Untersuchung des Grenzprozesses mithilfe der Terme möglich.

a) Das Integral wächst über alle Grenzen, weil die „Höhe" der Fläche immer größer als 1 ist.

b) Die Grafik lässt keine eindeutige Vermutung zu. Numerische Untersuchung mit GTR:

Vermutung: $\lim\limits_{c \to \infty} \int_0^c \frac{1}{x^2+1} dx \approx 1{,}57$

Anmerkung: Der Grenzwert ist $\frac{\pi}{2}$, vielleicht etwas zum Staunen.

$$\int_0^{1000} \left(\frac{1}{X^2+1}\right) dX \quad 1.569796327$$

$$\int_0^{100000} \left(\frac{1}{X^2+1}\right) dX \quad 1.570786327$$

c) $\int_{-2}^{0} \left(\frac{1}{x}+2\right) dx$: Die Grafik lässt keine eindeutige Vermutung zu.
Das Integral scheint betragsmäßig über alle Grenzen zu wachsen, allerdings sehr langsam.

$$\int_{-2}^{-0.001} \left(\frac{1}{X}+2\right) dX \quad -3.60290246$$

$$\int_{-2}^{-0.00001} \left(\frac{1}{X}+2\right) dX \quad -8.206092651$$

$\int_2^{\infty} \left(\frac{1}{x}+2\right) dx$: Das Integral wächst über alle Grenzen, weil die „Höhe" der Fläche immer größer als 2 ist.

5 *Von unendlich zu endlich*

Es gilt $\int_1^k x^{-a} dx = \left[\frac{x^{-a+1}}{-a+1}\right]_1^k = \frac{k^{-a+1}}{-a+1} - \frac{1}{-a+1} = \frac{1}{a-1} - \frac{k^{1-a}}{a-1}$

Sei a mit $a \neq 1$ angenommen; der Sonderfall $a = 1$ soll hier nicht betrachtet werden.

Für $k \to \infty$ ist der Term $\frac{1}{a-1}$ konstant.

Weiter gilt: $\frac{k^{1-a}}{a-1} \xrightarrow[k \to \infty]{} \begin{cases} 0, \text{ wenn } 1-a<0, \text{ d.h. } a>1 \\ \infty, \text{ wenn } 1-a>0, \text{ d.h. } a<1 \end{cases}$

Mit der Vorgabe $\frac{1}{2} < a < 2$ folgt nun: Für $1 < a < 2$ hat der Flächeninhalt einen endlichen Wert, für $\frac{1}{2} < a < 1$ wächst der Flächeninhalt über alle Grenzen.

b) $r \neq 1$: $\int_1^k x^{-r} dx = \left[\frac{1}{1-r} x^{1-r}\right]_1^k = \frac{1}{1-r} k^{1-r} - \frac{1}{1-r}$

$r > 1$: $k^{1-r} = \frac{1}{k^{r-1}} \to 0$

$r < 1$: $k^{1-r} \to \infty$

Der Übergang von unbegrenztem Wachstum des Flächeninhalts zu einem endlichen Wert findet bei $r = 1$ statt, wobei der Fall $r = 1$ zunächst unbestimmt bleibt

$$\int_1^{1000} \left(\frac{1}{X}\right) dX \quad 6.907755279$$

$$\int_1^{1000000} \left(\frac{1}{X}\right) dX \quad 13.81551056$$

6 *Parameterwerte gesucht*

a) $\int_1^a x^{-2} dx = \frac{1}{2} \Leftrightarrow \left[-\frac{1}{x}\right]_1^a = -\frac{1}{a} + 1 = \frac{1}{2} \Rightarrow a = 2$

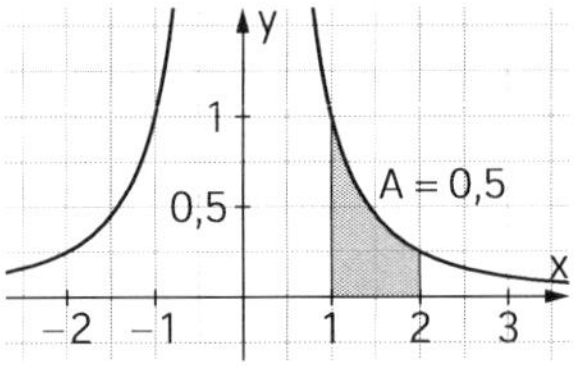

b) $\int_1^a \frac{1}{\sqrt{x}}\,dx = 10 \Leftrightarrow [2\sqrt{x}]_1^a = 2\sqrt{a} - 2 = 10 \Rightarrow a = 36$

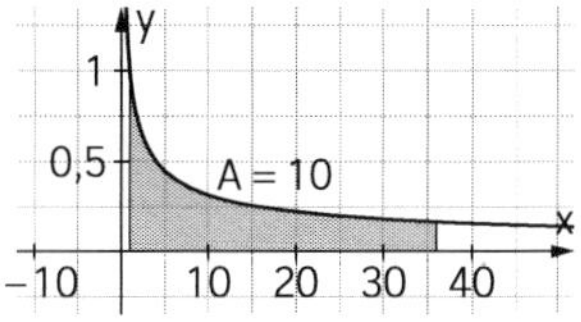

c) $\int_a^2 x^{-3}\,dx = 1 \Leftrightarrow \left[-\frac{1}{2}x^{-2}\right]_a^2 - -\frac{1}{8} + \frac{1}{2a^2} - 1$

$\Rightarrow a_1 = -\frac{2}{3};\ a_2 = \frac{2}{3}$

$-\frac{2}{3}$ ist keine Lösung, weil in $\left[-\frac{2}{3}; 2\right]$ Definitionslücke und Sprungstelle „ins Unendliche" (Polstelle) liegt.

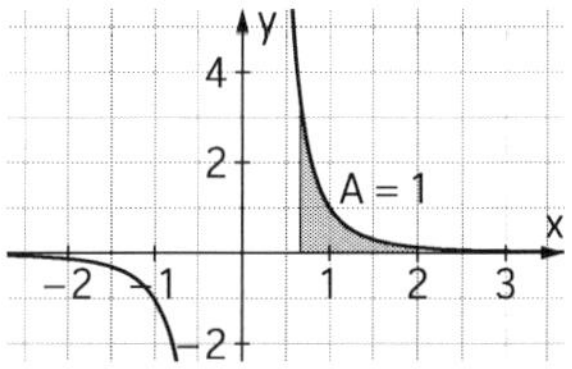

d) $\int_a^{a+1} \frac{1}{x^2}\,dx = 2 \Leftrightarrow [-x^{-1}]_a^{a+1} = \frac{-1}{a+1} + \frac{1}{a} = 2\ (*)$

$\Rightarrow a_{1,2} = -\frac{1}{2} \pm \sqrt{\frac{3}{4}} \Rightarrow a_1 \approx -1{,}366;\ a_2 \approx 0{,}366$

Die Definitionslücke muss beachtet werden, hat aber hier keine Auswirkung auf die Lösung.

Anmerkung: Die algebraische Lösung der Bruchgleichung (*) gehört nicht zu den Basiskompetenzen, also mit CAS lösen oder Hilfen geben.

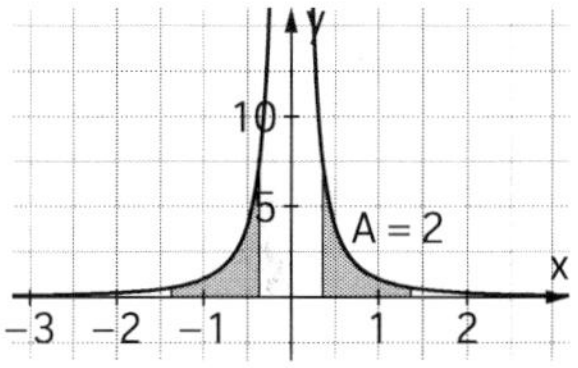

53 **7** *Seltsame Technik 1*

Wenn die obere Grenze negativ ist, wird über die Definitionslücke hinweg integriert (Fläche hier nach oben offen), die Integrale sind dann nicht definiert.

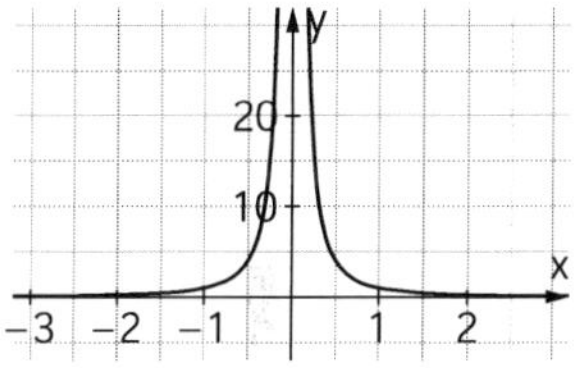

$\int_1^a x^{-2}\,dx = \left[-\frac{1}{x}\right]_1^a = -\frac{1}{a} + 1 = 4 \Rightarrow a = -\frac{1}{3}$

$\int_1^a (x^{-2} + 2)\,dx = \left[-\frac{1}{x} + 2x\right]_1^a = -\frac{1}{a} + 2a + 1 = 0$

$\Leftrightarrow a^2 - \frac{1}{2}a - \frac{1}{2} = 0 \Rightarrow a_1 = -\frac{1}{2};\ a_2 = 1$

Die Gleichungen sind formal korrekt vom CAS gelöst.

8 *Seltsame Technik 2*

Es wird untersucht, ob $\int_1^\infty \frac{1}{x^2}\,dx$ existiert. Das zweite GTR-Ergebnis muss falsch sein, weil die Fläche mit Vergrößerung der rechten Grenze nicht kleiner werden kann, geschweige gegen 0 streben kann.

54 **9** *Genauer hingeschaut*

a) (1) Die Aussage ist falsch: „c" bewirkt Verschiebung von f in y-Richtung. Damit kommt nach rechts offene Rechteckfläche der Breite c dazu, der Flächeninhalt wächst also über alle Grenzen.

(2) Die Aussage ist wahr: $\int_a^\infty a \cdot f(x)\,dx = a \cdot \int_a^\infty f(x)\,dx = a \cdot g$

(3) Die Aussage ist falsch: Gegenbeispiel:

$\int_a^\infty \frac{1}{x^2}\,dx = \frac{1}{a};\quad \int_a^c \left(\frac{1}{x^2}\right)^2 dx = \left[-\frac{1}{3}x^{-3}\right]_a^c = -\frac{1}{3c^3} + \frac{1}{3a^3} \Rightarrow \lim_{c\to\infty}\left(-\frac{1}{3c^3} + \frac{1}{3a^3}\right) = \frac{1}{3a^3} \neq \frac{1}{a^2}$

b) Jan nimmt Bezug auf den Graphen, der oberhalb der x-Achse liegt. Olga hat den Hauptsatz angewendet:

$\int_{-1}^{1} 1/x^2\,dx = \left|-\frac{1}{x}\right|_{-1}^{1} = -1-(-(-1)) = -2$

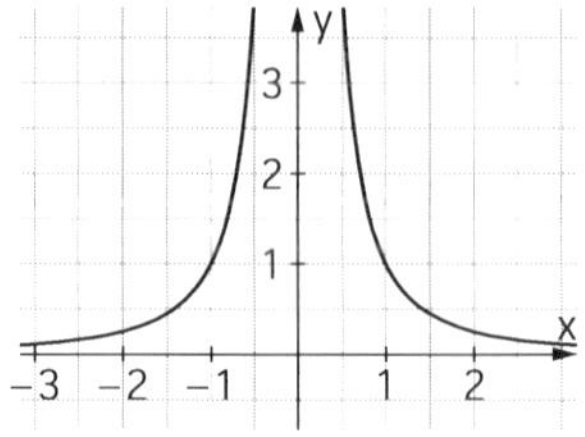

$f(x) = x^{-2} = \frac{1}{x^2}$ ist an der Stelle 0 nicht definiert und es gilt: $f(x) \underset{x\to 0}{\to} \infty$. Man darf nicht über eine Definitionslücke hinweg integrieren. Jan und Olga haben Fehler gemacht.

c) 0 ist eine Definitionslücke von f. Wenn n bei prosum so gewählt wird, dass keine Rechteckgrenze zu $x = 0$ gehört, berechnet prosum Rechtecksummen ($n = 99$, $n = 101$, $n = 100001$).
Es gilt mit geeigneten Werten von n: $\lim\limits_{n\to\infty}$ (prosum(n,−1,1) = 0 (Punktsymmetrie von f, orientierter Inhalt). Bei $n = 100$ ist $x = 0$ eine Rechteckgrenze, was zu „undef" führt. Dieses Ergebnis ist korrekt, weil nicht über eine Definitionslücke hinweg integriert werden darf und dort $f(x) \underset{x\to 0}{\to} \infty$ gilt.

54 **10** *Eine seltsame Weide*

Der blaue Zaun ist $x^{-\frac{3}{2}}$, der rote Zaun ist $x^{-\frac{2}{3}}$. Beide Zäune sind „unendlich lang". Während der blaue aber nur eine Fläche umschließt, die immer kleiner als 2 FE bleibt, wächst die Fläche beim roten Zaun über alle Grenzen, die Weide bietet beliebig vielen Schafen Platz.

1.8 Volumen berechnen

55 **1** *Ein Paraboloid*

a) Radien sind die Funktionswerte an den Stellen x_i, die Höhe ist immer die Breite der Scheiben, also die Differenz der x-Werte.

b) Näherungswert bei der Zerlegung in 4 Scheiben:

$$V_4 = \pi\cdot\sum_{k=1}^{4}\left(\sqrt{x_k}\right)^2\cdot\Delta x = \pi\cdot\Delta x\cdot\sum_{k=1}^{4} x_k = \pi\cdot\Delta x\cdot(1+2+3+4) = 10\pi \text{ (mit } \Delta x = 1)$$

Näherungswert bei der Zerlegung in 8 Scheiben:

$$V_8 = \pi\cdot\sum_{k=1}^{8}\left(\sqrt{x_k}\right)^2\cdot\Delta x = \pi\cdot\Delta x\cdot\sum_{k=1}^{8} x_k = \pi\cdot\Delta x\cdot\left(\frac{1}{2}+1+\frac{3}{2}+\ldots+\frac{7}{2}+4\right)$$

$$= \pi\cdot\Delta x\cdot 18 = 9\pi \left(\text{mit } \Delta x = \frac{1}{2}\right)$$

c) Das CAS liefert $V = 8\pi$.

d) Die Zylinderscheiben haben das Volumen $V = \pi\cdot r^2\cdot h = \pi\cdot(f(x))^2\cdot\Delta x$. Wenn $\Delta x \to 0$ strebt, strebt das Volumen gegen $\int_a^b \pi\cdot(f(x))^2\,dx = \pi\cdot\int_a^b (f(x))^2\,dx$.

$$\pi\cdot\int_0^4 (\sqrt{x})^2\,dx = \pi\cdot\int_0^4 x\,dx = \pi\cdot\left[\frac{1}{2}x^2\right]_0^4 = 8\pi$$

56 **2** *Rotationskörper skizzieren und berechnen*

a) Es entsteht eine Art Doppelkegel.

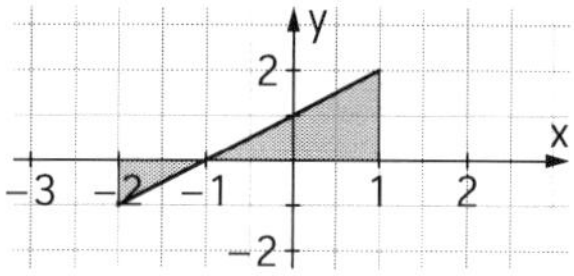

$$V = \pi \cdot \int_{-2}^{1} (x^2 + 2x + 1)\,dx = \pi \cdot \left[\tfrac{1}{3}x^3 + x^2 + x\right]_{-2}^{1}$$

$$= \pi \cdot \left(\tfrac{7}{3} - \left(-\tfrac{2}{3}\right)\right) = 3\pi$$

b) „Säulenfuß"

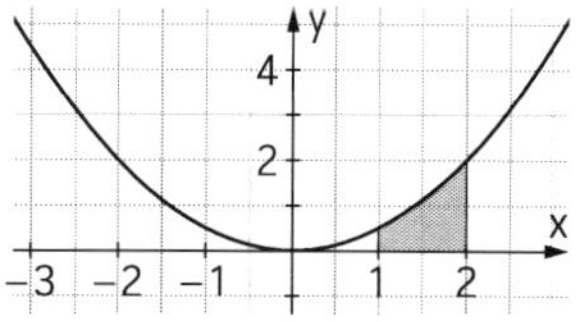

$$V = \pi \cdot \int_{1}^{2} \left(\tfrac{1}{4}x^4\right)dx = \pi \cdot \left[\tfrac{1}{20}x^5\right]_{1}^{2} = \pi \cdot \left(\tfrac{8}{5} - \tfrac{1}{20}\right) = \tfrac{31}{20}\pi \approx 4{,}869$$

c) Paraboloid

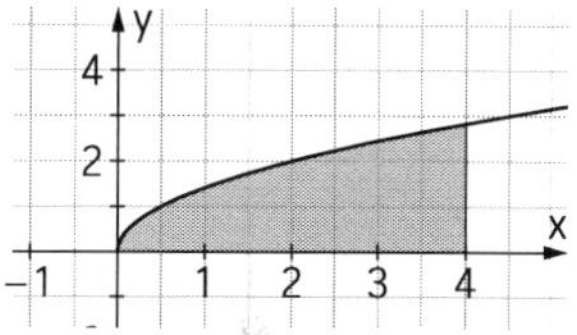

$$V = \pi \cdot \int_{0}^{4} (2x)\,dx = \pi \cdot [x^2]_{0}^{4} = 16\pi$$

d) Vase mit extrem schlanker ‚Taille'

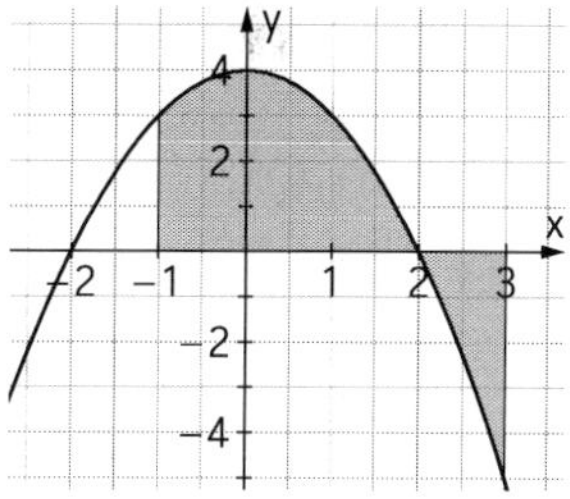

$$V = \pi \cdot \int_{-1}^{3} (x^4 - 8x^2 + 16)\,dx = \pi \cdot \left[\tfrac{1}{5}x^5 - \tfrac{8}{3}x^3 + 16x\right]_{-1}^{3}$$

$$= \pi \cdot \left(\tfrac{123}{5} + \tfrac{203}{15}\right) = \tfrac{572}{15}\pi \approx 38{,}133$$

3 *Potenzfunktionen*

a) Volumina (in VE): $V_1 = \frac{\pi}{3} \approx 1{,}05$; $V_2 = \frac{\pi}{5} \approx 0{,}63$; $V_3 = \frac{\pi}{7} \approx 0{,}45$

b) Für $n \to \infty$ streben sowohl die Volumina V_n, als auch die Flächeninhalte A_n gegen Null, denn:

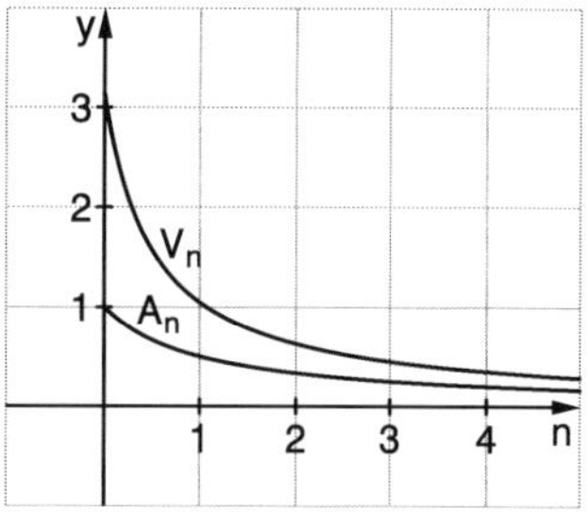

$$V_n = \pi \cdot \int_{0}^{1} (x^n)^2\,dx = \pi \cdot \left[\tfrac{x^{2n+1}}{2n+1}\right]_{0}^{1} = \tfrac{\pi}{2n+1} \quad \left(n \neq -\tfrac{1}{2}\right)$$

$$A_n = \pi \cdot \int_{0}^{1} x^n\,dx = \left[\tfrac{x^{n+1}}{n+1}\right]_{0}^{1} = \tfrac{1}{n+1} \quad (n \neq -1)$$

57 **4** *Bekanntes in neuem Gewand*

a) Es entsteht ein Kegel. $V = \pi \cdot \int_{0}^{b} m^2 \cdot x^2\,dx = \pi \cdot \left[\tfrac{1}{3}m^2x^3\right]_{0}^{b} = \tfrac{1}{3}\pi \cdot m^2 \cdot b^3$

Volumen mit Formel $V = \frac{1}{3}\pi r^2 h$: $r = f(b) = m \cdot b$; $h = b \Rightarrow V = \frac{1}{3}\pi (m \cdot b)^2 \cdot b = \frac{1}{3}\pi m^2 b^3$

b) Mit dem Satz des Pythagoras gilt: $x^2 + y^2 = r^2$ und damit

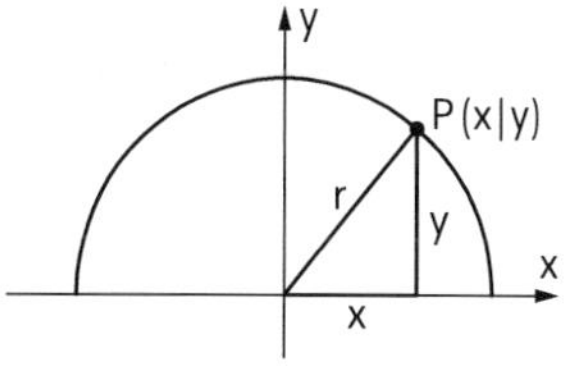

$y = \sqrt{r^2 - x^2}$

$$V = \pi \cdot \int_{-r}^{r} (r^2 - x^2)\,dx = \pi \cdot \left[r^2x - \tfrac{1}{3}x^3\right]_{-r}^{r}$$

$$= \pi \cdot \tfrac{2}{3}r^3 - \left(-\tfrac{2}{3}r^3\right) = \tfrac{4}{3}\pi r^3$$

57 **5** *Eine neue Formel mit Integralrechnung*

- $V = \pi \cdot \int_a^b (m \cdot x)^2\,dx = \frac{1}{3}\pi\,(b^3 - a^3) \cdot m^2$
- $r_1 = b \cdot m;\ \ r_2 = a \cdot m;\ \ h = b - a$

  $V = \frac{1}{3}\pi\,(b^3 - a^3) \cdot m^2 = \frac{1}{3}\pi\,(b - a) \cdot (b^2 + a \cdot b + a^2) \cdot m^2$

  $= \frac{1}{3}\pi \cdot h \cdot (m^2 b^2 + a\,b\,m^2 + a^2 m^2) = \frac{1}{3}\pi \cdot h \cdot \left(r_1^2 + r_1 \cdot r_2 + r_2^2\right)$

6 *Eine mathematische Vase*

- Louis:

  $\pi \cdot \int_0^4 f(x)^2\,dx - \pi \cdot \int_0^4 g(x)^2\,dx = \pi \cdot \int_0^4 \left((f(x))^2 - (g(x))^2\right)dx$

  Amelie:

  $\pi \cdot \int_0^4 (f(x) - g(x))^2\,dx = \pi \cdot \int_0^4 \left((f(x))^2 - 2\,f(x) \cdot g(x) + (g(x))^2\right)dx$

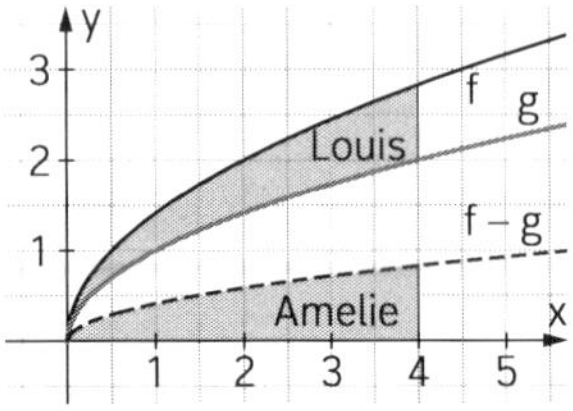

- Louis: $V = 8\pi \approx 25{,}1327$

  Amelie: $V = 8 \cdot \left(3 - 2\sqrt{2}\right)\pi \approx 4{,}3121$

  Der Ansatz von Louis ist richtig.

7 *Hohlkörper*

$V = \pi \cdot \int_0^1 (f(x))^2\,dx - \pi \cdot \int_0^1 (g(x))^2\,dx$

a) $V = \frac{79}{20}\pi \approx 12{,}41$ b) $V = \frac{45}{2}\pi \approx 70{,}69$ (alle Angaben in VE)

58 **8** *Volumen eines Weinfasses*

a) Gleichung der Parabel durch die Punkte Q (0 | 5) und P (6 | 4): $f(x) = -\frac{1}{36}x^2 + 5$

Volumen (Integralformel): $V = \pi \cdot \int_{-6}^{6} (f(x))^2 = \pi \cdot 262{,}4 \approx 824{,}4$ (in dm^3 bzw. Liter)

Volumen (Keplersche Formel): $V = 262,\ 4\pi \approx 824{,}4$ (in dm^3 bzw. Liter).

Die Werte sind gleich.

b) Die Gleichung der Parabel durch die Punkte Q (0 | R) und $P\left(\frac{h}{2} \middle| r\right)$:

$f(x) = -a\,x^2 + R$ mit $a = \frac{4}{h^2} \cdot (R - r)$ $(\Rightarrow a \ge 0)$

Damit gilt: $V = \pi \cdot \int_{-\frac{h}{2}}^{\frac{h}{2}} (f(x))^2\,dx = 2\pi \cdot \int_0^{\frac{h}{2}} (a^2 \cdot x^4 - 2\,a\,R \cdot x^2 + R^2)\,dx$

Nach einer Reihe von Termumformungen erhält man die Keplersche Formel.

9 *Ein Paradoxon*

(1) $\int_1^k \left(\frac{1}{x}\right)^2 dx = \left[\frac{-1}{x}\right]_1^k = \frac{-1}{k} + 1 \xrightarrow[k \to \infty]{} 1$, also: $V = \pi$

(2) Da die Querschnittsfläche schon über alle Grenzen wächst, wächst die Mantelfläche auch über alle Grenzen.

Obwohl das Gefäß nicht mehr als 3,2 Liter Flüssigkeit fassen kann, reicht kein Metall der Welt aus, um dieses Gefäß herzustellen.

59 **10** *Bogenlänge*

- Begründung mit Satz des Pythagoras
- $\Delta s = \sqrt{(\Delta x)^2 + (\Delta y)^2} = \sqrt{(\Delta x)^2 \cdot \frac{(\Delta x)^2 + (\Delta y)^2}{(\Delta x)^2}} = \sqrt{1 + \frac{(\Delta y)^2}{(\Delta x)^2}} \cdot \Delta x = \sqrt{1 + \left(\frac{\Delta y}{\Delta x}\right)^2} \cdot \Delta x$

$\frac{\Delta y}{\Delta x}$ ist der Differenzenquotient. Man erhält: $\lim\limits_{\Delta x \to 0} \frac{\Delta y}{\Delta x} = f'(x)$ und damit die Formel.

11 *Bogenlängen von Potenzfunktionen*

$L2 = \int_0^1 \sqrt{1 + 4x^2}\, dx$

$L3 = \int_0^1 \sqrt{1 + 9x^4}\, dx$

$L4 = \int_0^1 \sqrt{1 + 16x^6}\, dx$

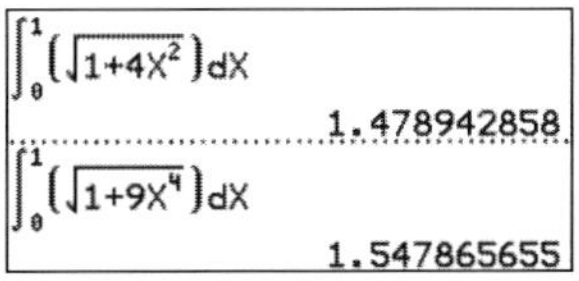

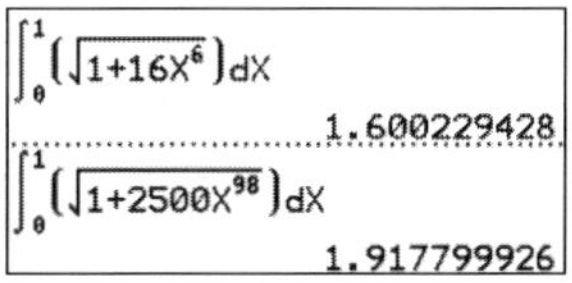

Die Bogenlänge konvergiert nach Anschauung gegen 2.

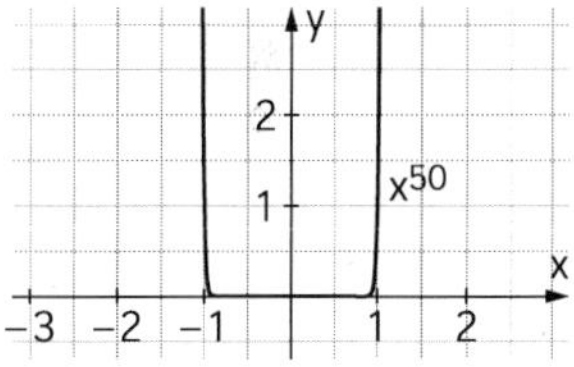

12 *Streckenlängen*

a) (1) $d = \sqrt{(6-2)^2 + (3-1)^2} = \sqrt{20}$

(2) $g(x) = 2x;\; L = \int_1^3 \sqrt{1+4}\, dx = \left[\sqrt{5}\, x\right]_1^3 = 3\sqrt{5} - \sqrt{5} = 2\sqrt{5} = \sqrt{4 \cdot 5} = \sqrt{20}$

b) $d = \sqrt{(m(b-a))^2 + (b-a)^2} = (b-a) \cdot \sqrt{m^2+1}$

$g(x) = m \cdot x$

$L = \int_a^b \sqrt{1+m^2}\, dx = \left[\sqrt{1+m^2}\, x\right]_a^b = \sqrt{1+m^2} \cdot (b-a)$

13 *Die Golden Gate Bridge*

$f(x) = 0{,}000\,341\,8\,x^2 + 10$

$L = \int_{-640}^{640} \sqrt{1 + 0{,}000\,000\,467\,3\,x^2}\, dx$

$\approx 1319{,}73$

Das Kabel ist ca. 1320 m lang.

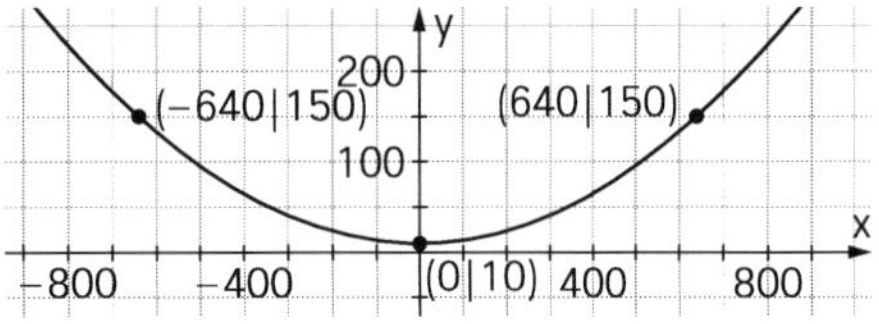

60 **14** *Mantelflächen von Rotationskörpern*

(1) $M_S = M_{groß} - M_{klein} = \pi \cdot r_1 \cdot (s_1 + s_2) - \pi \cdot r_2 \cdot s_2$
$= \pi \cdot s_1 \cdot r_1 + \pi \cdot s_2 \cdot (r_1 - r_2)$

(2) Die Dreiecke ABS und CDS sind ähnlich, also:

$\frac{s_2}{r_2} = \frac{s_1 + s_2}{r_1} \Leftrightarrow s_2 \cdot r_1 = s_1 \cdot r_2 + s_2 \cdot r_2$

$\Leftrightarrow s_2 \cdot (r_1 - r_2) = s_1 \cdot r_2$

$\Leftrightarrow s_2 = \frac{s_1 \cdot r_2}{r_1 - r_2}$

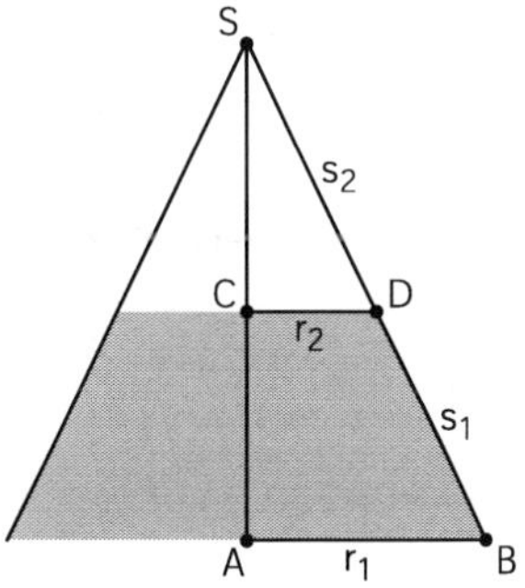

(3) $M_S = \pi \cdot s_1 \cdot r_1 + \pi \cdot \frac{s_1 \cdot r_2}{r_1 - r_2} \cdot (r_1 - r_2) = \pi \cdot s_1 \cdot (r_1 + r_2)$

(5) $r_1 = r_2$: $M = 2\pi \cdot \sum \left(\sqrt{1 + \left(\frac{\Delta y}{\Delta x}\right)^2} \cdot \Delta x \cdot r\right)$

Mit $r = f(x)$ und im Grenzübergang erhält man: $M = 2\pi \cdot \int_a^b \left(f(x) \cdot \sqrt{1 + (f'(x))^2}\right) dx$

60 **15** *Mantelflächen von Potenzfunktionen*

$M2 = 2\pi \cdot \int_0^1 x^2 \sqrt{1 + 4x^2}\, dx$

$M3 = 2\pi \cdot \int_0^1 x^3 \sqrt{1 + 9x^4}\, dx$

$M4 = 2\pi \cdot \int_0^1 x^4 \sqrt{1 + 16x^6}\, dx$

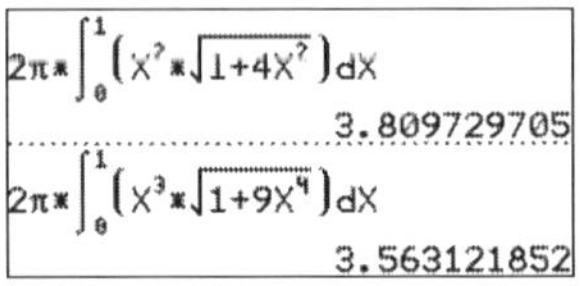

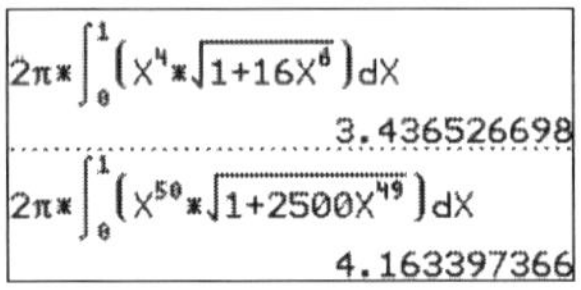

Anschauliche Begründung für $n \to \infty$: Grenzobjekt ist Kreisscheibe mit $r = 1$ und Strecke $(0|0)$ zu $(1|0)$, also: $M = \pi + 1 = 4{,}1415...$

16 *Football*

- $f(0) = 8{,}5 \Rightarrow U = 17\pi \approx 53{,}4$
  Nullstellen von f: $x_{n1,2} \approx \pm 14{,}76$, Länge: $L \approx 29{,}52$
- $V \approx 3574\,cm^3 \approx 3{,}5\,l$; $M \approx 1\,175\,cm^2 \approx 0{,}1\,m^2$

Sichern und Vernetzen – Vermischte Aufgaben zu Kapitel 1

64 **1** *Ein Wassertank*

a)

Zeit (in min)	1	2	3	4	5	6	7
Wasserstand (in l)	10	12,5	7,5	12,5	17,5	21,5	23,5

2 *Funktionen und Stammfunktionen*

a)

Funktion f(x)	$x + 1$	x	$x(x^2 - 1)$	$\sqrt{x}$	$\frac{1}{2\sqrt{x}}$	$\cos(x)$	$-\sin(x)$
Stammfunktion F(x)	$0{,}5x^2 + x$	$0{,}5x - 4$	$0{,}25x^4 - 0{,}5x^2$	$\frac{2}{3} \cdot x^{\frac{2}{3}}$	$\sqrt{x}$	$\sin(x)$	$\cos(x)$

b) (1) $F(x) = x^2 + tx$ (2) $F(x) = t^2 + xt$

(3) $F(x) = \frac{a}{3}x^3 - abx^2 + abx$ (4) $F(x) = \frac{x^4}{4} - \frac{bx^3}{3}$

3 *Integrale bestimmen*

	a	b	c	f(x)
a)	1	3	24	$3x^2 - 1$
b)	−2	5	7	$2x - 2$
c)	−2	1	−15	$4x^3$
d)	0	2	6	$mx + n$

Bemerkung zu d): Die Gleichung $\int_a^b f(x)\,dx = c$ ist hier äquivalent zu der Bedingung $n = 3 - m$
f(x) ist eine Geradenschar $f(x) = mx + 3 - m$, also $f(x) = m(x - 1) + 3$ mit $m \in \mathbb{R}$.

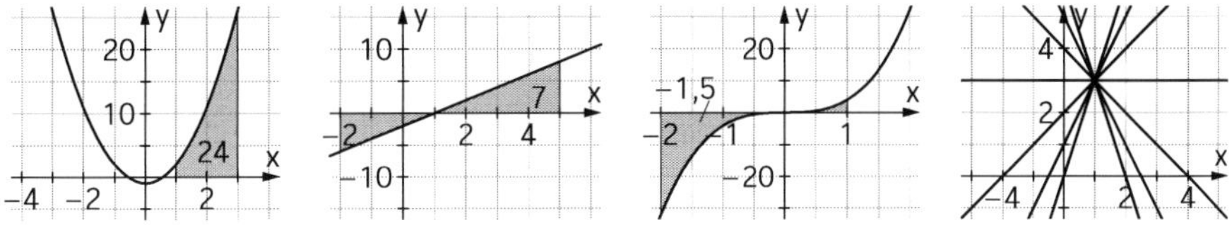

64 **4** *Integral mit Produktsummen bestimmen*

$$S_n = \left(\frac{b}{n}\right)\cdot\left(\frac{b}{n}\right)^5 + \left(\frac{b}{n}\right)\cdot\left(\frac{2b}{n}\right)^5 + \ldots + \left(\frac{b}{n}\right)\cdot\left(\frac{n\cdot b}{n}\right)^5$$

$$= \sum_{k=1}^{n}\left(\left(\frac{b}{n}\right)\cdot\left(\frac{k\cdot b}{n}\right)^5\right) = \sum_{k=1}^{n}\left(\frac{k^5\cdot b^6}{n^6}\right) = \frac{b^6}{n^6}\sum_{k=1}^{n} k^5 = \frac{b^6}{n^6}\cdot\left(\frac{n^6}{6}+\frac{n^5}{2}+\frac{5n^4}{12}-\frac{n^2}{12}\right) = b^6\cdot\left(\frac{1}{6}+\frac{1}{2n}+\frac{5}{12n^2}-\frac{1}{12n^4}\right)$$

$$\lim_{n\to\infty}\left(b^6\cdot\left(\frac{1}{6}+\frac{1}{2n}+\frac{5}{12n^2}-\frac{1}{12n^4}\right)\right) = \frac{1}{6}b^6$$

5 *Integral näherungsweise mit Produktsummen berechnen*

(1) $n = 4$: $F = 1\cdot f(1) + 1\cdot f(2) + 1\cdot f(3) + 1\cdot f(4) = 5 + 2 + 1 + \frac{10}{17} \approx 8{,}5882$

$n = 8$: $F = 0{,}5\cdot\left(f(0{,}5) + f(1) + \ldots + f(7{,}5) + f(8)\right) \approx 10{,}8996$

prosum liefert (natürlich) dieselben Werte, also keine besseren; trapez (4,0,4) = 13,2941 und trapez (4,0,8) = 13,2525; Näherungswert mit GTR: 13,2582

(2) $n = 4$: $F = 16{,}66$

$n = 8$: $F = 16{,}99$

Näherungswert mit GTR: 17,4371

6 *Flächeninhalte bestimmen 1*

(1) $A = \int_0^1 x^2\,dx + \int_0^2 (2 - x)\,dx = 0{,}8\overline{3}$

(2) $A = \int_{-1}^{2} (x^3 - 3x^2 + 4)\,dx = \frac{27}{4} = 6{,}75$

(3) $A = \int_0^1 (-x + 2x)\,dx + \int_1^2 (x - 2x)\,dx = 2$

Hinweis: Die Fläche A lässt sich auch gut ohne Integralrechnung mit Ausnutzen der Symmetrie von Parabeln bestimmen.

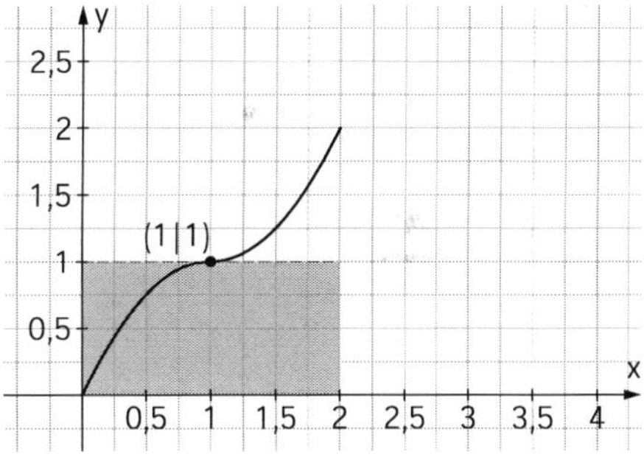

65 **7** *Flächeninhalte bestimmen 2*

Lösungsmuster:

$$A = \left|\int_{x_1}^{x_2} f\right| + \left|\int_{x_2}^{x_3} f\right| + \ldots + \left|\int_{x_{n-1}}^{x_n} f\right|,$$ wobei $x_1, x_2, \ldots, x$ die Nullstellen von f sind.

	Nullstellen von f	Flächeninhalt A
a)	−3; 3	36
b)	−1; 0; 1	$\frac{1}{4} + \left\|-\frac{1}{4}\right\| = \frac{1}{2}$
c)	−4; 0; 2,5	$48 + \left\|-\frac{875}{64}\right\| = \frac{3947}{64} \approx 61{,}672$
d)	−3; 0; 1	$\frac{45}{4} + \left\|-\frac{7}{12}\right\| = \frac{71}{6} = 11{,}8\overline{3}$
e)	−2; 0	$\left\|-\frac{4}{3}\right\| = 1{,}\overline{3}$
f)	−3; 3	$\left\|-\frac{504}{5}\right\| = 100{,}8$

65 **8** *Flächeninhalte bestimmen 3*

Lösungsmuster:

$$A = \left|\int_{x_1}^{x_2} (f-g)\right| + \left|\int_{x_2}^{x_3} (f-g)\right| + \ldots + \left|\int_{x_{n-1}}^{x_n} (f-g)\right|,$$ wobei $x_1, x_2, \ldots, x_n$ die Schnittstellen von f sind.

	Schnittstellen von f und g	Flächeninhalt A
a)	$-\sqrt{2}$; $\sqrt{2}$	$4\sqrt{2} \approx 5{,}66$
b)	−1; 2	4,5
c)	−2; 0; 1	$\frac{8}{5} + \frac{5}{12} = \frac{37}{12} \approx 3{,}08\overline{3}$
d)	−1; 1; 3	4 + 4 = 8

9 *Wendepunkt, Fläche und Flächenverhältnis*

a) W(1 | 2)

b) $\frac{A_1}{A_2} = \frac{-0{,}75}{-6} = \frac{1}{8}$

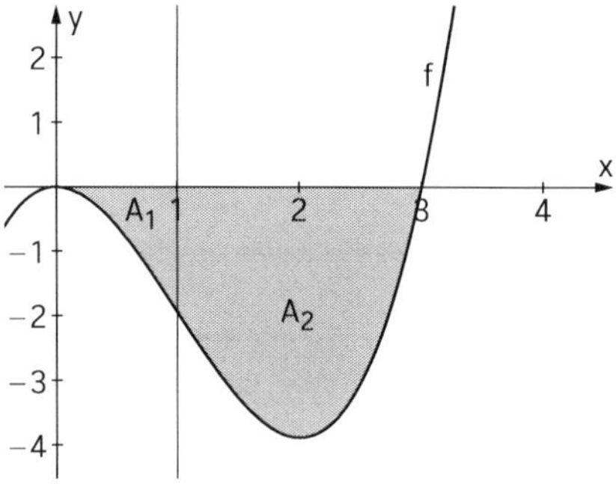

c) $\frac{A_1}{A_2} = \frac{-2{,}75}{-4} = \frac{11}{16}$

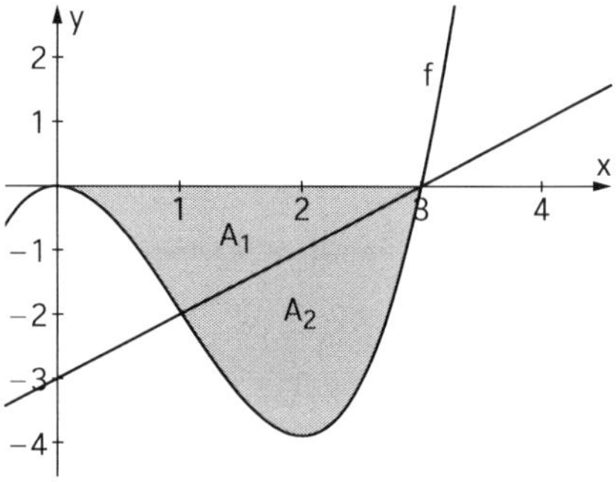

10 *Parabelschar*

- Nullstellen: Nullstellen sind $x_1 = 0$; $x_2 = a$
- $\int_0^a \left(-\frac{1}{a^3} \cdot x \cdot (x-a)\,dx\right) = -\left[\frac{x^3}{3a^3} + \frac{x^2}{2a^2}\right]_0^a$

$$= \left(-\frac{1}{3} + \frac{1}{2}\right) - 0 = \frac{1}{6}$$

Der Flächeninhalt ist unabhängig vom Parameter a.

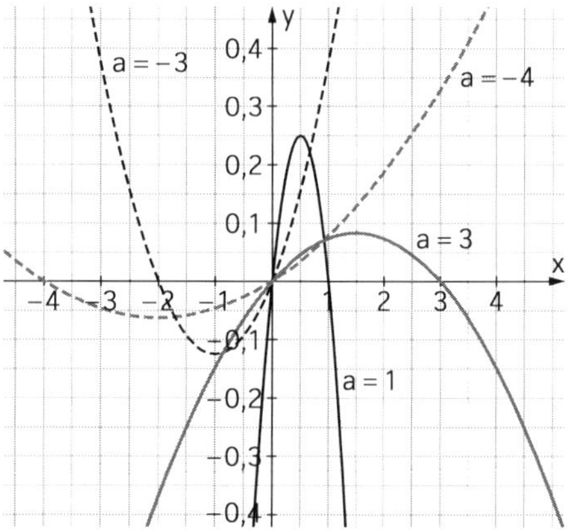

11 *Flächenentwicklungen*

Blau: $\int_1^c f(x)\,dx = c - 2\sqrt{c} + 1 \xrightarrow[c \to \infty]{} \infty$ $\quad\int_1^c g(x)\,dx = c + \frac{1}{c} - 2 \xrightarrow[c \to \infty]{} \infty$

$\sqrt{c}$ wächst viel langsamer als c.

Orange: $c - 1\int_1^c f(x)\,dx = 2\sqrt{c} - 2 \xrightarrow[c \to \infty]{} \infty$ $\quad c - 1\int_1^c g(x)\,dx = -\frac{1}{c} + 1 \xrightarrow[c \to \infty]{} 1$

Beide (blau und orange) Flächeninhalte streben jeweils gegen unendlich. Die Inhalte der blauen Flächen streben auch beide gegen unendlich, aber der Inhalt der orangen Fläche von g bleibt endlich, während der Inhalt der orangen Fläche von f auch über alle Grenzen wächst.

65 **12** *Flächeninhalt und Rotationsvolumen*

	Flächeninhalt A	Rotationvolumen V
a)	$\int_1^2 f(x)\,dx = \frac{20}{3}$	$\pi \cdot \int_1^2 (f(x))^2\,dx = \frac{226}{5}\pi \approx 142$
b)	$\int_1^2 g(x)\,dx = \frac{4\sqrt{2}-2}{3} \approx 1{,}219$	$\pi \cdot \int_1^2 (g(x))^2\,dx = 1{,}5\pi \approx 4{,}712$
c)	$\int_0^\pi h(x)\,dx = 2$	$\pi \cdot \int_0^\pi (h(x))^2\,dx = \frac{\pi^2}{2} \approx 4{,}935$

13 *Wege und Geschwindigkeiten*

B hat den größten Weg zurückgelegt. (A: 40 m, B: 100 m, C: 60 m, D: 40 m, allerdings in die umgekehrte Richtung)

66 **14** *Eine Maus, ein Käsestück und eine Röhre*

a) $t \in \{17; 25; 28\}$

b) größte Geschwindigkeit nach rechts bei ca. $t = 10\,s$
größte Geschwindigkeit nach links bei ca. $t = 21\,s$

c)/d) Unter der Annahme, dass die Aufzeichnung der Geschwindigkeit in der Mitte der Röhre beginnt, befindet sich die Maus nach 17 s so weit wie möglich rechts, und zwar ca. 200 m von der Mitte entfernt. Da die Flächenanteile oberhalb der x-Achse größer sind, als unterhalb der x-Achse, überquert die Maus die Mitte während der Aufzeichnung nicht wieder. Daher ist sie am Anfang so weit wie möglich links und zwar genau in der Mitte der Röhre. Nach 40 s ist sie also immer noch rechts von der Mitte.

15 *Veranschaulichen und Begründen*

a) Der Einfachheit halber z. B. nur für a, b mit $|a| < 2$, $|b| < 2$. Das Integral ist dann die Bilanz des positiv orientierten Flächeninhalts links von der y-Achse und des negativ orientierten Flächeninhalts rechts von der y-Achse,
(1) wenn $|a| > |b|$ (2) wenn $|a| = |b|$ (3) wenn $|a| < |b|$

b) c kann eine beliebige reelle positive Zahl sein: Da der Graph punktsymmetrisch zum Ursprung ist, unterscheiden sich die orientierten Flächeninhalte in $[-c; 0]$ und in $[0; c]$ nur um das Vorzeichen.

16 *Terme veranschaulichen*

a) Höhe des Steigungsdreiecks

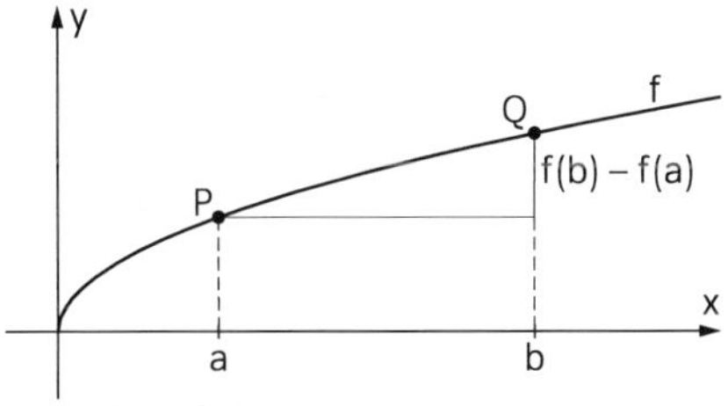

b) Steigung der Sekante durch P und Q

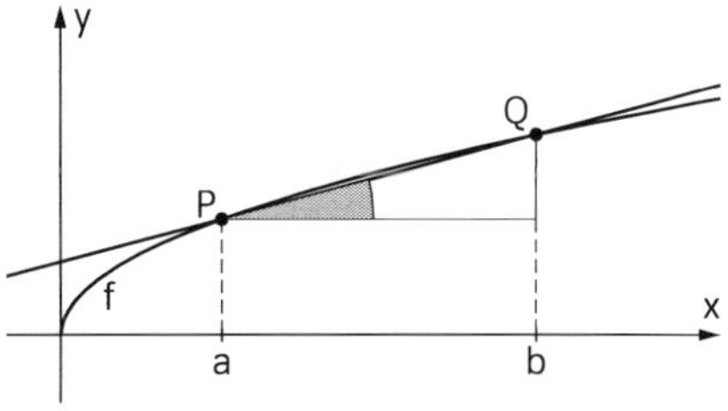

c) Orientierter Flächeninhalt unter f in [a; b]

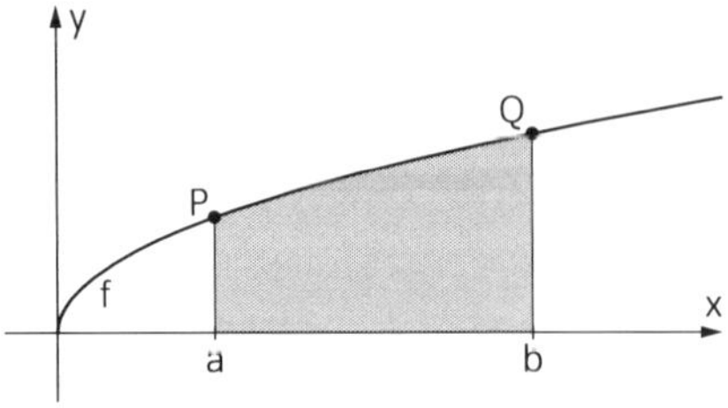

66 **17** *Bekanntes mit Produktsummen annähern*

a) Es werden Produktsummen unter f berechnet.

b) ■ $F = \frac{1}{2} \cdot (1 + 5) \cdot 4 = 12$

■ $\frac{12n + 8}{n} - 12 = 12 + \frac{8}{n} - 12 = \frac{8}{n} < \frac{1}{10} \Rightarrow n > 80$

18 *Vergleichen von Flächen und Rotationsvolumina*

a) Für die Flächeninhalte gilt $A_f = \frac{4\sqrt{2}}{3}$ bzw. $A_g = \frac{8\sqrt{2}}{3}$ und damit $A_g = 2 \cdot A_f$.

b) Für die Volumina gilt $V_f = 2\pi$ bzw. $V_g = 8\pi$ und damit $V_g = 4 \cdot V_f$.

c) Für alle integrierbaren Funktionen $f(x)$ und $g(x) = 2f(x)$ gilt $A_g = 2 \cdot A_f$ und $V_g = 4 \cdot V_f$ (Integrationsregel: konstanter Faktor).

67 **19** *Von der Emissionsrate zum Gesamtausstoß*

Zunächst muss die Entwicklung der Emissionsrate im Zeitraum [0; 240] modelliert werden. Der freigesetzten Menge G entspricht dann der orientierte Flächeninhalt unter dem Graphen der Funktion der Emissionsrate. Wählt man als Modell einen Streckenzug, dann kann z. B. das Trapezverfahren angewendet werden. Es ist sinnvoll, zusätzlich zu den 4 bekannten Messpunkten einen Punkt an der Stelle $t = 0$ zu wählen. Neben dem gewählten Modell hat auch die Wahl dieses Punktes Einfluss auf den Schätzwert der freigesetzten Gasmenge G.

Bsp. $A(0|22)$: $G = 60 \cdot (0{,}5 \cdot 22 + 9{,}0 + 2{,}4 + 0{,}8 + 0{,}5 \cdot 0{,}1) = 1395$ (in mg)
Bsp. $A(0|44)$: $G = 60 \cdot (0{,}5 \cdot 44 + 9{,}0 + 2{,}4 + 0{,}8 + 0{,}5 \cdot 0{,}1) = 2055$ (in mg)

20 *Ein Benzintank*

In Auflage 1 (2018) ist leider der Funktionsterm in der Aufgabe falsch: Es müsste für $2 < x \leq 4$ heißen: $f(x) = -0{,}5x^2 + 4x - 4$.
In der Lösung wird dieser berichtigte Term verwendet: $t = 9{,}5\,\text{min}$

21 *Datenübertragung*

Minimale Übertragungsrate: ca. 122 kbit/s (grafisch-numerische Lösung)
Maximale Übertragungsrate: ca. 210 kbit/s (grafisch-numerische Lösung)

Durchschnittliche Übertragungsrate: $u_m = \frac{1}{30 - 0} \cdot \int_0^{30} u(t)\,dt \approx 158$ (in kbit/s)

Die gesamte übertragene Datenmenge: $\int_0^{30} u(t)\,dt \approx 4736$ (in kbit)

Die Hälfte der Datenmenge wurde zum Zeitpunkt $x \approx 13{,}8\,\text{s}$ übertragen.

Gesucht ist k mit $\int_0^{k} u(t)\,dt = 2368$, Lösung grafisch-numerisch.

67 **22** *Wurzelbecher nach Maß*

Der Becher muss die Höhe $h = \frac{25}{\pi} + \frac{1}{5} \approx 8{,}16$ (in cm) haben. Lösungsweg: Gesucht ist h so, dass $\pi \cdot \int_0^h f^2 - \pi \cdot \int_{\frac{4}{5}}^h g^2 = 200$

Die untere Intervallgrenze $x = \frac{4}{5}$ bei dem 2. Integral ergibt sich aus der Bedingung $g(x) = 0$.

Kapitel 2: Kurvenanpassung

Didaktische Hinweise

In diesem Kapitel wird im Wesentlichen die Differentialrechnung weitergeführt und um verschiedene Aspekte ergänzt.
Während im bisherigen Unterrichtsverlauf meist vom globalen Funktionsverlauf auf lokale Eigenschaften und Besonderheiten der Funktionen und ihrer Graphen geschlossen wurde, verläuft der Weg jetzt andersherum, aus lokalen Eigenschaften wird ein Globalverlauf entwickelt. In der für NEUE WEGE charakteristischen Weise wird dies zunächst in Sachsituationen entwickelt („Mathematik kommt vor") (2.1), ehe mathematische Werkzeuge (Lösung linearer Gleichungssysteme) entwickelt (2.2) und innermathematische Situationen untersucht werden („Steckbriefaufgaben", 2.3). Diese Reihenfolge ist hier gut möglich, weil die entsprechende Nutzung digitaler Werkzeuge schon in 11 bereitgestellt wird, aber hier natürlich wiederholt wird. 2.4 ist dem Modellieren gewidmet. Unbefriedigende Beschreibungen von Formen durch Funktionen führen zu neuen Modellen mit modifizierten Ansätzen („stückweise" satt „einheitlich") und damit einhergehenden zusätzlichen Bedingungen (2.4). Dieses Neue („sprungfrei", „knickfrei") wird dann in klassischer mathematischer Weise und Lernenden angemessen innermathematisch begrifflich konkretisiert und vertieft („Stetigkeit", „Differenzierbarkeit", 2.5).
Funktionenscharen tauchen in den bisherigen Kapiteln exemplarisch in unterschiedlichen Kontexten, meist als erweiternder Inhalt, auf. In 2.6 werden solche Funktionenscharen zum eigenständigen Inhalt.
2.7: fasst die bisherigen Inhalte der Analysis in außer- und innermathematischen Kontexten zusammen und bietet damit eine erste Übungsmöglichkeit zur Behandlung komplexer gebietsübergreifender Aufgaben auch als Vorbereitung auf das Abitur.

Zu 2.1: In diesem Lernabschnitt stehen zunächst Beschreibungen und Modellierungen vorgegebener bzw. antizipierter Kurvenverläufe im Mittelpunkt, wie sie durch Sachsituationen gegeben sind. Als Ausgangsmaterial dienen dabei Messwerte, Bilder oder vorgegebene bzw. erarbeitete Eigenschaften der benötigten Funktionen. Der Fokus auf reale Situationen wirkt sinnstiftend. Der Einsatz digitaler Werkzeuge ermöglicht es, dass der Blick auf das Wechselspiel aus Sachzusammenhang und mathematischer Funktion nicht durch hohe Algebralastigkeit unnötig erschwert wird und eine Konzentration auf das Finden von Ansätzen und die Konstruktion der Gleichungssysteme möglich ist. Am Ende der Übungsphase wird der, auch im KC thematisierte, Unterschied von Interpolationen etc. und Regressionen, wie sie vorgängige Modellierungen prägen, explizit erfahrbar gemacht und in einem Lesetext dargelegt.

Zu 2.2: In diesem Lernabschnitt wird das systematische Lösen von linearen Gleichungssystemen (LGS) thematisiert und geübt. Die Bestimmung einer Parabel durch drei Punkte wird zum Ausgangspunkt für das Lösen mithilfe des Gauß-Algorithmus benutzt. Die Beschränkung auf dieses Verfahren ist hier bewusst gewählt, weil es den mathematischen Hintergrund für das Lösen der Gleichungssysteme mit dem GTR beleuchtet (rref). Die wesentliche Funktion dieses Lernabschnitts ist also die verständige Bereitstellung eines wirkmächtigen Werkzeuges. Die Herleitung erfolgt instruktiv und nicht problemorientiert. Nach einem grundlegenden Training per Hand, wird das Kalkül (wiederholend) auf den Taschenrechner übertragen. Unterschiedliche Lösungsanzahlen werden exemplarisch im Kontext von Geradenschnittpunkten ebenso thematisiert wie der Zusammenhang des Gauß-Algorithmus mit der Gestalt der Matrizen.

Zu 2.3: Nach der Anwendungsorientierung in 2.1 stehen in diesem Lernabschnitt innermathematische Fragestellungen und Erkenntnisse im Mittelpunkt. In den Einführungsaufgaben sammeln Schüler Erfahrungen zum Aufstellen von Funktionsgleichungen aus gegebenen Bedingungen. Das Basiswissen bündelt dann die wichtigsten Eigenschaften und Zusammenhänge in Text, Grafik und Formel. Intelligentes Üben wird dadurch erreicht, dass in den Aufgaben in vielfältiger Weise die Zusammenhänge zwischen Texten, Gleichungen, und Graphen thematisiert und durchgearbeitet werden. Hier findet auch eine vertiefende Begegnung mit der unterschiedlichen Lösungsanzahl im Zusammenhang mit „Steckbriefaufgaben" statt, was grundlegend dann in der Analytischen Geometrie ausgebaut wird. Begegnungen mit Parametern und Funktionenscharen runden die Übungsphase ab.
Als inhaltliche Weitung wird in der zweiten grünen Ebene eine Erstbegegnung mit Taylorentwicklungen angeboten. Dies geschieht zunächst durch die Ermittlung von Funktionstermen aus der Kenntnis einer Stelle und der Ableitungen (Aufgabe 16) und dann durch die Annäherung der Sinusfunktion durch Polynome (Aufgabe 17)

2.4: In diesem Lernabschnitt steht einerseits das mehrmaligen Durchlaufen des Modellierungszyklus im Mittelpunkt, anderseits die klassischen Trassierungsprobleme. Am Beispiel der Modellierung einer Vasenform werden in Aufgabe 1 erste Erfahrungen gesammelt. Hier erleben Schüler dann, wie unterschiedliche Ansätze und Vorgehensweisen zu mehr oder weniger adäquaten Lösungen führen können, in Aufgabe 5 werden dann die bisher erfolgten individuellen Lösungsverfahren zu einem systematischen Verfahren erweitert (stückweise Verbindung mit Parabeln). Krönung ist dann die Erweiterung dieses Verfahrens zur Konstruktion kubischer Splines in Aufgabe 7 (zweite grüne Ebene). Da dies Verfahren auch in Software (hier Applets) implementiert ist, können Schüler hier im Wechselspiel mit digitalen Werkzeugen Modellverbesserungen vornehmen.
Die Trassierungsproblematik wird klassisch am Beispiel von Gleisverbindungen problemorientiert eingeführt. In intellektuell redlicher Art wird die Übergangsproblematik zunächst in einem Exkurs beschrieben und darauf hingewiesen, dass in der Realität meist andere Modelle benutzt werden. Damit wird Schülern der Stellenwert ihrer einfachen Modellierungen in den Aufgaben 5 und 6 bewusst und eine adäquate Grundvorstellung zum Modellieren aufgebaut, gleichzeitig wird dieser klassische Aufgabentyp aber auch geübt.

2.5: Die in 2.4 aus Sachzwängen erfahrenen und notwendigen Bedingungen werden hier zu den Begriffen „Stetigkeit" und „Differenzierbarkeit" konkretisiert und präzisiert. Die Einführungsaufgaben bieten eine kontextbezogene Einbettung (Füllkurven) der Begriffe für eine Ausbildung adäquater Grundvorstellungen und eine innermathematische, mehr begriffsbildend orientierte Einführung am Beispiel kanonischer Funktionen an.
Die Begriffe werden im Basiswissen intellektuell ehrlich auch mit Grenzwertbegrifflichkeit festgelegt. Beispiel B stellt alle Möglichkeiten dar und kann als Muster für die vielfältigen Übungen benutzt werden. Hier wird auch die Betragsfunktion explizit thematisiert und formuliert. Übungen zum „Argumentieren und Begründen" schließen die Übungsphase ab. In der zweiten grünen Ebene werden begrifflich-sprachliche Weitungen und Reflexionen im Zusammenhang von Mathematik und Sprache, Anschauung und Denken angeboten sowie eine Seite zum Kennenlernen gebrochenrationaler Funktionen und ihrer Besonderheiten (Polstelle, Asymptoten).

2.6: Die Untersuchung von Funktionenscharen ist motiviert durch die Verallgemeinerung von einzelnen Werten für Koeffizienten auf die Benutzung allgemeiner Parameter. Dies kann aus Sachsituationen heraus geschehen (variable Grundkosten, Preise etc.) oder auch aus innermathematischem Klassifikationsinteresse. Beides wird in der ersten grünen Ebene angeboten. Das Basiswissen und das Beispiel stellen wie in vielen Lernabschnitten wieder Beispiele mit kanonischen Fragestellungen dar, deren Beantwortungen ausführlich dokumentiert sind und so als Musterbeispiele für die Übungen fungieren können. Vielfältige Übungen „zu Fuß" (Aufgabe 3/4/5) und mit GTR/CAS (Aufgabe 6) sichern Können und Verstehen. Aufgabe 6 ist so gestaltet, dass einerseits die

Interpretation der Funktionsterme Wissen über Kurvenverläufe ermöglicht und schult, anderseits aber digitale Werkzeuge für genauere Erkenntnisse notwendig sind. Die Bestimmung von Ortskurven charakteristischer Punkte wird in einer gelben Karte angeboten, weil sie naheliegend ist, aber nicht Pflichtbestandteil des KC ist. In der zweiten grünen Ebene wird die Parameterdarstellung von Kurven in einem Exkurs eingeführt. Hier wird der Bezug zu den charakteristischen Punkten von Funktionenscharen und zum Funktionsbegriff explizit formuliert. In einer Übung kann die Kraft solcher Kurvendarstellungen dann bei der Beschreibung der klassischen Kurven Kreis und Ellipse erfahren werden.

2.7: Dieser Lernabschnitt fasst die Inhalte aus den Kapiteln 1 und 2 sowie der Analysis aus Klasse 11 in Aufgaben aus verschiedenen außer- und innermathematischen Situationen zusammen und bietet damit eine Art „Zwischenstation" auf dem Weg zum Abitur. In der ersten grünen Ebene werden zwei unterschiedliche, aber archetypische Sachsituationen mit vielfältigen Aufgabenstellungen angeboten, im Basiswissen wird ein innermathematisches Beispiel vorbildhaft durchgearbeitet, in Beispiel ein anwendungsorientiertes. Mit „Lorenzkurve und Ginikoeffizient" wird eine bedeutsame Anwendung aus den Wirtschafts- und Sozialwissenschaften angeboten.

Lösungen

2.1 Kurvenanpassung mit ganzrationalen Funktionen

70 **1** *Eine Fledermausgaube*

a) ■ Es gibt bei ungefähr $x = \pm 3$ Wendepunkte, quadratische Funktionen haben keine Wendepunkte.

■ (1) Kurve passt gut bis auf den Rand, sie läuft dort nicht waagerecht aus.
$f_1(x) = 0{,}00051\,x^4 - 0{,}06019\,x^2 + 1{,}5$

(2) 4 Wendepunkte, keine Passung am Rand
$f_2(x) = 0{,}000012\,x^8 - 0{,}000687\,x^6 + 0{,}011416\,x^4 - 0{,}1112304393\,x^2 + 1{,}5$

(3) siehe (1)

b) *Fehler in Auflage 1 und 2 im Buch: Die Gleichung bei II muss lauten : $1296a + 36b + c = 0$*

■ Wegen der Achsensymmetrie Ansatz mit nur geraden Exponenten.

■

	Bedingung	Gleichung
I		$c = 1{,}5$
II	$f(-6) = 0$	
III		$864a + 12b = 0$

$f(x) = \frac{1}{864}x^4 - \frac{1}{12}x^2 + \frac{3}{2} \approx 0{,}0012\,x^4 - 0{,}0833\,x^2 + 1{,}5$

■ Aus der Achsensymmetrie zur y-Achse folgt zwingend, dass auf y-Achse Extrempunkt liegen muss.

72 **2** *Ein Firmenlogo*

a) f_1: $f_1(0) = 0$
$f_1(3) = 0$
$f_1(2) = 1$
$f_1'(2) = 0$

$f_1(x) = -\frac{1}{4}x^3 + \frac{3}{4}x^2$

f_2: $f_2(0) = 0$
$f_2(1) = -1$
$f_2'(1) = 0$
$f_2(3) = 0$

$f_2(x) = -\frac{1}{4}x^3 + \frac{3}{2}x^2 - \frac{9}{4}x$

b) $A = 2 \cdot \int_0^3 f_1(x)\,dx = 2 \cdot \frac{27}{16} = 3{,}375\,\text{m}^2$

3 *Ein Dach*

a) Ansatz: $f(x) = ax^4 + bx^2 + c$

Bedingungen: $f(0) = 8$
$f(10) = 6$
$f'(10) = 0$

$f(x) = \frac{1}{5000}x^4 - \frac{1}{25}x^2 + 8$

b) $x = \pm\sqrt{\frac{100}{3}} \approx 5{,}77$; $f'\left(\sqrt{\frac{100}{3}}\right) \approx -0{,}308$

Das stärkste Gefälle beträgt ca. 31 %.

72 **4** *Ganzrationale Renovierung der Wasserrutsche*

I $f(0) = 2$, $f'(0) = 0$, $f(4) = 0$, $f'(4) = 0$

$f(x) = \frac{1}{16}x^3 - \frac{3}{8}x^2 + 2$

Größte Steigung im Wendepunkt: $f'(2) = -\frac{3}{4}$

II $f(0) = 2$, $f'(0) = 2$, $f(4{,}5) = 0$, $f'(4{,}5) = 0$

$f(x) = \frac{32}{727}x^3 - \frac{216}{727}x^2 + 2$

Steigung im Wendepunkt: $f'(2{,}25) \approx -0{,}67$

Beide Wasserrutschen überschreiten die maximale Steigung nicht.

73 **5** *Hell Gate Bridge*

a) E Hochpunkt, I Tiefpunkt. Achsensymmetrie zur y-Achse; Parabel passt nicht, weil es Wendepunkte gibt

Ansatz: $f(x) = ax^4 + bx^2 + c$

(1) Bedingungen: I $f(0) = 1{,}3$; II $f(4) = 0{,}3$; III $f'(4) = 0$

$f_1(x) = 0{,}0039x^4 - 0{,}125x^2 + 1{,}3$

(2) Regressionsfunktion 4. Grades:

$f_2(x) = 0{,}0027x^4 - 0{,}0017x^3 - 0{,}1072x^2 - 0{,}0282x + 1{,}3105$

(3) Interpolationspolynom ACEGI:

$f_3(x) = 0{,}0021x^4 - 0{,}0021x^3 - 0{,}0958x^2 - 0{,}0333x + 1{,}3$

Regression und Interpolation passen im Kurvenverlauf etwas besser als f, laufen am Rand aber nicht waagerecht aus.

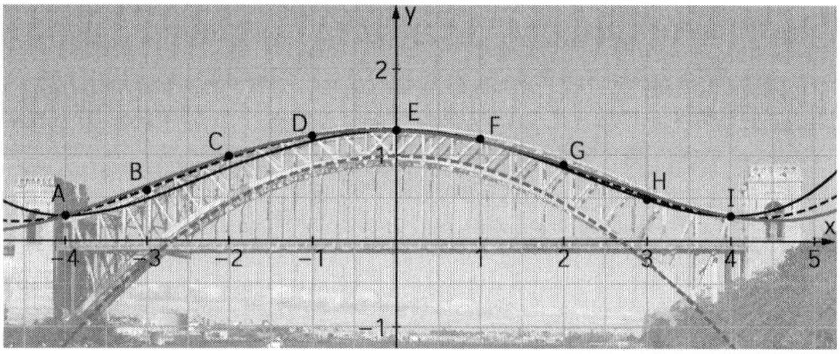

b) Ansatz: Parabel $g(x) = ax^2 + b$ mit Scheitel $(0|1)$ und $(2{,}7|0)$:

$g(x) = -0{,}1372x^2 + 1$

73 6 *Pampulha und Gallery*

(1) Das Foto ist nicht exakt frontal zur Vorderfront aufgenommen. Es sollte aber konsequent mit Parabeln modelliert werden.
Auslesen von Scheitelpunkten und den Punkten des Übergangs von einer zur nächsten Parabel. Sinnvoll ist konsequenter Ansatz mit Scheitelpunktform, weil dann immer nur ein weiterer Punkt benutzt werden muss.

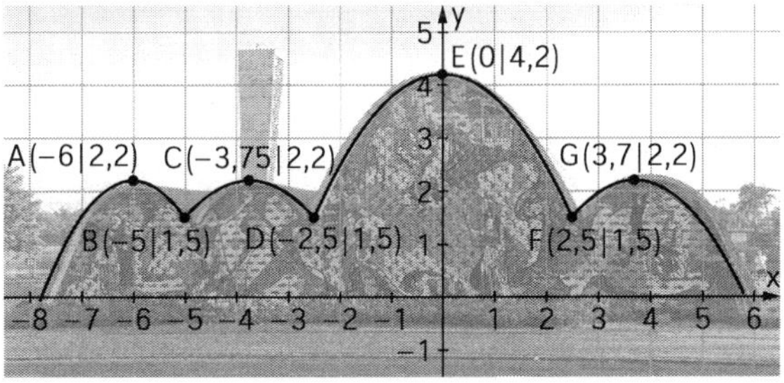

$-7{,}8 \leq x \leq -5$: $f_{AB}(x) = -0{,}7 \cdot (x+6)^2 + 2{,}2$
$-5 \leq x \leq -2{,}5$: $f_{BCD}(x) = -0{,}448 \cdot (x+3{,}75)^2 + 2{,}2$
$-2.5 \leq x \leq 2{,}5$: $f_{DEF}(x) = -0{,}432x^2 + 4{,}2$
$2{,}5 \leq x \leq 5{,}8$: $f_{BCD}(x) = -0{,}468 \cdot (x-3{,}7)^2 + 2{,}2$
Anmerkung: Nach gestalterischen Gesichtspunkten werden wohl alle Parabeln gleichen Streckfaktor haben. Es ist dann sinnvolle Alternative, dies auch im Ansatz zu übernehmen.

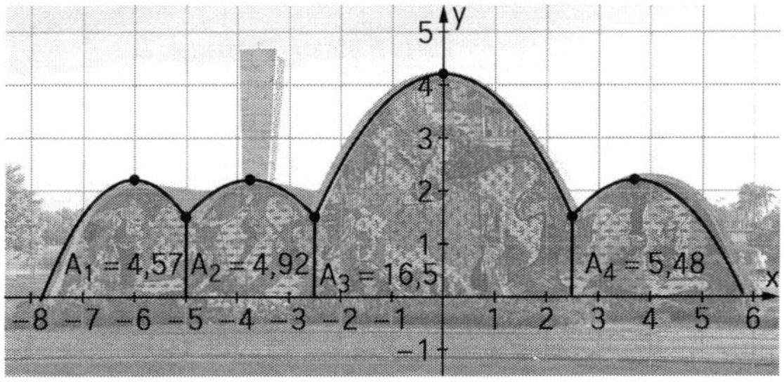

Breite nach Skalierung: 13,6: Farbbedarf: $31{,}47 \cdot 0{,}4 \cdot \frac{20}{13{,}6} \approx 18{,}5\,l$

(2) Modellierung mit Geradenstücken und Parabelbogen. Im Punkt D sollte Übergang ohne Sprungstelle stattfinden. Dazu muss zunächst der Parabelbogen ermittelt werden, ehe das Geradenstück durch D und E bestimmt werden kann.

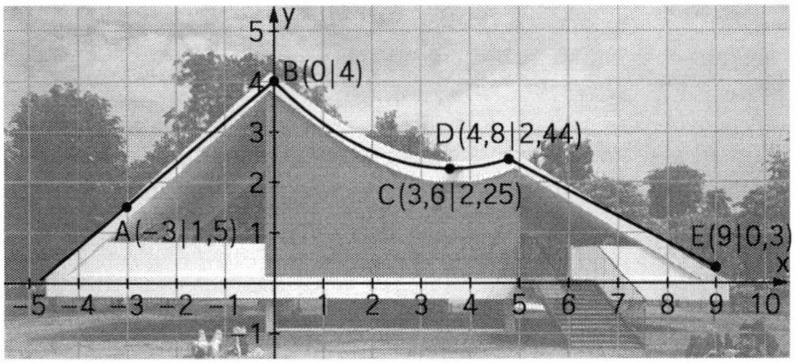

$-4{,}8 \leq x \leq 0$: $f_{AB}(x) = -0{,}83x + 4$
$0 \leq x \leq 4{,}8$: $f_{BC}(x) = 0{,}14 \cdot (x-3{,}6)^2 + 2{,}25$
$4{,}8 \leq x \leq 9$: $f_{DE}(x) = -0{,}51x + 4{,}89$
Rote Fläche: $A = 12{,}98 - 0{,}5 \cdot 4{,}8 = 10{,}58$
Farbmenge: $10{,}58 \cdot \frac{8}{5} = 16{,}93$
Man benötigt rote Farbe für ca. $17\,m^2$.

74 **7** *Zwei unterschiedliche Sachsituationen*

(A) Hier ist das Ziel eine möglichst genaue Modellierung der Form, also die Passung mit den Messdaten und das Finden einer Funktion, deren Graph annähernd wie die blaue Kontur des Gegenstands aussieht. Daher passt hier nur die Modellierung durch Interpolation aller Punkte recht gut. Der Verlauf der gesuchten Funktion außerhalb des betrachteten Intervalls spielt keine Rolle.

(B) Hier ist das Ziel eine angemessene Modellierung der Entwicklung des Bestandes um Prognosen zu ermöglichen. Der Verlauf der Funktion außerhalb des Intervalls spielt also eine entscheidende Rolle, die genaue Passung mit den Messdaten nicht. Das Streudiagramm lässt keine eindeutige Aussage über einen geeigneten Funktionstyp zu. Vorsichtig formuliert kann man monotones Wachstum annehmen und damit eine weitere Zunahme des Bestandes. Damit sind die lineare Regression, die exponentielle Regression und die kubische Regression geeignete Modelle.

8 *Gewicht und Körpergröße von Fußballspielern*

Die Modellierung von Max ist vollständig sinnlos. Sie würde bedeuten, dass Fußballspieler, die kleiner als 1,6 m sind sehr viel schwerer als größere sind und: Je kleiner, desto schwerer!

Die Modellierungen von Helena und Moritz passen beide recht gut zu den Daten und berücksichtigen das unterstellte Prinzip, dass kleinere Fußballspieler leichter sind. Sie führen allerdings zu recht unterschiedlichen Prognosen im sinnvollen Intervall [155; 205].

76 **9** *Konzert- und Kongresshalle*

a) Man kann durch Ziehen an Mittelpunkt und Kreispunkt geeignete Kreise finden. Geschickter ist es, drei Punkte auf Kreisbogen festzulegen und dann den Umkreis des dadurch konstruierten Dreiecks zu zeichnen, entweder mit Schnittpunkt der Mittelsenkrechten als Mittelpunkt oder mit „Kreis durch drei Punkte" des Applets.

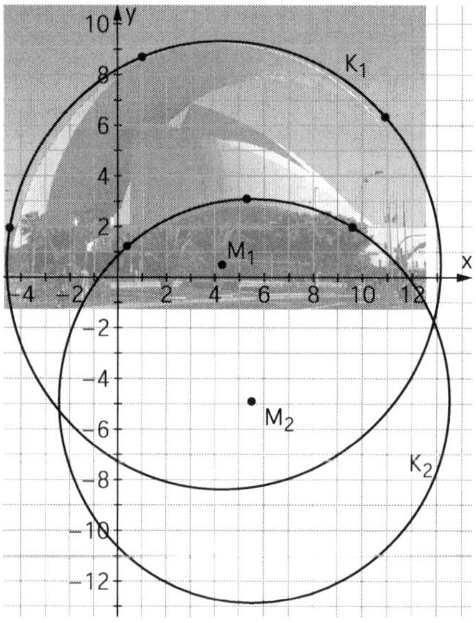

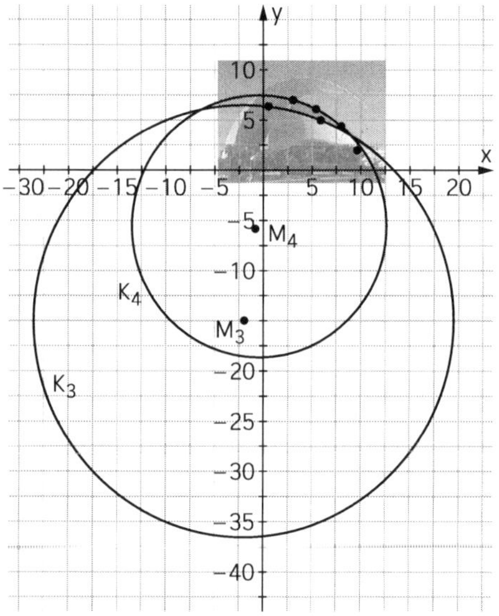

K1: M(4,3|0,5), r = 9; K2: M(5,5|−4,9), r = 8
K3: M(−2|−15), r = 21,5; K4: M(−0,5|5,6), r = 13

b) ■ Mit dem Satz des Pythagoras gilt: $x^2 + y^2 = r^2$ und damit $y = \sqrt{r^2 - x^2}$
Verschiebung des Mittelpunkts um x_m in x-Richtung und y_m in y-Richtung.
■ K1: $(x - 4{,}3)^2 + (y - 0{,}5)^2 = 81$;
K2: $(x - 5{,}5)^2 + (y + 4{,}9)^2 = 64$
K3: $(x + 2)^2 + (y + 15)^2 = 462{,}25$;
K4: $(x + 0{,}5)^2 + (y + 5{,}6)^2 = 169$

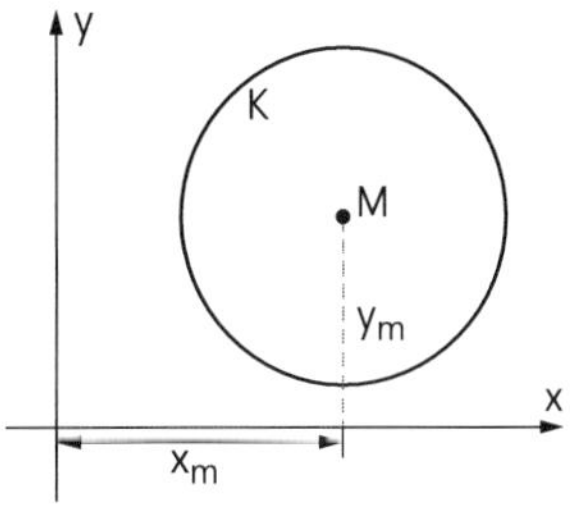

76 **10** *Die Reichstagskuppel*

a) P1: SP(0|23), (20|0); P2: SP(0|23), (12|18); P3: Quadratische Regression
Polynome modellieren die Form der Reichstagskuppel schlecht.

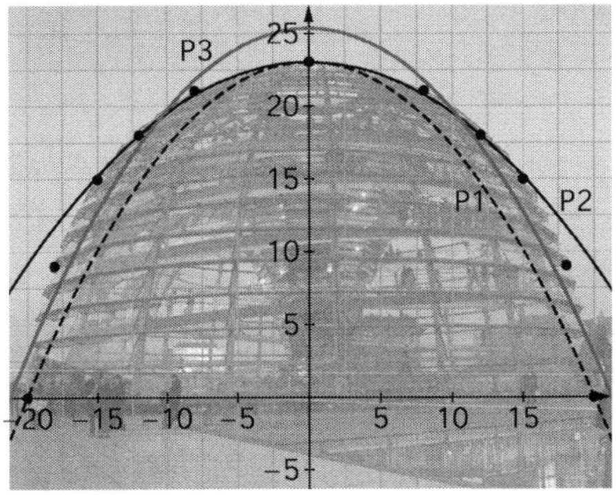

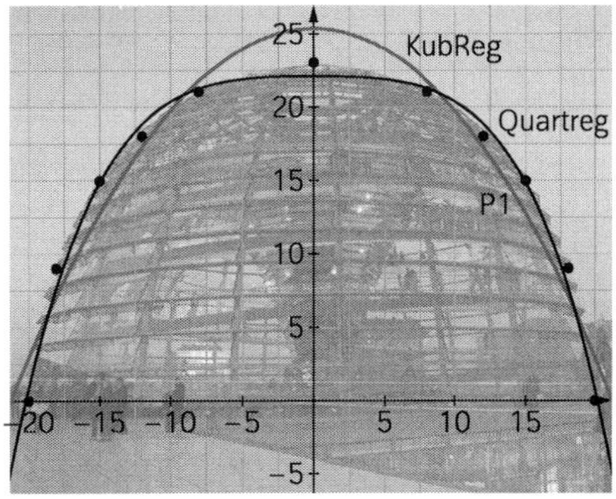

b) ■ Wegen (0|23) und (20|0) müsste Radius einerseits 23 anderseits 20 sein.
■ passende Werte: a = 20; b = 23
■ K(x) passt gut.

2.2 Lineare Gleichungssysteme – Gauß-Algorithmus

77 **1** *Lineare Gleichungssysteme – die Anzahl der Variablen und Gleichungen wächst*

(1) $x = 3$; $y = -2$; (2) $x = -5$; $y = 4$; $z = 3$ (3) $a = \frac{1}{4}$; $b = 2$; $c = 3$; $d = 1$

Es gibt immer eine Gleichung mit nur einer Variablen, dann eine Gleichung mit nur zwei Variablen, so dass man sukzessive Lösungen durch Lösen einfacher linearer Gleichungen ermitteln kann.

2 *Lineares Gleichungssystem – „zu Fuß"*

a) Mit den Lösungen aus dem Buch (a = 1; b = −2; c = 3) folgt für das gesuchte Polynom:
$y = x^2 - 2x + 3$

Punktproben:
A(−1|6) $6 = (-1)^2 - 2(-1) + 3 = 1 + 2 + 3$
B(2|3) $3 = 2^2 - 2\cdot 2 + 3 = 4 - 4 + 3$
C(3|6) $6 = 3^2 - 2\cdot 3 + 3 = 9 - 6 + 3$

b) Die drei Punkte P(1|4), Q(2|9) und R(3|18) ergeben folgendes LGS:

$$\left.\begin{array}{ll} \text{I} & 1a + 1b + 1c = 4 \\ \text{II} & 4a + 2b + 1c = 9 \\ \text{III} & 9a + 3b + 1c = 18 \end{array}\right\} \quad \text{Lösung: } a = 2;\ b = -1;\ c = 3$$

Man erhält das zugehörige Polynom mit $y = 2x^2 - x + 3$.

79 **3** *Bekannte Systeme im neuen Verfahren lösen*

a) (2; 5) b) (4; 3) c) (0; −10) d) (−2,5; 2,5)

79 **4** *Training per Hand*

a) $x = 1;\ y = 2;\ z = -1$ b) $(-1; 3; 4)$ c) $(2; 2; -1)$

5 *Parabeln durch drei Punkte*

a) $y = 2x^2 - x + 4$
b) $y = -x^2 + 3x - 2$
c) $y = \frac{1}{2}x^2 - 2$
d) $y = 2x^2 - x + 4$

6 *Von der Dreiecksform zur Diagonalform*

a) $x = -3;\ y = 4;\ z = 1$
b) –
c) zu a) $\begin{pmatrix} 1 & 0 & 0 & 1 \\ 0 & 1 & 0 & 2 \\ 0 & 0 & 1 & -1 \end{pmatrix}$ zu b) $\begin{pmatrix} 1 & 0 & 0 & -1 \\ 0 & 1 & 0 & 3 \\ 0 & 0 & 1 & 4 \end{pmatrix}$ zu c) $\begin{pmatrix} 1 & 0 & 0 & 2 \\ 0 & 1 & 0 & 2 \\ 0 & 0 & 1 & -1 \end{pmatrix}$

7 *Training mit dem GTR*

zu 4a) $\begin{pmatrix} 1 & 1 & 1 & 2 \\ 1 & -1 & 2 & -3 \\ 2 & 1 & 1 & 3 \end{pmatrix} \xrightarrow[\text{rref}]{} \begin{pmatrix} 1 & 0 & 0 & 1 \\ 0 & 1 & 0 & 2 \\ 0 & 0 & 1 & -1 \end{pmatrix}$

usw., Ergebnisse siehe Aufgabe 4 und 5.

80 **8** *Immer eindeutige Lösung?*

(1) (B) (II); (2) (D) (I); (3) (C) (IV); (4) (A) (III)

9 *Fragen zum Verstehen*

a) Weil damit eine Äquivalenzumformung eingespart wird. Das Ergebnis für die zweite Zeile steht schon da, wenn die Zeilen 1 und 2 vertauscht werden und kommt der angestrebten „Dreiecksform" somit entgegen.
Weil lediglich die Reihenfolge der Zeilen vertauscht wird und nicht deren „Inhalt". Beide Versionen (vertauscht und nicht vertauscht) ergeben identische Lösungen, wenn der Gauß-Algorithmus konsequent angewandt wird.
b) $(-1;\ 5;\ 3)$.
c) Nur, wenn beim Spaltentausch alle Variablen entsprechend vertauscht werden.

81 **10** *Alte Aufgabe in neuem Gewand*

Wir legen die Variablen im Bezug zum Text: x = „gut", y = „mittel", z = „schlecht"
Es entsteht folgendes LGS:

$$\left.\begin{array}{ll} \text{I} & 3x + 2y + 1z = 39 \\ \text{II} & 2x + 3y + 1z = 34 \\ \text{III} & 1x + 2y + 3z = 26 \end{array}\right\}$$

Lösung: $x = 9{,}25;\ y = 4{,}25;\ z = 2{,}75$

11 *Rechendreiecke*

a) –
b) (1) Ecke oben: x
(1) $(32 - x) + (46 - x) = 54 \Rightarrow x = 12;\quad y = 20;\quad z = 34$
(2) $(30 - x) + (17 - x) = 26 \Rightarrow x = 10{,}5;\quad y = 19{,}5;\quad z = 6{,}5$
(3) $(96 - x) + (107 - x) = 71 \Rightarrow x = 66;\quad y = 41;\quad z = 30$
(4) $(62 - x) + (37 - x) = 21 \Rightarrow x = 39;\quad y = -2;\quad z = 23$
(2) Lösungen wie in (1)
(1) I $x + y = 32$
II $x + z = 46$

III $y + z = 54$
(2) I $x + y = 30$
II $x + z = 17$
III $y + z = 26$
(3) I $x + y = 96$
II $x + z = 107$
III $y + z = 71$
(4) I $x + y = 62$
II $x + z = 37$
III $y + z = 21$

81 **12** *Die Tennisballpyramide – Mit Polynom und LGS zur Formel*

Der Polynomansatz $f(x) = ax^3 + bx^2 + cx + d$ ($x \triangleq$ Stufe, $y = f(x) \triangleq$ Anzahl der Bälle) führt mit den Werten aus der Tabelle zum nachfolgenden LGS und damit zum Erfolg:

$$\left.\begin{array}{ll} \text{I} & 1a + 1b + 1c + 1d = 1 \\ \text{II} & 8a + 4b + 2c + 1d = 4 \\ \text{III} & 27a + 9b + 3c + 1d = 10 \\ \text{IV} & 64a + 16b + 4c + 1d = 20 \end{array}\right\} \quad \text{Lösung: } a = \tfrac{1}{6};\ b = \tfrac{1}{2};\ c = \tfrac{1}{3};\ d = 0$$

Man erhält eine Funktion dritten Grades mit $f(x) = \frac{1}{6}x^3 + \frac{1}{2}x^2 + \frac{1}{3}x$.

$x = 50 \quad \Rightarrow f(50) = 22\,100$ Bälle

$x = 100 \quad \Rightarrow f(100) = 171\,700$ Bälle

Setzt man für einen Tennisball den Durchmesser $d = 6{,}5\,\text{cm}$, dann gilt für dessen Volumen ungefähr $V_T = 143\,\text{cm}^3 = 143 \cdot 10^{-6}\,\text{m}^3$. Somit erzeugen 171 700 Tennisbälle ein Volumen von ca. $24\,\text{m}^3$. Ein Kleintransporter weist ein Volumen von ca. $8\,\text{m}^3$ auf und damit passen die 171 700 Tennisbälle nicht hinein.

2.3 Funktionen aus Bedingungen bestimmen

82 **1** *Bedingungen für den Funktionsgraphen*

a) ① wird von allen Funktionen erfüllt
② wird von allen Funktionen erfüllt
③ wird von allen Funktionen erfüllt
④ wird von B und C erfüllt

b)

	Bedingung	Gleichung
I	■	$a \cdot 0^3 + b \cdot 0^2 + c \cdot 0 + d = 1$
II	$f'(0) = 2$	$3a \cdot 0^2 + 2b \cdot 0 + c = 2$
III	$f'(2) = 0$	■
IV	■	$6a \cdot 0 + 2b = 0$

Lösung des Systems $a = -\frac{1}{6};\ b = 0;\ c = 2;\ d = 1$

Der Graph von $f(x) = -\frac{1}{6}x^3 + 2x + 1$ stimmt mit B überein.

c) Es gibt drei Extrempunkte und zwei Wendepunkte.

Ansatz: $f(x) = ax^4 + bx^3 + cx^2 + dx + e$

$f(0) = 1 \Rightarrow e = 1$

$$\left(\begin{array}{cccccc} 0 & 0 & 0 & 0 & 1 & 1 \\ 0 & 0 & 0 & 1 & 0 & 2 \\ 32 & 12 & 4 & 1 & 0 & 0 \\ 0 & 0 & 2 & 0 & 0 & 0 \\ 1 & -1 & 1 & -1 & 1 & 3 \end{array}\right) \xrightarrow{\text{rref}} \left(\begin{array}{cccccc} 1 & 0 & 0 & 0 & 0 & \frac{23}{22} \\ 0 & 1 & 0 & 0 & 0 & \frac{-65}{22} \\ 0 & 0 & 1 & 0 & 0 & 0 \\ 0 & 0 & 0 & 1 & 0 & 2 \\ 0 & 0 & 0 & 0 & 1 & 1 \end{array}\right)$$

$f(x) = \frac{6}{11}x^4 - \frac{16}{11}x^3 + 1$; f ist passende Funktion zu (C).

82 2 *Zwei mathematische Steckbriefe*

Abbildung zu (2)

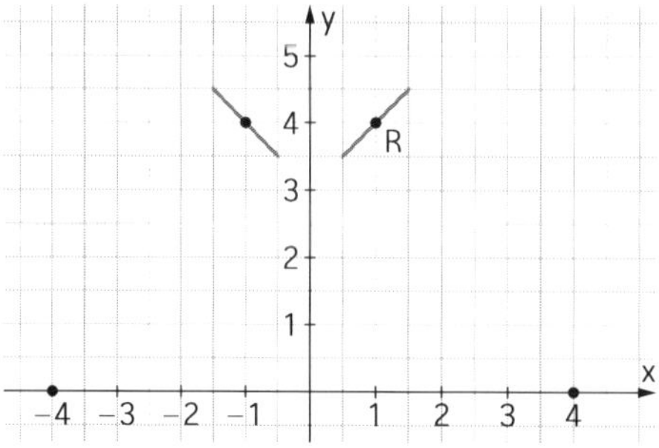

- (1) I $f(2) = 1$; II $f(1) = 3$; III $f'(2) = 0$; IV $f''(1) = 0$;
  4 Bedingungen, also Ansatz mit Polynom vom Grad 3
- I $8a + 4b + 2c + d = 1$
  II $a + b + c + d = 3$
  III $12a + 4b + c = 0$
  IV $6a + 2b = 0$
  $f(x) = x^3 - 3x^2 + 5$

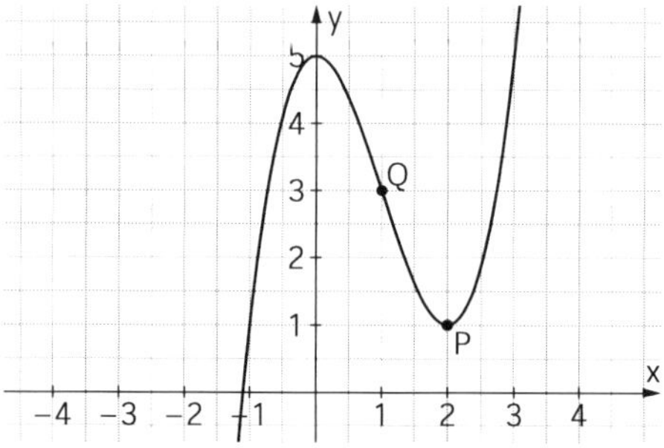

- (2) $f(4) = 0$; $f(1) = 4$; $f'(1) = 1$;
  3 Bedingungen,
  Achsensymmetrie zur y-Achse:
  $f(x) = ax^4 + bx^2 + c$
  I $256a + 16b + c = 0$
  II $a + b + c + d = 4$
  III $4a + 2b = 1$
  $f(x) = -\frac{23}{450}x^4 + \frac{271}{450}x^2 + \frac{776}{225}$

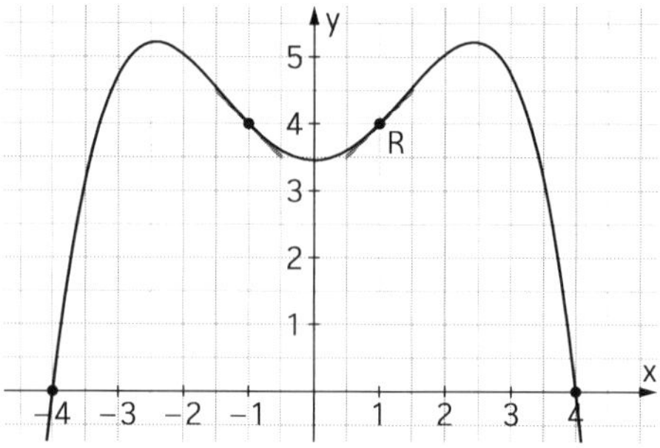

84 3 *Steckbriefe mit Vorgabe des Kandidaten*

a) Bedingungen: $f(0) = 0$
$f(-2) = 0$
$f(4) = 0$
$f'(2) = -2$

Funktion: $f_a(x) = \frac{1}{2}x^3 - x^2 - 4x$

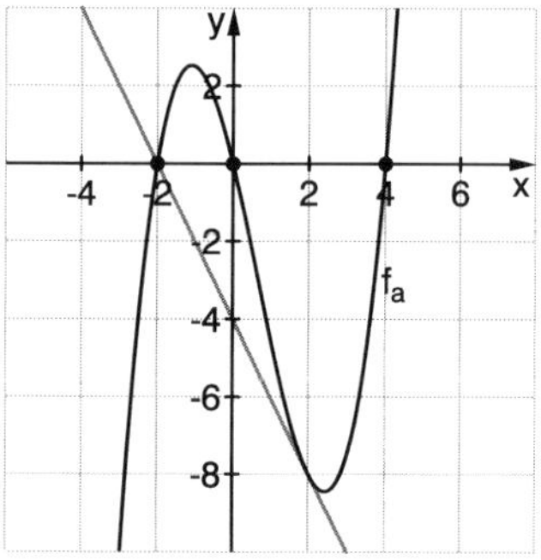

b) Bedingungen: $f(0) = -12$
$f'(4) = 0$
$f(3) = 6$
$f''(3) = 0$
Funktion: $f_b(x) = x^3 - 9x^2 + 24x - 12$
Eine Probe oder das Betrachten des Graphen zeigt, dass wirklich Extremum und Wendepunkt vorliegen.

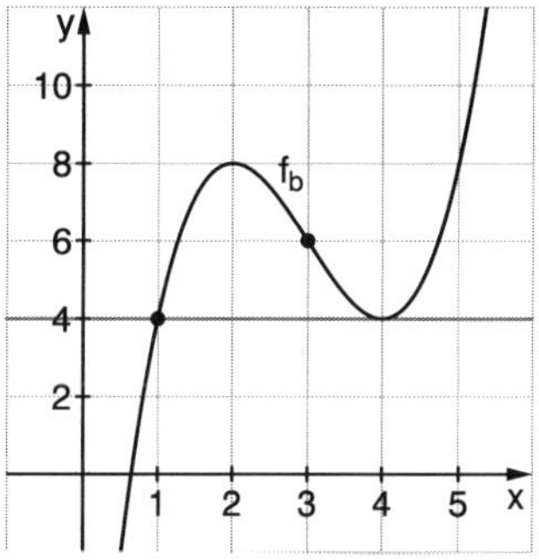

c) Bedingungen: $f(0) = 0$
$f'(0) = 0$
$f''(0) = 0$
$f(1) = -1$
$f''(1) = 0$
Funktion: $f_c(x) = x^4 - 2x^3$
Eine Probe oder das Betrachten des Graphen zeigt, dass wirklich Wendepunkte vorliegen.

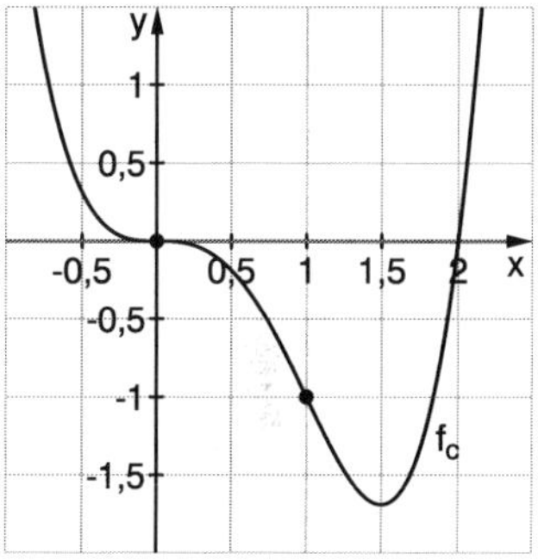

84 4 *Steckbriefe ohne Vorgabe des Kandidaten*

a) Bedingungen (Funktion 3. Grades):
$f(0) = 1$
$f(1) = 4$
$f'(1) = 0$
$f'(4) = 0$
Funktion: $f_a(x) = \frac{6}{11}x^3 - \frac{45}{11}x^2 + \frac{72}{11}x + 1$
Eine Probe oder das Betrachten des Graphen zeigt, dass wirklich ein Hochpunkt vorliegt.

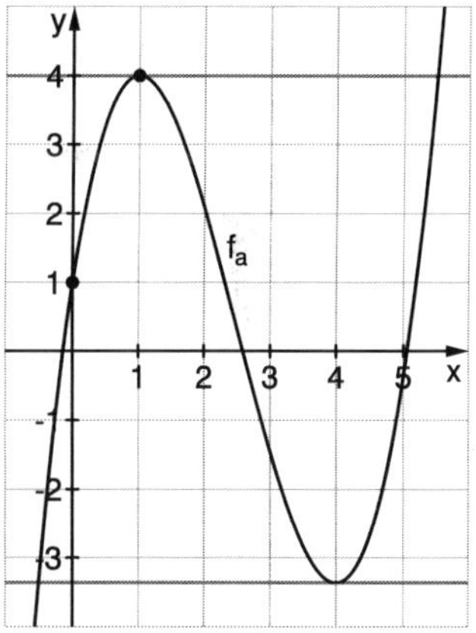

b) $f(0) = 3$
$f'(0) = 0$
$f''(3) = 0$
$f(1) = 1$
4 Bedingungen, also Funktion vom Grad 3
$f(x) = \frac{1}{4}x^3 - \frac{9}{4}x^2 + 3$

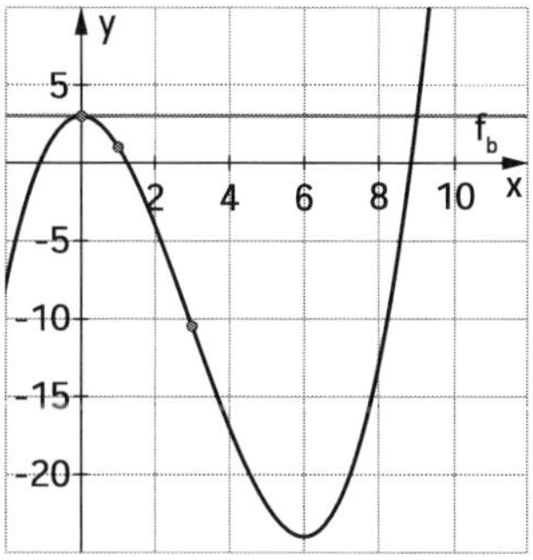

c) Funktion 4. Grades:

$f(-2) = 3$
$f'(-2) = 0$
$f(1) = 1$
$f'(1) = 0$
$f'(2) = 0$

$$f_c(x) = -\frac{2}{45}x^4 + \frac{8}{135}x^3 + \frac{16}{45}x^2 - \frac{32}{45}x + \frac{181}{135}$$

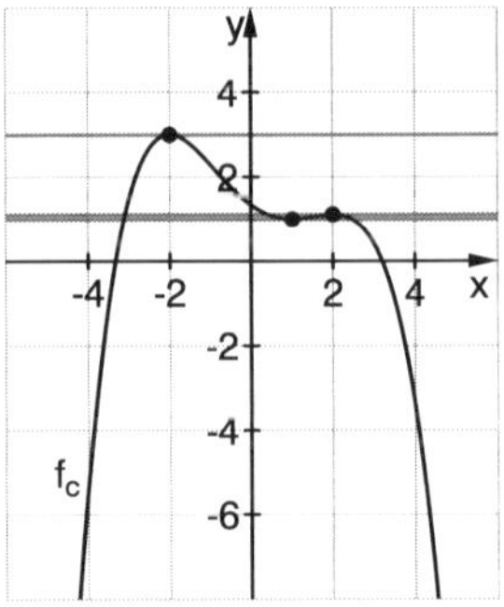

d) Funktion 5. Grades:

$f(1) = 5$
$f'(1) = 0$
$f''(1) = 0$
$f(2) = 2$
$f'(2) = 0$
$f'(4) = 0$

$$f_d(x) = -3x^5 + 30x^4 - 105x^3 + 165x^2 - 120x + 38$$

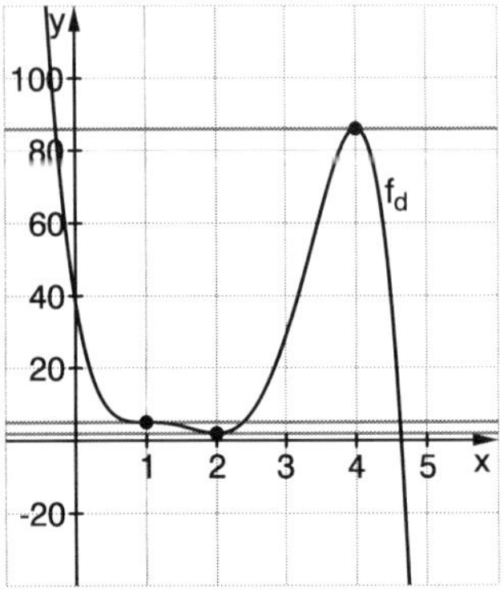

84 **5** *Zwei Steckbriefe*

a) $f(x) = 2x^4 - 4x^2 + 2$

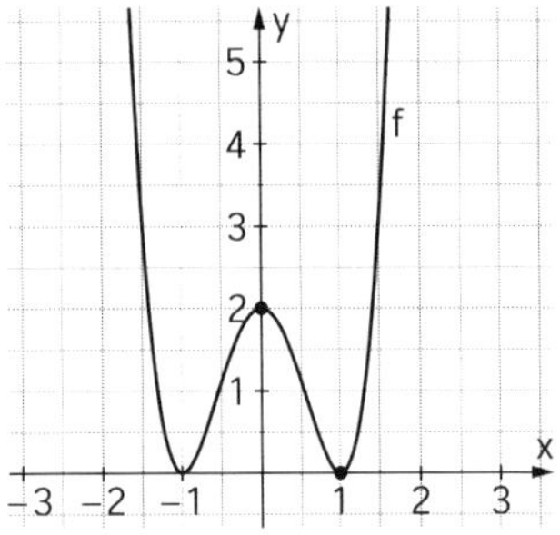

b) $f(x) = \frac{1}{2}x^5 - 4x^3 + 8x$

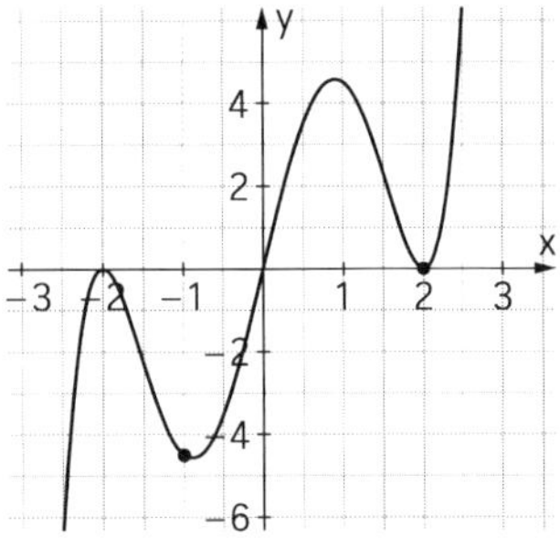

c) (1) Stimmt, weil sonst Symmetrie verletzt $(f(-x) = f(x))$
(2) Stimmt, weil sonst Symmetrie verletzt $(f(-x) = -f(x))$

6 *Grafische Steckbriefe*

(1) Funktion 2. Grades, da kein Wendepunkt vorliegt

Bedingungen: $f(0) = -2$, $f(2) = 2$, $f'(2) = 0$

$f(x) = -x^2 + 4x - 2$
Parabel ist nach unten geöffnet, also Hochpunkt

(2) Funktion 3. Grades, da 2 Extrema (oder ein Wendepunkt)

Bedingungen: $f(2) = 4$, $f'(2) = 0$, $f(5) = 1$, $f'(5) = 0$

$f(x) = \frac{2}{9}x^3 - \frac{7}{3}x^2 + \frac{20}{3}x - \frac{16}{9}$

(3) Funktion 4. Grades, da 3 Extrema (oder 2 Wendepunkte); symmetrisch

$f(x) = ax^4 + bx^2 + c$

Bedingungen: $\left.\begin{array}{l} f(0) = 2 \\ f'(2) = 0 \\ f(0) = 3 \end{array}\right\} \quad f(x) = \frac{3}{16}x^4 - \frac{3}{2}x^2 + 3$

84 **7** *Viele Gleichungen finden*

a) Am Graphen erkennbar

- Sattelpunkt: $(0|3)$: $f(0) = 3$; $f'(0) = 0$; $f''(0) = 0$
- Tiefpunkt: $(3{,}5|?)$: $f'(3{,}5) = 0$
- Hochpunkt: $(5|?)$: $f'(5) = 0$
- Nullstelle bei 2,5: $f(2{,}5) = 0$

b) Es liegen drei Wendestellen vor $\Rightarrow$ Funktion muss mindestens 5. Grades sein:

Ansatz: $f(x) = ax^5 + bx^4 + cx^3 + dx^2 + ex + f \Rightarrow f'(x) = 5ax^4 + 4bx^3 + 3cx^2 + 2dx + e$

$\Rightarrow f''(x) = 20ax + 12bx + 6cx + 2d$

Bedingungen: $f(0) = 3 \Rightarrow f = 3$

$f'(0) = 0 \Rightarrow e = 0$

$f'(0) = 0 \Rightarrow 2d = 0 \Rightarrow d = 0$

$f'(3{,}5) = 0 \Rightarrow 5 \cdot 3{,}5^4\, a + 4 \cdot 3{,}5^3\, b + 3 \cdot 3{,}5^2\, c = 0$

$f(5) = 0 \Rightarrow 3125a + 500b + 70c = 0$

$f'(2{,}5) = 0 \Rightarrow 2{,}5^5 a + 2{,}5^4 b + 2{,}5^3 c + 3 = 0$

Lösung: $a \approx -0{,}0217$; $b \approx 0{,}2304$; $c \approx -0{,}6325$

$\Rightarrow f(x) = -0{,}0217x^5 + 0{,}2304x^4 - 0{,}6325x^3 + 3$

85 **8** *Ganzrationale Funktionen durch zwei, drei, ... Punkte*

a) Eine ganzrationale Funktion vom Grad n hat die Gleichung $f(x) = a_n x^n + a_{n-1}x^{n-1} + \ldots + a_1 x + a_0$, also $n+1$ Parameter, die im Allgemeinen durch $n+1$ Punkte bestimmt werden können.

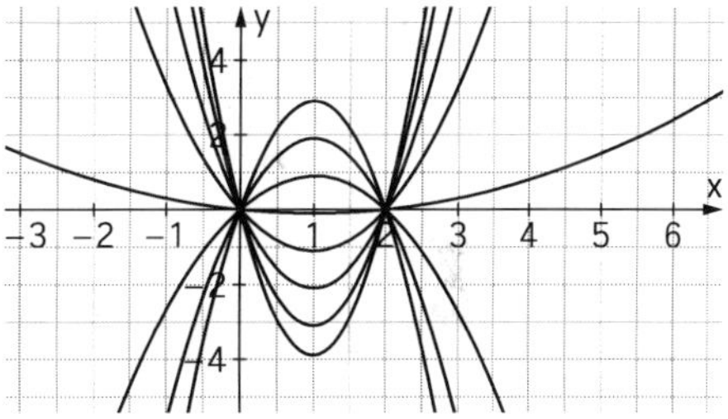

b) Wenn die drei Punkte auf einer Geraden liegen, gibt es ganzrationale Funktion vom Grad 1.

c) Weil A und C bei derselben x-Koordinate unterschiedliche y-Koordinaten haben (sie liegen auf Parallele zur y-Achse), kann es keine Funktion durch diese drei Punkte geben.

d) Nullstellen sind $x_1 = 0$; $x_2 = 2$, also: $f(x) = a \cdot x \cdot (x - 2)$

9 *Keine und viele Kandidaten 1*

a) Es gibt keine Gerade durch A, B und C: $g_{AB}(x) = 2x + 2$; $g_{AB}(3) = 8 \neq 7$

$\begin{array}{ll} \text{I} & -a + b = 0 \\ \text{II} & a + b = 4: \\ \text{III} & 3a + b = 7 \end{array} \begin{pmatrix} -1 & 1 & 0 \\ 1 & 1 & 4 \\ 3 & 1 & 7 \end{pmatrix} \rightarrow \begin{pmatrix} 1 & 0 & 0 \\ 0 & 1 & 0 \\ 0 & 0 & 1 \end{pmatrix}$

Die letzte Zeile in der Matrix ergibt die falsche Aussage $0 = 1$. Das LGS hat also keine Lösung.

A, B, C $(3|8)$

$\begin{array}{ll} \text{I} & -a + b = 0 \\ \text{II} & a + b = 4: \\ \text{III} & 3a + b = 8 \end{array} \begin{pmatrix} -1 & 1 & 0 \\ 1 & 1 & 4 \\ 3 & 1 & 8 \end{pmatrix} \rightarrow \begin{pmatrix} 1 & 0 & 2 \\ 0 & 1 & 2 \\ 0 & 0 & 0 \end{pmatrix}$

Die letzte Zeile in der Matrix ergibt die wahre Aussage $0 = 0$ die beiden anderen Zeilen liefern $a = 2$ und $b = 2$

b) ■ $\begin{matrix} \text{I} & a - b + c = 0 \\ \text{II} & a + b + c = 2 \end{matrix} \rightarrow \begin{pmatrix} 1 & -1 & 1 & 0 \\ 1 & 1 & 1 & 2 \end{pmatrix}$

■ Die 1. Zeile liefert $a + c = 1$, die zweite $b = 1$

■ Mit $c = 1 - a$:
$f_a(x) = a \cdot x^2 + x + 1 - a$
Mit $a = 1 - c$:
$f_c(x) = (1 - c) \cdot x^2 + x + c$
Für $a = 0$ bzw. $c = 1$ erhält man die Gerade durch A und B: $g_{AB}(x) = x + 1$

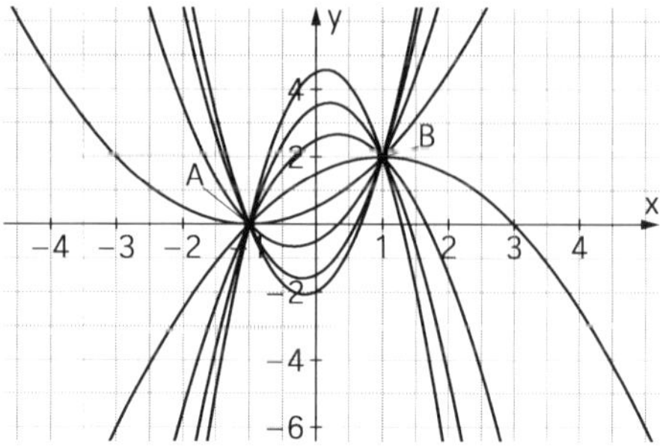

85 **10** *Keine und viele Kandidaten 2*

a) $\left.\begin{matrix} \text{I} & & c = 3 \\ \text{II} & 4a + 2b + c = 1 \\ \text{III} & 2a + b \quad = 0 \end{matrix}\right\} \rightarrow \begin{pmatrix} 1 & 0{,}5 & 0 & 0 \\ 0 & 0 & 1 & 0 \\ 0 & 0 & 0 & 1 \end{pmatrix}$

Die letzte Zeile liefert $0 = 1$; es gibt also keine quadratische Funktion, die die Bedingungen erfüllt.

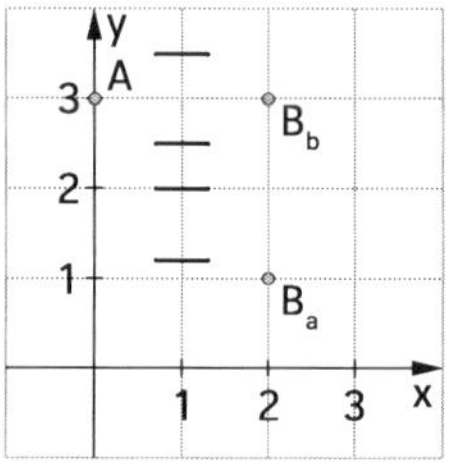

b) $\left.\begin{matrix} \text{I} & & c = 3 \\ \text{II} & 4a + 2b + c = 3 \\ \text{III} & 2a + b \quad = 0 \end{matrix}\right\} \rightarrow \begin{pmatrix} 1 & 0{,}5 & 0 & 0 \\ 0 & 0 & 1 & 3 \\ 0 & 0 & 0 & 1 \end{pmatrix}$

1. $a + 0{,}5b = 0$, also: $b = -2a$
2. $c = 3$
3. $0 = 0$

Die Parabeln der Schar $f_a(x) = ax^2 - 2ax + 3$ verlaufen durch A und B.
Der Scheitelpunkt liegt jeweils bei $x = 1$ (Steigung 0). Wegen der Symmetrie von Parabeln müssen dann Punkte, die links und rechts gleich weit weg von $x = 1$ liegen, dieselbe y-Koordinate haben. Dies ist bei b) der Fall, bei a) nicht.

11 *Widersprüchliche Zeugenaussagen?*

Wenn eine ganzrationale Funktion vom Grad 3 einen Sattelpunkt hat, kann sie keine Extrempunkte haben. Begründung: Funktionen 3. Grades sind symmetrisch zum Wendepunkt. Wenn es einen Extrempunkt gibt, gibt es auch einen weiteren. Wenn es dann noch einen Sattelpunkt geben würde, gäbe es drei Punkte mit waagerechter Tangente. Das ist unmöglich, weil die erste Ableitung maximal zwei Nullstellen haben kann.

86 **12** *Steckbriefe ohne und mit seltsamen Kandidaten*

a) $\begin{pmatrix} 1 & 1 & 1 & 1 & 1 \\ 6 & 2 & 0 & 0 & 0 \\ 12 & -4 & 1 & 0 & 0 \\ 12 & 4 & 1 & 0 & 0 \end{pmatrix} \rightarrow \begin{pmatrix} 1 & 0 & 0 & 0 & 0 \\ 0 & 1 & 0 & 0 & 0 \\ 0 & 0 & 1 & 0 & 0 \\ 0 & 0 & 0 & 1 & 1 \end{pmatrix}$; $f(x) = 1$

Es gibt keine ganzrationale Funktion vom Grad 3, die die Bedingungen erfüllt, da die Extrempunkte bei diesen Funktionen immer symmetrisch zum Wendepunkt liegen.

b) $\begin{pmatrix} 0 & 0 & 0 & 1 & 1 \\ 0 & 2 & 0 & 0 & 0 \\ 12 & 4 & 1 & 0 & 0 \\ 12 & 4 & 1 & 0 & 0 \end{pmatrix} \rightarrow \begin{pmatrix} 1 & 0 & \frac{1}{12} & 0 & 0 \\ 0 & 1 & 0 & 0 & 0 \\ 0 & 0 & 0 & 1 & 1 \\ 0 & 0 & 0 & 0 & 0 \end{pmatrix} \Rightarrow d = 1;\ b = 0;\ a + \frac{1}{12}c = 0$

$f_a(x) = ax^3 - 12ax + 1$

Es gibt unendlich viele Funktionen vom Grad 3, die die Bedingungen erfüllen.
Die Angabe der einen Extremstelle legt die andere Extremstelle fest (Symmetrie zum Wendepunkt). Man hat damit nur drei Bedingungen für vier Koeffizienten.

86 **13** *Eine Geradenschar und eine Parabelschar*

a) (1) $g_a(x) = ax - a + 2$

(2) $p_a(x) = ax^2 + (-a - 1)x + 3$

Es gibt jeweils eine Bedingung weniger als es zu bestimmende Koeffizienten gibt.

b) (1) $g_a(4) = 4a - a + 2 = 3 \Rightarrow a = \frac{1}{3}$

$g_a'(x) = a = -2;\ g_{-2}(x) = -2x + 4$

(2) $p_a(4) = 3 \Rightarrow a = -\frac{7}{12}$

$p_a'(1) = -2 \Rightarrow a = -1$

c) $g_b(x) = (2 - b) \cdot x + b$

$p_b(x) = (-b - 1) \cdot x^2 + bx + 3$

14 *Viele Kandidaten 1*

a) Bei $x = 1$ und $x = 5$ liegt eine waagerechte Tangente vor. $(3|2)$ ist Wendepunkt.

b) Es gibt unendlich viele Lösungen des Gleichungssystems. Zwischen den Extrema liegt bei einer Funktion 3. Grades der Wendepunkt immer genau in der Mitte. Daher ist die Bedingung $f''(3) = 0$ bereits in den Bedingungen $f'(1) = 0$ und $f'(5) = 0$ enthalten und liefert keine neue Information.

c) Verwenden Sie zum Beispiel die Bedingungen

$$\left.\begin{array}{l} f(1) = 1 \\ f'(1) = 0 \\ f(3) = 2 \\ f'(5) = 0 \end{array}\right\} \qquad \text{Lösung: } f(x) = -\frac{1}{16}x^3 + \frac{9}{16}x^2 - \frac{15}{16}x + \frac{23}{16}$$

d) Mit $c - \frac{5}{3}d = -\frac{10}{3}$ (3. Zeile) erhält man $c = \frac{5}{3}d - \frac{10}{3}$

2. Zeile der Matrix: $b + d = 2$, also: $b = 2 - d$

1. Zeile der Matrix: $a - \frac{1}{9}d = -\frac{2}{9}$, also: $a = \frac{1}{9}d - \frac{2}{9}$

Schargleichung: $f_d(x) = \left(\frac{1}{9}d - \frac{2}{9}\right)x^3 + (2 - d)x^2 + \left(\frac{5}{3}d - \frac{10}{3}\right)x + d$

15 *Viele Kandidaten 2*

a) $f_a(0) = 1$

$f_a'(x) = 4ax^3 - (8a + \frac{1}{2})x^2 + 2;\ f_a'(0) = 2$

$f_a'(2) = 32a - 32a - 2 + 2 = 0$

$f_a''(x) = 12ax^2 - (16a + 1)x;\quad f_a''(0) = 0$

b) 1. Zeile: $a + \frac{3}{8}b = -\frac{1}{16} \quad \Rightarrow \quad b = -\frac{8}{3}a - \frac{1}{6}$

2. Zeile: $c = 0$

3. Zeile: $d = 2$

4. Zeile: $e = 1$

87 **16** *„Tiefbohrung" an einer Stelle*

a) (1) $f_1(x) = x + 1$ (2) $f_2(x) = \frac{1}{2}x^2 + x + 1$

(3) $f_3(x) = \frac{1}{6}x^3 + \frac{1}{2}x^2 + x + 1$ (4) $f_4(x) = \frac{1}{24}x^4 + \frac{1}{6}x^3 + \frac{1}{2}x^2 + x + 1$

b)

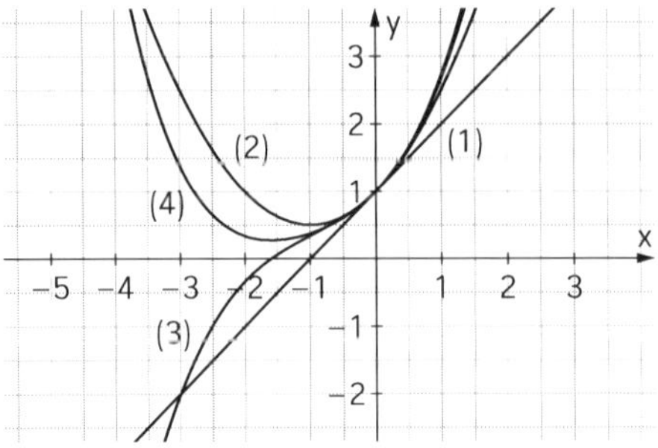

c) (1) wird immer Tangente in (0 | 1) sein, die Graphen werden weiter „auseinanderlaufen".
Es kommt Bedingung $f^{\text{v}}(0) = 1$ hinzu, $f_4^{\text{v}}(x) = 0$ und damit

$f_5^{\text{v}}(x) = 120a + f_4^{\text{v}}(x) = 120a = 1 \Rightarrow a = \frac{1}{120}$

$f_6^{\text{v}}(x) = 720a + f_5^{\text{v}}(x) = 720a = 1 \Rightarrow a = \frac{1}{720}$

$f_5(x) = \frac{1}{120}x^5 + \frac{1}{24}x^4 + \frac{1}{6}x^3 + \frac{1}{2}x^2 + x + 1$

$f_6(x) = \frac{1}{720}x^6 + \frac{1}{120}x^5 + \frac{1}{24}x^4 + \frac{1}{6}x^3 + \frac{1}{2}x^2 + x + 1$

Bauprinzip: $f_4(x) = \frac{1}{1 \cdot 2 \cdot 3 \cdot 4}x^4 + \frac{1}{1 \cdot 2 \cdot 3}x^3 + \frac{1}{1 \cdot 2}x^2 + x + 1$

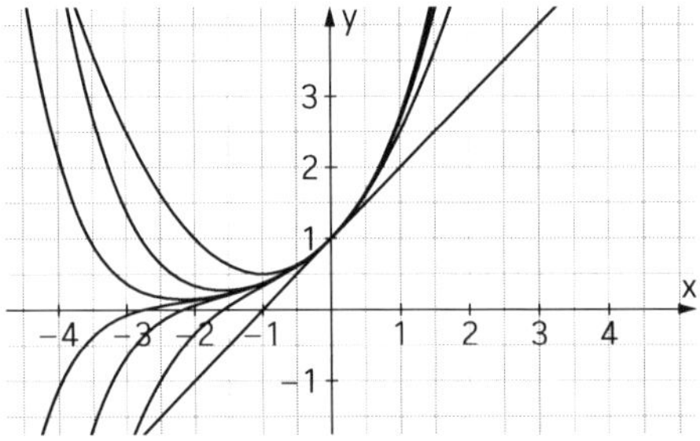

- Jede ganzrationale Funktion vom Grad n ist durch Kenntnis der ersten n Ableitungen an einer Stelle eindeutig bestimmt. Man kennt sie dann an einer Stelle ganz genau und damit den gesamten Verlauf.

87 **17** *Sinusfunktion und Polynome*

a) Ganzrationale Funktionen streben für $x \to \pm\infty$ immer gegen $\pm\infty$, die Sinusfunktion ist periodisch und beschränkt: $-1 \leq \sin(x) \leq 1$

b)

Steckbriefe	Funktionsgleichung
$P_1(0) = \sin(0)$; $P_1'(0) = \sin'(0)$	$P_1(x) = x$
$P_2(0) = \sin(0)$; $P_2'(0) = \sin'(0)$; $P_2''(0) = \sin''(0)$	$P_2(x) = P_1(x) = x$
$P_3(0) = 0$; $P_3'(0) = 1$; $P_3''(0) = 0$; $P_3'''(0) = -1$	$P_3(x) = x - \frac{1}{6}x^3$
Fünf Bedingungen	$P_5(x) = x - \frac{x^3}{6} + \frac{x^5}{120}$
Sieben Bedingungen	$P_7(x) = x - \frac{1}{6}x^3 + \frac{1}{120}x^5 - \frac{1}{5040}x^7$

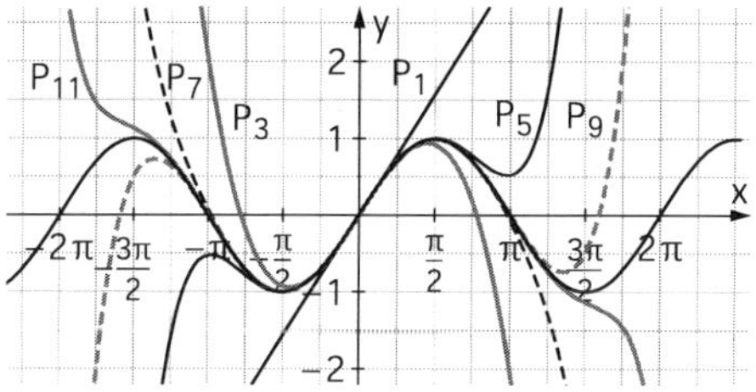

- Der Koeffizient von x^2 ist 0. Entsprechendes passiert bei allen Polynomen mit geradem Grad. Inhaltlich-anschauliche Begründung: $\sin(x)$ ist punktsymmetrisch zu $(0|0)$, also sind auch alle Näherungspolynome punktsymmetrisch zu $(0|0)$.
- Mit jeder Erhöhung des Grades des Polynoms wird ein Sinusbogen näherungsweise mehr erfasst.
- $P_9(x) = x - \frac{1}{6}x^3 + \frac{1}{120}x^5 - \frac{1}{5040}x^7 + \frac{1}{362\,880}x^9$

  $P_{11}(x) = x - \frac{1}{6}x^3 + \frac{1}{120}x^5 - \frac{1}{5040}x^7 + \frac{1}{40\,320}x^9 - \frac{1}{39\,916\,800}x^{11}$

c)

Steckbriefe	Funktionsgleichung
$P_1(0) = \cos(0)$; $P_1'(0) = \cos'(0)$	$P_1(x) = 1$
$P_2(0) = \cos(0)$; $P_2'(0) = \cos'(0)$; $P_2''(0) = \cos''(0)$	$P_2(x) = 1 - \frac{1}{2}x^2$
$P_3(0) = 0$; $P_3'(0) = 1$; $P_3''(0) = 0$; $P_3'''(0) = -1$	$P_3(x) = P_2(x) = 1 - \frac{1}{2}x^2$
Vier Bedingungen	$P_4(x) = 1 - \frac{1}{2}x^2 + \frac{1}{24}x^4$
Sechs Bedingungen	$P_6(x) = 1 - \frac{1}{2}x^2 + \frac{1}{24}x^4 - \frac{1}{720}x^6$

Weil $\cos(x)$ achsensymmetrisch zur y-Achse ist, treten in den Näherungspolynomen nur geradzahlige Exponenten auf. Die Annäherung erfolgt in gleicher Weise wie bei $\sin(x)$.
Es ergibt sich: $\cos(x) = 1 - \frac{x^2}{2!} + \frac{x^4}{4!} - \frac{x^6}{6!} \pm \ldots$

2.4 Modellieren mit abschnittsweise definierten Funktionen

88 **1** *Die Vase*

a) beide Funktionen passen recht gut. Sichtbare Abweichungen:
- Die Regressionsfunktion weicht zwischen C und D sowie zwischen E und F von der Form der Vase ab.
- Das Interpolationspolynom zwischen B und C sowie D und F.

b) Das Beispiel liefert:

(1)
I $d = 1{,}6$
II $8a + 4b + 2c + d = 2{,}7$
III $64a + 16b + 4c + d = 3{,}1$
IV $48a + 8b + c = 0$

(2)
I $64a + 16b + 4c + d = 3{,}1$
II $216a + 36b + 6c + d = 2$
III $48a + 8b + c = 0$
IV $36a + 2b = 0$

(3)
I $1296a + 216b + 36c + 6d + e = 2$
II $3164{,}0625a + 421{,}875b + 56{,}25c + 7{,}5d + e = 1{,}3$
III $8145{,}0625a + 857{,}375b + 90{,}25c + 9{,}5d + e = 2{,}4$
IV $432a + 36b + 2c = 0$
V $1687{,}5a + 168{,}75b + 15c + d = 0$

Weitere mögliche Modellierungen:

(A) (1): A, B, C → Grad 2

I $c = 0$
II $4a + 2b + c = 2{,}7$
III $16a + 4b + c = 3{,}1$
$f_1(x) = -0{,}0875x^2 + 0{,}725x + 1{,}6$; $f_1'(4) = 0{,}025$

(2): C (knickfrei), D, E → Grad 3

I $64a + 16b + 4c + d = 3{,}1$
II $48a + 8b + c = 0{,}025$
III $216a + 36b + 6c + d = 2$
IV $421{,}88a + 56{,}25b + 7{,}5c + d = 1{,}3$
$f_2(x) = 0{,}0889x^3 - 1{,}5327x^2 + 8{,}0175x - 10{,}1388;$
$f_2'(7{,}5) = 0{,}0289$

(3): E (knickfrei), F → Grad 2

I $56{,}25a + 7{,}5b + c = 1{,}3$
II $15a + b = 0{,}0289$
III $90{,}25a + 9{,}5b + c = 2{,}4$
$f_3(x) = 0{,}2606x^2 - 3{,}8794x + 15{,}7392$

(B) Modellierung von rechts nach links

(1): D, E, F → Grad 2

I $36a + 6b + c = 2$
II $56{,}25a + 7{,}5b + 1 = 1{,}3$
III $90{,}25a + 9{,}5b + c = 2{,}4$
$f_1(x) = 0{,}2905x^2 - 4{,}3881x + 17{,}8714$
$f_1'(6) = -0{,}902$

(2): A, B, C, D (knickfrei) → Grad 4

I $e = 1{,}6$
II $16a + 8b + 4c + 2d + e = 2{,}7$
III $256a + 64b + 16c + 4d + e = 3{,}1$
IV $1296a + 216b + 36c + 6d + e = 2$
V $864a + 108b + 12c + d = -0{,}902$
$f_1(x) = 0{,}0032x^4 - 0{,}0557x^3 + 0{,}1554x^2$
$+ 0{,}4357x + 1{,}6$

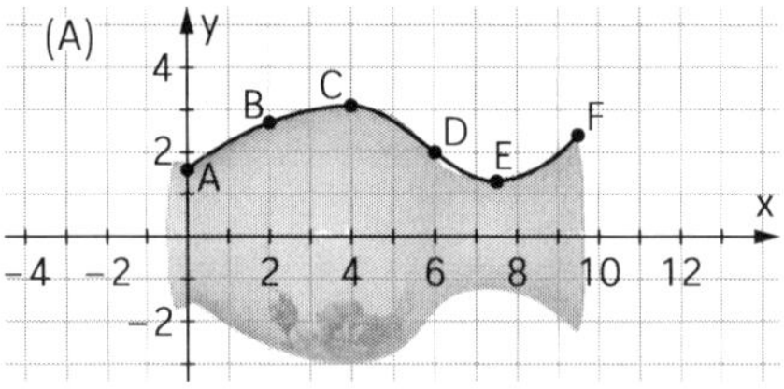

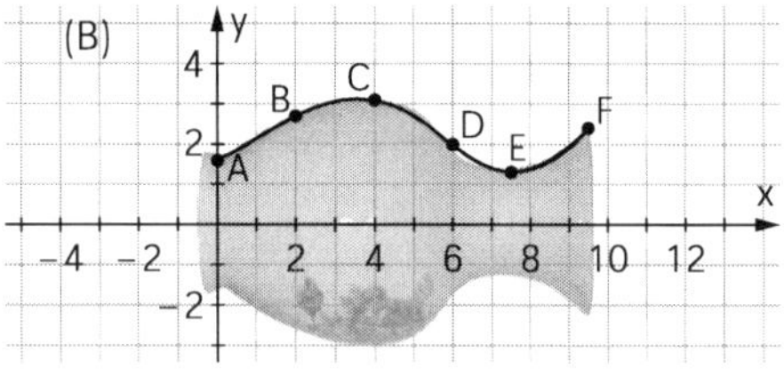

Beide Modellierungen passen gut.

89 2 *Übergänge – mit und ohne Ruck*

a) ■ Tangenten an die Kreisbögen in $(-1|1)$ und $(1|-1)$ sind jeweils parallele Geraden zur x-Achse.
■ geradlinige Stücke haben keine Krümmung, Kreisbögen haben Krümmung.

b) Ansatz: $f(x) = ax^3 + bx + c$ (Punktsymmetrie zu $(0|0)$)

$f(1) = -1$; $f'(1) = 0$; $f(0) = 0$: $f(x) = \frac{1}{2}x^3 - \frac{3}{2}x$

In $(0|0)$ Wendepunkt, also kein „Ruck", in $(1|-1)$ und $(-1|1)$ aber weiterhin Krümmungsruck, weil das Polynom hier keine Wendepunkte hat.

c) Zusätzliche Bedingungen: $f''(-1) = f''(1) = 0$

Ansatz: $f(x) = ax^5 + bx^3 + cx$; $g(x) = -\frac{3}{8}x^5 + \frac{5}{4}x^3 - \frac{15}{8}x$
Es gelten die Bedingungen.
Bei der Kreisverbindung wechselt Steigung von „$-\infty$" zu „∞"0. Polynome vom Grad 3 und Grad 5 snd bezüglich ähnlich, an der Stelle 0 hat g stärkere Steigung (man fährt „mehr um die Kurve"), dafür kein abrupter Wechsel bei $x = -1$ und $x = 1$.
Sprungstellen bei f in zweiter Ableitung, bei g nicht.

91 3 *Theatro populo*

(1) **ABCDE:**

Grundsätzlich: C Hochpunkt, E Tiefpunkt:

(1 a) Polynom vom Grad 3: $f_1(x) = 0{,}1024x^3 + 0{,}384x^2$

Passt zwischen A und B nicht gut, deswegen: A oder B dazunehmen und mit Polynom vom Grad 4 modellieren:

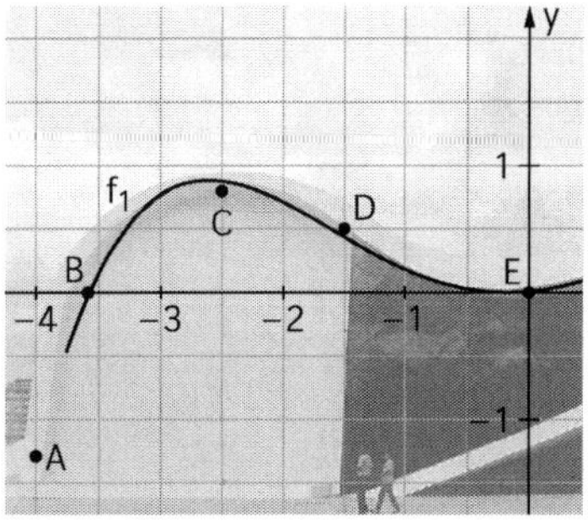

(1 b) Mit A: $f_{2a}(x) = -0{,}0013x^4 + 0{,}1087x^3 + 0{,}4076x^2$
Mit B: $f_{2b}(x) = -0{,}0032x^4 + 0{,}1185x^3 + 0{,}4444x^2$

Beide Funktionen passen zwischen A und C nur mäßig gut.

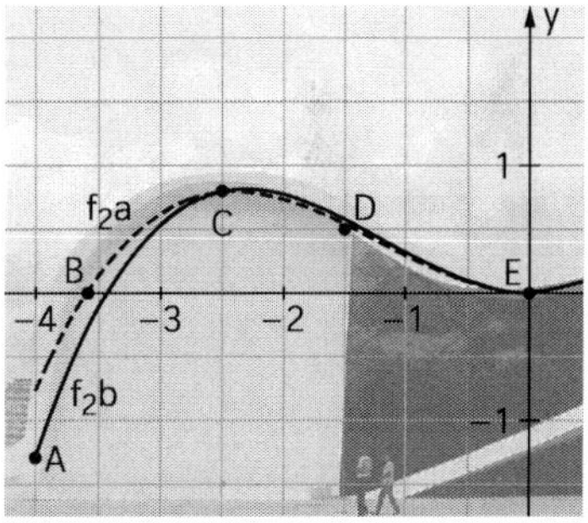

(1c) Polynom vom Grad 5 mit zusätzlich A und B.
$f_{2ab}(x) = 0{,}030x^5 + 0{,}246x^4 + 0{,}769x^3 + 0{,}982x^2$

Passt im Bereich CE mäßig gut (zusätzlicher Wendepunkt)

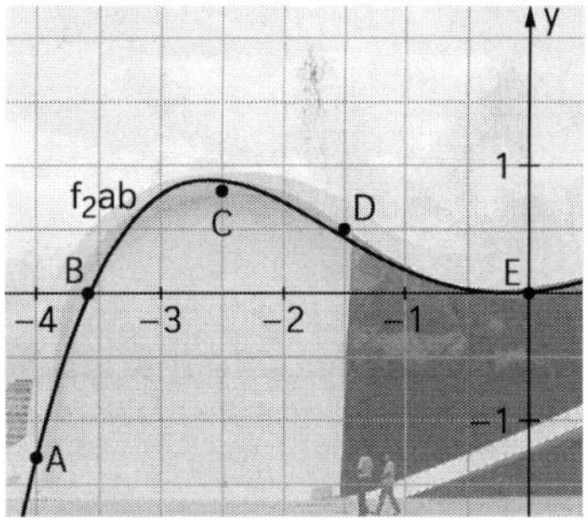

(2) **EFGHIJK:**

(2a) Regression vom Grad 4 passt recht gut

$f_3(x) = 0{,}009x^4 + 0{,}126x^3 + 0{,}404x^2 + 0{,}017x - 0{,}006$

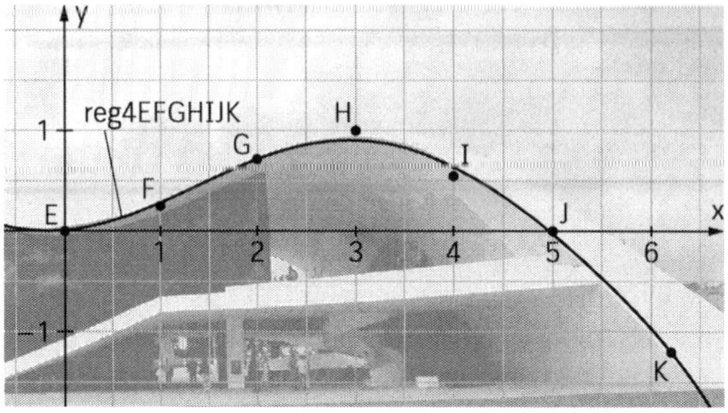

(2b) Polynom vom Grad 4 mit E als Tiefpunkt und H als Hochpunkt.

$f_4(x) = 0{,}0093x^4 - 0{,}1296x^3 + 0{,}4167x^2$

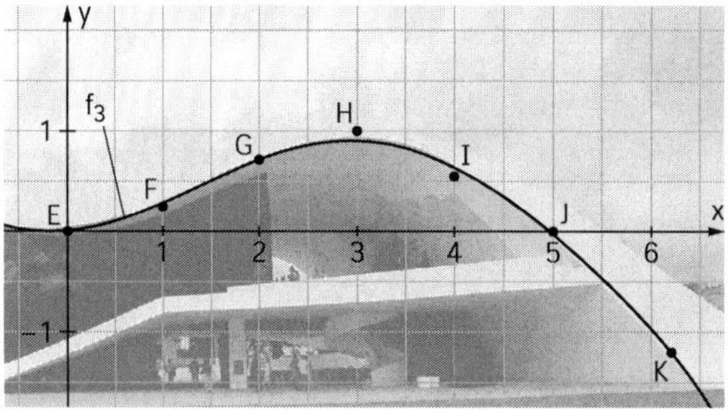

(3) Man kann versuchen mit Regressionsfunktionen vom Grad 4 die Übergangsstelle zu variieren. Beispiel: Übergangsstelle F

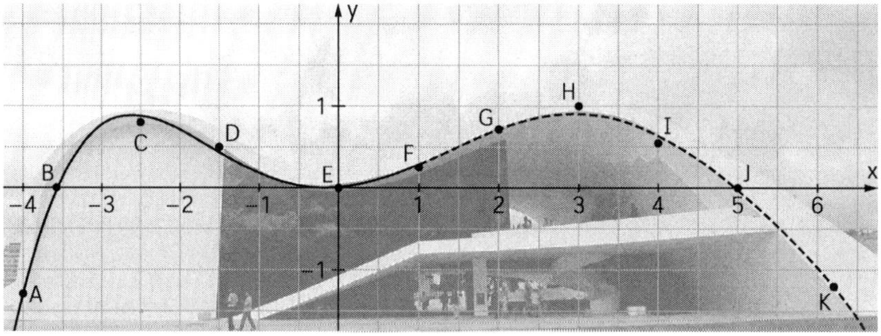

Anmerkung: Verbindung ist im Allgemeinen nicht knickfrei.

91 4 *Die Vase – revisited*

1 ABC:

I $c = 0$

II $4a + 2b + c = 2{,}7$

III $16a + 4b + c = 3{,}1$

$f_1(x) = -0{,}088x^2 + 0{,}73x + 1{,}6$

2 C: (knick-frei), D: $f_1'(4) = 0{,}025$

I $16a + 4b + c = 3{,}1$

II $8a + b = 0{,}025$

III $36a + 6b + c = 2$

$f_2(x) = 0{,}29x^2 + 2{,}32x - 1{,}6$

3 D: (knick-frei), E: $f_2'(6) = -1{,}125$

$$\begin{array}{lrcl} \text{I} & 36a + 6b + c & = & 2 \\ \text{II} & 12a + 1 & = & -1{,}125 \\ \text{III} & 56{,}25a + 7{,}5b + c & = & 1{,}3 \end{array}$$

$f_3(x) = 0{,}44x^2 - 6{,}39x + 24{,}55$

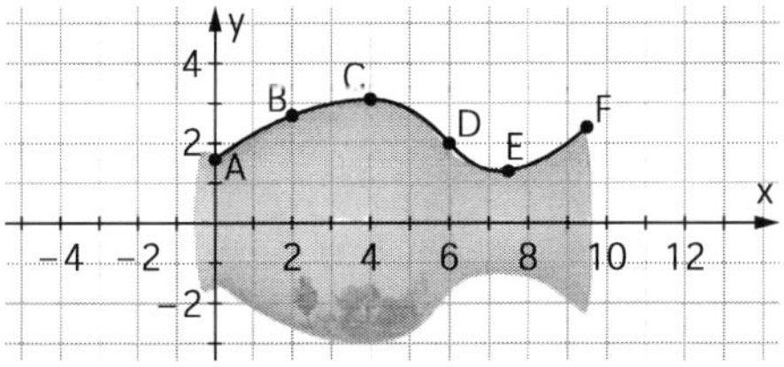

4 E: (knick-frei), F: $f_3'(7{,}5) = 0{,}1918$

$$\begin{array}{lrcl} \text{I} & 36a + 6b + c & = & 2 \\ \text{II} & 12a + 1 & = & -1{,}125 \\ \text{III} & 56{,}25a + 7{,}5b + c & = & 1{,}3 \end{array}$$

$f_4(x) = 0{,}18x^2 - 2{,}49x + 9{,}94$

Das Modell passt sehr gut.
Eine Hinzunahme weiterer Stützstellen wird wohl keine Verbesserung bringen.

92 **5** *Ganzrationaler Straßenbau*

a) 4 Bedingungen: Grad 3

$f_1(-2) = 2$: $\quad -8a + 4b - 2c + d = 2$

$f_1'(-2) = -1$: $\quad 12a - 4b + c = -1$

$f_1(2) = 0$: $\quad 8a + 4b + 2c + d = 0$

$f_1'(2) = 0$: $\quad 12a + 4b + c = 0$

$f_1(x) = \frac{1}{8}x^2 - \frac{1}{2}x + \frac{1}{2}$

Es überrascht, dass eine Parabel passt.

b) Die Funktion in a) hat keine Wendepunkte. Die Anschlussstellen lassen sich nicht ruckfrei durchfahren, weil die Lenkradstellung abrupt geändert werden muss.

Zusätzliche Bedingungen: $f''(-2) = 0$; $f''(2) = 0$

Ansatz: ganzrationale Funktion vom Grad 5. $f_2(x) = -\frac{1}{128}x^4 + \frac{3}{16}x^2 - \frac{1}{2}x + \frac{3}{8}$

$$\left(\begin{array}{rrrrrrr} -32 & 16 & -8 & 4 & -2 & 1 & 2 \\ 80 & -32 & 12 & -4 & 1 & 0 & -1 \\ -160 & 48 & -12 & 2 & 0 & 0 & 0 \\ 32 & 16 & 8 & 4 & 2 & 1 & 0 \\ 80 & 32 & 12 & 4 & 1 & 0 & 0 \\ 160 & 48 & 12 & 2 & 0 & 0 & 0 \end{array}\right)$$

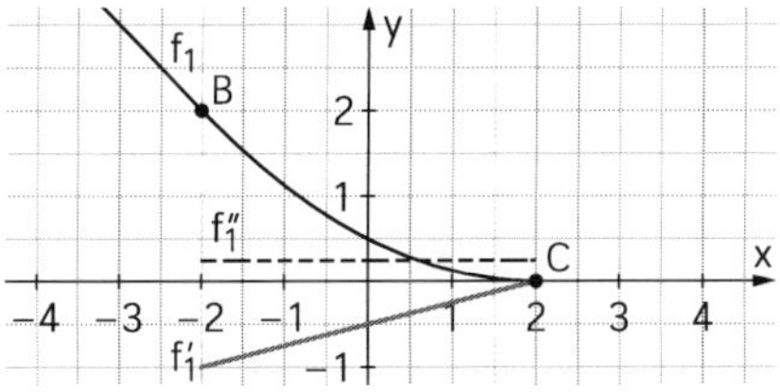

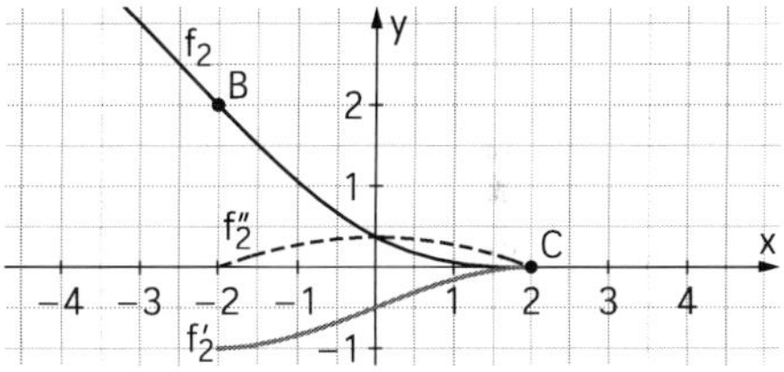

6 *Vereinfachte Modellierung von Übergängen mit ganzrationalen Funktionen*

a) $f(-2) = 2$
$f'(-2) = 0$
$f''(-2) = 0$
$f(2) = -2$
$f'(2) = 0$
$f''(2) = 0$
$f(x) = -\frac{3}{128}x^5 + \frac{5}{16}x^3 - \frac{15}{8}x$

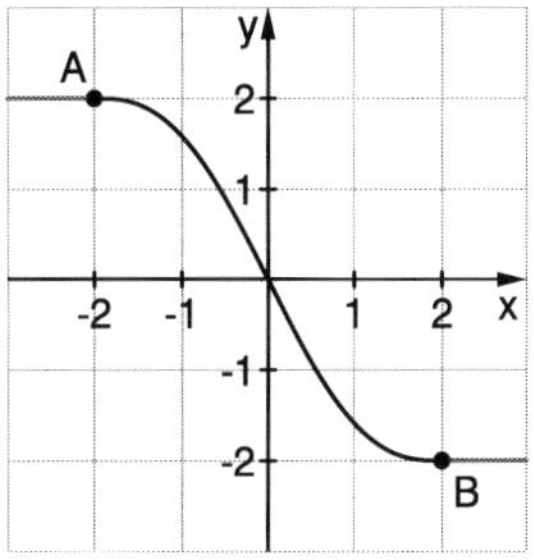

b) $f(-1) = 1$
$f'(-1) = -1$
$f''(-1) = 0$
$f(1) = 1$
$f'(1) = 1$
$f''(1) = 0$
Ansatz mit einer Funktion 5. Grades liefert:
$f(x) = -\frac{1}{8}x^4 + \frac{3}{4}x^2 + \frac{3}{8}$

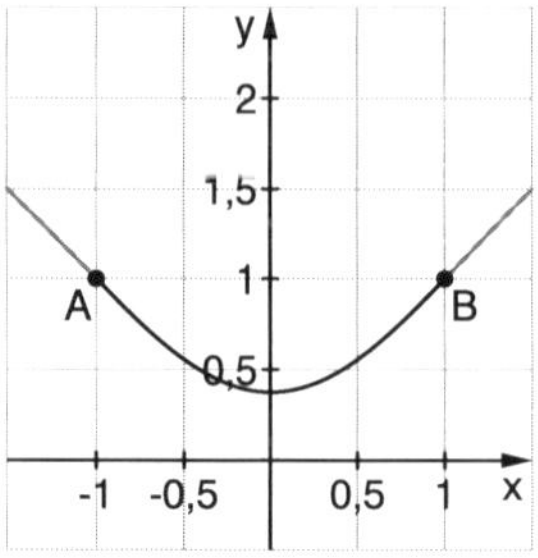

c) $f(0) = 4$
$f'(0) = -1$
$f''(0) = 0$
$f(2) = 1$
$f(4) = 0$
$f'(4) = -1$
$f''(4) = 0$
$f(x) = \frac{1}{64}x^6 - \frac{3}{16}x^5 + \frac{3}{4}x^4 - x^3 - x + 4$

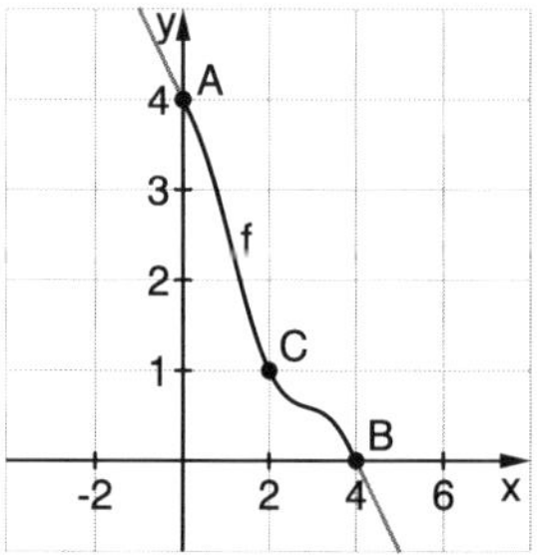

93 7 *Die Vase re-revisited*

	1. Funktion				2. Funktion				3. Funktion				
	a_1	b_1	c_1	d_1	a_2	b_2	c_2	d_2	a_3	b_3	c_3	d_3	
$s_1(0) = 1{,}6$	0	0	0	1	0	0	0	0	0	0	0	0	1,6
$s_1(4) = 3{,}1$	64	16	4	1	0	0	0	0	0	0	0	0	3,1
$s_2(4) = 3{,}1$	0	0	0	0	64	16	4	1	0	0	0	0	3,1
$s_2(7{,}5) = 1{,}3$	0	0	0	0	421,875	56,25	7,5	1	0	0	0	0	1,3
$s_3(7{,}5) = 1{,}3$	0	0	0	0	0	0	0	0	421,875	56,25	7,5	1	1,3
$s_3(9{,}5) = 2{,}4$	0	0	0	0	0	0	0	0	857,375	90,25	9,5	1	2,4
$s_1'(4) - s_2'(4) = 0$	48	8	1	0	−48	−8	−1	0	0	0	0	0	0
$s_2'(7{,}5) - s_3'(7{,}5) = 0$	0	0	0	0	168,75	15	1	0	−168,75	−15	−1	0	0
$s_1''(4) - s_2''(4) = 0$	24	2	0	0	−24	−2	0	0	0	0	0	0	0
$s_2''(7{,}5) - s_3''(7{,}5) = 0$	0	0	0	0	45	2	0	0	−45	2	0	0	0
$s_1''(0) = 0$	0	2	0	0	0	0	0	0	0	0	0	0	0
$s_3''(9{,}5) = 0$	0	0	0	0	0	0	0	0	57	2	0	0	0

Spline mit A, B, C, E und F

	1. Funktion				2. Funktion				3. Funktion				4. Funktion				
	a_1	b_1	c_1	d_1	a_2	b_2	c_2	d_2	a_3	b_3	c_3	d_3	a_4	b_4	c_4	d_4	
$s_1(0) = 1{,}6$	0	0	0	1	0	0	0	0	0	0	0	0	0	0	0	0	1,6
$s_1(2) = 2{,}7$	8	4	2	1	0	0	0	0	0	0	0	0	0	0	0	0	2,7
$s_2(2) = 2{,}7$	0	0	0	0	8	4	2	1	0	0	0	0	0	0	0	0	2,7
$s_2(4) = 3{,}1$	0	0	0	0	64	16	4	1	0	0	0	0	0	0	0	0	3,1
$s_3(4) = 3{,}1$	0	0	0	0	0	0	0	0	64	16	4	1	0	0	0	0	3,1
$s_3(7{,}5) = 1{,}3$	0	0	0	0	0	0	0	0	421,875	56,25	7,5	1	0	0	0	0	1,3
$s_4(7{,}5) = 1{,}3$	0	0	0	0	0	0	0	0	0	0	0	0	421,875	56,25	7,5	1	1,3
$s_4(9{,}5) = 2{,}4$	0	0	0	0	0	0	0	0	0	0	0	0	857,375	90,25	9,5	1	2,4
$s_1'(2) - s_2'(2) = 0$	12	4	1	0	−12	−4	−1	0	0	0	0	0	0	0	0	0	0
$s_2'(4) - s_3'(4) = 0$	0	0	0	0	48	8	1	0	−48	−8	−1	0	0	0	0	0	0
$s_3'(7{,}5) - s_4'(7{,}5) = 0$	0	0	0	0	0	0	0	0	168,75	15	1	0	−168,75	−15	−1	0	0
$s_1''(2) - s_2''(2) = 0$	12	2	0	0	−12	−2	0	0	0	0	0	0	0	0	0	0	0
$s_2''(4) - s_3''(4) = 0$	0	0	0	0	24	2	0	0	−24	−2	0	0	0	0	0	0	0
$s_3''(7{,}5) - s_4''(7{,}5) = 0$	0	0	0	0	0	0	0	0	45	2	0	0	−45	−2	0	0	0
$s_1''(0) = 0$	0	2	0	0	0	0	0	0	0	0	0	0	0	0	0	0	0
$s_4''(9{,}5) = 0$	0	0	0	0	0	0	0	0	0	0	0	0	57	2	0	0	0

$$sp(x) = \begin{cases} -0{,}009x^3 + \qquad\qquad 0{,}5861x + 1{,}6; & 0 \le x \le 2 \\ -0{,}0424x^3 + 0{,}2003x^2 + 0{,}1854x + 1{,}8671; & 2 \le x \le 4 \\ 0{,}0664x^3 - 1{,}1051x^2 + 5{,}4073x - 5{,}0954; & 4 \le x \le 7{,}5 \\ -0{,}0647x^3 + 1{,}845x^2 - 16{,}7193x + 50{,}221; & 7{,}5 \le x \le 9{,}5 \end{cases}$$

Der Spline zu A, B, C, E und F

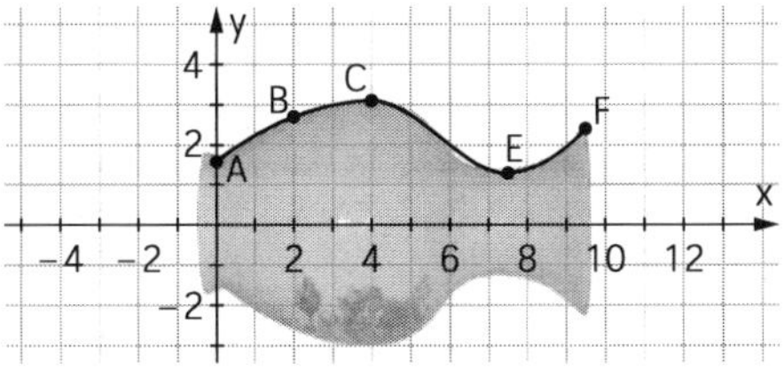

Der Spline zu A, B, C, D, E und F

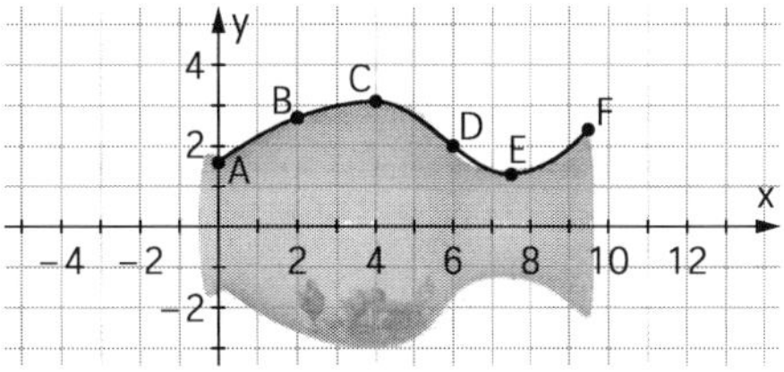

Hinweise zum Applet:

(1) Man setzt 4 Punkte auf die Kontur und erzeugt den zugehörigen Spline. Dann zieht man an den Punkten, bis der Spline gut passt. Hier gelingt eine sehr gute Passung schon mit vier Punkten.

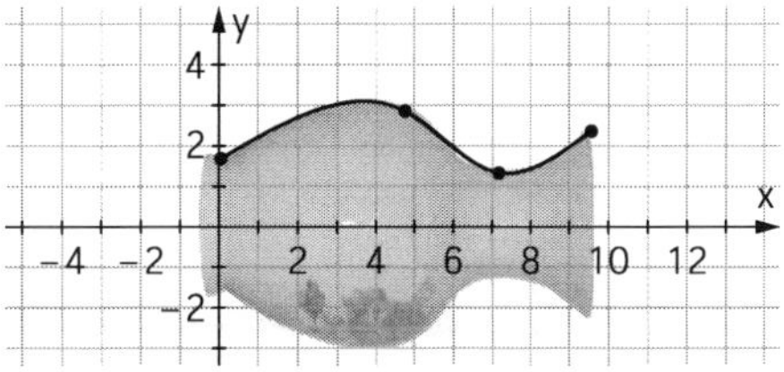

(2) Mit 7 Punkten schafft man durch Ziehen an den Punkten hervorragende Übereinstimmung. Wenn die Form etwas geändert werden soll, kann man die neue Form durch Ziehen an entsprechendem Punkt anpassen. Die Änderungen wirken sich im Wesentlichen nur auf die Umgebung des veränderten Punktes aus.

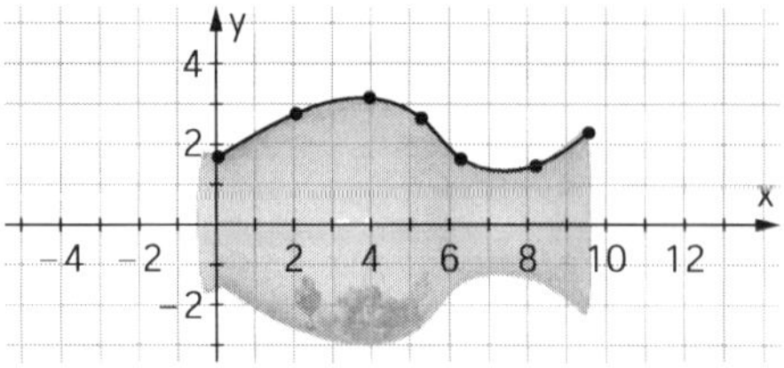

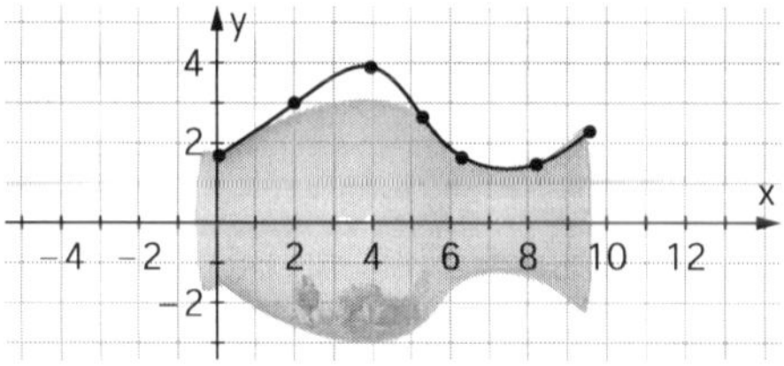

95 **8** *Gitarrendesign*

OL (0 | 1,8); OR (3 | 0,3); UR (2,8 | −1); UL (0 | −1,8)

Mit dem Applet können mit jeweils 5 Punkten gut passende Splines konstruiert werden.

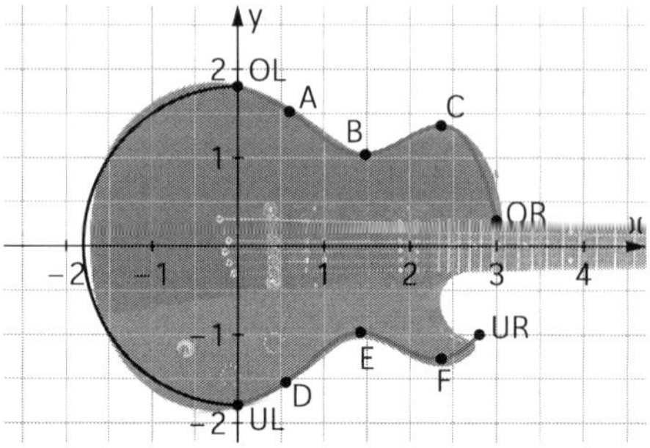

2.5 Stetigkeit und Differenzierbarkeit

96 **1** *Füllgraphen*

a) Knickstellen:
Füllgraph C: Abrupte Verkleinerung der Gefäßbreite (des Gefäßquerschnitts)
Geschwindigkeitsgraph B: Abrupte Änderung der Füllgeschwindigkeit, von konstant zu "zunehmend",
Sprungstelle: Geschwindigkeitsgraph C: Abrupte Änderung der Geschwindigkeit.

b) Der Vorgang wurde an der Knickstelle kurz beschleunigt.

c) Gefäß A

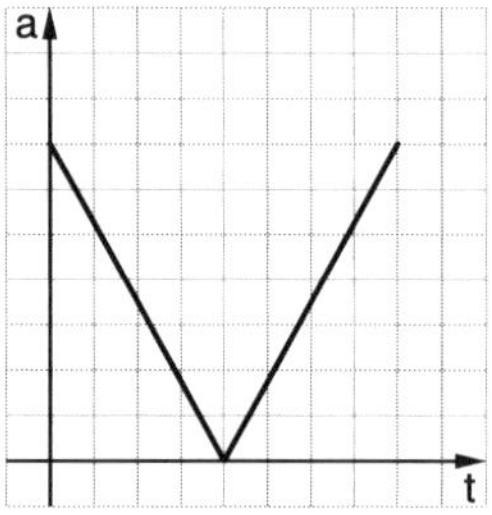

Gefäß B

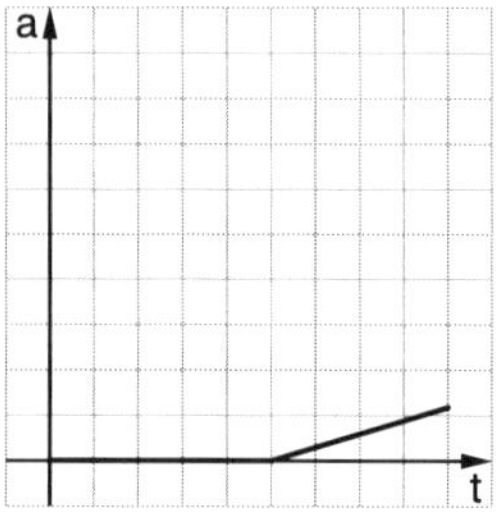

Gefäß C

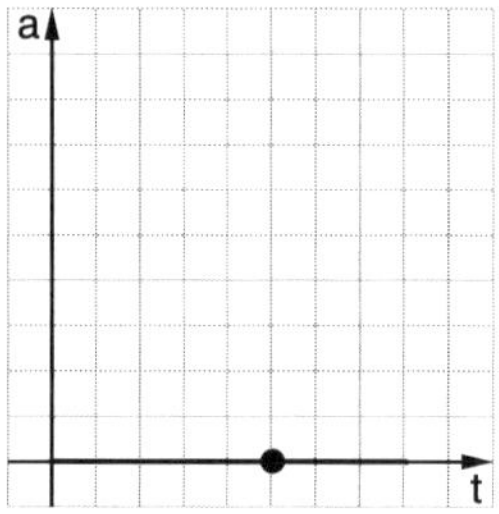

d)

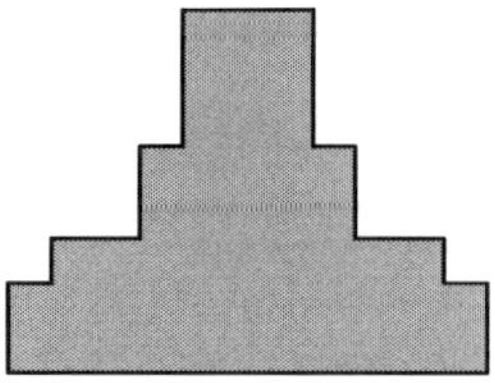

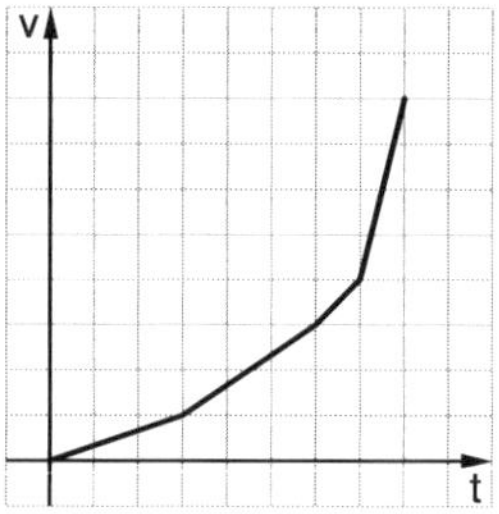

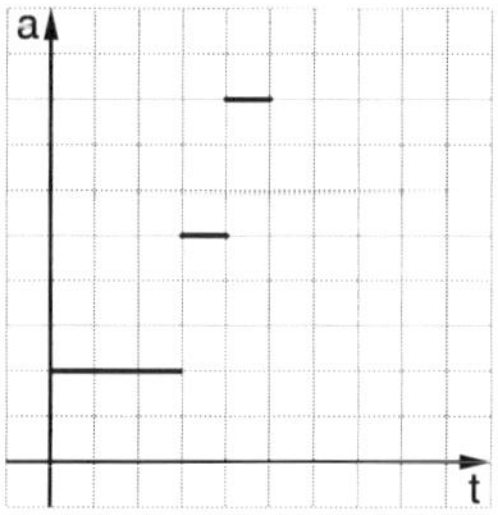

96 2 *Verhalten von Funktionen an kritischen Stellen*

a) A – (4); B – (1); C – (2); D – (3)

b) (2) bei x = 1 nicht definiert

(1) Knick, aber zusammenhängend

(2) Sprungstelle, nicht zusammenhängend

(3) Glatte Verbindung, ohne Knick

(4) Sprung von $-\infty$ nach ∞

c) (1)

X	Y1	Y2
0.997	0.994	0
0.998	0.996	0
0.999	0.998	0
1	1	0
1.001	0	2.001
1.002	0	2.002
1.003	0	2.003

Ableitung

X	Y3	Y4
0.997	1.994	0
0.998	1.996	0
0.999	1.998	0
1	2	0
1.001	0	1
1.002	0	1
1.003	0	1

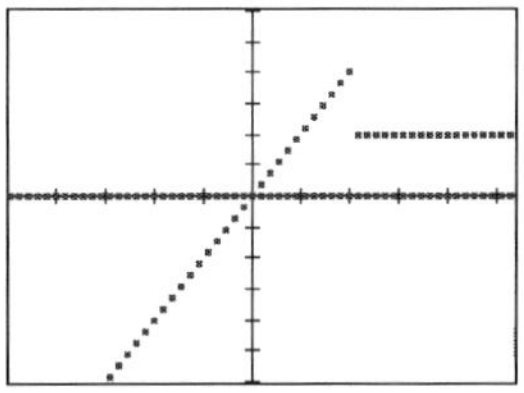

(2)

X	Y1	Y2
0.997	0.994	0
0.998	0.996	0
0.999	0.998	0
1	1	0
1.001	0	1.002
1.002	0	1.004
1.003	0	1.006

Ableitung

X	Y3	Y4
0.997	1.994	0
0.998	1.996	0
0.999	1.998	0
1	2	0
1.001	0	2
1.002	0	2
1.003	0	2

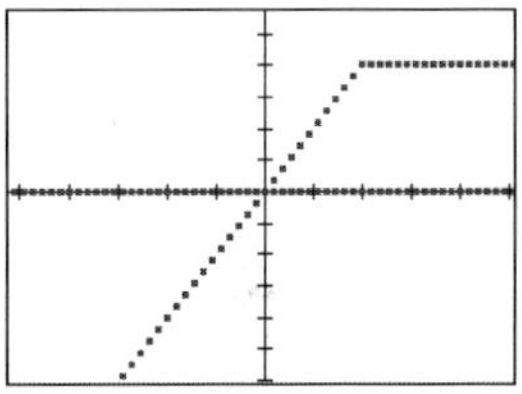

Es bestätigen sich die aus der Anschauung gewonnenen Erkenntnisse, vor allem der glatte Übergang bei (2).

(3)

X	Y1
0.997	-333.3
0.998	-500
0.999	-1000
1	ERROR
1.001	1000
1.002	500
1.003	333.33

Ableitung

X	Y2
0.997	-1.1E5
0.998	-2.5E5
0.999	-1E6
1	ERROR
1.001	-1E6
1.002	-2.5E5
1.003	-1.1E5

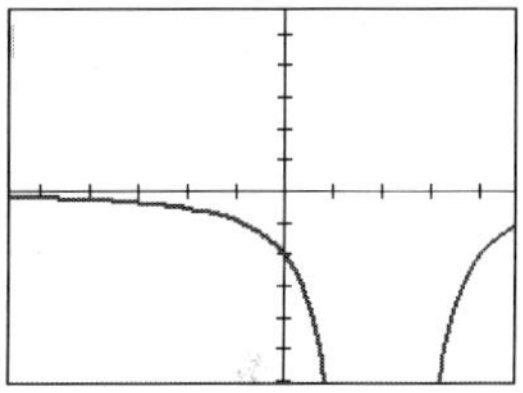

(4)

X	Y1	Y2
0.997	0.994	0
0.998	0.996	0
0.999	0.998	0
1	1	0
1.001	0	1.001
1.002	0	1.002
1.003	0	1.003

Ableitung

X	Y3	Y4
0.997	1.994	0
0.998	1.996	0
0.999	1.998	0
1	2	0
1.001	0	1
1.002	0	1
1.003	0	1

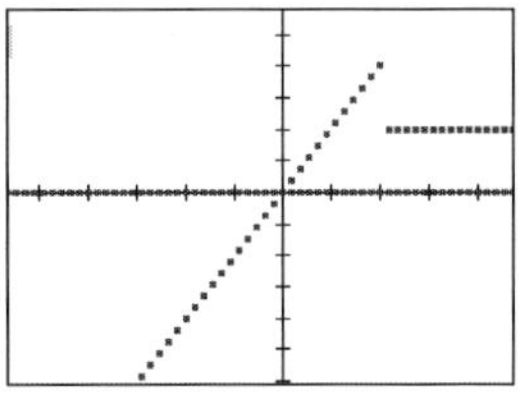

98 3 *Stetigkeit und Differenzierbarkeit in Sachzusammenhängen*

(1) Stetigkeit: Gibt es bei 100 Kopien einen Preissprung?
Differenzierbarkeit: Ändert sich der Preis der Kopien abrupt?
Der Graph ist stetig, aber nicht differenzierbar.

$$f(x) = \begin{cases} 10x & \text{für } x \le 100 \\ 8x + 200 & x > 100 \end{cases}$$

$$f'(x) = \begin{cases} 10 & \text{für } x \le 100 \\ 8 & x > 100 \end{cases}$$

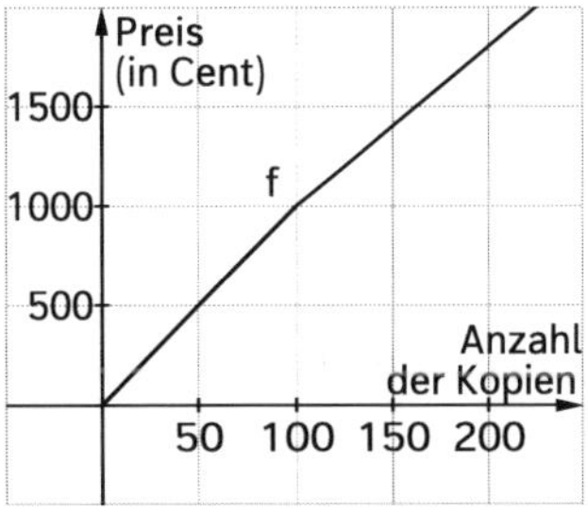

(2) Der Graph wird stetig und differenzierbar sein.
Abrupte Temperatursprünge in „Nullzeit" kann es nicht geben, die Änderungen werden auch nicht abrupt sein.

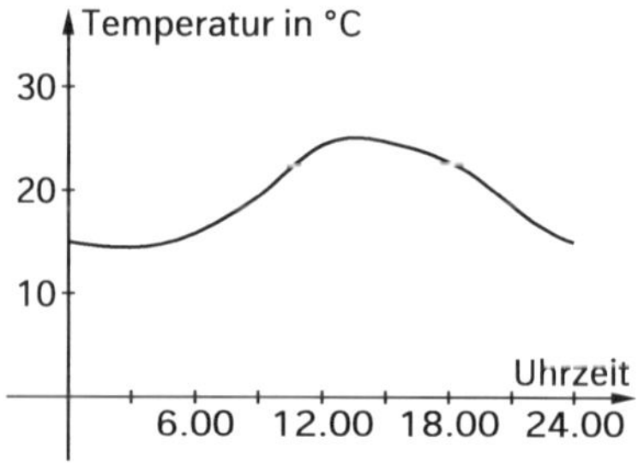

(3) Der Graph ist stetig, weil nicht in „Nullzeit" Wasser verloren gehen kann. Er ist nicht differenzierbar, weil sich durch das plötzliche Öffnen des Verschlusses die Änderung des Wasserstandes abrupt ändert.

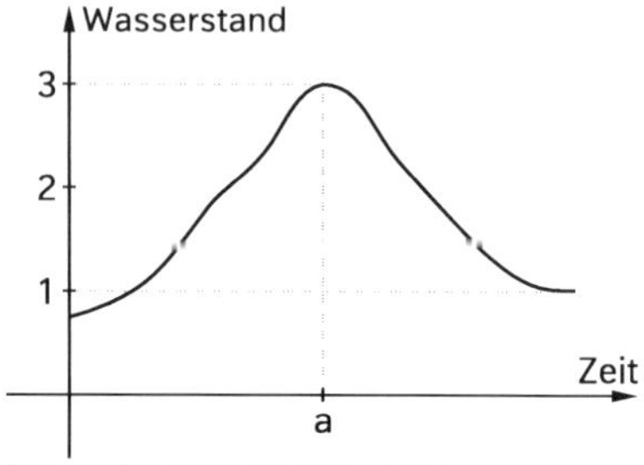

(4) Der Graph ist weder stetig noch differenzierbar. Die Kosten ändern sich abrupt.

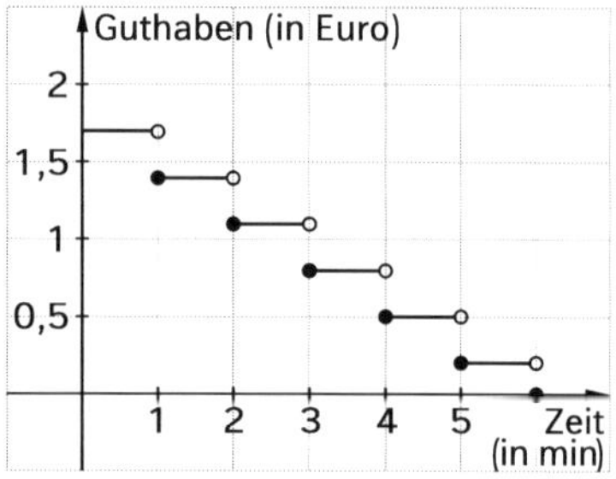

99 4 *Stetige und differenzierbare Funktionen 1*

f_1

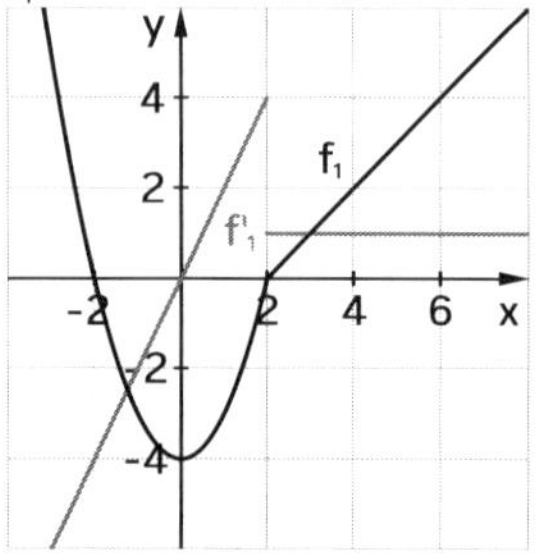

f_1 ist stetig und an der Stelle $x = 2$ nicht differenzierbar (Knick).

f_2

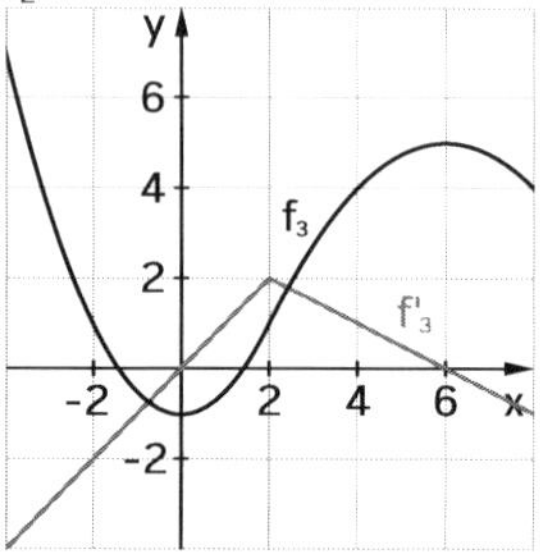

f_2 ist stetig und differenzierbar.

$$f_2'(x) = \begin{cases} x & \text{für } x < 2 \\ -\frac{1}{2}x + 3 & \text{für } x \geq 2 \end{cases}$$

$f_2'(2) = 2$
(Grenzwert bei Annäherung von links und rechts)

f_3

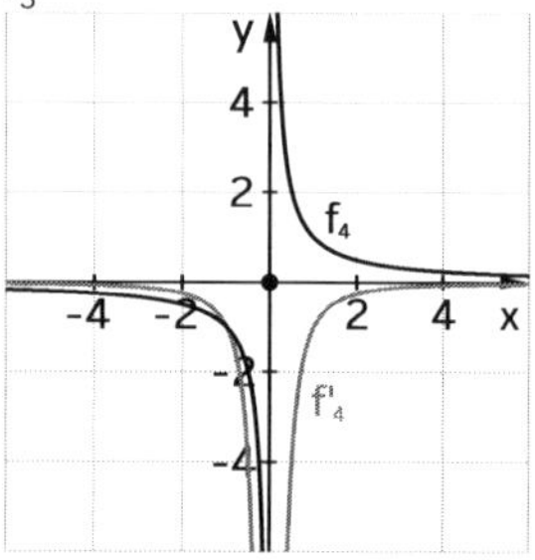

f_3 ist an der Stelle $x = 0$ weder stetig noch differenzierbar.

f_4

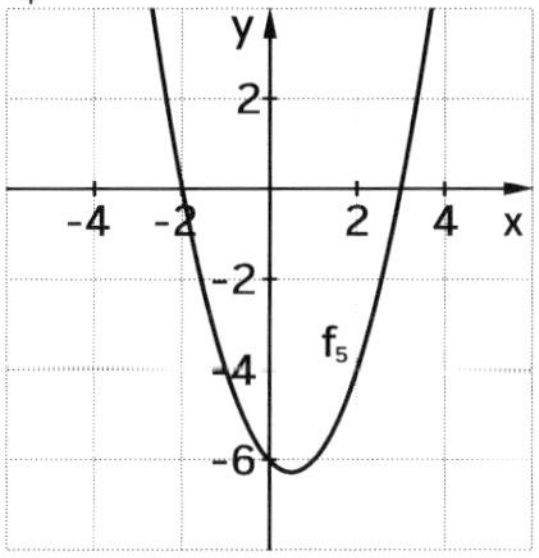

f_4 ist überall stetig und differenzierbar.

f_5

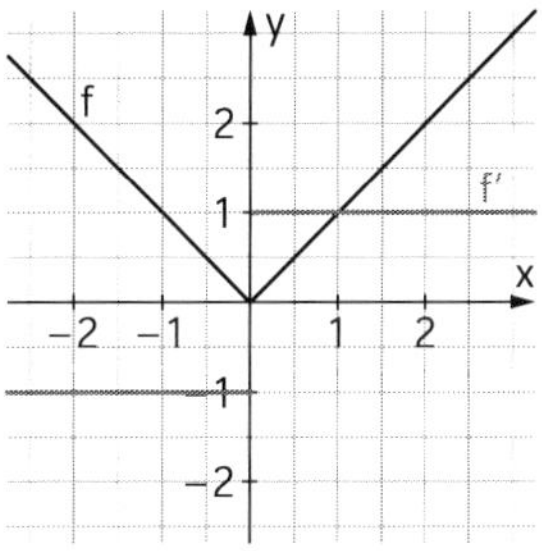

f_5 ist überall stetig und an der Stelle $x = 0$ nicht differenzierbar.

f_6

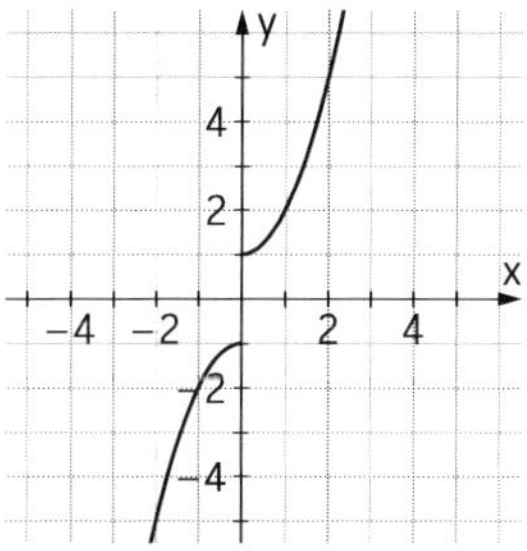

$f_6(0) = 1;\ \lim\limits_{\substack{x \to 0 \\ x < 0}} f_6(x) = -1$

$\Rightarrow$ f nicht stetig an Stelle 0. Damit kann f_6 auch nicht differenzierbar an der Stelle 0 sein, obwohl hier gilt:

$$\lim_{\substack{h \to 0 \\ h > 0}} \frac{f(0+h) - f(0)}{h}$$

$$= \lim_{\substack{h \to 0 \\ h > 0}} \frac{f(0-h) - f(0)}{h} = 0.$$

99 **5** *Betragsfunktionen*

f_1

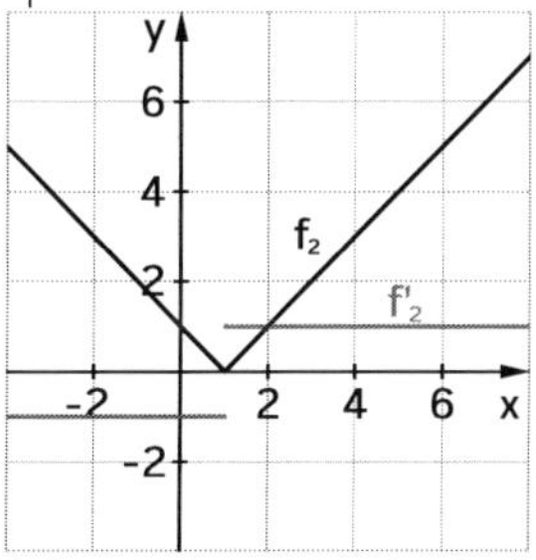

f_1 ist stetig und an der Stelle $x = 1$ nicht differenzierbar (Knick).

f_2

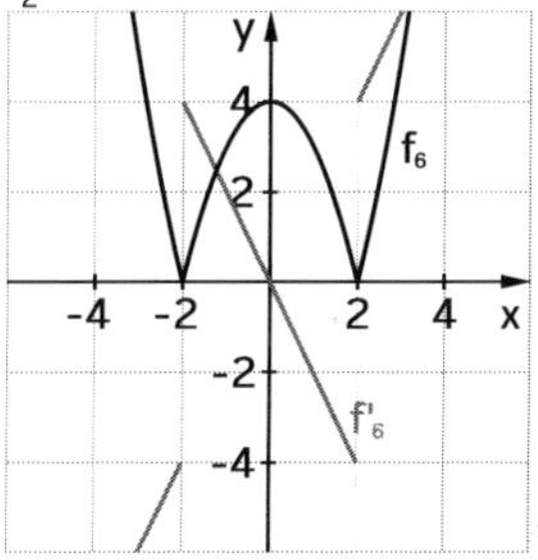

f_2 ist überall stetig und an den Stellen $x = -2$ und $x = 2$ nicht differenzierbar.

f_3

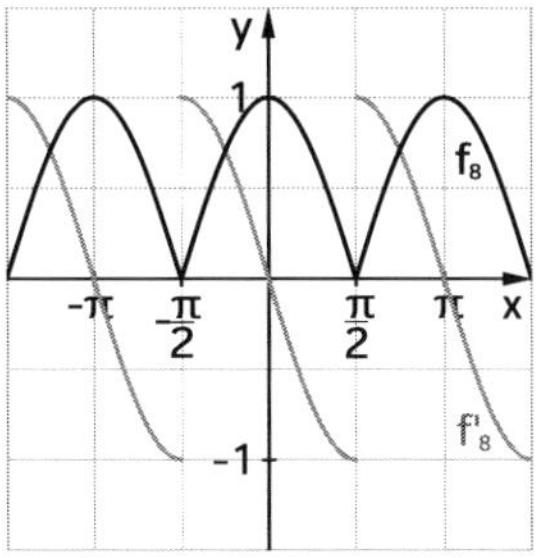

f_3 ist überall stetig und an den Stellen $x = \frac{p}{2} + k \cdot p,\ k \in \mathbb{Z}$ nicht differenzierbar.

f_4

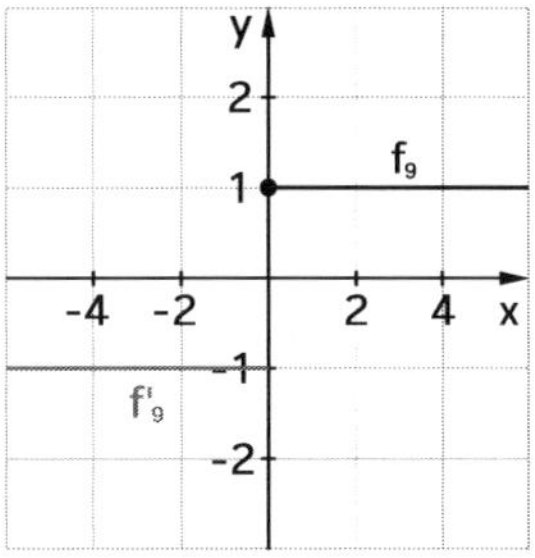

f_4 ist an der Stelle $x = 0$ weder stetig noch differenzierbar.

99

6 *Ähnlich und doch nicht gleich*

a) f(x)

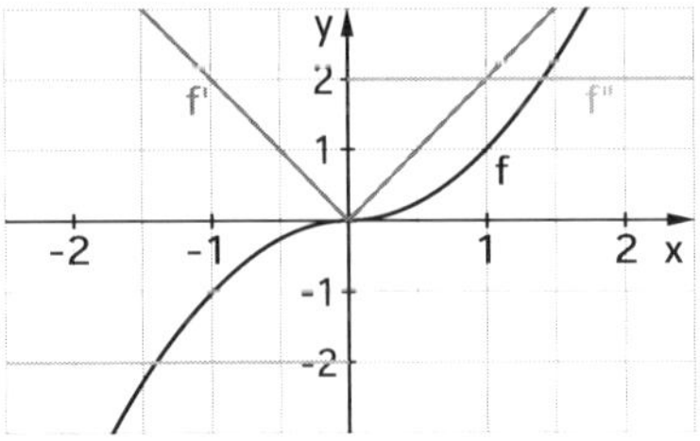

g(x)

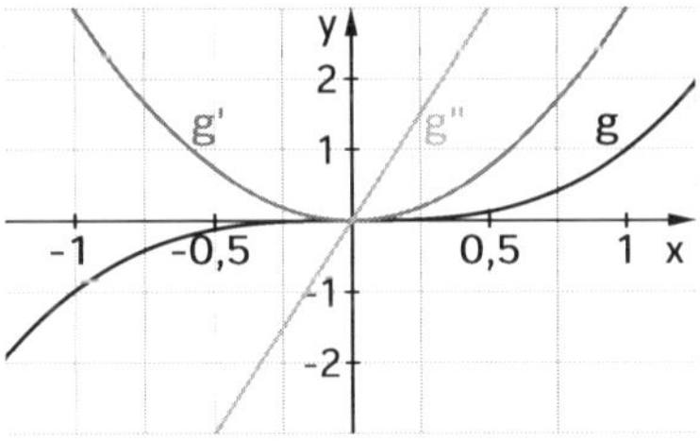

f: stetig und differenzierbar

f′: stetig, in $x = 0$ nicht differenzierbar

f″: nicht stetig in $x = 0$

g, g′, g″: überall stetig und differenzierbar

Anmerkung: f und g sehen zunächst ganz ähnlich aus, qualitative Unterschiede offenbaren sich erst bei den Ableitungen.

b) f(x)

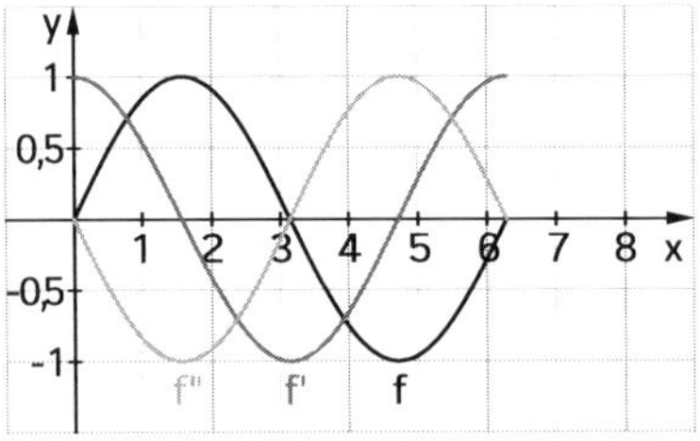

g(x)

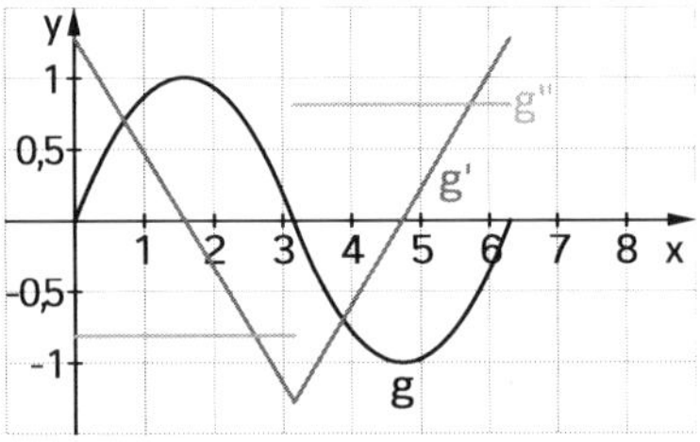

f, f′, f″: überall stetig und differenzierbar

g: stetig und diferenzierbar

g′: an der Stelle $x = \pi$ stetig und nicht differenzierbar

g″: an der Stelle $x = \pi$ nicht stetig und nicht differenzierbar

Anmerkung: f und g sehen zunächst ganz ähnlich aus, qualitative Unterschiede offenbaren sich erst bei den Ableitungen.

7 *Zwei unterschiedliche Kurvenanpassungen*

Beide Ableitungen von int sind stetig und differenzierbar in $x = 5$.

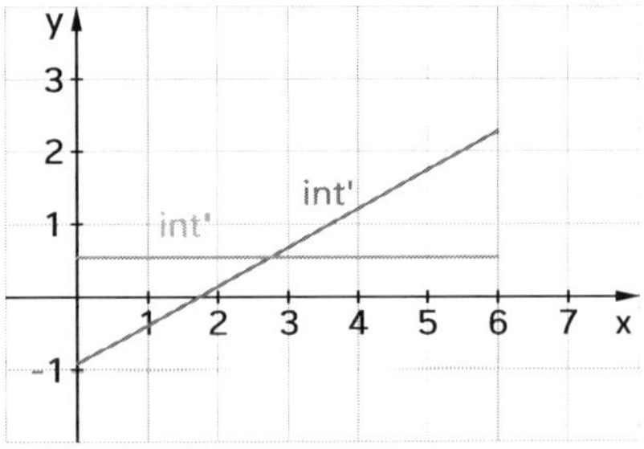

sp(x) ist stetig an der Stelle 5 nach Bedingung aus Aufgabenstellung und differenzierbar an Stelle 5, weil sp'(5) = $\frac{26}{15}$ bei beiden Termen.

$$sp'''(x) = \begin{cases} \frac{4}{25} & \text{für } 0 \le x \le 5 \\ -\frac{4}{5} & 5 < x \le 6 \end{cases}$$

sp″ ist an der Stelle $x = 5$ nicht differenzierbar $\left(\frac{4}{25} \neq -\frac{4}{5}\right)$.

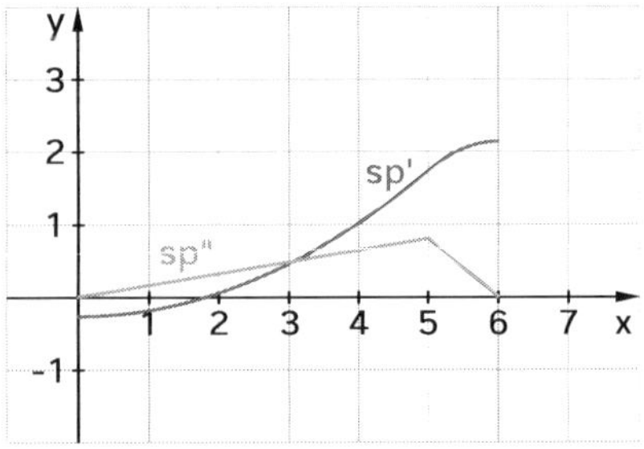

100 **8** *Zwei Sätze*

(1) Anschauliche Begründung: Tangente als gemeinsame Grenzlage der Sekanten bei Annäherung von links oder rechts setzt Stetigkeit („Verbindung ohne Sprung") voraus.
Begründung mit Termen und Ableitungen:

$$\begin{aligned}\lim_{x\to a} f(x) &= \lim_{x\to a}\left(\frac{f(x)-f(a)}{x-a}\cdot(x-a)+f(a)\right)\\ &= \lim_{x\to a}\frac{f(x)-f(a)}{x-a}\cdot\lim_{x\to a}(x-a)+\lim_{x\to a}f(a)\\ &= f'(a)\cdot 0+f(a)\\ &= f(a)\end{aligned}$$

Anmerkung: Die Grenzwertsätze können implizit vorausgesetzt werden.

(2) Je mehr man zoomt, desto geradliniger wird der Graph, man sieht näherungsweise die Tangente. Damit liegt Differenzierbarkeit vor (Differenzierbarkeit als beste lokale lineare Näherung).
Bei $f(x) = |x|$ bleibt der Knick unabhängig vom Zoomen erhalten („Selbstähnlichkeit" des Graphen).

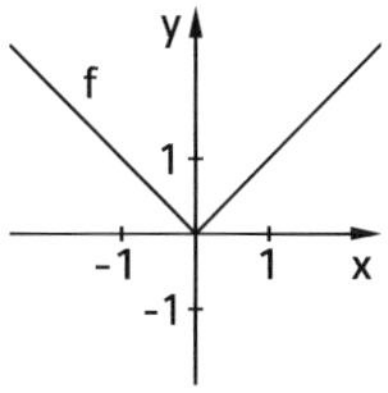

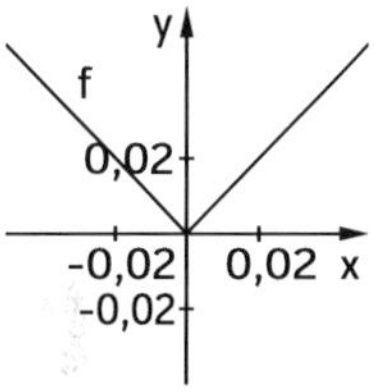

Kubische Polynomfunktionen sind stetig, weil ihre Ableitungen quadratische Funktionen sind. Weil diese stetig und differenzierbar sind, sind auch die kubischen Funktionen stetig und differenzierbar. Mit analoger Argumentation begründet man die Stetigkeit und Differenzierbarkeit für beliebigen Grad n unter Verwendung von $f'(x) = n\cdot x^{n-1}$.

9 *Zwei Sonderfälle*

a) Weil f für $x < 0$ nicht definiert ist, ist f in (0|0) nicht differenzierbar: $\frac{\sqrt{0+h}-\sqrt{0}}{h} = \frac{\sqrt{h}}{h} = \frac{1}{\sqrt{h}} \xrightarrow[h\to 0]{} \infty$
Die Sekanten streben also gegen die y-Achse; die y-Achse ist Grenzlage der Sekanten. Die y-Achse ist damit geometrisch die Tangente, an die sich der Graph von f anschmiegt.

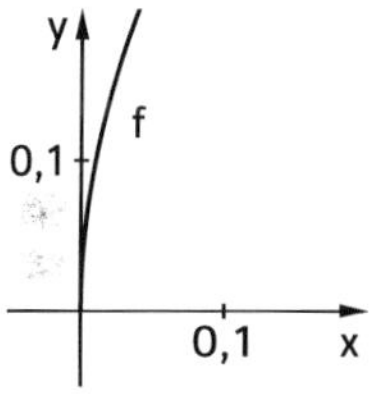

b) f ist nicht stetig (Sprungstelle bei $x = 1$):

$$\lim_{\substack{h\to 0\\ h<0}}\frac{f(1+h)-f(1)}{h} = \lim_{\substack{h\to 0\\ h<0}}\frac{f(1+h)-f(1)}{h} = 2$$

Beide Grenzwerte stimmen überein, damit ist ein Kriterium für Differenzierbarkeit erfüllt. Wegen der Sprungstelle gibt es aber keine eindeutige Grenzlage der Sekanten, f ist nicht in $x = 1$ differenzierbar.

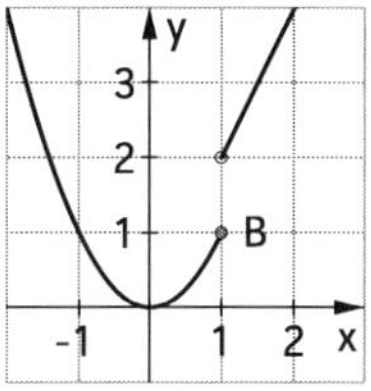

100 **10** *Stetigkeit und Hauptsatz*

$$\lim_{h\to 0} f(x) \le \lim_{h\to 0}\frac{I_a(x+h)-I_a(x)}{h} \le \lim_{h\to 0} f(x+h)$$

Wenn f nicht stetig an der Stelle ist (Sprungstelle), dann gilt hier:

$$\lim_{h\to 0} f(x) \ne \lim_{h\to 0} f(x+h)$$

101 **11** *Mathematik und Sprache*

„Er hat stetig gleich gut gearbeitet." „Stetig" ist hier mehr im Sinne von „unverändert" zu verstehen, also nicht so nahe an der mathematischen Definition.

„Die Anzahl der freien Stellen stieg stetig". „Freie Stellen" ist diskret, also nicht stetig (über $\mathbb{R}$).

„Das Wasser steigt langsam, aber stetig." Hier ist „stetig" mehr unter dem Aspekt der wachsenden Monotonie zu verstehen.

Hinweis: Mithilfe von Synonymen lässt sich eine unterschiedliche Nähe zur mathematischen Definition verdeutlichen.

12 *Mathematik und Anschauung*

a) Es entstehen immer wieder ähnliche Bilder: Der Graph oszilliert um den Ursprung.

b) Für $x = \frac{2}{9\pi} \approx 0{,}071$ ist $f(x) = 1$, für $x = \frac{2}{11\pi} \approx 0{,}058$ ist $f(x) = -1$.

c) Für $x = \frac{2}{65\pi} \approx 0{,}0098$ ist $f(x) = 1$, für $x = \frac{2}{67\pi} \approx 0{,}0095$ ist $f(x) = -1$.
Wenn man n groß genug wählt, findet man Zahlen $x = \frac{2}{\pi(4n+1)}$ und $x = \frac{2}{\pi(4n+3)}$ zwischen 0 und jeder noch so kleinen Zahl, für die $f(x) = 1$ bzw. $f(x) = -1$ ist. Es existiert also kein Grenzwert.

d) Der Graph oszilliert um den Ursprung mit gegen Unendlich wachsenden Amplituden.
Anschaulich: Die Steigung des Ausgangsgraphen nimmt immer weiter zu, in kleiner werdenden Intervallen von –1 zu 1.

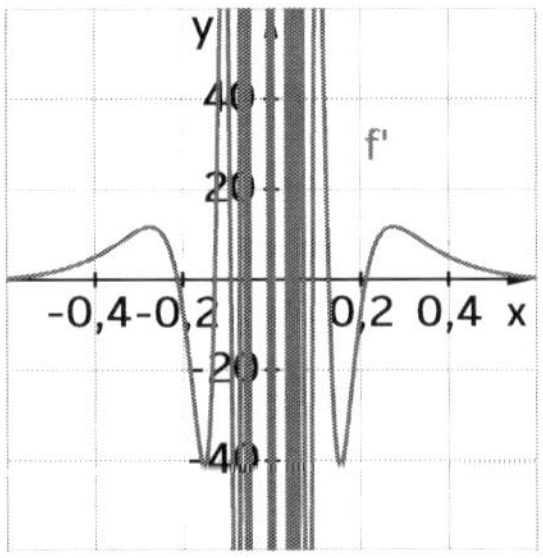

13 *Mathematik und Denken*

a) Ohne Stetigkeit kann der Graph einen „Sprung über die x-Achse" machen.

b) Ganzrationale Funktionen 3. Grades streben für $x \to \pm\infty$ von $-\infty$ gegen $+\infty$. Damit gibt es sowohl positive als auch negative Funktionswerte und deshalb dazwischen eine Nullstelle.

c) Die Nullstellen von $f(x) = x^2 - 2$ sind $x = \sqrt{2}$ und $x = -\sqrt{2}$, also irrational. Hat man nur rationale Zahlen zur Verfügung, existiert also trotz Vorzeichenwechsel $(f(0) = -2,\ f(2) = 2)$ keine Nullstelle.

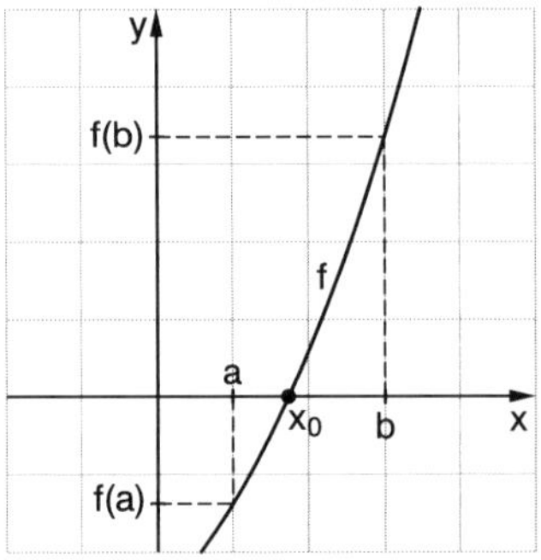

102 **14** *Funktionenpuzzle*

a) (1) – C; (2) – A; (3) – B

b) Die Graphen haben für x gegen ∞ und –∞ Parallelen zur x-Achse als Asymptote ($y = -2$, $y = 1$, $y = 0$).
An den Definitionslücken liegen senkrechte Asymptoten vor, bei A und B mit Vorzeichenwechsel, bei C ohne Vorzeichenwechsel.

(1) $\lim\limits_{x\to\infty} \frac{1}{(x-1)^2} = 0$, also gilt: $\lim\limits_{x\to\infty} \frac{1}{(x-1)^2} - 2 = -2$

(2) $\lim\limits_{x\to\infty} \frac{1}{x-2} = 0$, also gilt: $\lim\limits_{x\to\infty} \frac{1}{x-2} + 1 = 1$

(3) Es gilt: $\lim\limits_{x\to\infty} \frac{1}{x^2-1} = 0$

102 **15** *Polstellen und Asymptoten-Training*

a) (1) Polstelle: $x = -4$
Asymptote: $y = 2$

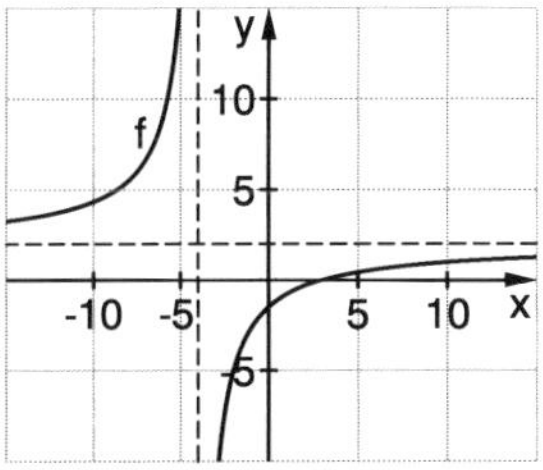

(2) Polstelle: $x = \frac{1}{4}$
Asymptote: $y = 3$

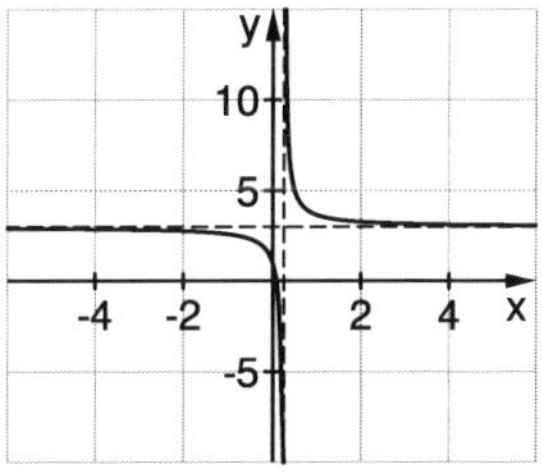

(3) Polstelle: $x = \pm 2$
Asymptote: $y = 0$

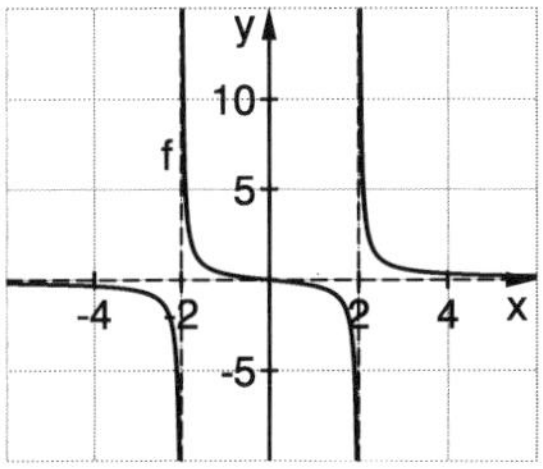

(4) Polstelle: –
Asymptote: $y = 0$

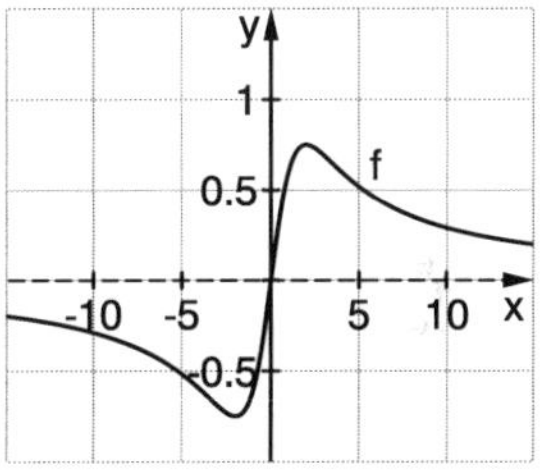

b) ▪ Der Graph scheint die Gerade $y = x + 1$ zu sein.

▪ Es gilt wohl $\lim\limits_{h \to 0} f(x - h) = \lim\limits_{h \to 0} f(x + h) = f(x)$

▪ $\frac{x^2 - 1}{x - 1} = \frac{(x + 1) \cdot (x - 1)}{x - 1} = x + 1$

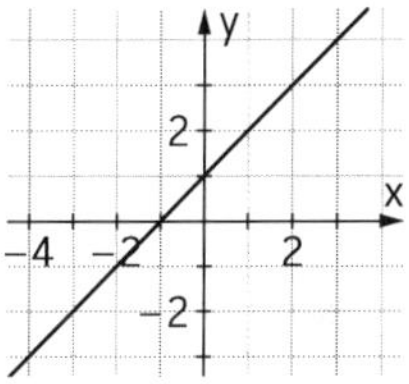

X	Y1		
0.996	1.996		
0.997	1.997		
0.998	1.998		
0.999	1.999		
1	ERROR		
1.001	2.001		
1.002	2.002		
1.003	2.003		
1.004	2.004		
1.005	2.005		
1.006	2.006		

X=1

▪ Es kann sein, dass links- und rechtsseitge Konvergenz gegen f(x) vorliegt. Eine solche Stelle heißt hebbare Unstetigkeitsstelle.

Definiert man $f(x) = \begin{cases} \frac{x^2 - 1}{x - 1}; & x \neq 1 \\ 2; & x = 1 \end{cases}$, ist f stetig.

2.6 Funktionenscharen

103 **1** *Stühle*

a) $p \cdot 100$: Preis pro Stuhl
Die Produktionskosten setzen sich aus Fixkosten (50 000 €) und stückzahlabhängigen Kosten zusammen. Die Kosten steigen zunächst abnehmend (bessere Auslastung von Maschinen, Effizienz), ab einer gewissen Produktionsmenge jedoch wachsende Zunahme der Kosten (Überstunden, neue Maschinen, …).

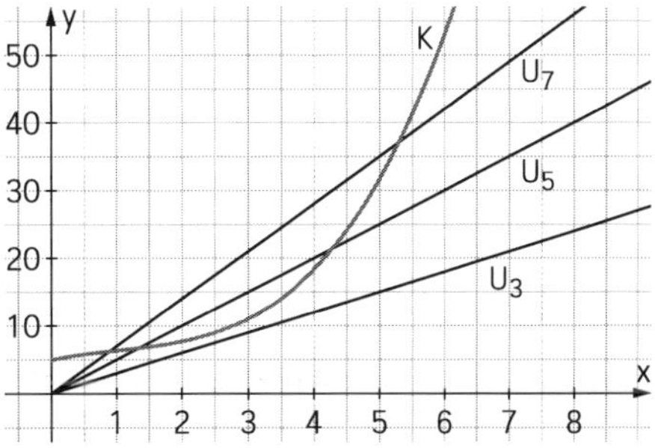

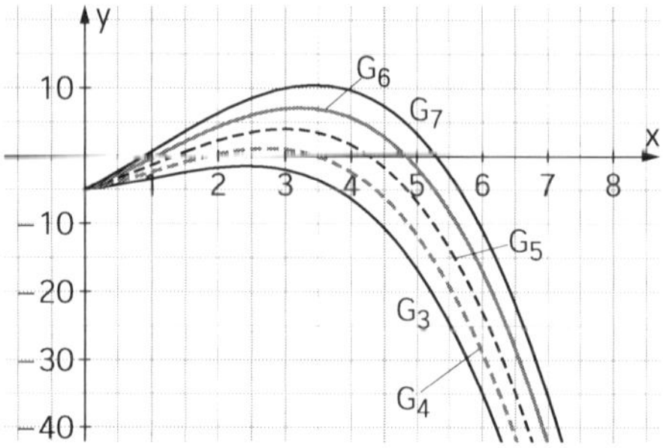

b) Fehler in Auflage 1 und 2 des Buchs. Der korrekte Term ist:
$G_p(x) = -\frac{1}{3}x^3 + x^2 + (p-2)\cdot x - 5$

- $U_P(x) - K(x) = G_P(x)$
  $G_p'(x) = -x^2 + 2x + p - 2 = 0$
  $\Rightarrow x_{1,2} = 1 \pm \sqrt{p-1}$
  $G_P(1+\sqrt{p-1}) = \frac{2}{3}(p-1)^{\frac{3}{2}} + p - \frac{19}{3}$
  Anmerkung: y-Koordinate mit CAS oder angeben.
  Grafisch-numerische Bestimmung der Nullstellen oder mit CAS:

  $k(x):=\frac{1}{3}\cdot x^3-x^2+2\cdot x+5$ — Fertig
  $up(x,p):=p\cdot x$ — Fertig
  $gp(x,p):=up(x,p)-k(x)$ — Fertig
  $\text{solve}\left(\frac{d}{dx}(gp(x,p))=0,x\right)$ — $x=-(\sqrt{p-1}-1)$ or $x=\sqrt{p-1}+1$
  $gp(\sqrt{p-1}+1,p)$ — $\frac{2\cdot(p-1)^{\frac{3}{2}}}{3}+p-\frac{19}{3}$

  $\text{solve}\left(\frac{2\cdot(p-1)^{\frac{3}{2}}}{3}+p-\frac{19}{3}=0,p\right)$
  solve(gp(x,4)=0,x) — x=−2.33181 or x=1.84476 or x=3.48705
  solve(gp(x,5)=0,x) — x=−2.62008 or x=1.33651 or x=4.28357
  solve(gp(x,6)=0,x) — x=−2.9059 or x=1.06669 or x=4.83921
  solve(gp(x,7)=0,x) — x=−3.18595 or x=0.888813 or x=5.29714

- Ab einem Stückpreis von ca. 360 € gelangt man in die Gewinnzone (vorher nur Verluste), die Gewinnzone wird dabei mit Erhöhung des Stückpreises immer größer (bei 700 €: Gewinn bei Produktion von 90 bis 530 Stühlen, allerdings gelangt man ab einer gewissen Stückzahl wieder in die Verlustzone (Produktionskosten steigen sehr stark). Mit steigender Produktionszahl steigt der maximale Gewinn zwar auf über 10 000 €. Dies setzt allerdings auch den Absatz dieser Stückzahlen voraus.

2 *Parabelmuster*

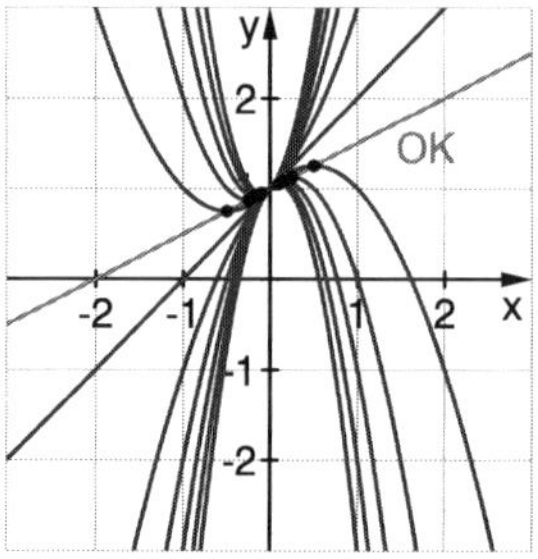

a) (A) → $f_a(x)$; (B) → $f_b(x)$; (C) → $f_c(x)$

b) (A): $f_a(x) = ax^2 + x + 1$
$f_a'(x) = 2ax + 1 = 0$
$\Rightarrow x = -\frac{1}{2a} \Rightarrow f_a\left(-\frac{1}{2a}\right) = -\frac{1}{4a} + 1$
$S\left(-\frac{1}{2a}\middle|-\frac{1}{4a}+1\right)$

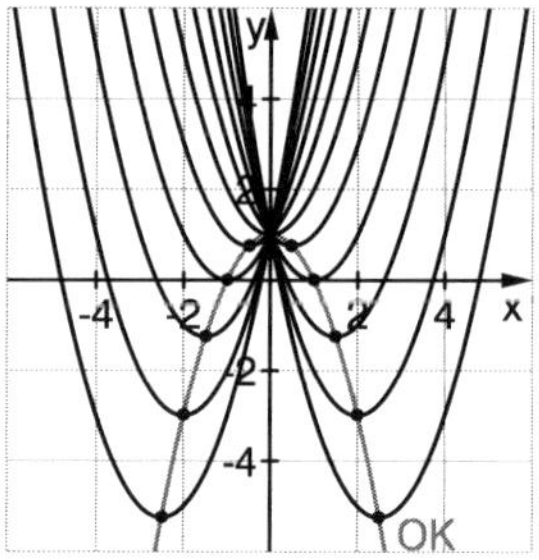

(B): $f_b(x) = x^2 + bx + 1$
$f_b'(x) = 2x + b = 0$
$\Rightarrow x = -\frac{b}{2}$
$\Rightarrow f_b\left(-\frac{b}{2}\right) = \frac{b^2}{4} - \frac{b^2}{2} + 1 = -\frac{b^2}{4} + 1$
$S\left(-\frac{b}{2}\middle|-\frac{b^2}{4}+1\right)$

(C): $f_c(x) = x^2 + x + c$
$f_c'(x) = 2x + 1 = 0$
$\Rightarrow x = -\frac{1}{2} \Rightarrow f_c\left(-\frac{1}{2}\right) = -\frac{1}{4} + c$
$S\left(-\frac{1}{2}\middle|-\frac{1}{4} + c\right)$

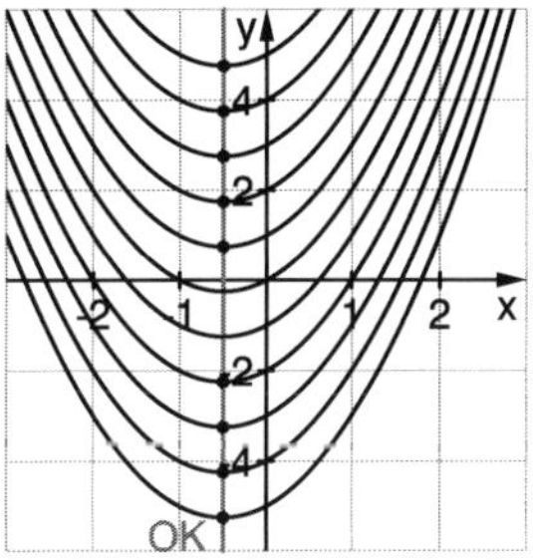

(A): Die Scheitelpunkte scheinen auf einer Geraden zu liegen, eventuell $y = \frac{1}{2}x + 1$

(B): Die Scheitelpunkte scheinen auf $y = -x^2 + 1$ zu liegen. Hinweis: Man kann diese Kurven zeichnen und überprüfen, ob Scheitelpunkte auf ihr liegen.

(C): $x = -\frac{1}{2}$ ist unabhängig vom Parameter c. Alle Scheitelpunkte der Funktionenschar liegen auf der Senkrechten $x = -\frac{1}{2}$ zur x-Achse.

105 **3** *Untersuchungen von Funktionenscharen*

a) (1) $f(x) = x^3 + b \cdot x^2 + 2$

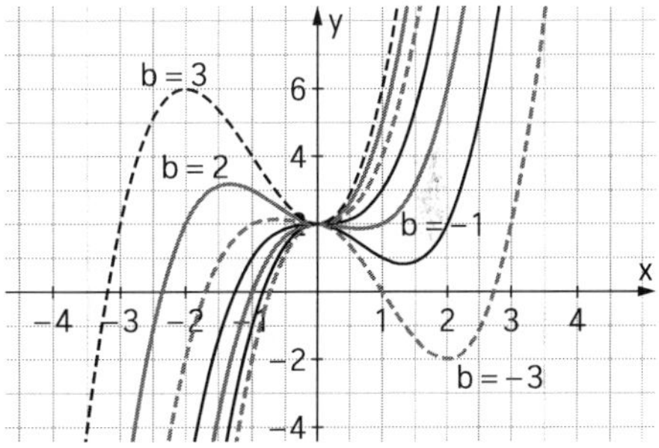

- Alle Graphen verlaufen durch (0|2)
- b = 0: $f(x) = x^3 + 2$ (Sattelpunkt (0|2))
- sonst: Ein Hoch-und ein Tiefpunkt.
- $b \to \infty$: Tiefpunkt (0|2); Hochpunkt gegen „$(-\infty|\infty)$“
  $b \to -\infty$: Hochpunkt (0|2); Tiefpunkt gegen „$(\infty|-\infty)$“
- Bei b = 0 Übergang von Hochpunkt zu Tiefpunkt.
- Nullstellen: Bestimmung nur grafisch-numerisch möglich für jeweils konkrete Werte von b.
- Extrempunkte:

  $b > 0$: $HP\left(-\frac{2}{3}b\middle|\frac{4}{27}b^3 + 2\right)$; TP (0|2) $b < 0$: $TP\left(-\frac{2}{3}b\middle|\frac{4}{27}b^3 + 2\right)$; HP (0|2)
- Wendepunkte: $WP\left(-\frac{1}{3}b\middle|\frac{2}{27}b^3 + 2\right)$; b = 0: SP (0|2)

(2)

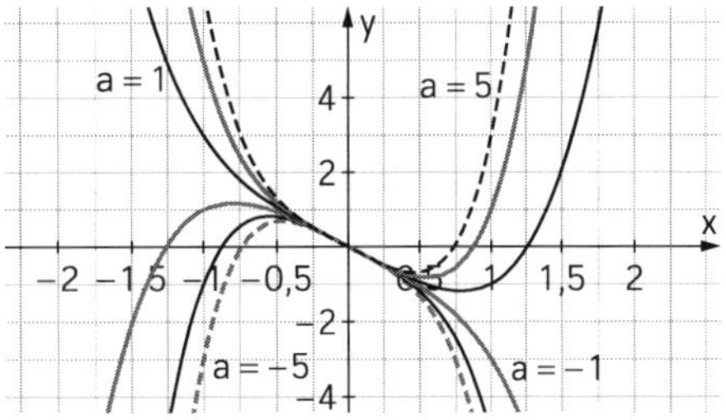

- Alle Graphen verlaufen durch (0|0)
- $a > 0$: Ein Tiefpunkt im 4. Quadranten
  $a = 0$: Gerade $f(x) = -2x$
  $a < 0$: Ein Hochpunkt im 2. Quadranten
- Wendepunkte anschaulich schwer zu erschließen, entweder kein Wendepunkt oder zwei Wendepunkte.
- Nullstellen: $x_1 = 0$; $x_2 = \sqrt[3]{\frac{2}{a}}$
- Extrempunkte: $a > 0$: $TP\left(\frac{1}{\sqrt[3]{2a}}\middle|\frac{-3}{2 \cdot \sqrt[3]{2a}}\right)$ $a < 0$: $HP\left(\frac{1}{\sqrt[3]{2a}}\middle|\frac{-3}{2 \cdot \sqrt[3]{2a}}\right)$
- Wendepunkte:
  Möglicher WP: $f''(x) = 0 \Rightarrow 12ax^2 = 0 \Rightarrow x = 0$
  Aber: $f'''(x) = 0$, also kein Wendepunkt.

(3)
- Alle Graphen verlaufen durch $(1|1)$
- $k \lesssim 7$: Eine Nullstelle;
  $k \approx 7$: 2 Nullstellen;
  $k \gtrsim 7$: 3 Nullstellen
- $k > 0$: Ein Hochpunkt und ein Tiefpunkt
  $k = 0$: $f(x) = x^3$
  $k < 0$: keine Extrempunkte
- Nullstellen: Bestimmung nur grafisch-numerisch möglich für jeweils konkrete Werte von k.

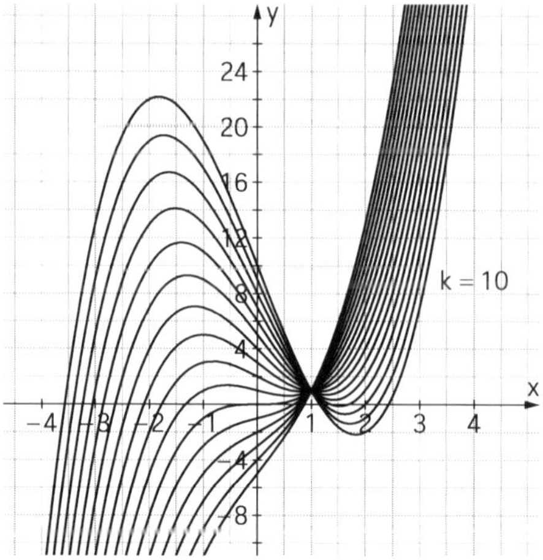

- Extrempunkte:
  $k > 0$: $TP\left(\sqrt{\frac{k}{3}} \middle| -\frac{2}{3}k\sqrt{\frac{k}{3}} + k\right)$;
  $HP\left(-\sqrt{\frac{k}{3}} \middle| \frac{2}{3}k\sqrt{\frac{k}{3}} + k\right)$
  $k < 0$: Keine Extrempunkte
  Wendepunkt: $WP(0|k)$
  Anmerkung: Mithilfe der y-Koordinate des Tiefpunktes kann der Fall, dass genau zwei Nullstellen existieren, berechnet werden. Man muss allerdings eine Wurzelgleichung lösen.
  $-\frac{2}{3}k\sqrt{\frac{k}{3}} + k = 0 \Leftrightarrow \frac{2}{3}k\sqrt{\frac{k}{3}} = k \underset{k>0}{\Leftrightarrow} \frac{4}{9}k^2 \cdot \frac{k}{3} = k^2 \Leftrightarrow k = \frac{27}{4} = 6{,}75$

b)

	(1)	(2)	(3)
(1)	$b = -\frac{3}{2}$	$a = \frac{5}{8}$	$k = 2$
(2)	$b = \frac{3}{2}$	$a = -\frac{1}{2}$	$k = 3$
(3)	$b = -\frac{11}{2}$; $P\left(3 \middle| -\frac{41}{2}\right)$	$a = -\frac{1}{27}$; $P(3\|-9)$	$k = 33$; $P(3\|-39)$
(4)	$b = -36$	nicht möglich	nicht möglich
(5)	$b = \sqrt[3]{-\frac{27}{2}}$	nicht möglich	$k = 0$

105 4 *Unvollständiger Steckbrief*

a) $f(x) = a \cdot x^3 + b \cdot x$; $f'(x) = 3a \cdot x^2 + b$
$f'(0) = 1 \Rightarrow b = 1 \Rightarrow f_a(x) = a \cdot x^3 + x$

b)
- $f_a'(x) = 3ax^2 + 1 = 0 \Rightarrow x^2 = -\frac{1}{3a}$; für $a > 0$ keine Lösung
- $f_a'(2) = 12a + 1 = 0 \Rightarrow a = -\frac{1}{12}$

106 5 *Mehrdeutiger Steckbrief*

a) $f_c(0) = 5$;
$f_c'(x) = \left(\frac{1}{4}c + \frac{1}{2}\right)x^2 + (-c-1)x + c \Rightarrow f_c'(2) = 4\left(\frac{1}{4}c + \frac{1}{2}\right) - 2c - 2 + c = 0$
$f_c''(x) = \left(\frac{1}{2}c + 1\right)x - c - 1 \Rightarrow f_c'(2) = c + 2 - c - 1 = 1$

b) Für $c = -2$ gilt: $f_{-2}(x) = \frac{1}{2}x^2 - 2x + 5$, der Koeffizient vor x^3 ist 0.

c) $f_c''(0) = \left(\frac{1}{2}c + 1\right) \cdot 0 - c - 1 = 5 \Rightarrow c = -6$
$f_c''(-1) = \left(\frac{1}{4}c + \frac{1}{2}\right)(-1)^2 + (-c-1) \cdot (-1) + c = \frac{1}{4}c + \frac{1}{2} + c + 1 + c = 0 \Rightarrow c = -\frac{2}{3}$

106 6 *Erkundungen mit dem GTR*

In allen Grafiken gilt: $-3 \leq a \leq 3$, Schrittweite 1

(1) $a \neq 1$, $a \neq 0$: $x_1 = 1$; $x_{2,3} = \pm\sqrt{a}$;

$a = 1$: $x_1 = 1$; $x_2 = -1$

$a = 0$: $x_1 = 1$; $x_2 = 0$

$a > 1$, $0 < a < 1$: 3 Extremstellen

$a = 1$; $a = 0$: 2 Extremstellen $a < 0$: keine Extremstellen

Alle Funktionen haben eine Wendestelle.

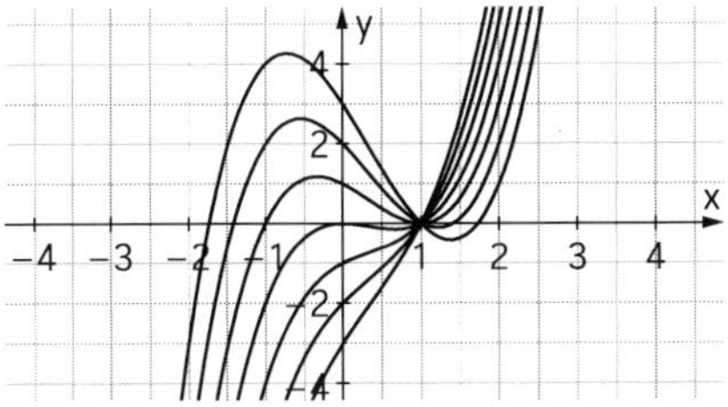

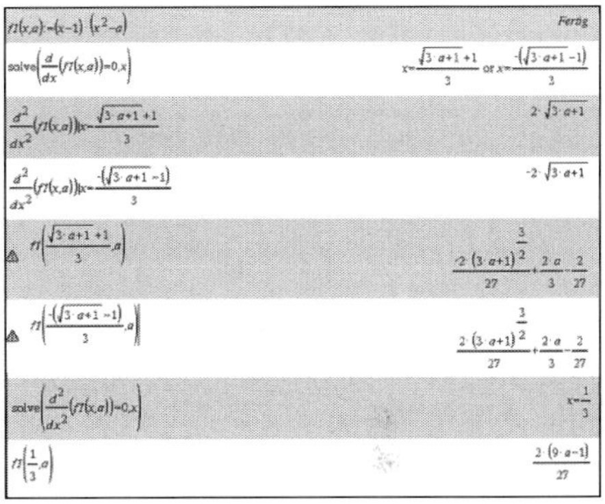

(2) $a \neq 1$, $a \neq -1$: $x_1 = a$; $x_2 = 1$; $x_3 = -1$;

$a = 1$: $x_1 = 1$; $x_2 = -1$

$a = -1$: $x_1 = 1$; $x_2 = -1$

Alle Funktionen haben 2 Extremstellen, weil es immer mindestens zwei Nullstellen gibt.

Alle Funktionen haben eine Wendestelle.

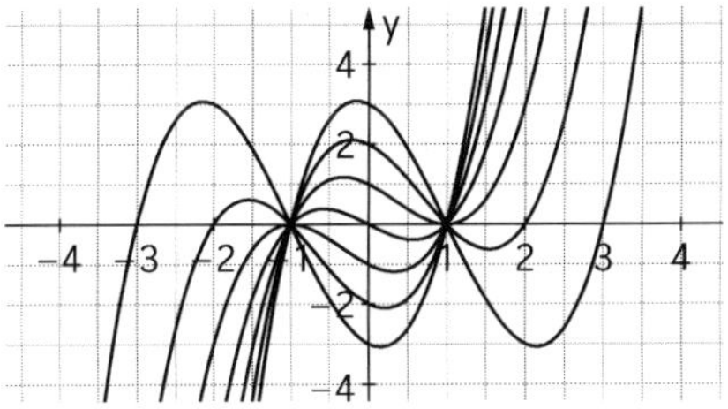

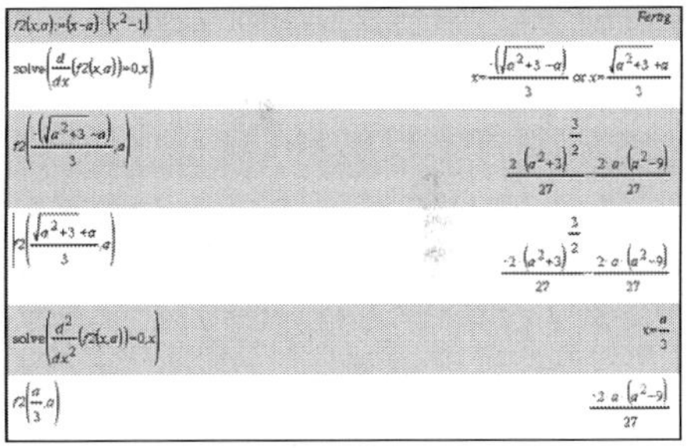

(3) $a > 0$; $a \neq 1$: $x_1 = 1$; $x_2 = -1$; $x_3 = \sqrt{a}$

$a = 1$: $x_1 = 1$; $x_2 = -1$

$a < 0$: $x_1 = 1$; $x_2 = -1$ $a \leq -1$: 1 Tiefpunkt, keine Wendepunkte

$a > -1$: 2 Tiefpunkte, 1 Hochpunkt, 2 Wendepunkte

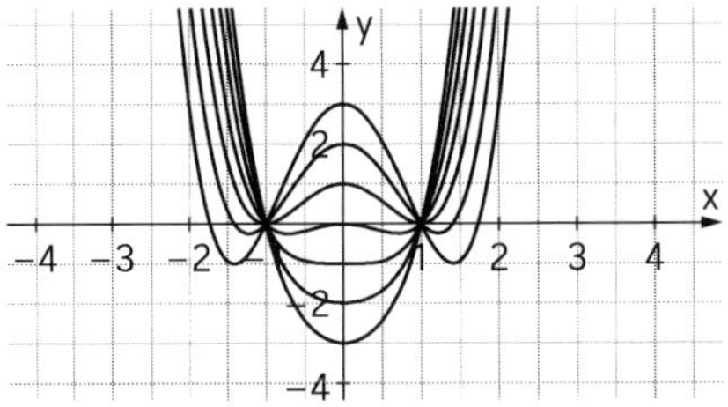

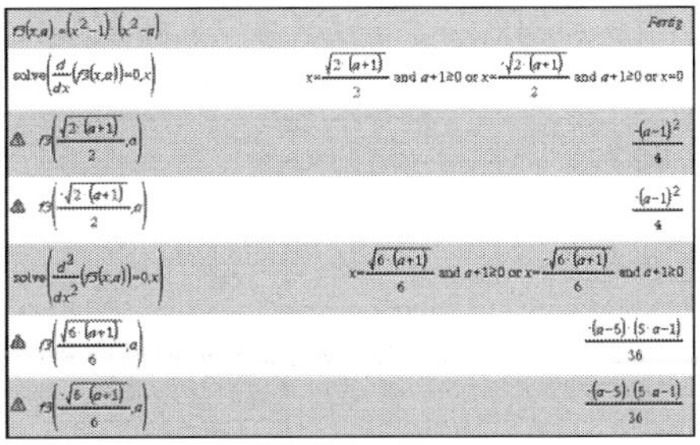

(4) $a \neq 1$: $x_1 = 1$; $x_2 = a$

$a = 1$: $x_1 = 1$

Extrem- und Wendestellen mit Nullstellen nicht eindeutig erschließbar. Aus Grafik:

$a > 0$: 1 Tiefpunkt, 2 Wendepunkte

$a = 0$: 1 Tiefpunkt, 1 Wendepunkt

$\approx -1{,}5 < a < 0$: 1 Tiefpunkt, 2 Wendepunkte

$a < \approx -1{,}5$: 2 Tiefpunkte, 1 Hochpunkt, 2 Wendepunkte.

Anmerkung: Lösungen zu $f_4'(x) = 0$ liefern keine hier erklärbaren Ausdrücke. Es zeigt nur, dass algebraische Lösung möglich ist.

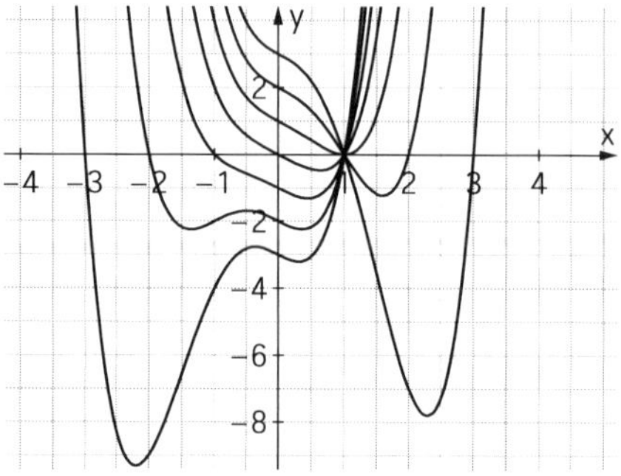

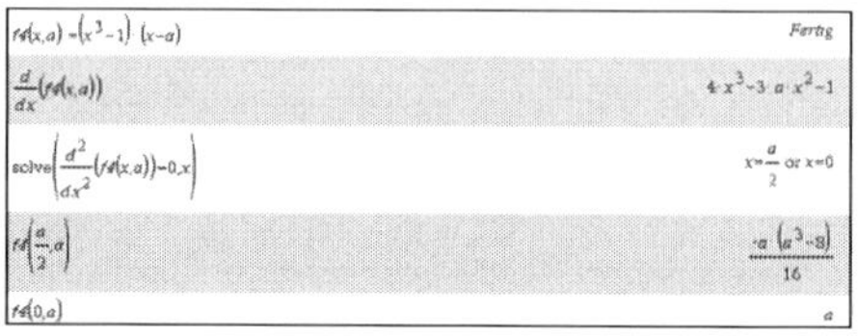

(5) $a > 0$; $a \neq 1$: $x_1 = \sqrt[3]{a}$; $x_2 = 1$

$a = 1$: $x_1 = 1$

$a < 0$: $x_1 = -\sqrt[3]{-a}$; $x_2 = 1$

Extrem- und Wendestellen mit Nullstellen nicht eindeutig erschließbar. Aus Grafik:
Unabhängig von a gibt es vermutlich immer einen Tiefpunkt und 2 Wendepunkte.

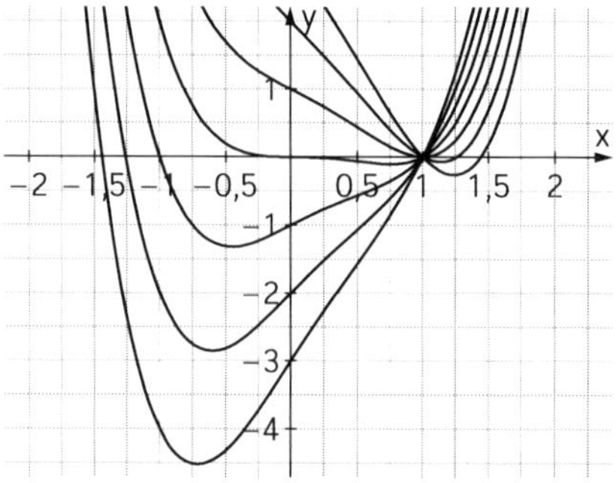

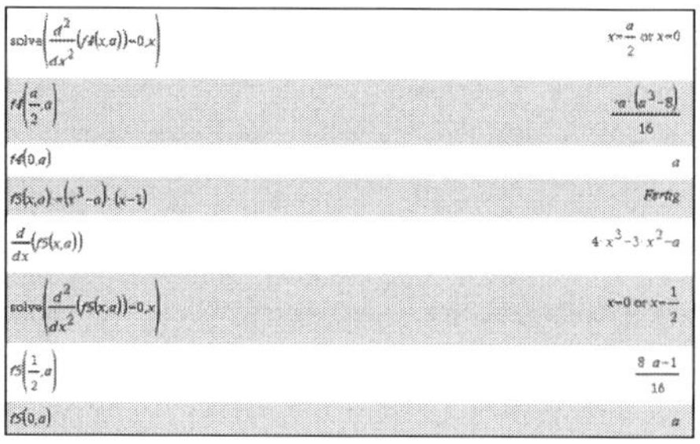

(6) $a \neq 1$: $x_1 = 1$; $x_2 = a$

$a = 1$: $x_1 = 1$

Extrem- und Wendestellen mit Nullstellen nicht eindeutig erschließbar. Aus Grafik:
Unabhängig von a gibt es vermutlich immer einen Tiefpunkt und einen Hochpunkt. Über Anzahl der Wendepunkte keine klare Aussage möglich, vermutlich immer 3 Wendepunkte für $a \neq 0$; für $a = 0$ ein Wendepunkt.

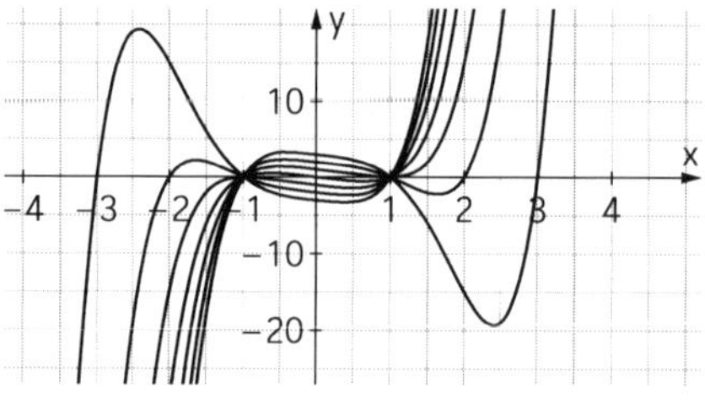

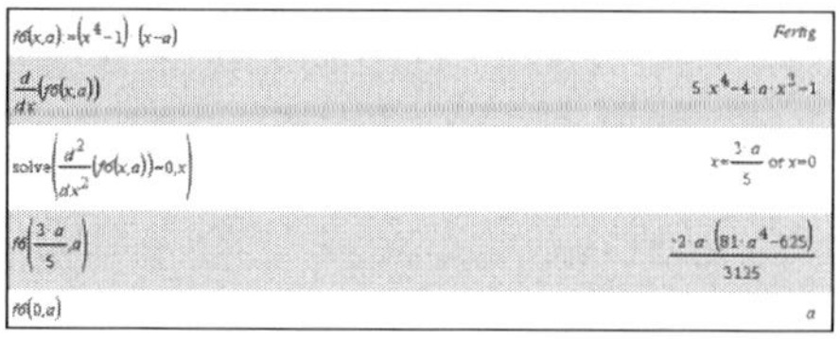

106 7 *Optimieren*

a) x: Höhe

$k - 2x$: Breite und Länge

Damit ergibt sich $V_k(x) = \text{Höhe} \cdot \text{Breite} \cdot \text{Länge} = x \cdot (k - 2x) \cdot (k - 2) = x \cdot (k - 2x)^2$

b) $V_k'(x) = 12x^2 - 8kx + k^2 = 0$

$x_1 = \frac{1}{2}k \Leftarrow V_k = 0 \left(\text{Randbedingung: } x < \frac{k}{2}\right)$

$x_2 = \frac{1}{6}k$

$V_k\left(\frac{1}{6}k\right) = \frac{2}{27}k^3$, dies ist das maximale Volumen.

c)

k	x	$V_{k;\,max}$
5	$\frac{5}{6}$	9,26
10	$\frac{5}{3}$	74,07
23,811	3,969	1000
30	5	2000

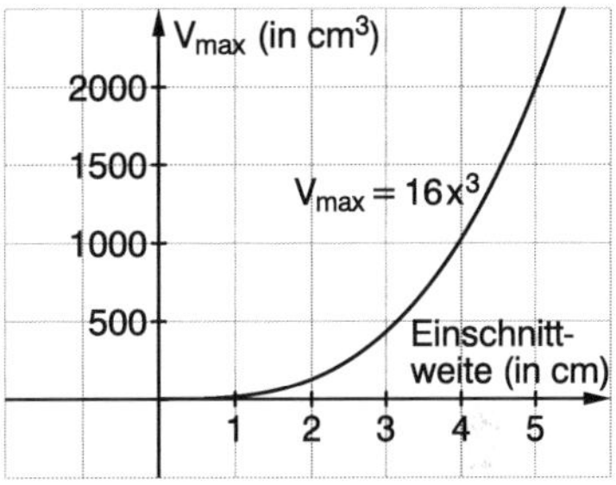

Die Tabelle zeigt, dass für ein Volumen von 1000 cm³ ein Pappkarton mit der Kantenlänge von 23,811 cm benötigt wird. Daraus ergibt sich eine Gesamtpappfläche von etwa 567 cm².

107 8 *Der Preis beeinflusst die Nachfrage*

a) Da der Preis um x Euro verändert werden soll, ergibt sich ein neuer Preis von $(6 + x)$.

Das Publikum nimmt pro Euro um 30 Personen von ursprünglich 300 ab $\Rightarrow (300 - 30x)$.

Daraus folgt für die Einnahmen die angegebene Gleichung: $E(x) = (6 + x) \cdot (300 - 30x)$

Für den Preis folgt damit:

$E'(x) = 120 - 60x = 0$

$\Rightarrow x = 2$

Bei einer Preiserhöhung um 2 € erhält man die größten Einnahmen unter den genannten Bedingungen.

b) p variiert den Preis des letzten Jahres, z die Anzahl der Zuschauer des letzten Jahres und b die Anzahl der Zuschauer, die weniger kommen, wenn der Preis für den Eintritt um einen Euro erhöht wird.

c)

p	x_{max}	$E_p(x_{max})$
2	4	1080
4	3	1470
6	2	1920
8	1	2430

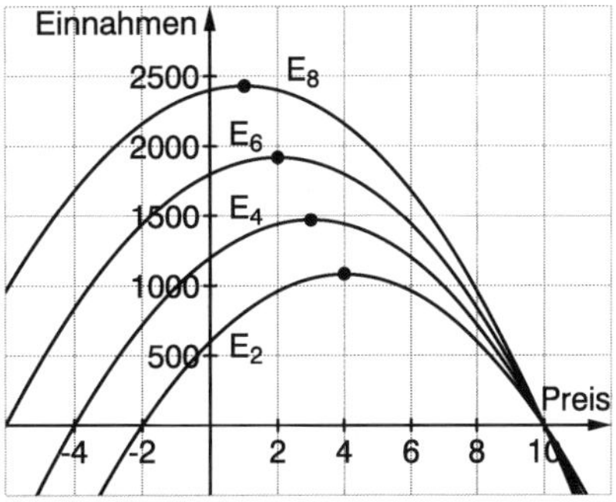

z	x_{max}	$E_z(x_{max})$
100	−1,33	653
200	0,33	1203
300	2	1920
400	3,67	2803

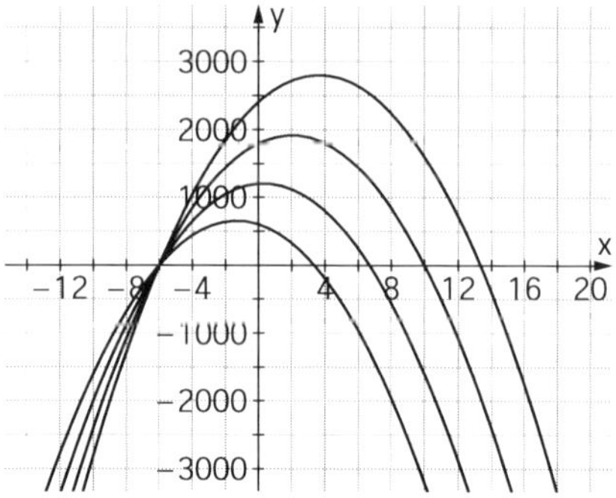

b	x_{max}	$E_b(x_{max})$
20	4,5	2205
30	2	1920
40	0,75	1822,5
50	0	1800

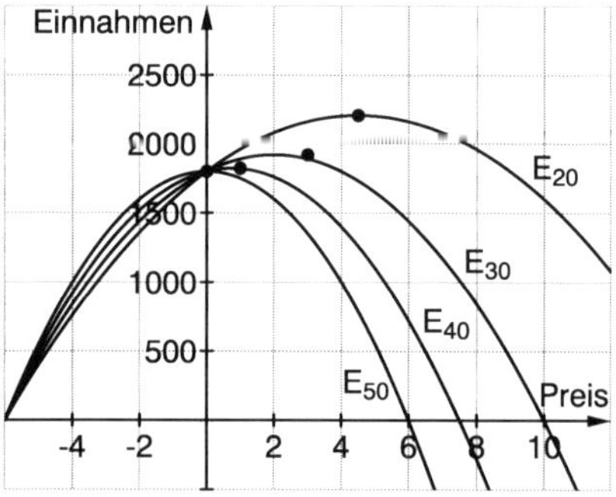

(1) Aus der ersten Tabelle geht hervor, dass mit steigendem Preis auch die maximalen Einnahmen steigen.

(2) Je höher die letztjährige Zuschauerzahl desto mehr Erhöhung für maximale Einnahmen. Bei nur 100 Zuschauern müsste für ein Einnahmenmaximum Eintrittspreis gesenkt werden!

(3) Aus der zweiten Tabelle geht hervor, dass mit Abnahme der Besucherzahlen die maximalen Einnahmen fallen.

107 9 *Stühle – revisited*

$G_c(x) = -\frac{1}{3}x^3 + x^2 + 4x - c$

c stellt die Fixkosten dar, also die Kosten, die entstehen, auch wenn noch kein Stuhl produziert wird.

Grafische Untersuchung:

- Wenn es keine Fixkosten gibt (c = 0), gibt es von Beginn der Produktion an einen Gewinn bis zur Produktion von etwa 530 Stück.
- Ab ca. 120 000 € Fixkosten kein Gewinn mehr (unabhängig von Produktionsmenge).
- Bis ca. 120 000 € Fixkosten gibt es zunehmend kleineres Gewinnintervall:

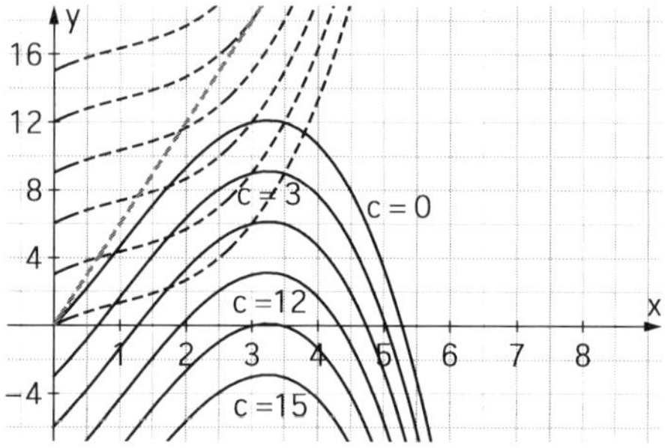

c	Gewinnintervall
3	[50; 500]
6	[130, 470]
9	[190, 440]

- Da kein algebraisches Lösungsverfahren zur Nullstellenbestimmung zur Verfügung steht, kann Gewinnintervall nur grafisch-numerisch bestimmt werden.
- $G_c'(x) = 0 \Rightarrow x_1 = 1 + \sqrt{5} \approx 3{,}23$; $\left(x_2 = -1 - \sqrt{5}\right)$;
  $G_c\left(1 + \sqrt{5}\right) = \frac{14}{3} + \frac{10}{3}\sqrt{5} - c \approx 12{,}12 - c$
  Für $c > 12{,}12$ gibt es keinen Gewinn.
  Für $c = 0$ gibt es den maximalen Gewinn von ca. 121 200.
- $G_c''(x) = 0 \Rightarrow x = 1$: Der Gewinnzuwachs ist unabhängig von den Fixkosten immer bei der Produktion von 100 Stühlen am höchsten.

107 **10** *Golfball und „Funktionenschar 4-ten Grades" revisited*

a) $\frac{v^2}{40} = \frac{1}{2} \cdot \frac{v^2}{20}$

b) $x = \sqrt{3k} \Rightarrow x^2 = 3k \Leftrightarrow k = \frac{x^2}{3} \Rightarrow y = -\frac{9}{2} \cdot \left(\frac{x^2}{3}\right)^2 = -\frac{1}{2}x^4$ (Ortskurve der Tiefpunkte)
Ortskurve der Wendepunkte: $x = \sqrt{k} \Rightarrow k = x^2 \Rightarrow y = -\frac{5}{2}x^4$

108 **11** *Ortskurven bestimmen – Training*

a) $WP\left(2t \,\middle|\, -\frac{16}{3}t^3\right)$: $x = 2t \Rightarrow t = \frac{x}{2} \Rightarrow y = -\frac{16}{3}\left(\frac{x}{2}\right)^3 = -\frac{2}{3}x^3$

b) (1) $EP\left(-\frac{2}{3}b \,\middle|\, \frac{4}{27}b^3 + 2\right) \Rightarrow b = -\frac{3}{2}x \Rightarrow y = \frac{4}{27}\left(-\frac{3}{2}x\right)^3 + 2 = -\frac{1}{2}x^3 + 2 \Rightarrow y = -2x^3 + 2$

(2) $EP\left(\frac{1}{\sqrt[3]{2a}} \,\middle|\, \frac{-3}{2 \cdot \sqrt[3]{2a}}\right) \Rightarrow a = \frac{1}{2x^3} \Rightarrow y = -\frac{3}{4}x \Rightarrow$ keine Wendepunkte

(3) $EP\left(\sqrt{\frac{k}{3}} \,\middle|\, -\frac{2}{3}k\sqrt{\frac{k}{3}} + k\right) \Rightarrow k = 3x^2 \Rightarrow y = -2x^3 + 3x^2 \Rightarrow$ y-Achse

12 *Vielfältige Muster – auch selbst erzeugen*

a) (1) $\Leftrightarrow$ B $\Rightarrow S(\cos(t) \,|\, \sin(t)) \Rightarrow y = \pm\sqrt{1 - x^2}$
(2) $\Leftrightarrow$ A $\Rightarrow S(k \,|\, k^2) \Rightarrow y = x^2$

b) (A) $h(x) = \frac{1}{2}x^2$
(B) Grafisches Experimentieren mit $h(x) = a \cdot x^2 - 1$ zeigt, dass die Parabeln wohl keine Parabel einhüllen.

c) $f_k(x) = (x - k)^2 + k$ $\qquad$ $f_k(x) = (x - k)^2 + 2^k$

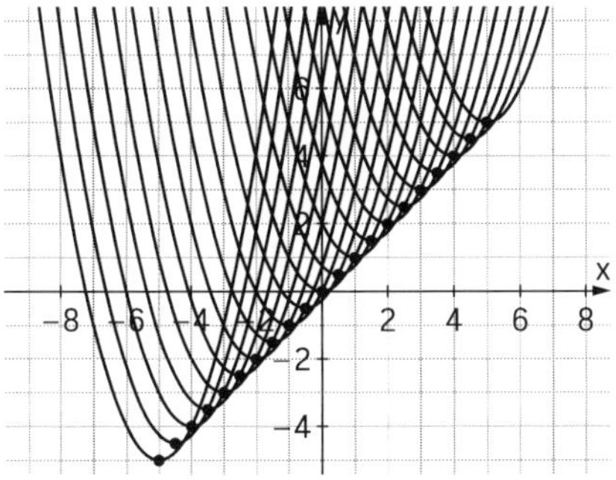

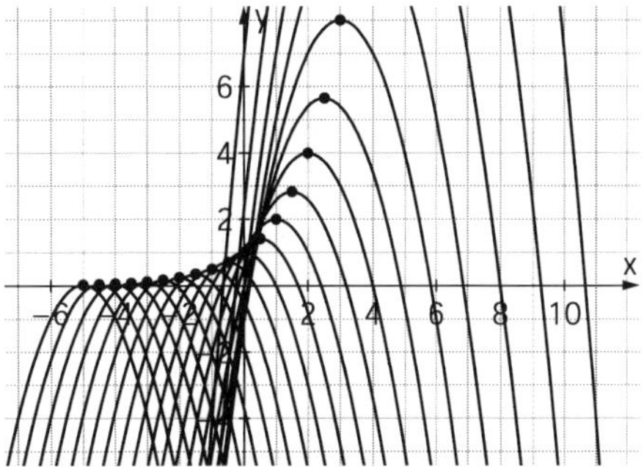

109 **13** *Kreise, Ellipsen und Spiralen im Koordinatensystem*

a) - Kreis: K: $\begin{array}{l} x(t) = 3 \cdot \cos(t) + 1 \\ y(t) = 3 \cdot \sin(t) + 2 \end{array}$ $\quad 0 \le t \le 2\pi$
- Ellipse: E: $\begin{array}{l} x(t) = 3 \cdot \cos(t) \\ y(t) = \sin(t) \end{array}$

b)

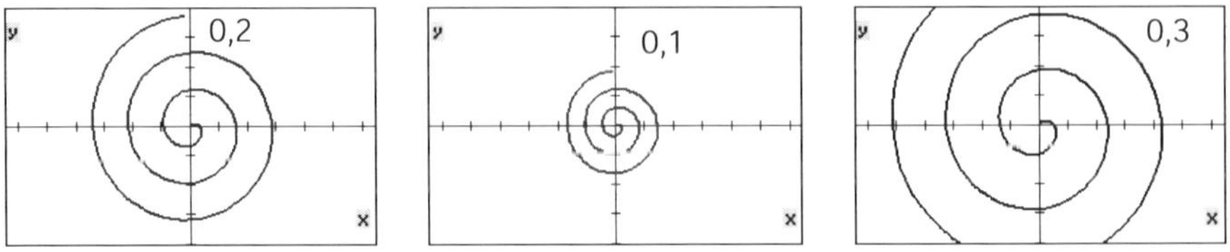

2.7 Gebietsübergreifende Aufgaben

110

1 *Ein Dachprofil*

a) (1) $A(x) = 0{,}00254x^3 - 0{,}06979x^2 + 0{,}38854x + 4$

(2) $B(x) = -0{,}000022x^5 + 0{,}00091x^4 - 0{,}01088x^3 + 0{,}01142x^2 + 0{,}22569x + 4$

$d(x) = A(x) - B(x)$

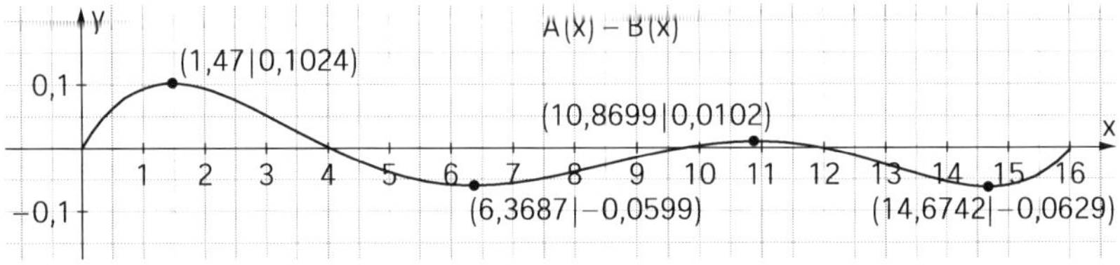

Grafisch-tabellarische Untersuchung des Unterschieds beider Modelle: höchstens ca. 10 cm.

b) $\int_0^{16} A(x)\,dx \approx 60{,}044$; $\int_0^{16} B(x)\,dx \approx 60{,}138$

Modell: „Grundfläche mal Höhe“ $V \approx 60 \cdot 16 = 960\,m^3$

c) $f'(0) = 0{,}4 \Rightarrow \tan(\alpha) = 0{,}4 \Rightarrow \alpha \approx 21{,}8°$

$f'(16) = 0{,}08 \Rightarrow \tan(\alpha) = 0{,}4 \Rightarrow \alpha \approx 4{,}6°$

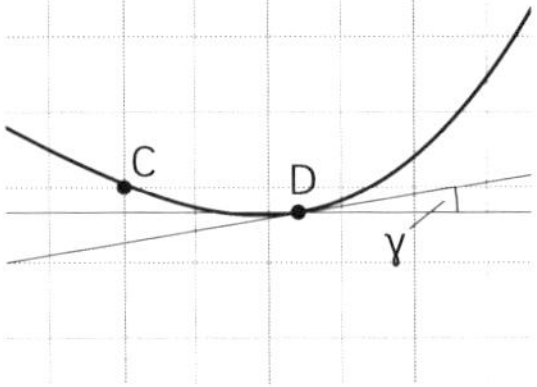

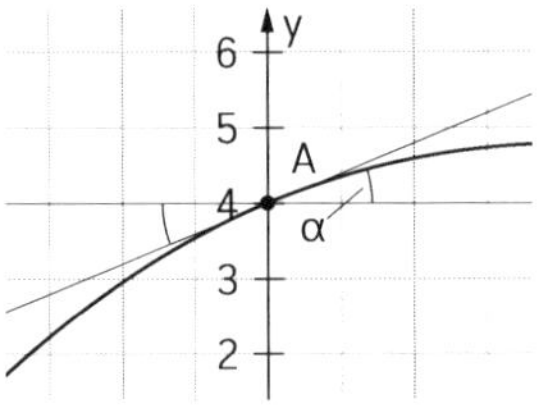

d) $\tan(10') \approx 0{,}176 \Rightarrow f'(x) < -0{,}176$ oder $f'(x) > 0{,}176$
Grafische Lösung liefert, dass nur im linken Bereich ($x < 1{,}77$) und im Bereich zwischen 6,12 und 12,54, also um den Wendepunkt herum, die Bedingung erfüllt ist. Nach c) ist der Winkel am rechten Rand 4,6°, also ist hier die Bedingung schon nicht erfüllt. Da um den Hochpunkt (ca. B) die Neigung auch „bei 0° beginnt“, kann hier die Bedingung auch grund- sätzlich nicht erfüllt sein.

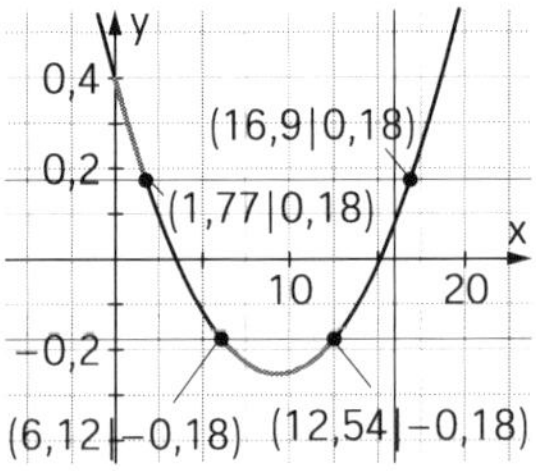

2 *Konzentration eines Medikaments*

a) ■ $0 < t \le a$, weil 0 und a Nullstellen sind.

■ $f_4(x) = 0{,}08 \cdot x \cdot (x-4)^2$

(1) $f_4'(x) = 0{,}24x^2 - 1{,}28x + 1{,}28 \Rightarrow f'(0) = 1{,}28$

(2) $f_4'(x) = 0 \Rightarrow x_1 = \frac{4}{3};\ x_2 = 4$

(3) $f_4''(x) = 0{,}48x - 1{,}28 = 0 \Rightarrow x = \frac{8}{3}$

b) $\int_0^a f_a(x)\,dx = \left[\frac{a}{200}x^4 - \frac{a^2}{75}x^3 + \frac{a^3}{100}x^2\right]_0^a = \frac{a^5}{600}$

Die Wirksamkeit des Medikaments ist $\frac{1}{600}$ der 5-ten Potenz der Anfangsdosis.

c) Es muss die Ungleichung $f_a(x) < 5$ gelöst werden.
Grafisch-numerische Lösung: $a \approx 6{,}4$
Maximale Wirksamkeit: $\frac{6{,}4^5}{600} \approx 17{,}9$

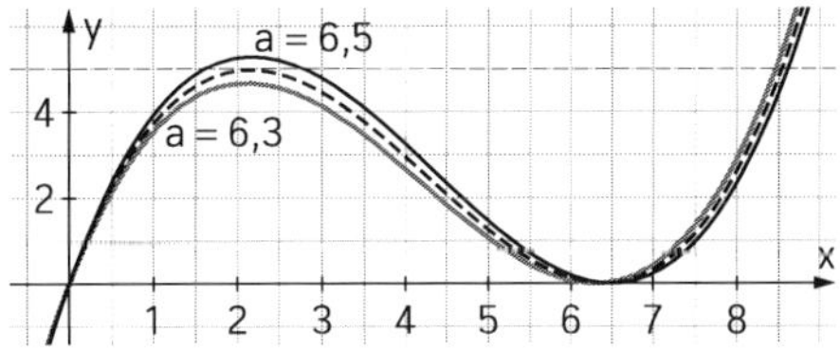

d) $f_a'(x) = \frac{3}{50}ax^2 - \frac{2}{25}a^2x + \frac{a^3}{50} \Rightarrow f_a'(a) = 0;\ f_a'\left(\frac{a}{3}\right) = 0$

$f_a''(x) = \frac{3}{25}ax - \frac{2}{25}a = 0 \Rightarrow x = \frac{2}{3}$

112 3 *Flächeninhalte, Tangente und Wendepunkt*

a) $A_1 = \frac{9}{4}$

b) $H\left(1\,\middle|\,\frac{4}{3}\right);\ A_2 = \frac{9}{4}$

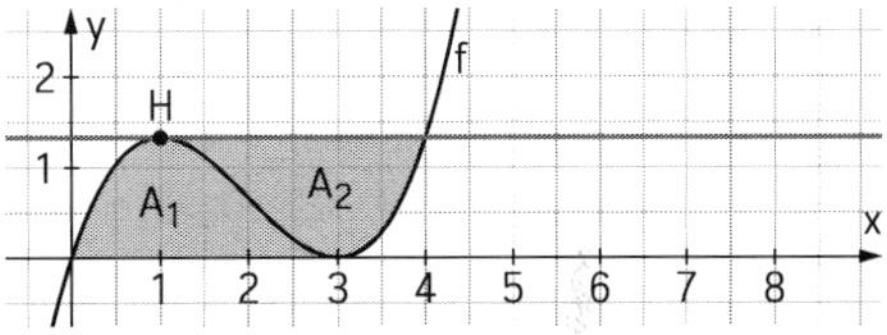

c) $W\left(2\,\middle|\,\frac{2}{3}\right);\ A_3 = \int_0^2 \left(f(x) - \frac{1}{3}x\right)dx = \frac{4}{3}$

$A_3 = A_4$, da f punktsymmetrisch zum Wendepunkt ist.

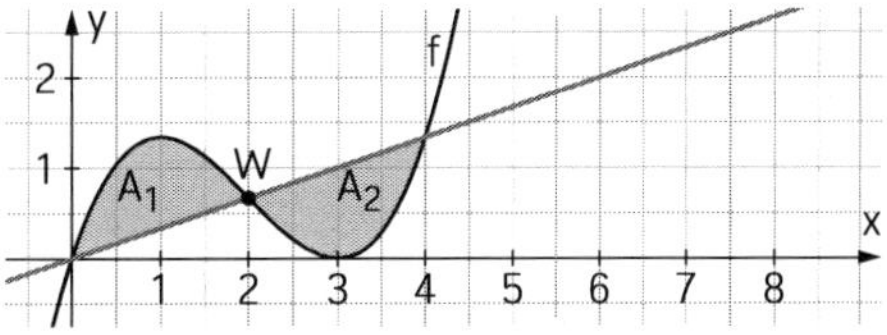

113 4 *Normale, Tangente, Steigungen und eine Parameterbestimmung*

a) $n_w(x) = -\frac{1}{3}x$ $\qquad A_1 + A_2 = \frac{50}{6} \approx 8{,}32$

b) $x_1 = -2$ $\qquad x_2 = 2$

Die Steigung ist im Wendepunkt maximal, hier gilt $f'(x_w) = 3$

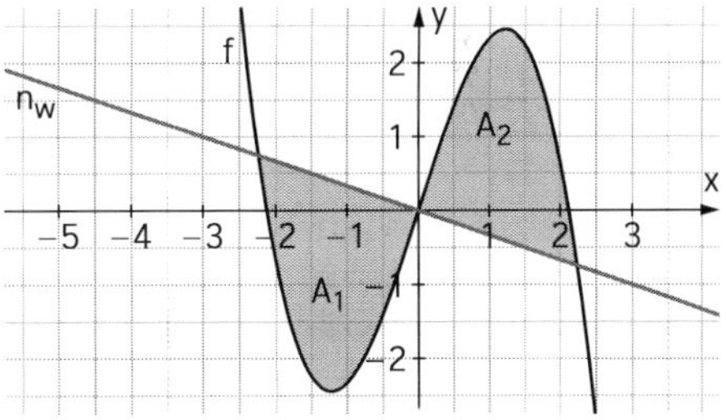

c) $k = 3$ (oder $k = -3$)
$A_3 = A_4$

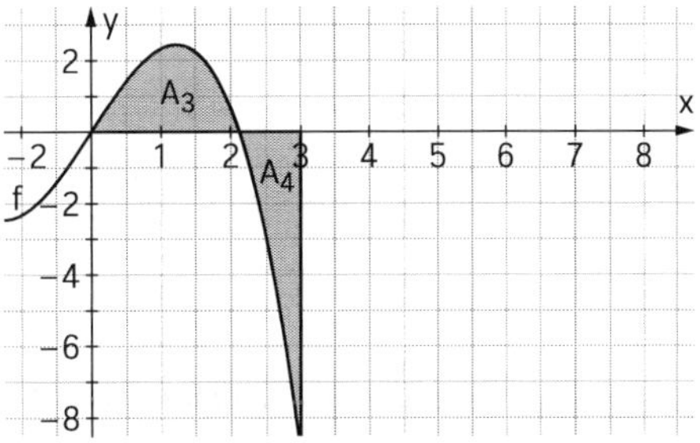

113 **5** *Extremale Dreiecke, Tangenten und Flächen*

a) ■ $f_a(x) = -\frac{a}{3}x^4 + 2ax^2 = a \cdot x^2 \cdot \left(-\frac{1}{3}x^2 + 2\right)$

$\Rightarrow x_1 = 0;\ x_2 = \sqrt{6};\ x_3 = -\sqrt{6}$

a ist Streckfaktor in y-Richtung, sodass Schnittpunkte mit x-Achse unabhängig davon sind.

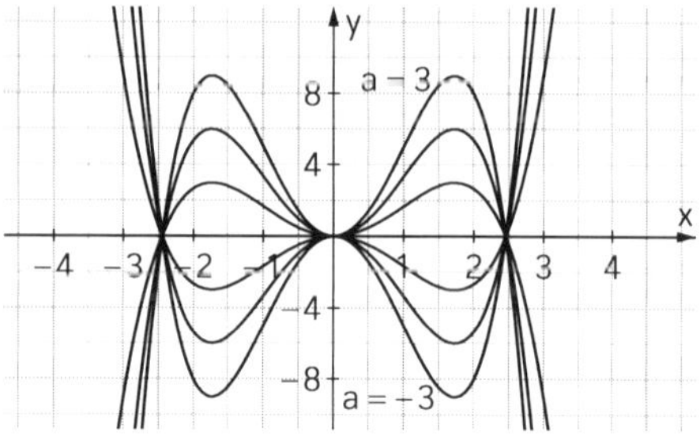

■ $f_a'(x) = -\frac{4}{3}ax^3 + 4ax$

$f_a''(x) = -4ax^2 + 4a = 0$

$\Rightarrow x_1 = 1;\ x_2 = -1$

$f_a(1) = \frac{5}{3}a;\ f_a'(1) = \frac{8}{3}a;\ f_a(-1) = \frac{5}{3}a;\ ;$

$f_a'(1) = -\frac{8}{3}a$

Tangente in $\left(1 \middle| \frac{5}{3}a\right)$: $y = \frac{8}{3}a \cdot x - a$; Tangente in $\left(-1 \middle| \frac{5}{3}a\right)$: $y = -\frac{8}{3}a \cdot x - a$

Der Schnittpunkt mit der y-Achse ist $(0|-a)$. Zusammen mit dem Berührpunkt kann die Tangente gezeichnet werden.

b) $F\Delta(t) = \frac{1}{2} \cdot t \cdot f_a(t) = \frac{1}{2} \cdot t \cdot \left(-\frac{a}{3}t^4 + 2at^2\right) = -\frac{a}{6}t^5 + at^3$

$F\Delta'(t) = -\frac{5}{6}at^4 + 3at^2 = 0 \Rightarrow t_{1,2} = \pm\sqrt{\frac{18}{5}} \approx \pm 1{,}8974$

$F\Delta\left(\sqrt{\frac{18}{5}}\right) = \frac{108}{125}\sqrt{10}a \approx 2{,}733a$

6 *Wie viel Wein passt ins Glas?*

a) Schätzung: Zylinder: $V = \pi \cdot 3\,cm^2 \cdot 7\,cm \approx 28 \cdot 7\,cm^3 = 196\,cm^3 \approx 200\,cm^3$

b) Nach der Form kann eine ganzrationale Funktion vom Grad 3 passen.
Die Punkte $A(0|0{,}7)$, $B(2|3{,}1)$, $C(5|3{,}2)$ und $D(8|2{,}8)$ liefern eine sehr gut passende Funktion

$f(x) = 0{,}0257x^3 - 0{,}4132x^2 + 1{,}9236x + 0{,}7$

$V = \pi\int_0^8 (f(x))^2\,dx = 216{,}01\ldots$

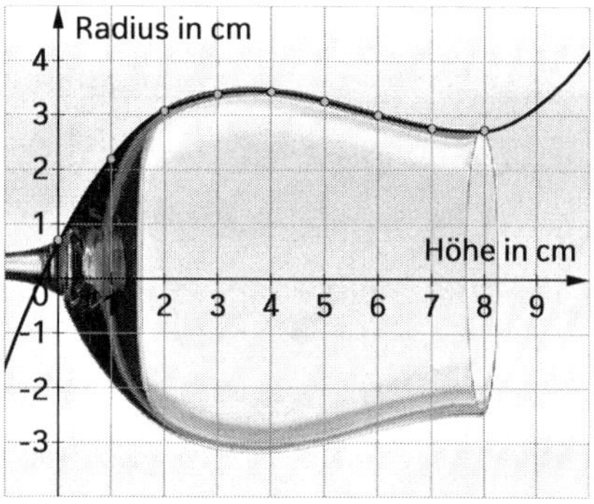

c) $0{,}1\,l \mathrel{\hat=} 100\,cm^3: \pi \cdot \int_0^k (f(x))^2\,dx = 100$; Lösung grafisch-tabellarisch

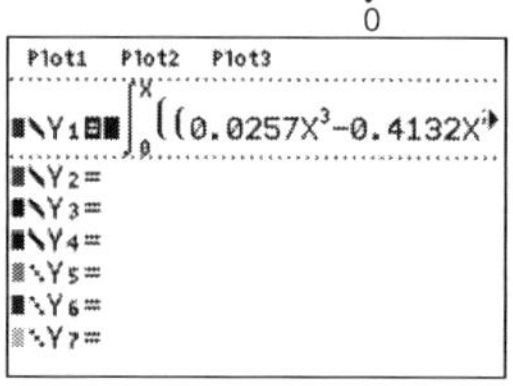

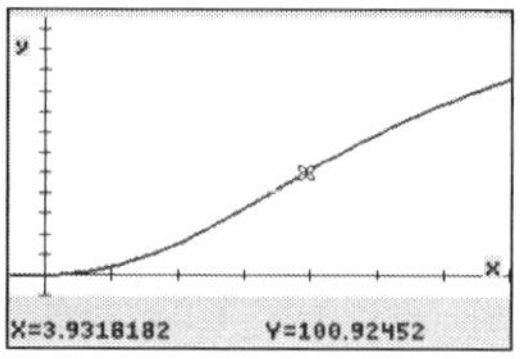

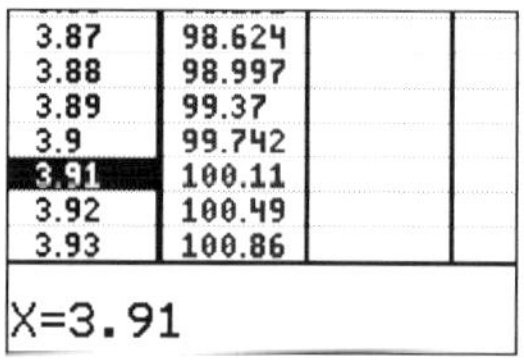

3.87	98.624
3.88	98.997
3.89	99.37
3.9	99.742
3.91	100.11
3.92	100.49
3.93	100.86

X=3.91

113 7 *Ein Straußenei*

a) siehe Abbildung

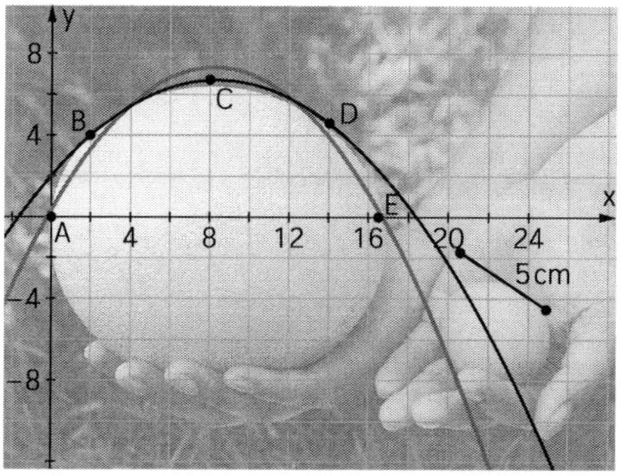

b) (1) $I(x) = -0{,}001\,x^4 + 0{,}0332\,x^3 - 0{,}4412\,x^2 + 2{,}7577\,x$

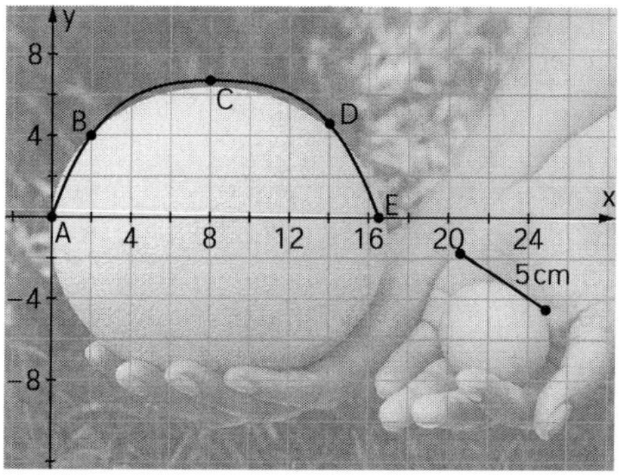

(2) $P(x) = \begin{cases} 2x; & 0 \le x \le 2 \\ -0{,}0667x^2 + 1{,}1167x + 2{,}0; & 2 \le x \le 14 \\ -1{,}84x + 30{,}36; & 14 \le x \le 1 \end{cases}$

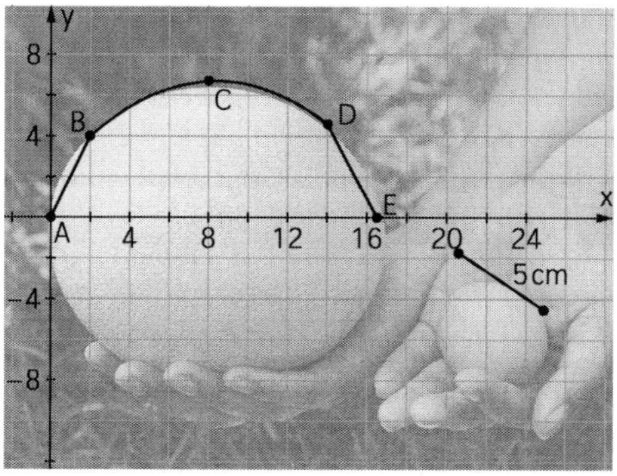

Das Interpolationspolynom passt über den gesamten Verlauf besser. Bei der Parabel und den Geradenstücken gibt es Knicke in B und D. Verbesserung hier durch Parabelstücke durch A und B mit Knickfreiheit in B (entsprechende Modellierung für D und E.)
Anmerkung: Geht man von einer symmetrischen Eiform aus und modelliert entsprechend den unteren Teil, erhält man zwangsläufig Knicke in A und E. Will man diese vermeiden, müsste man mit Wurzelfunktionen, Kreisbögen oder Ellipsenbögen modellieren.

114 **8** *Gerechte und ungerechte Verteilungen*

a) $L(x) = x$ bedeutet eine Gleichverteilung des Einkommens: x % der Bevölkerung besitzen x % des verfügbaren Einkommens. Das gilt für alle x mit $0 \le x \le 1$.
Gini-Koeffizient: $G = 0$

b) Größtmögliche Ungerechtigkeitsverteilung: „Einer besitzt alles."
Gini-Koeffizient: $G = 1$
Lorenzkurve: $L(x) = \begin{cases} 1 \text{ für } x = 1 \\ 0 \text{ für } 0 < x < 1 \end{cases}$

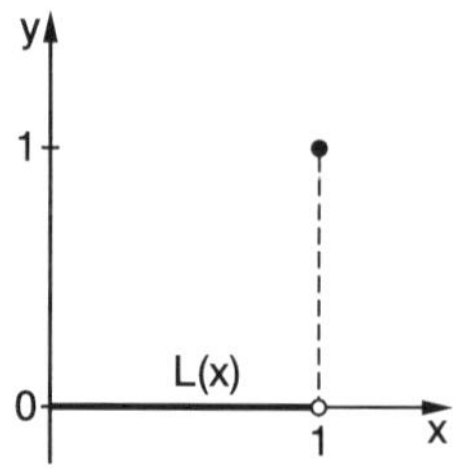

9 *Fiktiver Ländervergleich*

$A(0{,}6) = 0{,}35$
$B(0{,}9) = 0{,}75$
$G_A \approx 0{,}354$
$G_B \approx 0{,}526$

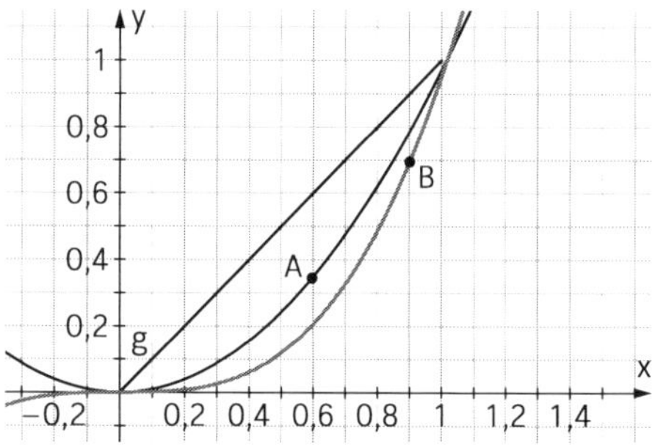

10 *Einkommensverteilung in Deutschland 2005*

Dezil	1.	2.	3.	4.	5.	6.	7.	8.	9.	10.
Vollz.besch. Arbeitn.	2,5	7,2	13,4	20,8	29,2	38,2	48,7	61,3	76,2	99,3
Arbeitn. insg.	0,5	2,1	5	10,3	17,7	27,5	39,3	53,7	71,5	94,9

Modell 1: quadratische Regression (mit Berücksichtigung von (0|0) als Punkt der Regression)

$L_{vollz.}(x) = 0{,}81x^2 + 0{,}134x + 0{,}01$ mit $G_{vollz.} \approx 0{,}306$

$L_{insg.}(x) = 1{,}18x^2 - 0{,}28x + 0{,}02$ mit $G_{insg.} \approx 0{,}453$

Modell 2: kubische Regression (mit Berücksichtigung von (0|0) als Punkt der Regression)

$L_{vollz.}(x) = 0{,}57x^3 - 0{,}04x^2 + 0{,}46x - 0{,}01$ mit $G_{vollz.} \approx 0{,}302$

$L_{insg.}(x) = 0{,}5x^3 + 0{,}44x^2 + 0{,}01x$ mit $G_{insg.} \approx 0{,}447$

Die Berechnungen zeigen, dass bei beiden Modellen die Einkommensverteilung bei den Arbeitnehmern insgesamt ungerechter ist als bei den vollzeitbeschäftigten Arbeitnehmern. Man kann daraus (vorsichtig) schließen, dass die Einkommensverteilung bei den Teilzeitbeschäftigten Arbeitnehmern sehr ungerecht ist.

b) Vollzeitbeschäftigte:

$G_{voll} = 2 \cdot (0{,}5 - (0{,}1 \cdot 0{,}5 \cdot (0 + 0{,}025) + 0{,}1 \cdot 0{,}5 \cdot (0{,}025 + 0{,}072) + \ldots + 0{,}1 \cdot 0{,}5 \cdot (0{,}762 + 0{,}993))$
$= 2 \cdot (0{,}5 - (0{,}05 \cdot 0 + 0{,}05 \cdot 0{,}99 + 0{,}1 \cdot (0{,}025 + 0{,}072 + \ldots + 0{,}762))$
$= 2 \cdot (0{,}5 - 0{,}347)$
$= 0{,}306$

$G_{insg} = 2 \cdot (0{,}5 - 0{,}2751) = 0{,}4498$

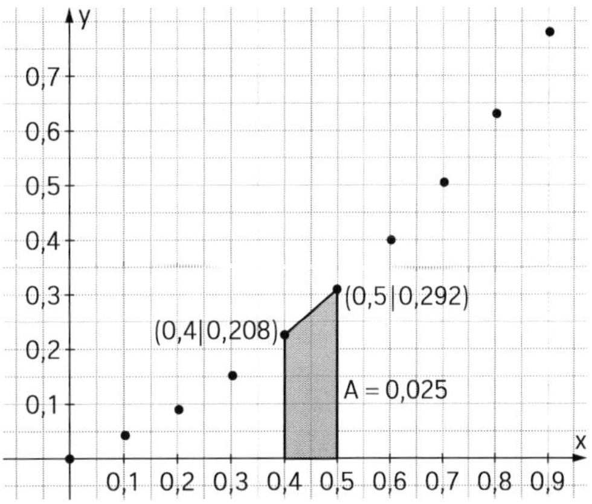

115 **11** *Schweinezucht – mit und ohne Medikament*

a) Zu Beginn stärkere Zunahme ohne Behandlung, zwischen 8. und 10. Tag wesentlich stärkere Zunahme der Zunahme mit Behandlung, ab dem 14. Tag annähernd gleichstark abnehmende Zunahme.

b) Die Flächen oberhalb der Zeitachse entsprechen der Gewichtszunahme in kg; die Flächen unterhalb der Zeitachse entsprechen dem Gewichtsverlust in kg im Zeitraum [5; 17] (in Tagen). Bei dem behandelten Ferkel B ist die Gewichtszunahme größer und der Gewichtsverlust kleiner als bei dem unbehandelten Ferkel A.

c) Das Integral $\int_5^x f_A(t)\,dt$ gibt die Gesamtänderung des Gewichts des Ferkels A vom 5. bis zum x-ten Lebenstag an. Entsprechende Bedeutung hat $\int_5^x f_B(t)\,dt$ für das Ferkel B. Die Differenz der beiden Integrale bedeutet den Unterschied bei der Gesamtänderung des Gewichts der beiden Ferkel im Zeitraum [5; x]. Ist diese Differenz negativ, so hat die Behandlung zu besserem Wachstum geführt.

d) Interpolationspolynome

$A1(x) = 39{,}17x^3 - 860x^2 + 6040.83x - 13440$

$A2(x) = -0{,}069x^4 + 1{,}360x^3 + 5{,}7513x^2 - 187{,}265x + 615{,}556$

$B1(x) = -55{,}83x^3 + 987{,}5x^2 - 5731{,}67x + 11\,100$

$B2(x) = -0{,}868x^4 + 49{,}132x^3 - 1029{,}653x^2 + 9403{,}056x - 31\,066{,}67$

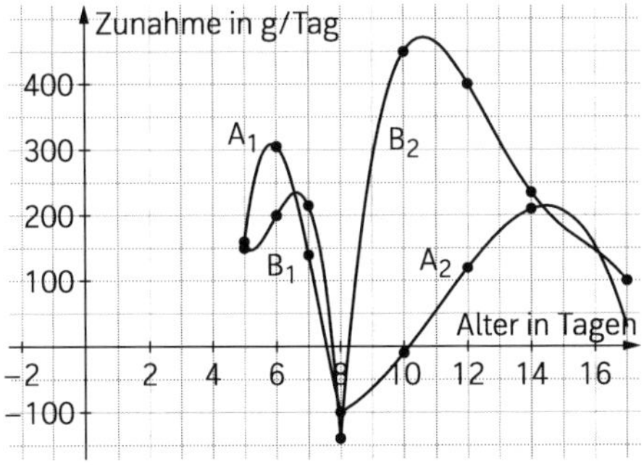

Knick sinnvoll, weil Daten annähernd abrupte Änderung der Zunahme darlegen.

A: $G = 2000 + \int_5^8 A1(x)\,dx + \int_8^{17} A2(x)\,dx \approx 3352$; B: $G = 1900 + \int_5^8 B1(x)\,dx + \int_8^{17} B2(x)\,dx \approx 4876$

A wiegt am 17. Tag ca. 3,35 kg, B wiegt 4,88 kg.

$\int_5^{17} f_A(x)\,dx - \int_5^{17} f_B(x)\,dx = 1524{,}16$ (Gewichtsbilanz in der Zeit vom 5. bis 17. Tag).

Sichern und Vernetzen – Vermischte Aufgaben zu Kapitel 2

119

1 *Lineare Gleichungen – zu Fuß*

a) $(-3;2)$ b) $(-6;0)$ c) $(-4;-8)$ d) $\left(\frac{1}{4};\frac{2}{3}\right)$

e) $(1;-1;2)$ f) $(3;-1;1)$ g) $(6;0;-2)$ h) $\left(\frac{1}{2};-3;\frac{3}{4}\right)$

2 *Punkte bestimmen Funktionen*

a) $f(x) = \frac{1}{3}x + 4$

b) Fehler in Auflage 1 des Buchs: $A(-2|5)$ $f(x) = -\frac{1}{4}x^2 - \frac{1}{2}x + 5$

c) $f(x) = x^3 - 2x + 3$

3 *Übersetzungen*

(1)	(2)	(3)	(4)	(5)	(6)	(7)	(8)	(9)
(D)	(H)	(F)	(E)	(I)	(D)	(A)	(C)	(G)

4 *Steckbriefe mit Angabe des Grades*

a) Fehler in Auflage 1 des Buchs: $A(-2|6)$ $f(x) = -\frac{1}{2}x^2 + 3x + 14$

Mit Fehler: $f(x) = -\frac{1}{21}x^2 + 3x + 90$

b) Ansatz: $f(x) = ax^3 + bx^2 + c \Rightarrow f'(x) = 3ax^2 + 2bx \Rightarrow f''(x) = 6ax + 2b$

Bedingungen: $f(-1) = 1 \Rightarrow -a + b + c = 1$

$f'(-1) = -3 \Rightarrow 3a - 2b = -3$

$f''(-1) = 0 \Rightarrow -6a + 2b = 0$

Lösung: $a = 1;\ b = 3;\ c = -1 \Rightarrow f(x) = x^3 + 3x^2 - 1$

c) Ansatz: $f(x) = ax^3 + bx^2 + cx + d \Rightarrow f'(x) = 3ax^2 + 2bx + c \Rightarrow f''(x) = 6ax + 2b$

Bedingungen: $f(0) = 0 \Rightarrow d = 0$

$f'(0) = 2 \Rightarrow c = 2$

$f(3) = -2 \Rightarrow 27a + 9b + 3c + d = -2$

$f''(3) = 0 \Rightarrow 18a + 2b = 0$

Lösung: $a = \frac{4}{27};\ b = -\frac{4}{3};\ c = 2;\ d = 0 \Rightarrow f(x) = \frac{4}{24}x^3 - \frac{4}{3}x^2 + 2x$

d) Ansatz: $f(x) = ax^4 + bx^3 + cx^2 + dx + e \Rightarrow f'(x) = 4ax^3 + 3bx^2 + 2cx + d$

$\Rightarrow f''(x) = 12ax^2 + 6bx + 2c$

Bedingungen: $f(1) = 1 \Rightarrow a + b + c + d + e = 1$

$f'(1) = 2 \Rightarrow 4a + 3b + 2c + d = 2$

$f(0) = 0 \Rightarrow e = 0$

$f'(0) = 0 \Rightarrow d = 0$

$f''(0) = 0 \Rightarrow 2c = 0$

Lösung: $a = -1;\ b = 2;\ c = d;\ e = 0 \Rightarrow f(x) = -x^4 + 2x^3$

5 *Steckbriefe ohne Angabe des Grades*

a) Ansatz: $f(x) = ax^3 + bx^2 + cx + d \Rightarrow f'(x) = 3ax^2 + 2bx + c \Rightarrow f''(x) = 6ax + 2b$

Bedingungen: $f(1) = 3 \Rightarrow a + b + c + d = 3$

$f'(1) = 0 \Rightarrow 3a + 2b + c = 0$

$f(0) = -1 \Rightarrow d = -1$

$f''(2) = 0 \Rightarrow 12a + 2b = 0$

Lösung: $a = 1;\ b = -6;\ c = 9;\ d = -1 \Rightarrow f(x) = x^3 - 6x^2 + 9x - 1$

b) Ansatz: $f(x) = ax^4 + bx^3 + cx^2 + dx + e \Rightarrow f'(x) = 4ax^3 + 3bx^2 + 2cx + d$

$\Rightarrow f''(x) = 12ax^2 + 6bx + 2c$

Bedingungen: $f(-1) = 3 \Rightarrow a - b + c - d + e = 3$
$f'(-1) = 0 \Rightarrow -4a + 3b - 2c + d = 0$
$f''(-1) = 0 \Rightarrow 12a - 6b + 2c = 0$
$f(1) = -5 \Rightarrow a + b + c + d + e = -5$
$f'(1) = 0 \Rightarrow 4a + 3b + 2c + d = 0$

Lösung: $a = \frac{3}{2}$; $b = 2$; $c = -3$; $d = -6$; $e = \frac{1}{2} \Rightarrow f(x) = \frac{3}{2}x^4 + 2x^3 - 3x - 6x + \frac{1}{2}$

120 **6** *Kandidaten für einen Graphen*

Eine Funktion 3. Grades hat maximal zwei Extrema. Der Graph hat aber drei.
Andere Begründung: Eine Funktion 3. Grades hat genau einen Wendepunkt. Dieser Graph hat aber zwei. Die Funktion muss mindestens den Grad 4 haben:
$f(x) = ax^4 + bx^3 + cx^2 + dx + e$
Aus dem Graphen lassen sich Eigenschaften ablesen: Tiefpunkt bei $x = -2$;
Hochpunkt bei $(0|2)$; Tiefpunkt bei $(1|1{,}5)$ Gleichungen: $f'(-2) = 0$; $f(0) = 2$; $f'(0) = 0$;
$f(1) = 1{,}5$; $f'(1) = 0$ Lösung: $\frac{3}{10}x^4 + \frac{2}{5}x^3 - \frac{6}{5}x^2 + 2$
Eine Probe ist erforderlich, da die Übersetzungen von „Hochpunkt" und „Tiefpunkt" in Gleichungen nicht eindeutig sind.

7 *Stetige und differenzierbare Funktionen*

a)

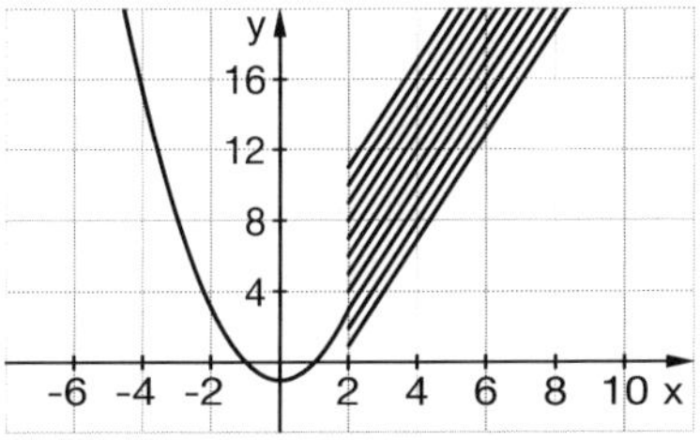

$x = 2$: f ist stetig, aber nicht differenzierbar für $t = 3$.

b)

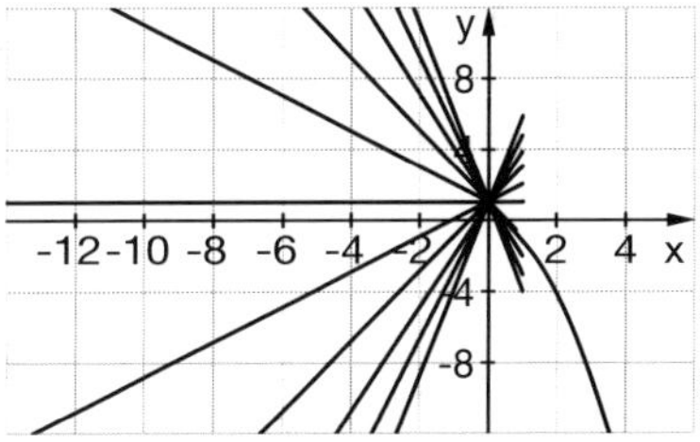

$x = 1$: f ist stetig und differenzierbar für $t = -2$.

8 *Vielfältige Verbindungen*

a) Man kann jeweils zwei Parameter verändern um eine Bedingung zu erfüllen.

(1) $-2 = 4a + b \Rightarrow b = -2 - 4a$

a	b
−1	2
1	−6
2	−10

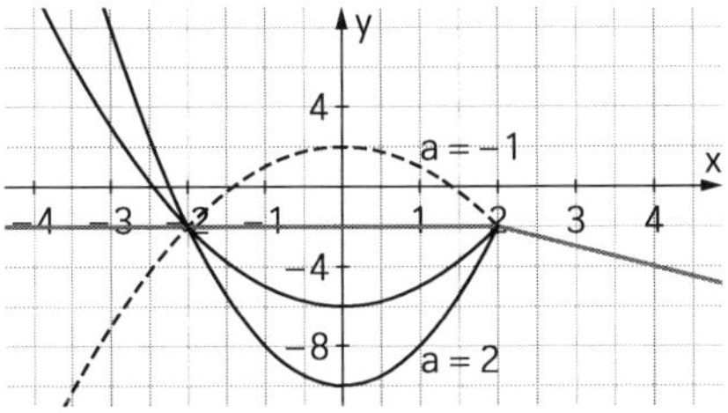

(1) $2a + 1 = 4 + b \Rightarrow b = 2a - 3$

a	b
5	7
3	3
1	−1

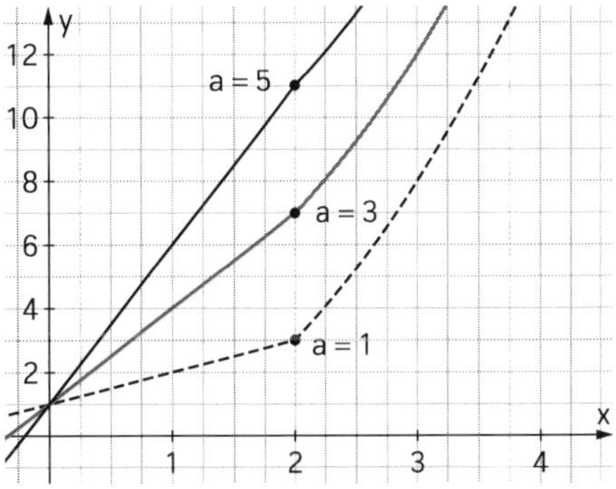

b) Differenzierbar an $x = 2$: $a = -\frac{1}{4}$, $b = -1$

Differenzierbar an $x = 2$: $a = 4$, $b = 5$

120 9 *Untersuchungt von Funktionenscharen*

(1) $f_a(x) = x^3 - ax$

a > 0: 3 Nullstellen, 1 Hochpunkt, 1 Tiefpunkt

a = 0: $f_0(x) = x^3$

a < 0: 1 Nullstelle WP (0|0)

Rechnungen:

Nullstellen:

$a > 0$: $x_1 = 0$; $x_2 = \sqrt{a}$; $x_3 = -\sqrt{a}$

$a \leq 0$: $x = 0$

Lokale Extrempunkte:

$HP\left(-\sqrt{\frac{a}{3}} \,\middle|\, \frac{2}{3}\sqrt{\frac{a}{3}}\right)$; $TP\left(\sqrt{\frac{a}{3}} \,\middle|\, -\frac{2}{3}\sqrt{\frac{a}{3}}\right)$ WP (0|0)

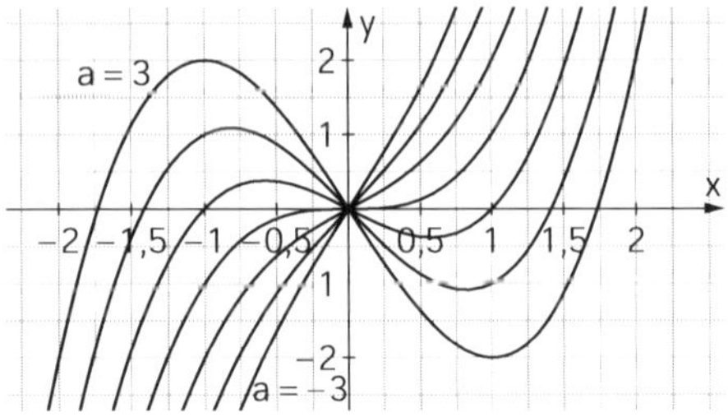

(2) $f_b(x) = \frac{1}{4}x^4 - \frac{1}{b}x^3$

$b \neq 0$

Zwei Nullstellen, Sattelpunkt (0|0)

1 Tiefpunkt

2 Wendepunkte

Vorzeichenwechsel von b bewirkt Spiegelung an y-Achse.

Rechnungen:

Nullstellen: $x_1 = 0$; $x_2 = \frac{4}{b}$

Lokale Extrempunkte:

$f_b'(x) = 0 \Rightarrow x_1 = 0$; $x_2 = \frac{3}{b}$

$f_b''(0) = 0$: SP (0|0);

$f_b''\left(\frac{3}{b}\right) = -\frac{18}{b^2} < 0$: $TP\left(\frac{3}{b} \,\middle|\, -\frac{27}{b^2}\right)$

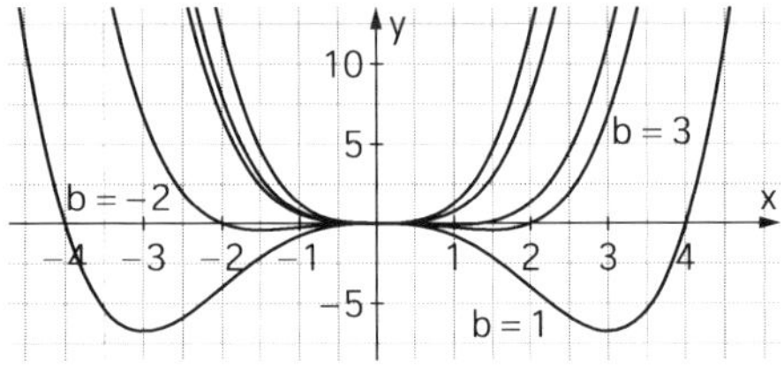

Wendepunkte:

$f_b''(x) = 0 \Rightarrow x_1 = 0$; $x_2 = \frac{2}{b}$

$f_b'''(0) = -\frac{6}{b}$; SP (0|0); $f_b'''\left(\frac{2}{b}\right) = \frac{6}{b} \neq 0$; WP $\left(\frac{2}{b} \,\middle|\, -\frac{4}{b^2}\right)$

(3) $f_c(x) = x^5 - \frac{5}{3}cx^3$

Graphen punktsymmetrisch zu (0|0)

$c \leq 0$: 1 Nullstelle $x = 0$, keine Extrempunkte, SP (0|0)

c > 0: 3 Nullstellen, 1 Hochpunkt, 1 Tiefpunkt, 3 Wendepunkte

Rechnungen:

Nullstellen:

$c > 0$: $x_1 = 0$; $x_{2,3} = \pm\sqrt{\frac{5}{3}c}$

$c \leq 0$: $x = 0$

Lokale Extrempunkte:

$f_c'(x) = 0 \Rightarrow x_1 = 0$; $x_{2,3} = \pm\sqrt{c}$; $f_c''(0) = 0$

$f_c''(\sqrt{c}) = 10c\sqrt{c} > 0$; $HP\left(-\sqrt{c} \,\middle|\, \frac{2}{3}c^2\sqrt{c}\right)$

$f_c''(-\sqrt{c}) = -10c\sqrt{c} < 0$; $TP\left(\sqrt{c} \,\middle|\, -\frac{2}{3}c^2\sqrt{c}\right)$

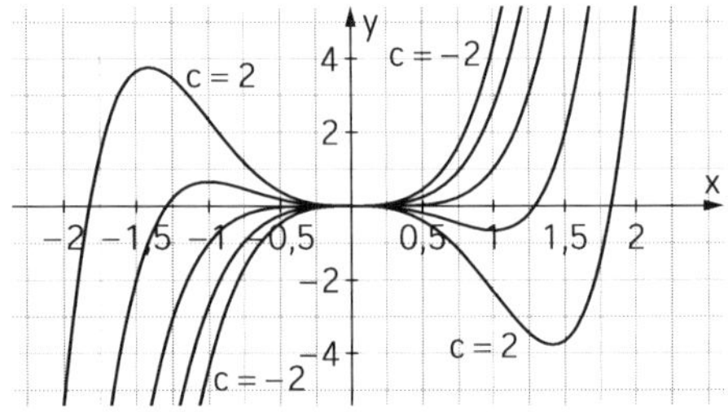

Wendepunkte:

$f_c''(x) = 0 \Rightarrow x_1 = 0$; $x_{2,3} = \pm\sqrt{\frac{c}{2}}$

SP (0|0); $WP_{1,2}\left(\pm\sqrt{\frac{c}{2}} \,\middle|\, -\frac{7}{12}c^2\sqrt{\frac{c}{2}}\right)$

b)

<table>
<tr><th></th><th>(1)</th><th>(2)</th><th>(3)</th></tr>
<tr><td>(1)</td><td>$a = -\frac{5}{4}$</td><td>$b = \frac{4}{17}$</td><td>$c = 5$</td></tr>
<tr><td>(2)</td><td>$a = 12$</td><td>$b = \frac{3}{2}$</td><td>$c = 4$</td></tr>
<tr><td>(3)</td><td>$a = 4$
$P(1\,|\,-3)$</td><td>$b = \frac{3}{2}$
$P\left(1\,|\,-\frac{5}{12}\right)$</td><td>$c = \frac{6}{5}$
$P(3\,|\,-1)$</td></tr>
<tr><td>(4)</td><td>nicht möglich</td><td>$b = \frac{2}{5}$</td><td>$c = 50$</td></tr>
<tr><td>(5)</td>
<td>$\int_0^k f_a(x)\,dx = \frac{1}{4}k^4 - \frac{a}{2}k^2 = 5$
Grafisch-numerische exemplarische Lösungen:
<table>
<tr><td>$a = -1$</td><td>$k \approx 1{,}89$</td></tr>
<tr><td>$a = 2$</td><td>$k \approx 2{,}63$</td></tr>
<tr><td>$a = 3$</td><td>$k \approx 2{,}9$</td></tr>
</table></td>
<td>$\int_0^k f_b(x)\,dx = \frac{1}{20}k^5 - \frac{1}{4b}k^4 = 5$
Grafisch-numerische exemplarische Lösungen:
<table>
<tr><td>$b = -1$</td><td>$k \approx 1{,}95$</td></tr>
<tr><td>$b = 1$</td><td>$k \approx 5{,}14$</td></tr>
<tr><td>$b = 2$</td><td>$k \approx 3{,}32$ orientierter Inhalt</td></tr>
</table></td>
<td>$\int_0^k f_c(x)\,dx = \frac{1}{6}k^6 - \frac{5}{12}c\,k^4 = 5$
Grafisch-numerische exemplarische Lösungen:
<table>
<tr><td>$c = -2$</td><td>$k \approx 1{,}44$</td></tr>
<tr><td>$c = 1$</td><td>$k \approx 2{,}05$ orientierter Inhalt</td></tr>
<tr><td>$c = 2$</td><td>$k \approx 2{,}42$ orientierter Inhalt</td></tr>
</table></td>
</tr>
</table>

120 **10** *Funktionenschar und ein spezieller Vertreter*

a) Wegen der Punktsymmetrie lautet die allgemeine Gleichung $f(x) = ax^3 + bx$.
Einzige Bedingung: $P(3\,|\,0)$ liegt auf dem Graphen.
Zugehörige Gleichung: $f(3) = 0$
Lösungsschar: $f_a(x) = ax^3 - 9ax$

b) Wenn der Punkt Q auf der Kurve liegt, $f_a(2) = \frac{32}{9}$. Diese Gleichung hat die Lösung $a = -\frac{16}{45}$.

121 **11** *Wahr oder falsch?*

(A) Wahr. Anzahl der Extrempunkte ist maximal dem Grad der Ableitung.
(B) Falsch. Die vier Punklte können auf einer Geraden liegen oder auf einer Parabel (quadratische Funktion). Keine Funktion existiert, wenn zwei Punkte dieselbe x-Koordinate und verschiedene y-Koordinaten haben.
(C) Falsch, da Funktionen vom Grad 4 immer von ∞ nach ∞ oder $-\infty$ nach $-\infty$ streben und daher mindestens einen Extrempunkt mit Monotoniewechsel haben müssen.
(D) Wahr, ist hinreichendes Kriterium.
(E) Falsch, Gegenbeispiel: $y = x^4$
(F) Wahr, man gibt bspw. 5 Punkte von $y = x^3$ an.

121 **12** *Zusammenhänge zwischen Matrizen und Graphen*

■ a) – (1); b) – (2). Letzte Zeile liefert: (1) $c = k$ passend zu A(0|k) bzw. (2) $c = 1$ passend zu A(0|1)

(1) $f(x) = (1 - k) \cdot x^2 - x + k$
$-3 \leq k \leq 3$

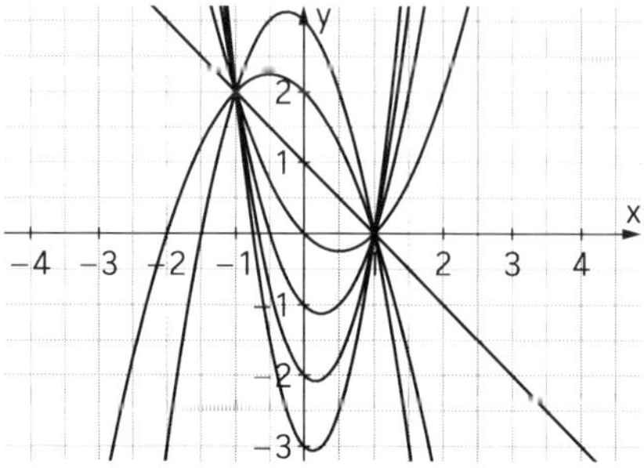

Für jeden Wert von k existiert Parabel, nie ist letzte Zeile 0001; $k = 1$: Gerade, weil 1. Zeile $a = 0$ liefert.

(2) $f(x) = \frac{1}{k-1} \cdot x^2 - \frac{k}{k-1} x + 1$
$-3 \leq k \leq 3$; $k \neq 1$

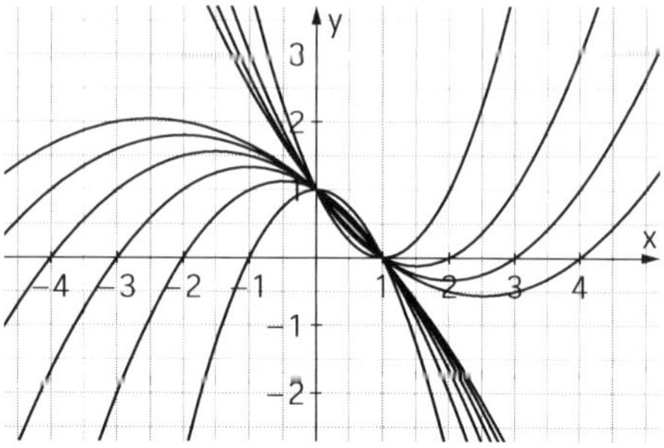

Alle Parabeln durch (0|1) wegen der letzten Zeile.

13 *Wahr oder falsch?*

a) Die Aussage ist wahr.
Man betrachte z. B. die Funktion $f(x) = |x|$. Die Funktion f(x) ist an der Stelle $x_0 = 0$ zwar stetig, d. h. es gilt $\lim_{x \to 0} f(x) = f(0)$. Sie ist dort aber nicht differenzierbar, weil linksseitiger und rechtsseitiger Grenzwert des Differenzenquotienten nicht übereinstimmen.

b) Die Aussage ist wahr.
Eine Sprungstelle ist Unstetigkeitsstelle und da kann f nicht differenzierbar sein, weil Stetigkeit eine Voraussetzung für Differenzierbarkeit ist.

c) Die Aussage ist wahr.
Wenn linksseitiger und rechtsseitiger Grenzwert des Differenzenquotienten an einer Stelle übereinstimmen, dann ist die Funktion an dieser Stelle per Definition differenzierbar. Ist die Funktion an dieser Stelle differenzierbar, dann ist sie dort auch stetig.

14 *Von Extrempunkten zu Sattelpunkten*

a) $f_k(x) = x \cdot (x^2 + k)$ $f_k'(x) = 3x^2 + k$
$k > 0$: keine Extrempunkte, also (2), vermutlich $k = 1$, weil (2) durch (1|2) verläuft.
$k = 0$: $f(x) = x^3$, also (3)
$k < 0$: 3 Nullstellen: $x_1 = 0$; $x_{2,3} = \pm\sqrt{2}$, also (1) mit $k = 2$

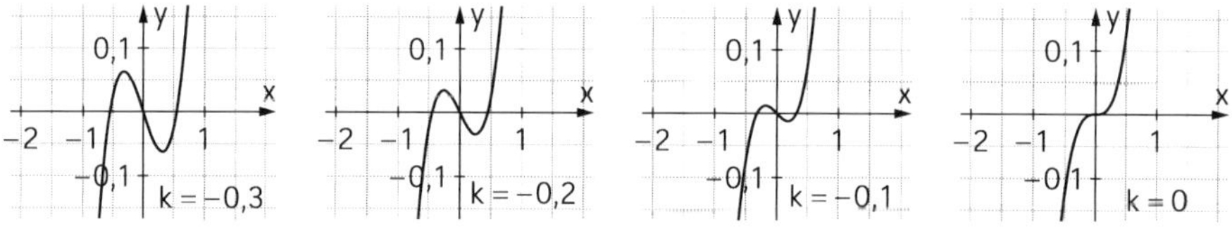

Der Hoch- und Tiefpunkt „wandern" für $k \xrightarrow[k<0]{} 0$ zusammen, im Grenzfall wird es Sattelpunkt.

15 *Funktion mit Parameter*

a) $a = -4$ b) $a > -4$ c) $a < -4$

121 **16** *Die Geradenschar* $g_k(x) = (k - k^2) \cdot x + k - 1;\ k > 0$

a) Schnittpunkt mit y-Achse: $(0|k-1)$
Schnittpunkt mit x-Achse:
$k = 1$: $y = 0$ (x-Achse)
$k = 0$: $y = -1$ kein Schnittpunkt
$k \neq 1,\ k \neq 0$: $x = \frac{1}{k}$

k	Schnitt mit y-Achse	Nullstelle
−1	(0|−2)	−1
0,5	(0|−0,5)	2
2	(0|1)	0,5
4	(0|3)	0,25

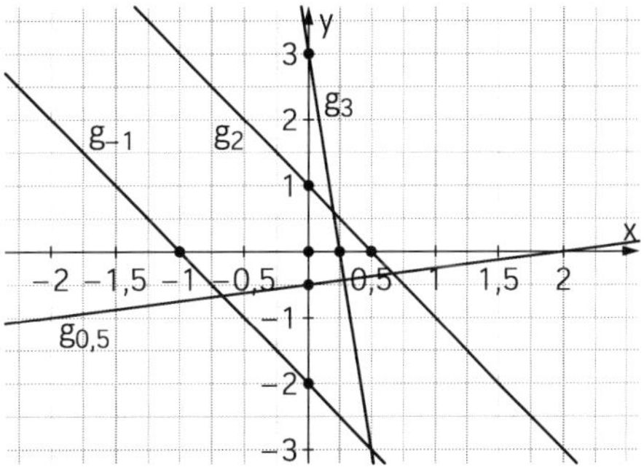

b) Flächenberechnung ohne Integralrechnung. $A = \frac{1}{2} \cdot \left|\frac{1}{k} \cdot (k-1)\right| = \frac{1}{2} \cdot \left|1 - \frac{1}{k}\right|$

$k \to 0$: $A(k) \to \infty$

$\lim\limits_{k \to \infty} A(k) = \frac{1}{2}$

122 **17** *Eine Vase*

Ansatz: $f(x) = ax^3 + bx^2 + cx + d \Rightarrow f'(x) = 3ax^2 + 2bx + c$

Bedingungen:
$f(0) = 4 \Rightarrow d = 4$
$f(5) = 3{,}5 \Rightarrow 125a + 25b + 5c + 4 = 3{,}5$
$f(18) = 6{,}8 \Rightarrow 5832a + 324b + 18c + 4 = 6{,}8$
$f'(5) = 0 \Rightarrow 75a + 10b + c = 0$

Lösung des Gleichungssystems:
$a = -0{,}0000263$; $b = 0{,}02026298$;
$c = -0{,}20065746$

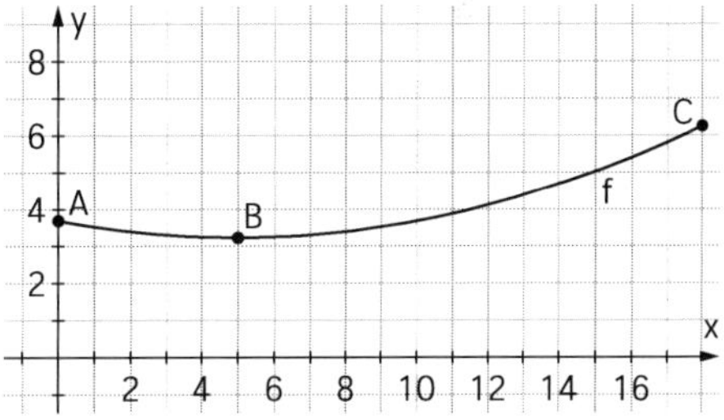

Die Funktion hat die Gleichung:
$f(x) = -0{,}0000263x^3 + 0{,}02026298x^2 - 0{,}20065746x + 4$

18 *Umsatzentwicklung*

Da der Graph einen Wendepunkt hat, bietet sich eine Funktion 3. Grades an.
Aus dem Graphen liest man ab: Schnitt der y-Achse bei 20; Sattelpunkt bei $(3|50)$
Gleichungen: $f(0) = 20$; $f(3) = 50$; $f'(3) = 0$; $f''(3) = 0$
Lösung: $f(x) = \frac{10}{9}x^3 - 10x^2 + 30x + 20$
Im Wendepunkt ist die Änderungsrate des Umsatzes minimal. In der Nähe des Wendepunktes ist der Umsatz nahezu konstant.

19 *Eine Fledermausgaube*

- Regression vom Grad 4: $f(x) = 0{,}0028x^4 - 0{,}1388x^2 + 1{,}719$
- E, Tiefpunkt $(5|0)$, Achsensymmetrie zur y-Achse: $g(x) = 0{,}00272x^4 - 0{,}136x^2 + 1{,}7$

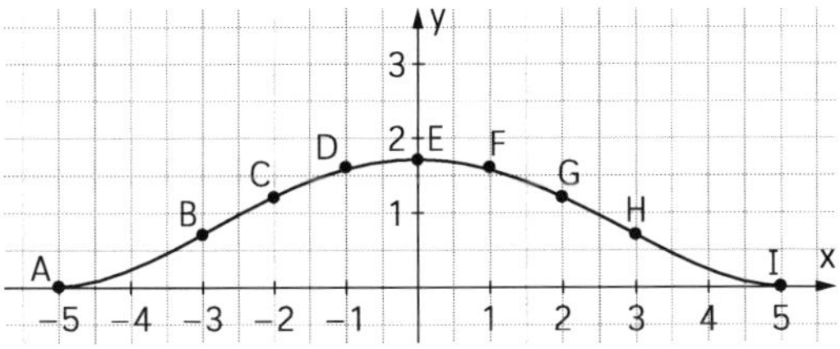

Beide Funktionen passen sehr gut.

122 20 *Ein Torbogen*

Modell im Bild links: Regression durch eine Polynomfunktion 4. Grades:
$p(x) = 0{,}72x^4 - 1{,}1x^2 + 1{,}23$
Dic Methode ist einfach, aber nicht sehr prazise.
Modell im Bild rechts: drei Parabeln f_1, f_2 und f_3
$f_1(x) = 0{,}6x^2 + 1{,}2x + 1{,}45$
$f_2(x) = 0{,}92x^2 + 1{,}23$
$f_3(x) - 0{,}6x^2 - 1{,}2x + 1{,}45$
Für die linke und die rechte Parabel sind je nur zwei Stützpunkte bekannt; als dritte Bedingung kann man fordern, dass A und E jeweils Scheitelpunkte sind, d. h. $f_1'(-1) = f_3'(1) = 0$. Die mittlere Parabel ist achsensymmetrisch, d. h. $f_2(x) = ax^2 + c$. Der Nachteil dieser Methode ist, dass die benachbarten Parabeln an den Nahtstellen nicht knickfrei aufeinandertreffen. Würde man die Knickfreiheit fordern, müsste man auf die Forderung bezüglich der Scheitelpunkte verzichten.

123 21 *Schmetterlingsflügel*

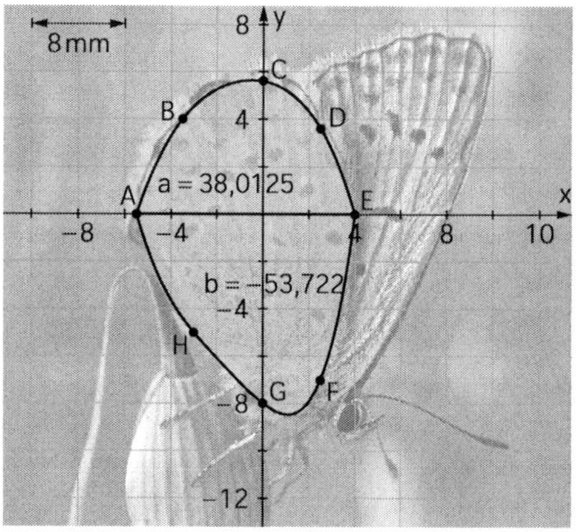

Fehler bis Auflage 2 des Buches:
Anstatt „2 mm“ muss die Bemaßung „8 mm“ betragen.
Sowohl für den oberen Rand als auch den unteren Rand passen die Interpolatiospolynome gut.
Eine knickfreie Verbindung ist nicht mit ganzrationalen Funktionen möglich, weil diese nie senkrecht die x-Achse schneiden können.
Oben:
$f(x) = -0{,}0036x^4 - 0{,}0146x^3 - 0{,}1887x^2 - 0{,}1792x + 5{,}6$
Unten:
$g(x) = 0{,}0113x^4 + 0{,}0766x^3 + 0{,}2056$
$x^2 - 0{,}7688x - 8$

$\int_{-5,5}^{4} f(x)\,dx \approx 38{,}0125$; $\int_{-5,5}^{4} g(x)\,dx \approx -53{,}722$; $A = 38{,}0125 + 53{,}722 = 91{,}7345$

Der Flächeninhalt des Flügels beträgt ca. $4 \cdot 92 = 368\,mm^2$

123 **22** *Kostenfunktionen*

a) (1) Fixe Produktionskosten unabhängig von der produzierten Menge (1,5); Konstanter Anstieg bei Erhöhung der produzierten Menge; $K_1(x) = 0{,}5x + 1{,}5$

(2) Fixe Produktionskosten unabhängig von der produzierten Menge (1,5); Zunehmende Wachstumsrate der Kosten bei Erhöhung der Menge.
Mit Datenpunkt (4 | 2,75): $K_2(x) = 0{,}075x^2 + 1{,}5$

(3) Fixe Produktionskosten unabhängig von der produzierten Menge (2); bis zur Produktionsmenge von 200 Stück abnehmender Zuwachs der Kosten, danach zunehmende Zunahme Ansatz: $K_3(x) = a(x-2)^3 + 3$; mit Datenpunkt (4 | 4):
$K_1(x) = 0{,}125(x-2)^3 + 3$

b) $K_a'(x) = \frac{3}{10}x^2 - \frac{3}{5}ax + \frac{3}{10}a^2$; $K_a''(x) = \frac{3}{5}x - \frac{3}{5}a$
$K_a''(x) = 0 \Rightarrow x = a \Rightarrow WP(a \mid a+2)$
Wendepunkt im 1. Quadranten: $a \geq 0$
$K_a'(x) = 0$; Wendepunkte sind Sattelpunkte. Bei der Produktionsmenge a ist die momentane Wachstumsrate 0.
Ortskurve der Wendepunkte: $y = x + 2$
Notwendige weitere Bedingung:
Schnittstelle mit y-Achse muss positiv sein:
$-\frac{1}{10}a^3 + a + 2 > 0$; Lösung grafisch-numerisch: $a < \approx 3{,}89$

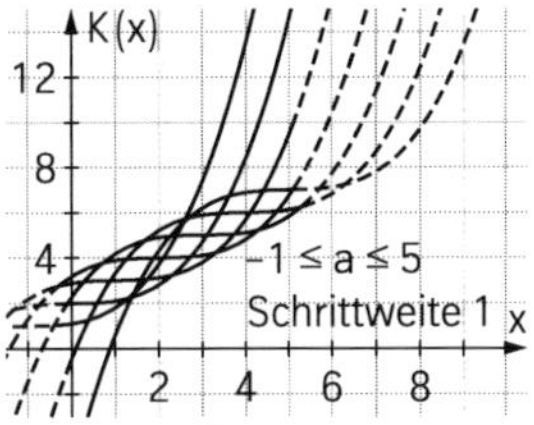

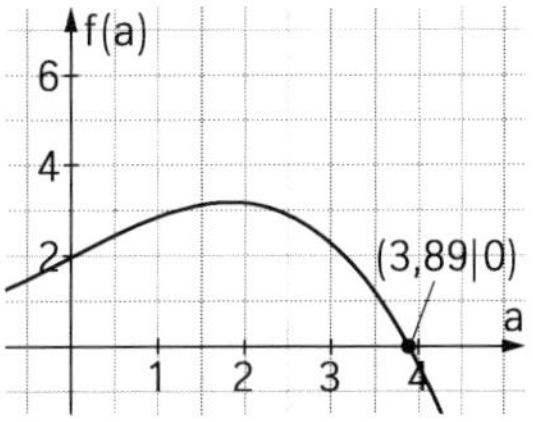

c) $G(x) = -\frac{1}{10}x^3 + \frac{3}{5}x^2 + \frac{9}{5}x - \frac{16}{5}$
Nullstellen ($x > 0$) von G, grafisch-numerisch: $x_1 \approx 1{,}32$;
$x_2 \approx 7{,}78$
Es müssen mehr als ca. 132 produziert werden und dürfen nicht mehr als ca. 778 sein, um Gewinn zu machen.
Der maximale Gewinn beträgt ca. 8300 € bei einer Produktionsmenge von ca. 520.

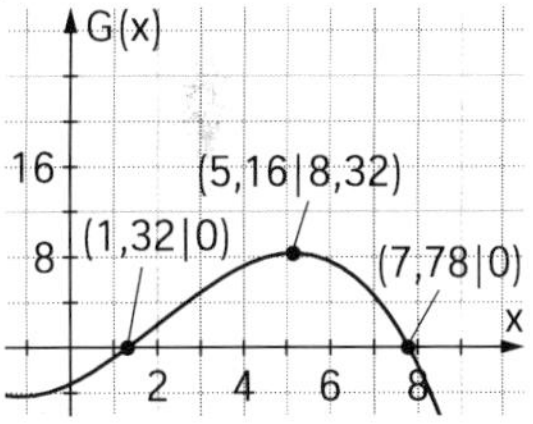

Ab $p = 1{,}2$ kommt die Firma in die Gewinnzone, die zunächst sehr schmal ist und mit steigendem Preis p größer wird. Bei $p = 4$ reicht sie von mindestens 100 bis höchstens ca. 880 zu produzierenden Einheiten. Das Gewinnmaximum wird entsprechend höher, allerdings müssen dazu auch immer mehr Einheiten abgesetzt werden.

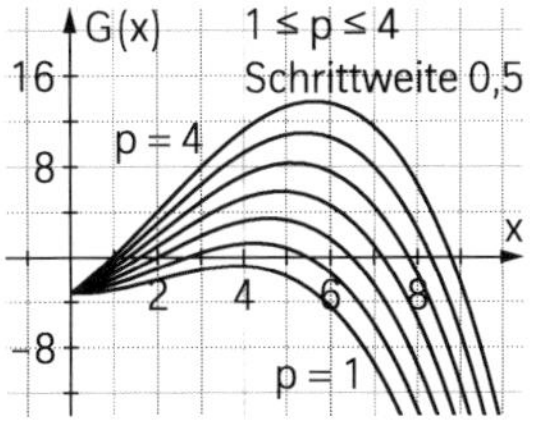

Kapitel 3
e-Funktionen

Didaktische Hinweise

Vorbemerkungen

1. Dieses Kapitel bezieht sich zusammen mit Kapitel 4 auf den Lernbereich „Wachstumsmodelle – Exponentialfunktion“ (vgl. KC). Kapitel 3 stellt die notwendigen Werkzeuge und innermathematische Aufgabenstellungen in den Mittelpunkt, Kapitel 4 die Anwendungen.
2. Die Gestaltung in Kapitel 3 ist so angelegt, dass eine unterrichtliche Behandlung in verschiedenen Semestern einfach möglich ist.

3.1, 3.2 und 3.3 setzen die Differentialrechnung durch das Bereitstellen weiterer Ableitungsregeln und die Behandlung der in 11 noch nicht thematisierten Exponentialfunktionen, ihrer Ableitungen und Umkehrungen (Logarithmieren und Logarithmusfunktion) fort. Damit wird die Differentialrechnung zu einem gewissen Abschluss geführt. In 3.4 werden dann keine neuen Theorieelemente mehr erarbeitet, sondern der Umgang mit Exponentialfunktionen in vielfältigen innermathematischen Zusammenhängen trainiert, der Lernabschnitt hat damit mehr einen problemorientierten, aber auch wiederholenden Schwerpunkt. Es tauchen alle Fragestellungen aus bisher behandelten Inhalten wieder auf, so dass alle für das Abitur relevanten Aspekte berücksichtigt und geübt werden.

Zu 3.1: Zu einer Motivation für neue Regeln gehört die Erfahrung, dass die bisherigen Ableitungsregeln nicht ausreichen. Diese Motivation und eine Wiederholung wird in der ersten Einführungsaufgabe gegeben. Für ein inhaltliches Verständnis von Ableitungsregeln ist zunächst eine Vertrautheit mit der Verknüpfung von Funktionen, vor allem der ungewohnten und anspruchsvollen Verkettung, notwendig (Funktionen als Objekte). Dies leistet
Aufgabe 2 der ersten grünen Ebene. Im weiteren Verlauf werden die Regeln mehr oder weniger vorgegeben, um eine zügige, möglichst parallele Erarbeitung zu ermöglichen. Damit können die Regeln zügig, ohne alleinige Instruktion durch den Lehrer, eingeführt und dann zusammen und kompakt im Basiswissen dargestellt werden. Routinisierende Übungen, Aufgaben mit Kontext, und Verständnisfragen sichern Können und Verstehen. Natürlich werden dann auch Beweise thematisiert (eA). Die naheliegende Thematisierung der Quotientenregel wird als gelbe Karte angeboten, weil sie nicht zum Pflichtbereich des KC gehört. Ein Text zur Leibniz-Notation mit Differentialen und zum Prioritätsstreit zwischen Newton und Leibniz runden den Lernabschnitt ab.

Zu 3.2: Charakteristisch für diesen Lernabschnitt ist die Gestaltung der ersten grünen Ebene (und Weiterführung in zweiter grüner Ebene). Zunächst wird in gleicher Weise wie in gA-Kursen eine anschauliche Betrachtung von Ableitungsfunktionen für Exponentialfunktionen und das Problem, eine Funktion zu finden, für die $f' = f$ gilt, angesprochen und durch grafisch-numerische Untersuchungen gelöst, um schnell „e“ zu erhalten (Aufgabe 1). In zwei weiteren Angeboten (Aufgabe 2 (innermathematisch) und Aufgabe 3 („stetige Verzinsung“ als historische ‚Anwendung‘)) werden begrifflich und numerisch tiefer schürfende Entdeckungsmöglichkeiten auf der Basis von Untersuchungen von Grenzprozessen angeboten. Dies wird in der zweiten grünen Ebene weitergeführt, wo ein anspruchsvoller Konvergenznachweis angeboten wird (Aufgabe 9) und mit „e“ als Grenzwert einer Reihe ein weiterer Zugang (Aufgabe 10). Insgesamt wird damit eine binnendifferenzierende Begriffsentwicklung ermöglicht. In der Übungsphase gibt es einen Vergleich mit Potenzfunktionen, der vernetzendes Lernen ermöglicht.

Zu 3.3: Nachdem in den Einführungsaufgaben Logarithmieren und Exponentialfunktionen wiederholend und reaktivierend behandelt werden, werden gemäß dem KC zunächst der Logarithmus zur Basis e und dann die Ableitung der allgemeinen Exponentialfunktion als Basiswissen formuliert. Ausführliche Übungen zum Umgang mit „e" und „ln" und damit zusammenhängenden Gleichungen sichern Routine und ermöglichen Nachhaltigkeit (Aufgaben 3 bis 9). Im zweiten Teil wird die Logarithmusfunktion und ihre Ableitung eingeführt und als Basiswissen gesichert. Hier wird auch eine Lücke beim Finden von Stammfunktionen geschlossen $\left(f(x) = \frac{1}{x} \Rightarrow F(x) = ?\right)$.
In einer Übung wird das enorm langsame Wachstum von $\ln(x)$ erlebbar gemacht (Aufgabe 20). Fakultativ wird das unterschiedliche Wachstum von Potenz-, Wurzel-, Exponential- und Logarithmusfunktionen plausibel gemacht und mit Grenzwerten notiert. Ein Ausblick auf die Rechengesetze mit Logarithmen schließt den Lernabschnitt ab.

Zu 3.4: Dieser Lernabschnitt ist der innermathematische Bruder der anwendungsorientierten Zwillingsschwester in 4.4. Zentral werden hier Zusammenhänge von e-Funktionen und ihren Verknüpfungen mit ganzrationalen Funktionen untersucht. Ähnlich wie später in 4.4 ist das Basiswissen so strukturiert, dass es als Musterbeispiel die Bearbeitung und Dokumentation von komplexen Aufgaben darstellt. Was hier innermathematisch und dann auch in der Darstellung rechnerfrei geschieht, ist in 4.4. dann anwendungsorientiert und rechnergestützt formuliert. Es wird dabei derselbe Funktionstyp benutzt. Die Untersuchung einer Funktion im Basiswissen wird durch die Weitung auf eine Schar im Beispiel A erweitert, so dass auch hier wieder Basiswissen und Beispiel zusammen eine vorbildhafte Bearbeitung typischer Aufgabenstellungen im Abitur abdecken. Darüber hinaus werden effiziente Möglichkeiten der Arbeit mit einem CAS in „Werkzeugen" dokumentiert. Die Übungen bieten vielfältige Bearbeitungen aller Fragestellungen aus der Analysis an. Vor allem der Umgang mit Funktionenscharen wird hier vertiefend gesichert und geübt. Der Vielfalt der Erscheinungsformen von Verknüpfungen von e-Funktionen mit ganzrationalen Funktionen ist eine Seite gewidmet (Aufgabe 15/16/17). Aufgabe 17 bietet Möglichkeiten für kleine Referate und Präsentationen.

Lösungen

3.1 Neue Ableitungsregeln

126 **1** *Ableiten von Produkten*

a) $f(x) = x^3 + x;\ f'(x) = 3x^2 + 1$

$g(x) = x;\ g'(x) = 1$

$h(x) = x^2 + 1;\ h'(x) = 2x$

$g'(x) \cdot h'(x) = 2x \neq 3x^2 + 1 = f'(x)$

b) $p(x) = f(x) \cdot g(x)$; Produktregel: $p'(x) = f'(x) \cdot g(x) + f(x) \cdot g'(x)$

c) (1) $f(x) = x^2 \cdot x^3$

$f'(x) = 2x \cdot x^3 + x^2 \cdot 3x^2$

$= 2x^4 + 3x^4$

$= 5x^4$

alternativ: $f(x) = x^5$

$f'(x) = 5x^4$

(2) $f(x) = (x^2 - 2x) \cdot (5x - 4)$

$f'(x) = (2x - 2) \cdot (5x - 4) + (x^2 - 2x) \cdot 5$

$= 10x^2 - 8x - 10x + 8 + 5x^2 - 10x$

$= 15x^2 - 28x + 8$

alternativ: $f(x) = 5x^3 - 4x^2 - 10x^2 + 8x$

$= 5x^3 - 14x^2 + 8x$

$f'(x) = 15x^2 - 28x + 8$

(3) $h(x) = x \cdot \sin(x)$

$h'(x) = 1 \cdot \sin(x) + x \cdot \cos(x)$

2 *Funktionen verketten*

a)

x	f(x)	g(f(x))	g(x)	f(g(x))
−3	9	10	−2	4
−1	1	2	0	0
0	0	1	1	1
2	4	5	3	9
4	16	17	5	25
a	a^2	$a^2 + 1$	$a + 1$	$(a + 1)^2 = a^2 + 2a + 1$

$g(f(x)) = x^2 + 1$

$f(g(x)) = (x + 1)^2$

Graphen:

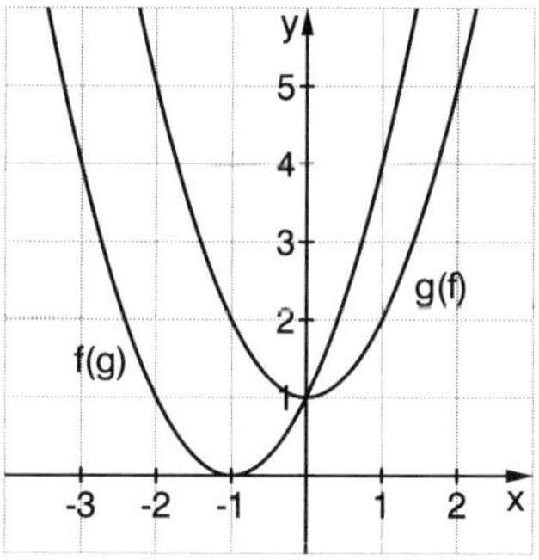

b) $f_1(f_2(x)) = 2\sin(x) + 1$
$f_2(f_1(x)) = \sin(2x + 1)$
$f_1(f_3(x)) = 2x^2 + 1$

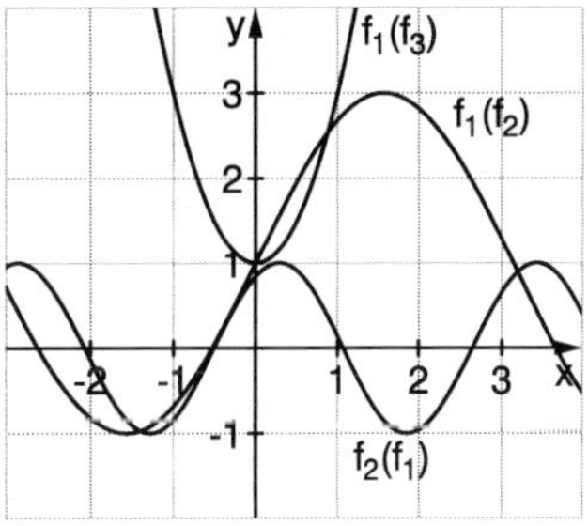

$f_3(f_1(x)) = (2x + 1)^2$
$f_2(f_3(x)) = \sin(x^2)$
$f_3(f_2(x)) = (\sin(x))^2 = \sin^2(x)$

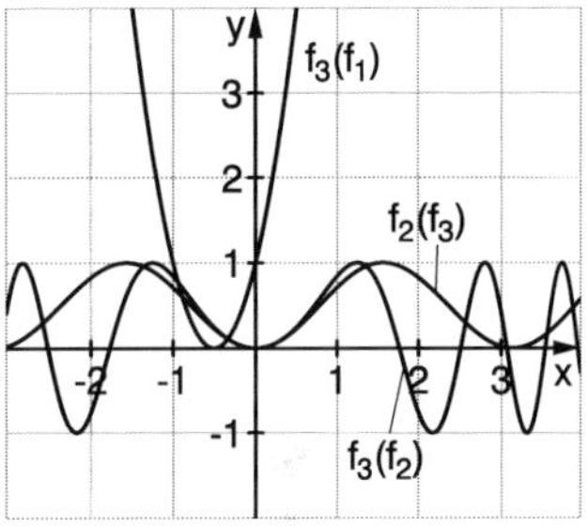

126 3 *Kettenregel mit CAS entdecken*

a) $f(g(x))' = f'(g(x)) \cdot g'(x)$

b) (1) $f(x) = (x^3 - 2x)^4$
$f'(x) = 4(x^3 - 2x)^3 \cdot (3x^2 - 2)$

(2) $f(x) = \cos(x^2)$
$f'(x) = -\sin(x^2) \cdot 2x$

(3) $f(x) = \sqrt{4x^2}$
$f'(x) = \frac{1}{\sqrt{4x^2}} \cdot 4x = \begin{cases} -2 \text{ für } x < 0 \\ 2 \text{ für } x > 0 \end{cases}$

127 4 *Training – Ableiten nach Regeln*

a) Produktregel: $f'(x) = 6x^2 - 6x - 20$

b) $f(x) = (6 - 3x)^4$
Kettenregel: $f'(x) = -12(6 - 3x)^3$

c) $f(x) = x^3 \cdot (x^2 - 1)$
Produktregel: $f'(x) = 3x^2 \cdot (x^2 - 1) + x^3 \cdot 2x = 5x^4 - 3x^2$

d) $f'(x) = 3 \cdot (2x - k) \cdot (x^2 - k \cdot x)^2$

e) $f'(x) = 2x \cdot \sqrt{x} + x^2 \cdot \frac{1}{2\sqrt{x}} = 2x^{\frac{3}{2}} + \frac{1}{2}x^{\frac{3}{2}} = \frac{5}{2}\sqrt{x^3}$

f) $f'(x) = -30 \cdot (5x - 1)^2$

g) Produktregel: $f'(x) = -(\sin(x))^2 + (\cos(x))^2$

h) $f'(x) = -12x^2(2x^3 + 1)^{-3} = \frac{-12x^2}{(2x + 1)^3}$

i) $f'(x) = -3a \cdot \sin(x) \cdot (\cos(x))^2 + 1$

128 **5** *Verketten von Handlungsanweisungen*

i) $f(g(x))$: $x \xrightarrow{\text{quadriere und addiere 4 (g)}} x^2+4 \xrightarrow{\text{ziehe die Wurzel (f)}} \sqrt{x^2+4}$

$g(f(x))$: $x \xrightarrow{\text{ziehe die Wurzel (f)}} \sqrt{x} \xrightarrow{\text{quadriere und addiere 4 (g)}} x+4$

$f(g(x))' = \frac{1}{2\sqrt{x^2+4}} \cdot 2x$

$g(f(x))' = 1$

ii) $f(g(x))$: $x \xrightarrow{\text{quadriere (g)}} x^2 \xrightarrow{\text{subtrahiere 5 (f)}} x^2-5$

$g(f(x))$: $x \xrightarrow{\text{subtrahiere 5 (f)}} x-5 \xrightarrow{\text{quadriere (g)}} (x-5)^2$

$f(g(x))' = 2x$

$g(f(x))' = 2(x-5) = 2x-10$

iii) $f(g(x))$: $x \xrightarrow{\text{verdreifache (g)}} 3x \xrightarrow{\text{bilde den Sinus (f)}} \sin(3x)$

$g(f(x))$: $x \xrightarrow{\text{bilde den Sinus (f)}} \sin(x) \xrightarrow{\text{verdreifache (g)}} 3\cdot\sin(x)$

$f(g(x))' = \cos(3x)\cdot 3$

$g(f(x))' = 3\cdot\cos(x)$

iv) $f(g(x))$: $x \xrightarrow{\text{hoch 4 (g)}} x^4 \xrightarrow{\text{multipliziere mit a und addiere b (f)}} ax^4+b$

$g(f(x))$: $x \xrightarrow{\text{multipliziere mit a und addiere b (f)}} ax+b \xrightarrow{\text{hoch 4 (g)}} (ax+b)^4$

$f(g(x))' = 4ax^3$

$g(f(x))' = 4(ax+b)^3\cdot a$

v) $f(g(x))$: $x \xrightarrow{\text{ziehe die Wurzel (g)}} \sqrt{x} \xrightarrow{\text{addiere 2 und quadriere (f)}} (\sqrt{x}+2)^2$

$g(f(x))$: $x \xrightarrow{\text{addiere 2 und quadriere (f)}} (x+2)^2 \xrightarrow{\text{ziehe die Wurzel (g)}} |(x+2)|$

$f(g(x))' = 2\cdot(\sqrt{x}+2)\cdot\frac{1}{2\sqrt{x}}$

$g(f(x))' = \begin{cases} -1, & x<-2 \\ 1, & x>-2 \end{cases}, \quad x\in\mathbb{R}\setminus\{-2\}$

6 *Bekanntes in neuem Kleid*

$f(x) = u(x)\cdot v(x)$

$\Rightarrow\ f'(x) = u'(x)\cdot v(x) + u(x)\cdot v'(x)$

$u(x) = a \ \Rightarrow\ u'(x) = 0$

$\Rightarrow\ f'(x) = u(x)\cdot v'(x) = a\cdot v'(x)$

7 *Wo steckt der Fehler?*

a) $y = 3x\cdot\sqrt{x}$

$y' = 3\cdot\sqrt{x} + 3x\cdot\frac{1}{2\sqrt{x}}$ hier war ein Fehler

b) $y = (x-2)\cdot x^6$

$y' = x^6 + (x-2)\cdot 6\cdot x^5$ hier war ein Fehler

c) $y = \sqrt{x^2+2}$

$y' = \frac{1}{2\sqrt{x^2+2}}\cdot 2x$ hier war ein Fehler

d) $y = x^2\cdot\sin(x)$

$y' = 2x\cdot\sin(x) + x^2\cdot\cos(x)$ korrekt

e) $y = (x^2+3)^5$

$y' = 5(x^2+3)^4\cdot 2x$ hier war ein Fehler

f) $y = 32\cdot(4x+7)^3$

$y' = 32\cdot(4x+7)^3$ korrekt

128 **8** *Ableitungsregeln mehrmals*

a) $f(x) = x^2 \cdot (4x+1)^2$

$f'(x) = 2x \cdot (4x+1)^2 + 8x^2 \cdot (4x+1) = 2x(4x+1)(8x+1)$

b) $f(x) = x^2 \cdot \sin(4x)$

$f'(x) = 2x \cdot \sin(4x) + 4x^2 \cdot \cos(4x)$

c) $f(x) = (x \cdot \sin(x))^2$

$f'(x) = 2x \cdot (\sin(x) + x \cdot \cos(x))$

9 *Mehrwert durch Kettenregel*

a) Man muss ausmultiplizieren, um Summenregel anwenden zu können. Dies ist sehr aufwändig. Mit Kettenregel erhält man: $f'(x) = 12 \cdot (2x+4)^5$

b) Die Ableitung kann nicht ohne Kettenregel bestimmt werden.

c) Innere Funktion: $g(x) = 3x - 1$; äußere Funktion: $f(x) = 2^x$

Problem: Ableitung von 2^x unbekannt.

10 *Ableitungen im Kontext*

(1) $f'(x) = 12(3x+2)^3$; $f'(0) = 96$; $f'(-1) = -12$

(2) $f'(x) = 6x^2 - 16x - 2$; Nullstellen: $x_1 = 1$; $x_2 = -1$; $x_3 = 4$

$f'(-1) = 20$; $f'(1) = -12$; $f'(4) = 30$

(3) $f'(x) = 3 \cdot (2x-6)^2$; $f'(x) = 0 \Rightarrow x = 3$

(4) $f'(x) = -4x^3 + 12x + 2$; Schnittpunkt mit y-Achse: $(0|-8)$

$f'(0) = 2$; Tangente: $y = 2x - 8$

11 *Ein Extremwertproblem*

Der Flächeninhalt des Rechtecks ist gegeben durch $A(x) = x \cdot y = x\sqrt{1-x}$.

$A(x)$ ist das Produkt zweier Funktionen $f(x) = x$ und $g(x) = \sqrt{1-x}$. Die Ableitung $A'(x)$ wird mit der Produktregel berechnet, bei der Ableitung von $g(x)$ benötigt man zusätzlich die Kettenregel:

$g(x) = u(v(x))$ mit $u(x) = \sqrt{x}$ und $v(x) = 1 - x$

$A'(x) = \sqrt{1-x} \cdot 1 + x \cdot \frac{-1}{2\sqrt{1-x}} = \frac{2-3x}{2\sqrt{1-x}}$

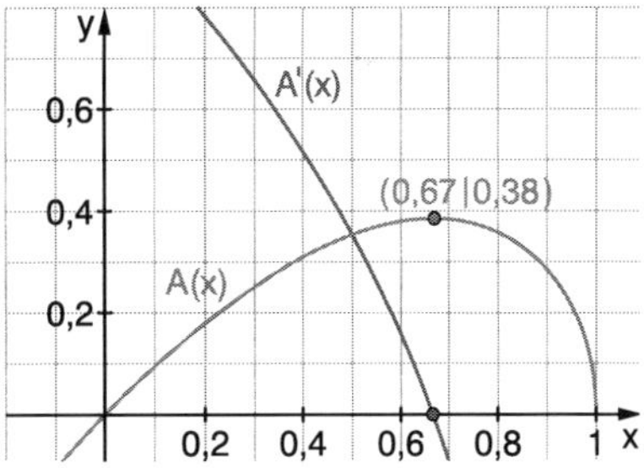

$A'(x) = 0$ genau dann, wenn $2 - 3x = 0$, also bei $x = \frac{2}{3}$.

$A(x)$ hat bei $x = \frac{2}{3}$ im gegebenen Intervall ein absolutes Maximum, wie an den Graphen zu sehen ist. Der Flächeninhalt des Rechtecks beträgt dort

$A\left(\frac{2}{3}\right) = \frac{2}{3}\sqrt{1-\frac{2}{3}} \approx 0{,}385$ Flächeneinheiten.

129 **12** *Wahr oder falsch?*

Es gilt $g'(a) = 0$. Zu zeigen ist $f'(a) = 0$.

a) $f'(a) = 2 \cdot g(a) \cdot g'(a) = 0$ wahr

b) $f'(a) = \frac{1}{2} g(a)^{-\frac{1}{2}} \cdot g'(a) = 0$ wahr

c) $f'(a) = 2 \cdot a \cdot g(a) + (a^2+1) \cdot g'(a) = 2a \cdot g(a) \neq 0$ falsch

129 **13** *Beweis der Produktregel*

a) $\frac{u(x+h)\cdot v(x+h) - u(x)\cdot v(x+h) + u(x)\cdot v(x+h) - u(x)\cdot v(x)}{h}$

$= \frac{v(x+h)\cdot\left(u(x+h) - u(x)\right) + u(x)\cdot\left(v(x+h) - v(x)\right)}{h}$

$= \frac{v(x+h)\cdot\left(u(x+h) - u(x)\right)}{h} + \frac{u(x)\cdot\left(v(x+h) - v(x)\right)}{h}$

$= \frac{u(x+h) - u(x)}{h}\cdot v(x+h) + u(x)\cdot\frac{v(x+h) - v(x)}{h}$

$\lim\limits_{h\to 0}\frac{u(x+h) - u(x)}{h} = u'(x)$; $\lim\limits_{h\to 0} v(x+h) = v(x)$; $\lim\limits_{h\to 0} u(x) = u(x)$; $\lim\limits_{h\to 0}\frac{v(x+h) - v(x)}{h} = v'(x)$

$\Rightarrow \lim\limits_{h\to 0}\left(\frac{u(x+h) - u(x)}{h}\cdot v(x+h) + u(x)\cdot\frac{v(x+h) - v(x)}{h}\right) = u'(x)\cdot v(x) + u(x)\cdot v'(x)$

b)
- $\lim\limits_{h\to 0}\frac{u(x+h) - u(x)}{h} = u'(x)$; $\lim\limits_{h\to 0}\frac{v(x+h) - v(x)}{h} = v'(x)\ (*)$
- Damit man den Differenzenquotienten zu u (x) und v (x) zusammensetzen kann.
- Beim Grenzübergang (*), wo rechts- und linksseitiger Grenzwert übereinstimmen müssen $(h > 0,\ h < 0)$.

14 *Beweis der Kettenregel*

$\frac{u(v(x+h) - u(v(x)}{h} = \frac{u(v(x+h)) - u(v(x))}{h}\cdot\frac{v(x+h) - v(x)}{v(x+h) - v(x)}$

$= \frac{u(v(x+h)) - u(v(x))}{v(x+h) - v(x)}\cdot\frac{v(x+h) - v(x)}{h}$

$\Rightarrow \lim\limits_{h\to 0}\left(\frac{u(v(x+h)) - u(v(x))}{v(x+h) - v(x)}\cdot\frac{v(x+h) - v(x)}{h}\right) = u'(v(x))\cdot v'(x)$

Anmerkung:
Es wird stillschweigend vorausgesetzt, dass $\lim\limits_{x\to a}(f(x)\cdot g(x)) = \lim\limits_{x\to a} f(x)\cdot\lim\limits_{x\to a} g(x)$ gilt.

130 **15** *Ableitung von Quotienten*

$f'(x) = u'(x)\cdot v(x)^{-1} + u(x)\cdot(-1)\cdot v(x)^{-2}\cdot v'(x)$

$= \frac{u'(x)}{v(x)} - \frac{u(x)\cdot v'(x)}{(v(x))^2} = \frac{u'(x)\cdot v(x) - u(x)\cdot v'(x)}{(v(x))^2}$

16 *Training*

a) $f'(x) = \frac{8 - 4x^2}{(x^2+2)^2}$; $f''(x) = \frac{8x(x^2-6)}{(x^2+2)^3}$

b) $f'(x) = \frac{x^2+16x+4}{(x+8)^2}$; $f''(x) = \frac{120}{(x+8)^3}$

c) $f'(x) = \frac{-2x(x^3+8)}{(x^3+4)^2}$; $f''(x) = \frac{4(x^6+28x^3+16)}{(x^3-4)^3}$

d) $f'(x) = \frac{(x+1)\cos(x) - \sin(x)}{(x+1)^2}$; $f''(x) = \frac{-2(x+1)\cos(x) - (x^2+2x-1)\sin(x)}{(x+1)^3}$

e) $f'(x) = \frac{x^2 - 2ax - a}{(x^2+a)^2}$; $f''(x) = \frac{-2x^3+6ax^2+6ax-2a^2}{(x^2+a)^3}$

f) $f'(x) = \frac{2ax^2 - 2a^2x}{(2x-a)^2}$; $f''(x) = \frac{2a^3}{(2x-a)^3}$

130 **17** *Lineare Verkettung – Verschieben und Strecken*

4b) Verschiebung um + 2 und Streckung um $\frac{1}{3}$ in x-Richtung

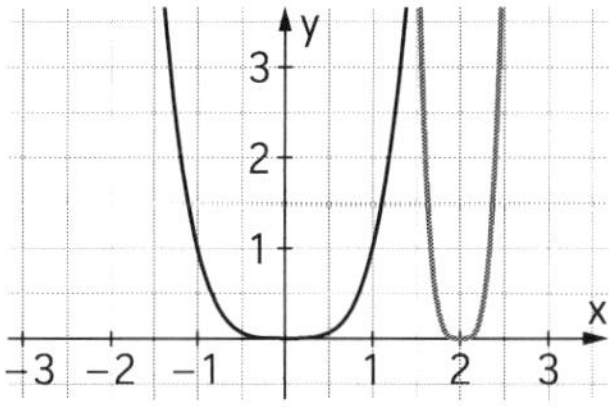

4f) Verschiebung um $\frac{1}{5}$ und Streckung um $\frac{1}{5}$ in x-Richtung

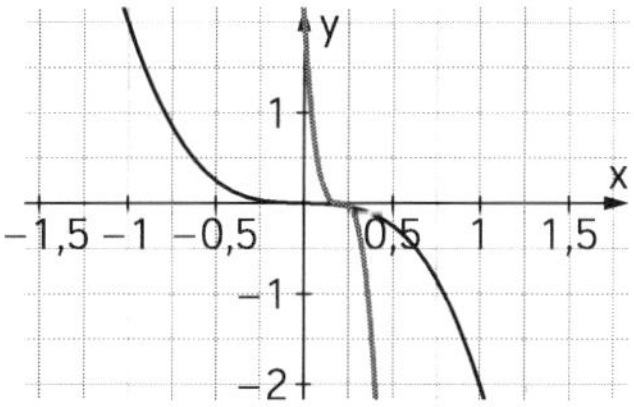

3.2 Die e-Funktion

132 **1** *Eine besondere Exponentialfunktion*

a) –

b) Vermutung bestätigt sich.

c) (A) Weil die Ableitung von 2^x unterhalb von 2^x liegt und die Ableitung von 4^x oberhalb von 4^x, muss die Basis b, für die $f'(x) = f(x)$ gilt, zwischen 2 und 4 liegen.

(B) $f(0) = b^0 = 1$; Berührpunkt $(0|1)$, also ist $y = x + 1$ Tangente in $(0|1)$.

133 **2** *Eine besondere Exponentialfunktion – mit Differenzenquotient und Grenzverhalten*

- (1) $f'(x) = \lim\limits_{h\to 0} \frac{b^{x+h} - b^x}{h} = \lim\limits_{h\to 0} \frac{b^x \cdot b^h - b^x}{h} = \lim\limits_{h\to 0} \frac{b^x \cdot (b^h - 1)}{h} = b^x \cdot \lim\limits_{h\to 0} \frac{b^h - 1}{h}$

  (2) $f'(0) = b^0 \cdot \lim\limits_{h\to\infty} \frac{b^h - 1}{h} = \lim\limits_{h\to\infty} \frac{b^h - 1}{h}$

  $f'(x) = \lim\limits_{h\to 0} \frac{b^h - 1}{h} \cdot b^x = f'(0) \cdot f(x)$;

  $f'(x) = f(x)$ gilt für $f'(0) = 1$ und $f'(0) = \lim\limits_{h\to 0} \frac{b^h - 1}{h} = 1$ gilt wegen (2).

- $\frac{b^h - 1}{h} = 1 \Leftrightarrow b^{\frac{1}{n}} - 1 = \frac{1}{n} \Leftrightarrow b^{\frac{1}{n}} = 1 + \frac{1}{n} \Leftrightarrow b = \left(1 + \frac{1}{n}\right)^n$

- Strategie: Große Werte für n einsetzen. Es scheint zu gelten: $\lim\limits_{n\to\infty}\left(1 + \frac{1}{n}\right)^n \approx 2{,}718146$

n	100	1000	10 000
$\left(1 + \frac{1}{n}\right)^n$	2,704 814	2,716 924	2,718 146

3 *Stetige Verzinsung*

a) Ganzjahresbank: $K(1) = 1\,000\,000 \cdot \left(1 + \frac{6}{100}\right)^1 = 1\,060\,000$.

Nach einem Jahr sind 60 000 € Zinsen dazu gekommen.

Halbjahresbank: $K(2) = 1\,000\,000 \cdot \left(1 + \frac{3}{100}\right)^2 = 1\,060\,900$.

Nach einem Jahr sind 60 900 € Zinsen dazu gekommen.

Monatsbank: $K(12) = 1\,000\,000 \cdot \left(1 + \frac{0{,}5}{100}\right)^{12} = 1\,061\,677{,}812$.

Nach einem Jahr sind ca. 61 677,81 € Zinsen dazu gekommen.

Tagesbank: $K(360) = 1\,000\,000 \cdot \left(1 + \frac{1}{60} \cdot \frac{1}{100}\right)^{360} = 1\,061\,831{,}238$.

Nach einem Jahr sind ca. 61 831,24 € Zinsen dazu gekommen.

Formel: Man erhält $\frac{1}{n}$-tel Zinsen, die dafür n-mal verzinst werden.

b) Mit 100 % Zinsen: $K(n) = \left(1 + \frac{100}{100} \cdot \frac{1}{n}\right)^n = \left(1 + \frac{1}{n}\right)^n$

Verzinsung pro ...	Monat	Tag	Stunde	Minute	Sekunde
n	12	365	8760	525600	31536000
$\left(1 + \frac{1}{n}\right)^n$	2,6130352	2,7145674	2,7181266	2,7182792	2,7182824

Das Vermögen strebt gegen ca. 2,718279 Millionen.

$\lim\limits_{n \to \infty} \left(1 + \frac{1}{n}\right)^n \approx 2{,}718282$

134 4 *Eigenschaften der e-Funktion*

a) Notwendige Bedingung für Extrempunkte: $f'(x) = 0$
$f'(x) = e^x > 0$
Damit kann die Bedingung nicht erfüllt werden.
Notwendige Bedingung für Wendepunkte: $f''(x) = 0$
$f''(x) = e^x > 0$
Damit kann die Bedingung nicht erfüllt werden.

b) 1. Ableitung: Monotonieverhalten: $f'(x) = e^x > 0$
Die Steigung ist überall positiv und die Funktion monoton steigend.
2. Ableitung: Krümmungsverhalten: $f''(x) = e^x$
e^x ist stets > 0, damit ist $f''(x) > 0$ und die Funktion weist eine Linkskrümmung auf.

135 5 *e-Funktionen ableiten*

	a)	b)
(1)	$f'(x) = -e^x$ $f''(x) = -e^x$	$f'(x) = \frac{1}{10} e^{x+6}$ $f''(x) = \frac{1}{10} e^{x+6}$
(2) P	$t: y = \frac{-1}{e} \cdot x - \frac{2}{e} + 5$ $n: y = e \cdot x + e - \frac{1}{e} + 5$	$t: y = \frac{e^5}{10} x + \frac{e^5}{5}$ $n: y = \frac{-10}{e^5} x + \frac{e^5}{10} - \frac{10}{e^5}$
(2) Q	$t: y = -e^2 \cdot x + e^2 + 5$ $n: y = \frac{x}{e^2} - e^2 - \frac{2}{e} + 5$	$t: y = \frac{e^8}{10} x + \frac{e^8}{10}$ $n: y = \frac{-10}{e^8} x + \frac{e^8}{10} + \frac{20}{e^8}$

	c)	d)
(1)	$f'(x) = -e^{-x}$ $f''(x) = e^{-x}$	$f'(x) = e^{-x}$ $f''(x) = -e^{-x}$
(2) P	$t: y = -e \cdot x - e$ $n: y = \frac{1}{e} x + \frac{1}{e}$	$t: y = e \cdot x$ $n: y = \frac{1}{ex} e - \frac{1}{e}$
(2) Q	$t: y = -\frac{1}{e^2} x + \frac{3}{e^2} - e$ $n: y = e^2 x - 2e^2 - e + \frac{1}{e^2}$	$t: y = -\frac{1}{e^2} \cdot x - \frac{3}{e^2}$ $n: y = -e^2 \cdot x + 2e^2 - \frac{1}{e^2}$

135 **6** *Ableitungen und Tangenten komplexerer e-Funktionen*

a) $f_1(x) = 2e^x$, f(x) wird mit 2 multipliziert und damit gestreckt (blau).
$f_2(x) = e^{2x}$, f(x) wird im Argument mit 2 multipliziert und damit steiler (grün).
$f_3(x) = e^{x-2}$, f(x) mit dem Faktor $\frac{1}{e^2}$ multipliziert und damit gestaucht (gelb).
$f_4(x) = 0{,}5e^x - 3$, f(x) wird um den Faktor 0,5 gestaucht und um 3 nach unten verschoben (lila).

b) Die zugehörigen Ableitungen ergeben sich zu:

$f_1'(x) = 2e^x$

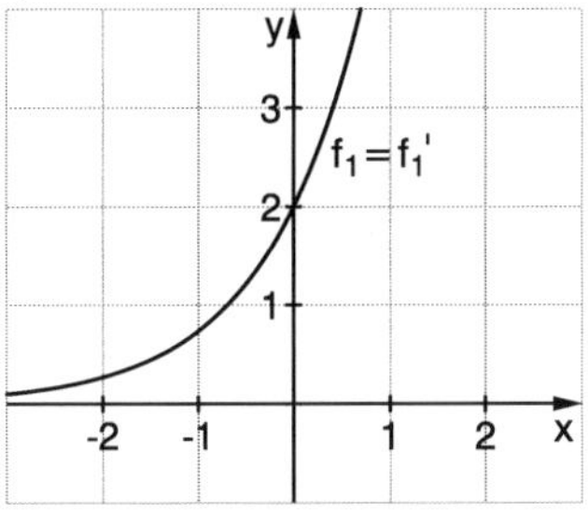

$f_2'(x) = 2e^{2x}$

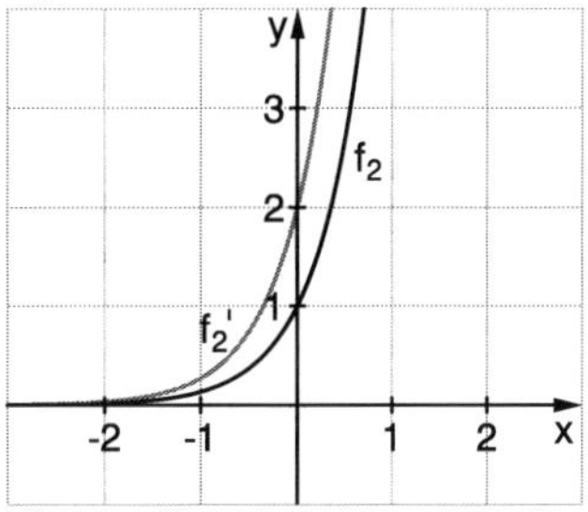

$f_3'(x) = e^{x-2}$

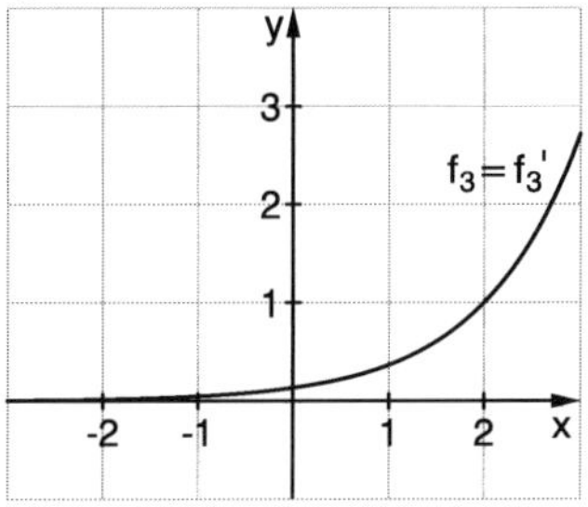

$f_4'(x) = 0{,}5e^x$

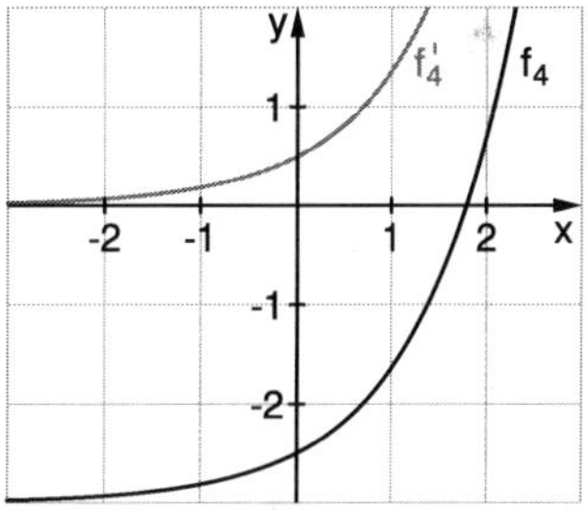

Je nach Vorfaktor und Argument werden die Ableitungsfunktionen relativ zur e^x-Funktion gestaucht bzw. gestreckt und in Richtung der x- bzw. y-Achse verschoben.

7 *Stammfunktionen*

a) (1) $F(x) = e^x$
(2) $F(x) = 3e^x$
(3) $F(x) = \frac{1}{2}e^{2x}$
(4) $F(x) = \frac{3}{2}e^{2x}$

b) Stammfunktion: $F(x) = \frac{a}{k} \cdot e^{kx}$ $(k \neq 0)$
Ein Vergleich von f(x) und F(x) zeigt, dass der Bruch $\frac{a}{k}$ bzw. dessen Faktoren a und k eine Streckung bzw. Stauchung der Ableitungsfunktion oder aber keine der beiden Möglichkeiten $(a = k)$ bedingen kann.

8 *Viele Ableitungen: Exponentialfunktionen und Potenzfunktionen*

a) $f(x) = 0{,}9 \cdot e^{0{,}5x}$
$f'(x) = 0{,}45 \cdot e^{0{,}5x}$
$f''(x) = 0{,}225 \cdot e^{0{,}5x}$
$f'''(x) = 0{,}1125 \cdot e^{0{,}5x}$
$f^{(n)}(x) = 0{,}9 \cdot 0{,}5^n \cdot e^{0{,}5x}$

b) $f'(x) = \frac{1}{5}x^5$

$f''(x) = x^4$

$f'''(x) = 4x^3$

$f^{(n)}(x) = 0$ für $n \geq 7$

Die Exponentialfunktionen bleiben von der Form her gleich, höhere Ableitungen durch Streckungen in y-Richtungen.

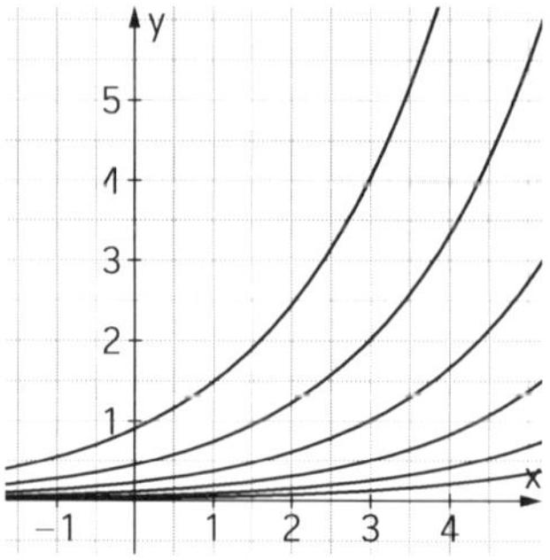

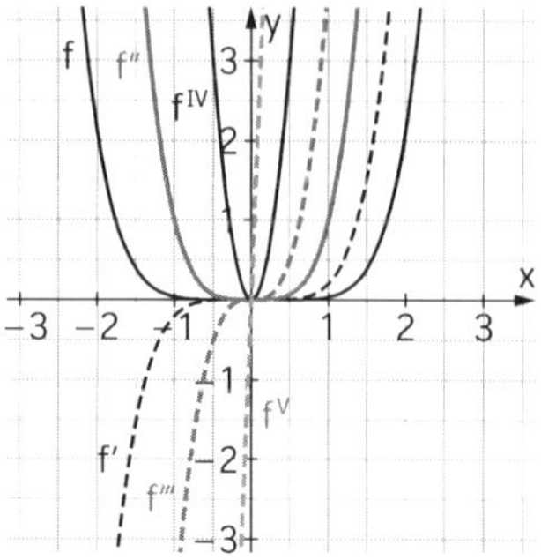

Ableitungen der Potenzfunktionen ändern ihre Form, werden für n-te Ableitung immer Gerade und die n + 1-te Ableitung die x-Achse.

136 **9** *Die Zahle e als Grenzwert einer Folge*

Der Streit betrifft die Reihenfolge der Betrachtungen:

Mona: Zuerst Exponent, dann Basis, Leo: Zuerst Basis, dann Exponent.

Aber: Im „Unendlichen" muss Beides gleichzeitig betrachtet werden.

(1) $$\frac{\left(1+\frac{1}{n}\right)^n}{\left(1+\frac{1}{n-1}\right)^{n-1}} = \frac{\left(\frac{n+1}{n}\right)^n}{\left(\frac{n}{n-1}\right)^{n-1}} = \frac{\left(\frac{n+1}{n}\right)^n}{\left(\frac{n}{n-1}\right)^{n-1}} = \left(\frac{n+1}{n}\right)^n \cdot \left(\frac{n-1}{n}\right)^n \cdot \left(\frac{n}{n-1}\right) = \left(\frac{n^2-1}{n^2}\right)^n \cdot \left(\frac{n}{n-1}\right)$$

$$= \left(1-\frac{1}{n^2}\right)^n \cdot \left(\frac{n}{n-1}\right) \underset{(B)}{>} \left(1-\frac{1}{n}\right) \cdot \left(\frac{n}{n-1}\right) = 1 \Rightarrow \left(1+\frac{1}{n}\right)^n > \left(1+\frac{1}{n-1}\right)^{n-1}$$

(2) $$\frac{b_{n-1}}{b_n} = \frac{\left(1+\frac{1}{n-1}\right)^n}{\left(1+\frac{1}{n}\right)^{n+1}} = \frac{\left(\frac{n}{n-1}\right)^n}{\left(\frac{n+1}{n}\right)^{n+1}} = \left(\frac{n}{n-1}\right)^n \cdot \left(\frac{n}{n+1}\right)^n \cdot \left(\frac{n}{n+1}\right) = \left(\frac{n^2}{n^2-1}\right)^n \cdot \left(\frac{n}{n+1}\right)$$

$$= \left(1+\frac{1}{n^2-1}\right)^n \cdot \left(\frac{n}{n+1}\right) \underset{(B)}{>} \left(1+\frac{n}{n^2-1}\right) \cdot \left(\frac{n}{n+1}\right) = \left(\frac{n^2-1+n}{n^2-1}\right) \cdot \left(\frac{n}{n+1}\right) = \frac{n^3+n^2-n}{n^3+n^2-n-1} > 1$$

(3) (1) zeigt, dass a_n monoton wächst. Aus (1) und (2) folgt, dass $a_2 = \frac{9}{4} = 2{,}25$ untere Schranke ist und $b_2 = \frac{27}{8} = 3{,}375$ eine obere Schranke. Nach (A) ist a_n damit konvergent.

Anmerkung: Eine plausible Grenzwertbetrachtung über kleine Umgebungen des Grenzwerts können hier nicht vorgenommen werden, weil der die vollständige Dezimaldarstellung des Grenzwerts nicht vermutet werden kann.

10 *Die Zahl e als Grenzwert einer Reihe*

a)

Bedingungen	Interpolationspolynom
$f(0) = 1$ und $f'(0) = 1$	$p(x) = 1 + x$
... und $f''(0) = 1$	$p(x) = 1 + x + \frac{1}{2}x^2$
... und $f'''(0) = 1$	$p(x) = 1 + x + \frac{1}{2}x^2 + \frac{1}{6}x^3$
... und $f^{(4)}(0) = 1$	$p(x) = 1 + x + \frac{1}{2}x^2 + \frac{1}{6}x^3 + \frac{1}{24}x^4$
... und $f^{(5)}(0) = 1$	$p(x) = 1 + x + \frac{1}{2}x^2 + \frac{1}{6}x^3 + \frac{1}{24}x^4 + \frac{1}{120}x^5$

b) Die Polynome p(x) nähern sich mit steigendem Grad der Funktion $f(x) = e^x$.

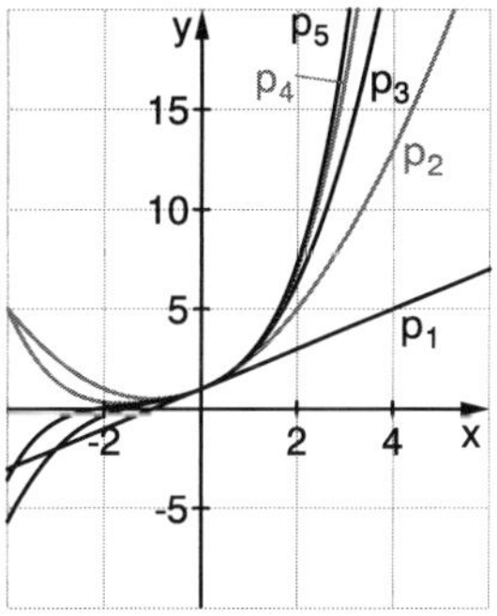

c) Man setzt x = 1 und erhält die Näherungsformel: $e \approx \sum_{k=0}^{n} \frac{1}{k!}$

$n = 1\colon\ e \approx \frac{1}{0!} + \frac{1}{1!} = 2$

$n = 5\colon\ e \approx \frac{1}{0!} + \frac{1}{1!} + \frac{1}{2!} + \frac{1}{3!} + \frac{1}{4!} + \frac{1}{5!} \approx 2{,}716\ldots$

$n = 10\colon\ e \approx \frac{1}{0!} + \frac{1}{1!} + \frac{1}{2!} + \frac{1}{3!} + \frac{1}{4!} + \frac{1}{5!} + \frac{1}{6!} + \frac{1}{7!} + \frac{1}{8!} + \frac{1}{9!} + \frac{1}{10!} \approx 2{,}718\,281\,8\ldots$

3.3 Logarithmus, Exponentialfunktionen und Logarithmusfunktion

137 **1** *x aus gegebenem y bestimmen*

a) (1) $e^1 = 2{,}718\ldots$, also $0 < x < 1$

(2) $e^2 = 7{,}38\ldots$, also: $1 < x < 2$

(3) $e^4 = 54{,}59\ldots$, also: $3 < x < 4$

(4) $e^0 = 1$, also: $x < 0$

b) (1)

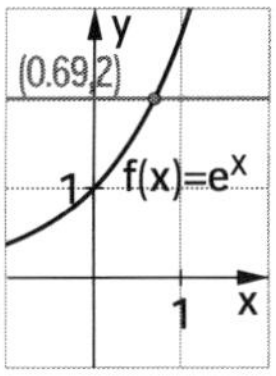

(2)

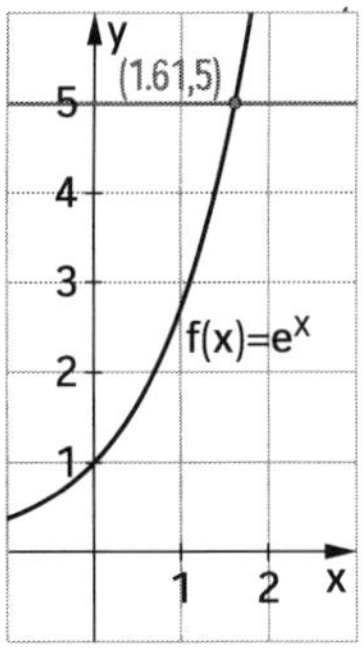

(3)

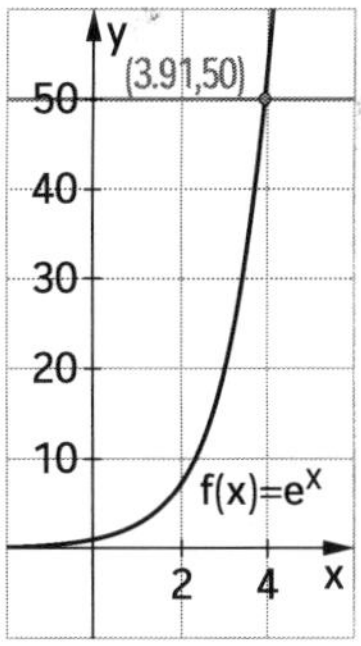

(4)

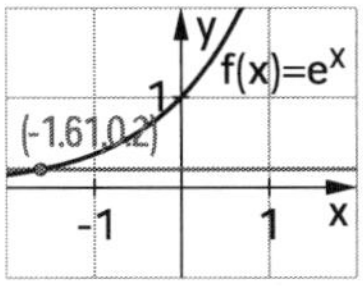

Rechnerisch kann man diese Gleichungen mit dem Logarithmus lösen.

c) (1) $e^x = 2 \Rightarrow x = \ln(2) \approx 0{,}693$

(2) $e^x = 5 \Rightarrow x = \ln(5) \approx 1{,}609$

(3) $e^x = 50 \Rightarrow x = \ln(50) \approx 3{,}912$

(4) $e^x = 0{,}2 \Rightarrow x = \ln(0{,}2) \approx -1{,}609$

137 **2** *Graphen einfacher Exponentialfunktionen – eine nützliche Wiederholung*

a) $f - y_1$ $g - y_2$ $h - y_8$ $i - y_4$
$j - y_3$ $k - y_6$ $l - y_5$ $m - y_7$

b) Steigungsverhalten entweder monoton wachsend oder fallend, je nach Art der Basis b:
Basis $b > 1$ („ganzzahlig"), d. h. Graph monoton wachsend
Basis $0 < b < 1$ („gebrochen"), d. h. Graph monoton fallend
Bei einem negativen Vorfaktor wird der Graph an der x-Achse gespiegelt, wobei der Vorfaktor den Schnittpunkt mit der y-Achse sowie die Stauchung bzw. Streckung vorgibt.

Bemerkungen:

(1) Zuweilen muss die Funktionsgleichung umgeformt werden, damit die Art der Basis und der zugehörige Vorfaktor eindeutig zu erkennen sind:
$y_2 = 3^{-x} = \left(\frac{3}{1}\right)^{-x} = \left(\frac{1}{3}\right)^{x} = 1 \cdot \left(\frac{1}{3}\right)^{x}$ $y_8 = 2^{x-3} = 2^x \cdot 2^{-3} = 2^{-3} \cdot 2^x = \frac{1}{2^3} \cdot 2^x = \frac{1}{8} \cdot 2^x$

(2) Eine „gebrochene Basis" bedeutet nicht zwingend, dass es sich um eine monoton fallende Funktion handelt. So ist zum Beispiel die Funktion $f(x) = 3{,}5^x$ „gebrochen", jedoch auch monoton wachsend. Daher sollte eine Unterscheidung der Basen eher in die Kategorien $0 < b < 1$ („wachsend") und $b > 1$ („fallend") ausgeführt werden.

139 **3** *Terme vereinfachen*

a) 4 b) 0 c) 1000 d) $\frac{1}{2}$ e) $\frac{1}{10}$
f) -1 g) e h) 1 i) $-k^2$ j) $\frac{1}{5}$

4 *Exponentialgleichungen lösen*

a) $x = \frac{\ln(500)}{2} \approx 3{,}1073$ b) $x = 4 - \ln(10) \approx 1{,}6974$ c) $x = 0$
d) $x = 0$ e) $x = -\ln\left(\frac{9}{2}\right) \approx -1{,}5041$ f) $x = 5$
g) $x = 0$ h) $x = -1$ i) $x_1 = 2;\ x_2 = -2$

5 *Exponentialgleichungen lösen*

a) $x = \ln(10000) \approx 9{,}2103$ b) $x = \ln(200) + 3 \approx 8{,}2983$
c) $x = \frac{\ln(4)}{0{,}15} = \frac{20 \cdot \ln(4)}{3} \approx 9{,}2420$ d) $x = -\frac{1}{2} \cdot \ln(600) \approx -3{,}1985$
e) $x \approx -0{,}7035$ (numerisch-grafisch) f) $x = 2$
g) $x_1 = 0;\ x_2 \approx 20$ (numerisch-grafisch) h) $x_{1,2} = \pm\sqrt{\ln(1000)} \approx \pm 2{,}6283$
i) keine Lösung (numerisch-grafisch)

zu e)

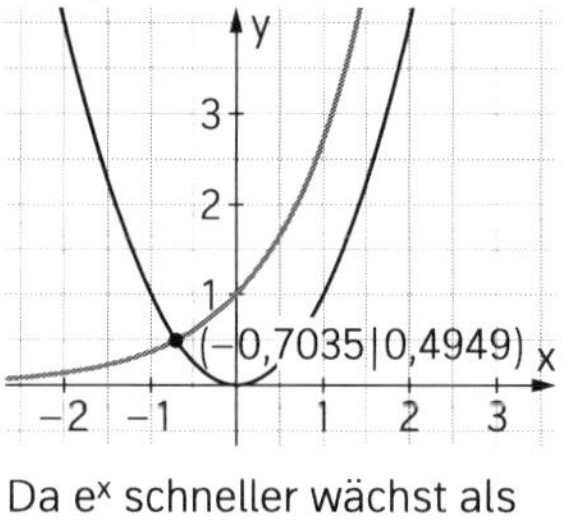

Da e^x schneller wächst als x^2, gibt es nur einen Schnittpunkt.

zu g)

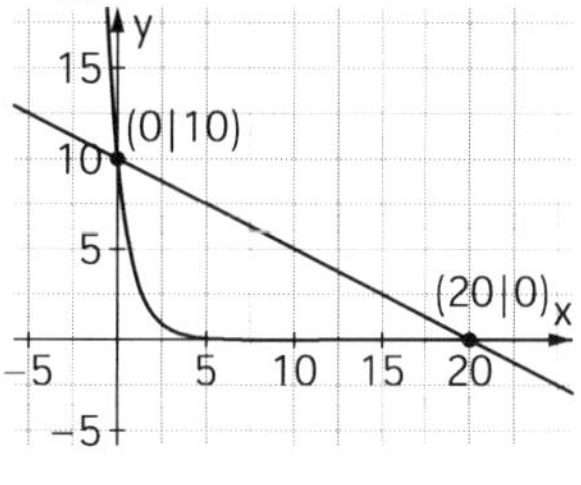

zu i)

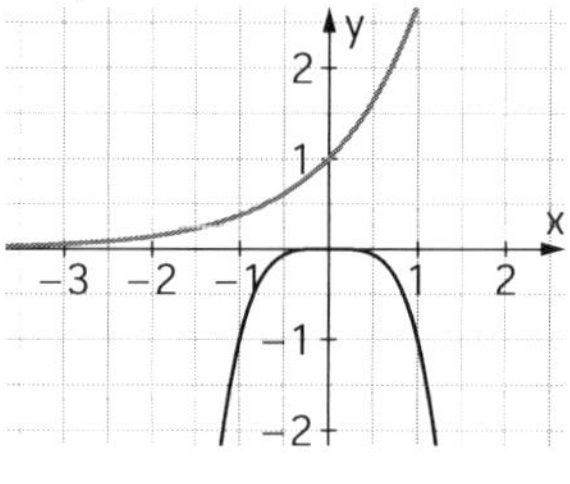

139 **6** *Exponentialgleichungen lösen 3*

a) $x = \frac{\ln(10000)}{k}$ b) $x = \frac{\ln(2k)}{4}$ c) $x = \ln(k-1) + k$

d) $x = \ln\left(\frac{-80}{k}\right)$; $k < 0$ e) $x = \ln(5-k)$; $k < 5$ f) $x = -\ln(k-1)$; $k > 1$

7 *Integralgleichungen*

a) $k = \ln(20 + e^2) \approx 3{,}3101$

b) $\int_0^1 e^{kx}\,dx = \left[\frac{e^{kx}}{k}\right]_0^1 = \frac{e^k}{k} - \frac{1}{k} = 2 \Leftrightarrow e^k = 2k + 1$;

$k_1 = 0$, weitere Lösung grafisch-tabellarisch: $k_2 \approx 1{,}2564$

c) $k = 1 - e^{-10} \approx 0{,}9999$. Hinweis: Es gilt: $\lim\limits_{k \to \infty} \int_0^k e^{-x}\,dx = 1$

8 *Abschätzen*

a) $e^x > 10^6 \Rightarrow x = \ln(10^6) \approx 13{,}8 \Rightarrow x \geq 14$

b) $e^x < 10^{-5} \Rightarrow x = \ln(10^{-5}) \approx -11{,}5 \Rightarrow x \leq -12$

c) $e^x > 10^{-7} \Rightarrow x = \ln(10^{-7}) \approx -16{,}1 \Rightarrow x \geq -16$

d) $e^x < 10^5 \Rightarrow x = \ln(10^5) \approx 11{,}5 \Rightarrow x < 12$

9 *Steigungen und Flächen*

a) $f(x) = 2e^x$ $f'(x) = 2e^x \Rightarrow f'(3) = 2e^3 \approx 40{,}2$ (Steigung an der Stelle $x = 3$)

$f'(x) = 10 = 2e^x \Rightarrow x = \ln(5) \approx 1{,}609$ (Stelle, an der die Steigung 10 ist)

b) $f(x) = e^{-x} - 5$ $f'(x) = -e^{-x}$

Schnittpunkt mit der y-Achse: $P_1(0|-4)$

Schnittpunkt mit der x-Achse: $P_2(-\ln(5)|0)$

Steigung in $P_1(0|-4)$: $f'(0) = -1$

Steigung in $P_2(-\ln(5)|0)$: $f'(-\ln(5)) = -e^{\ln(5)} = -5$

Steigung -10: $f'(x) = -10 = -e^{-x} \Rightarrow x = -\ln(10) \approx -2{,}3$

c) $\int_0^1 (e^x + k)\,dx = 3 \Rightarrow k = 4 - e$

d) $\int_0^k (e^x + 1)\,dx = 3 \Leftrightarrow e^k = -k + 4$; Grafisch-tabellarische Lösung: $k \approx 1{,}0737$

140 **10** *Von e^x zu b^x*

a) Regel: Ausgangsfunktion mit natürlichem Logarithmus der Basis multiplizieren.

$\ln(1{,}2) \approx 0{,}182\,322$

b) $f(x) = b^x = e^{\ln(b) \cdot x} \Rightarrow$ Kettenregel $f'(x) = \ln(b) \cdot e^{\ln(b) \cdot x} = \ln(b) \cdot b^x$

11 *Ableitungen und Exponentialfunktionen*

(1) $f(x) = e^{\ln(2)x}$	$f'(x) = \ln(2) \cdot 2^x$	$f''(x) = \ln(2)^2 \cdot 2^x \approx 0{,}4805 \cdot 2^x$
(2) $f(x) = e^{\ln(0,5)x}$	$f'(x) = \ln(0{,}5) \cdot 0{,}5^x$	$f''(x) = \ln(0{,}5)^2 \cdot 0{,}5^x \approx 0{,}4805 \cdot 0{,}5^x$
(3) $f(x) = 4 \cdot e^{\ln(3)x}$	$f'(x) = 4 \cdot \ln(3) \cdot 3^x$	$f''(x) = 4 \cdot \ln(3)^2 \cdot 3^x \approx 4{,}8278 \cdot 3^x$
(4) $f(x) = \frac{4^x}{4} = \frac{1}{4} \cdot e^{\ln(4) \cdot x}$	$f'(x) = \ln(4) \cdot 4^{x-1}$	$f''(x) = \ln(4)^2 \cdot 4^{x-1} \approx 1{,}9218 \cdot 4^{x-1}$

140 **12** *Die Umkehrung der e-Funktion*

a) Tabelle für $E(x) = e^x$:

x	−2	−1	0	1	2	5	10
$y = e^x$	0,14	$\frac{1}{e}$	1	e	7,4	148	22026

Vertauschung von x- und y-Werten liefert die Tabelle für L (x) und damit den Graphen von ln (x).

b) Vertauschte Koordinaten ergeben die L (x)-Funktion, die sich auch als Spiegelung der E (x)-Funktion an der ersten Winkelhalbierenden findet.

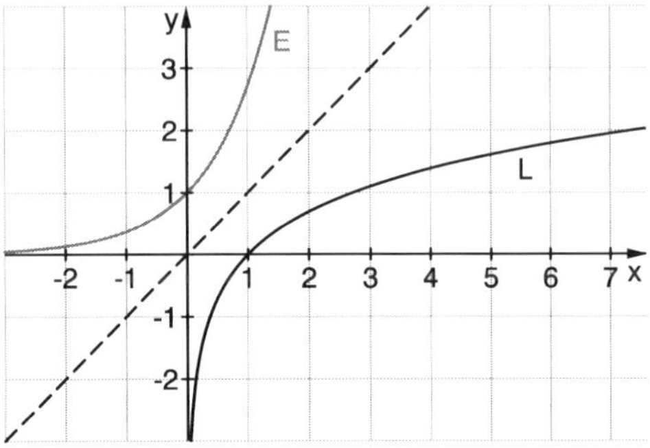

141 **13** *Die Ableitung der natürlichen Logarithmusfunktion*

Für die Sekantensteigungsfunktion gilt mit entsprechender Skizze:

$$\text{msek}(x) = \frac{\ln(x + 0{,}001) - \ln(x)}{0{,}001}$$

Vermutlich ist es eine Hyperbel der Form $\frac{1}{x}$, die nur im positiven x-Bereich definiert ist.

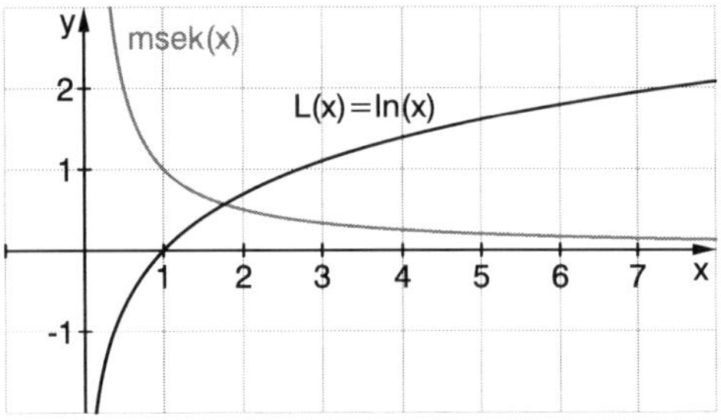

14 *Ableitungen*

a) $f'(x) = \frac{3}{x}$ b) $f'(x) = \frac{1}{x-3}$ c) $f'(x) = \frac{1}{x}$ d) $f'(x) = -\frac{1}{x}$

15 *Begründung der Ableitungsregel*

$$\left(e^{\ln(x)}\right)' \underset{\text{Kettenregel}}{=} \ln(x)' \cdot e^{\ln(x)} \Rightarrow \ln(x)' = \frac{\left(e^{\ln(x)}\right)'}{e^{\ln(x)}} = \frac{1}{x}$$

16 *Eine überraschende Entdeckung*

- $f_1'(x) = \frac{1}{x}$; $f_2'(x) = \frac{2}{2x} = \frac{1}{x}$; $f_3'(x) = \frac{1}{x}$.
  Man erhält immer dieselbe Ableitung, d. h., $f(x) = \ln(k \cdot x)$ scheint Verschiebung von ln (x) in y-Richtung zu sein. Es gilt: $f(x) = \ln(k \cdot x) \Rightarrow f'(x) = \frac{k}{k \cdot x} = \frac{1}{x}$
- Mit der Regel gilt: $\ln(k \cdot x) = \ln(x) + \ln(k)$; ln (k) ist Verschiebung in y-Richtung.

142 **17** *Stammfunktionen zu $f(x) = \frac{1}{x}$*

Aus der Punktsymmetrie von f zu (0|0) wird bei der Ableitung eine Achsensymmetrie zur y-Achse.

$$F'(x) = \begin{cases} \ln(x) & \text{für } x > 0 \\ \ln(-x) & \text{für } x < 0 \end{cases} = \ln(|x|)$$

142 **18** *Stammfunktionen zu $f(x) = \ln(x)$*

a)

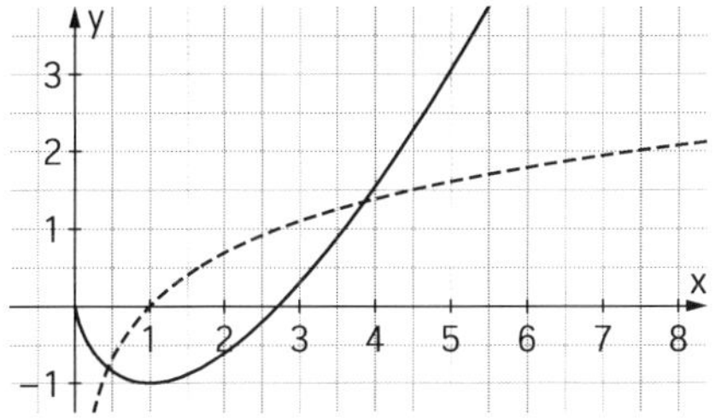

Die y-Achse wird senkrechte Asymptote sein, Minimum bei $x = 1$.

b) $F'(x) = 1 \cdot \ln(x) + x \cdot \frac{1}{x} - 1 = \ln(x)$

19 *Flächen unter der Hyperbel*

a) Grobe Schätzung ergibt bei beiden Flächen (A und B) ungefähr 1 FE.

b) $A = \int_{\frac{1}{e}}^{1} f(x)\,dx = [\ln(x)]_{\frac{1}{e}}^{1} = \ln(1) - \ln\left(\frac{1}{e}\right) = 0 - (-1) = 1$ FE

$B = \int_{1}^{e} f(x)\,dx = [\ln(x)]_{1}^{e} = \ln(e) - \ln(1) = 1 - 0 = 1$ FE

20 *Wie wächst $\ln(x)$?*

a) Weil $e^x \xrightarrow[x \to \infty]{} \infty$, steigt der an $y = x$ gespiegelte Graph auch über alle Grenzen.

b) ▪ $x = e^{10} \approx 22606$. Die x-Achse muss mindestens 227 m lang sein.

▪ $x = e^{30} \approx 10685500000000$ cm; Äquator: 40000 km = 4000000000 cm

$\frac{e^{30}}{40000 \cdot 1000 \cdot 100} \approx 2671{,}62$; mehr als 2671-mal kann man das Stück um den Äquator wickeln.

143 **21** *Ein Wettrennen im Schnellwachsen und ein Wettrennen im Langsamwachsen*

a) Die Schnittpunkte werden jeweils grafisch bestimmt:

(1) Es gibt zwei Schnittpunkte $S_1(-0{,}91\,|\,0{,}4)$ und $S_2(1{,}12\,|\,3{,}06)$.
Die „Steilheit" von e^x und x^{10} für $x > 1$ lässt anschaulich keine weiteren Schnittpunkte erwarten. Zoomen liefert aber einen weiteren Schnittpunkt bei
ca. $(35\,|\,3{,}5 \cdot 10^{15})$; e^x wächst letztendlich stärker als x^{10}.
Der dritte Schnittpunkt ist einfach durch Untersuchung der Differenzfunktion $x^0 - e^x$ zu finden.

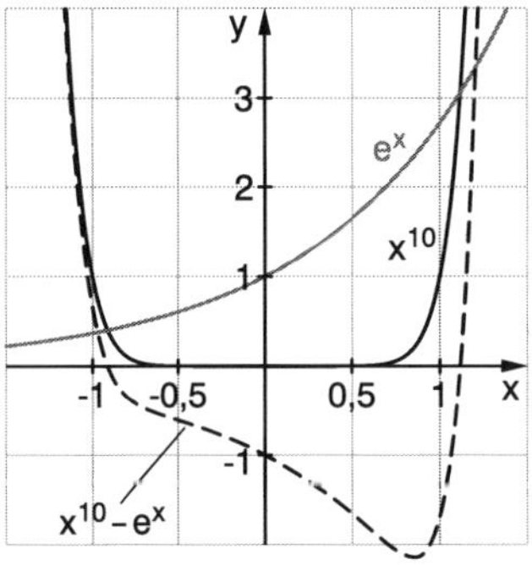

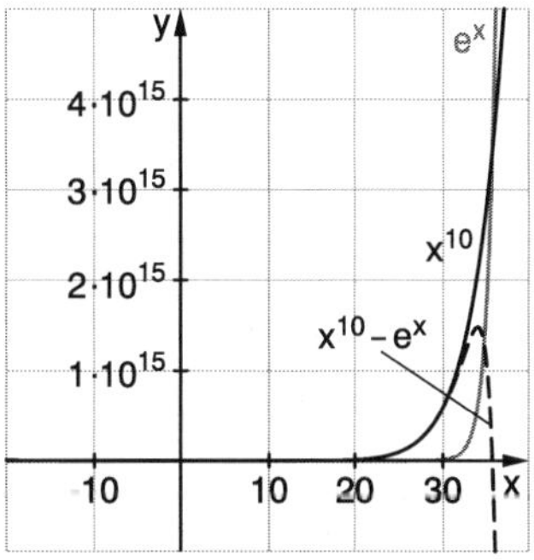

(2) Es findet sich ein Schnittpunkt bei $S(3{,}06\,|\,1{,}12)$. Dieser entspricht gerade den vertauschten Schnittpunktkoordinaten von S_2 aus (1). Der zweite Schnittpunkt aus (1) existiert nicht, da die ln (x)-Funktion nur für positive x-Werte definiert ist. Die zusammengesetzte Funktion $y = x^{0,1} - \ln(x)$ bestätigt den obigen Schnittpunkt. Analog zu (1) gibt es einen weiteren Schnittpunkt; es handelt sich jeweils um die Umkehrfunktion, sodass ca. $(3{,}5 \cdot 10^{15}\,|\,35)$ dieser Schnittpunkt ist.

$\ln(x)$ wächst letztendlich schwächer als $x^{\frac{1}{10}}$.

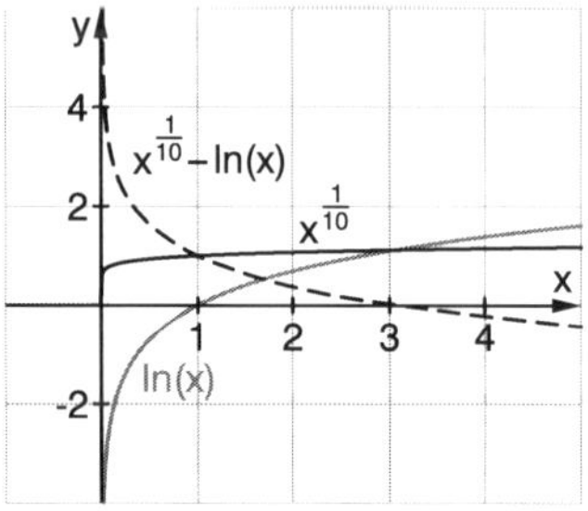

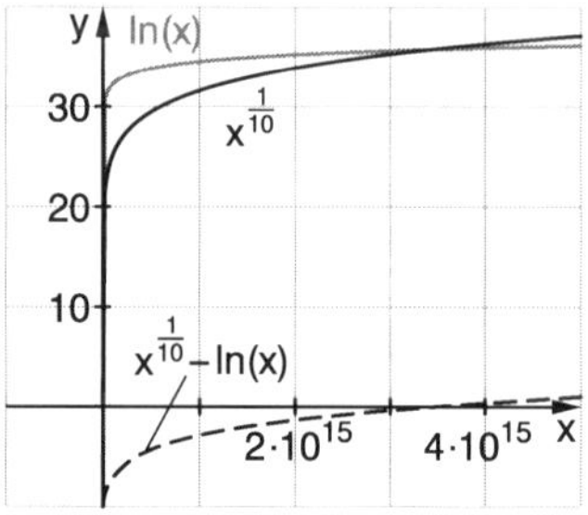

143 **22** *Eine außergewöhnliche Funktion*

a) Exponentialausdrücke sind nur für positive Basen definiert.

x	$\frac{1}{4}$	$\frac{1}{2}$	1	2	5
f(x)	$\frac{\sqrt{2}}{2} \approx 0{,}7$	$\frac{\sqrt{2}}{2} \approx 0{,}7$	1	4	3125

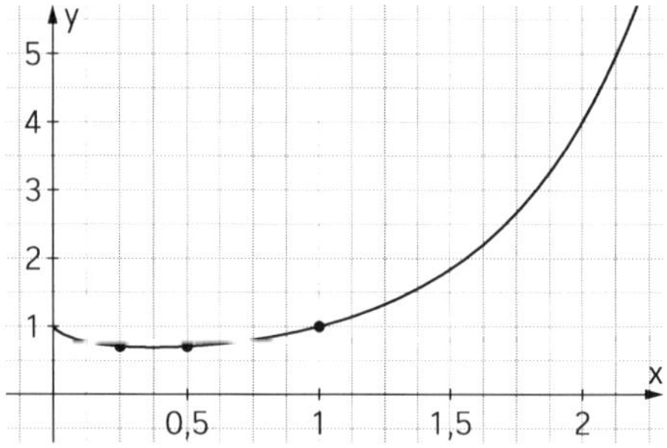

b) ■ Die Potenzregel ist nicht anwendbar, weil x im Exonenten steht, die Kettenregel nicht, weil es keine Verkettung ist. $e^{x \cdot \ln(x)} = \left(e^{\ln(x)}\right)^x = x^x$;

■ $f'(x) = (\ln(x) + 1) \cdot e^{x \cdot \ln(x)} = (\ln(x) + 1) \cdot x^x$

$f'(x) = 0 \Rightarrow \ln(x) + 1 = 0 \Rightarrow \text{TP}\left(\frac{1}{e}\,\middle|\,e^{-\frac{1}{e}}\right) \approx (0{,}3679\,|\,0{,}6922)$

■ $f''(x) = \frac{1}{x} \cdot x^x + (\ln(x) + 1)^2 \cdot x^x$

Jeder Faktor in den Summanden ist positiv, damit ist die Summe positiv.

■ Es gilt: $x^x \xrightarrow[x \to 0]{} „0^0“$.

Dies ist indifferenter Ausdruck (vgl. Differentialquotienten).

Numerische Untersuchung von x^x:

x	0,01	0,001	0,0001
x^x	0,9550	0,9931	0,9991

Vermutlich gilt: $\lim\limits_{x \to 0} x^x = 1$

Mit $\lim\limits_{x \to 0} x^x = 1$ gilt

$f'(x) \xrightarrow[x \to 0]{} „(-\infty + 1) \cdot 1“ = -\infty$

■ x^x wächst für $x > b$ stärker als b^x und für $x > n$ stärker als x^n.

23 *Rechnen mit Logarithmen*

a) (1) $\ln(x) + \ln(3) = \ln(3x)$ (2) $\ln(100) - \ln(x) = \ln\left(\frac{100}{x}\right)$ (3) $2 \cdot \ln(x) - \ln(2x) = \ln\left(\frac{x}{2}\right)$

(4) $-\ln\left(\frac{1}{x}\right) = \ln(x)$ (5) $2 \cdot \ln(x^2) - \ln(x) = \ln(x^3)$ (6) $\ln(2 \cdot e^4) - \ln(2) = 4$

b) ■ $e^{\ln(a \cdot b)} = a \cdot b = e^{\ln(a)} \cdot e^{\ln(b)} = e^{\ln(a) + \ln(b)}$

■ $e^{\ln\left(\frac{a}{b}\right)} = \frac{a}{b} = \frac{e^{\ln(a)}}{e^{\ln(b)}} = e^{\ln(a) - \ln(b)}$

■ $e^{\ln(a^c)} = a^c = \left(e^{\ln(a)}\right)^c = e^{\ln(a) \cdot c}$

3.4 Innermathematisches mit e-Funktionen

144 **1** *Musterkennung bei zusammengesetzten e-Funktionen*

a) Man kann die Graphen z. B. an den Nullstellen erkennen.

$f_1(x) = (x - 1) \cdot e^x \rightarrow$ rechte Grafik
$f_2(x) = (x - 2) \cdot e^x \rightarrow$ mittlere Grafik
$f_3(x) = (x - 3) \cdot e^x \rightarrow$ linke Grafik

Es fällt auf: Nullstelle und y-Koordinate des Schnittpunktes mit y-Achse stimmen bis auf Vorzeichen überein.

b) ■ $f'(x) = (x - k + 1) \cdot e^x$; $f''(x) = (x - k + 2) \cdot e^x$
$f'(x) = 0 \Rightarrow x = k - 1$;
$f''(k - 1) = e^{k-1} > 0$; $TP\left(k - 1 \mid -e^{k-1}\right)$
$f''(x) = 0 \Rightarrow x = k - 2$;
$f'''(k - 2) = e^{k-2} \neq 0$; $WP\left(k - 2 \mid -2e^{k-2}\right)$

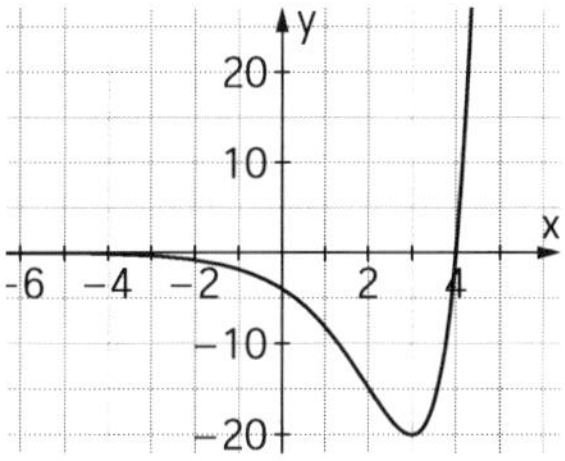

■ Schnittpunkt mit den Koordinatenachsen: $(0 \mid -k)$; $(k \mid 0)$
Tangente und Normale in $(0 \mid -k)$:
$t_k(x) = (1 - k) \cdot x + 1 - k$; $n_k(x) = \frac{1}{k-1} \cdot x + 1 - k$
Tangente und Normale in $(k \mid 0)$:
$t_k(x) = e^k \cdot (x - k) = e^k \cdot x - k \cdot e^k$; $n_k(x) = -e^{-k} \cdot (x - k) = -e^{-k} \cdot x + k \cdot e^{-k}$

2 *„Linear minus exponentiell"*

a) f – (3) (f(0) = 1) g – (2) (f(0) = –0,2) h – (1) (f(0) = –1)

b) ■ $k > 0$: $f_k(x) \xrightarrow[x > \infty]{} -\infty$,
weil $-e^x$ schneller gegen $-\infty$ strebt als x gegen ∞.
$k < 0$: $f_k(x) \xrightarrow[x > \infty]{} \infty$,
beide Summanden wachsen über alle Grenzen.
$f_k'(x) = 1 - k \cdot e^x = 0$

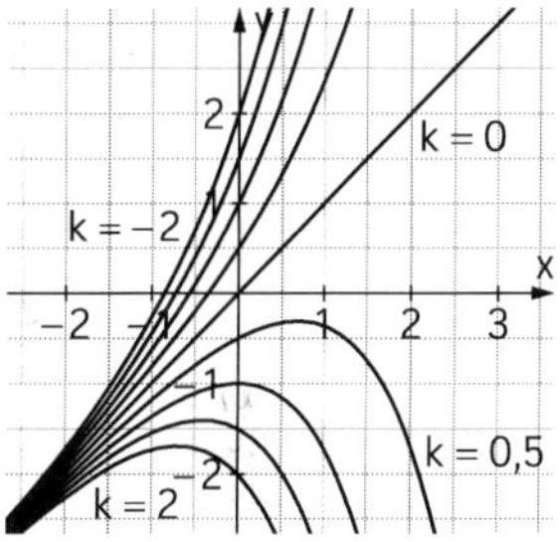

■ $\Rightarrow \begin{cases} k > 0: & x = \ln\left(\frac{1}{k}\right);\ HP\left(\ln\left(\frac{1}{k}\right) \middle| \ln\left(\frac{1}{k}\right) - 1\right) \\ k < 0: & \text{keine} \end{cases}$.

$y = \ln\left(\frac{1}{k}\right) - 1 = x - 1$; $f_k''(x) = -k \cdot e^x$

$\Rightarrow \begin{cases} k > 0: \text{Rechtskrümmung} \\ k < 0: \text{Linkskrümmung} \end{cases}$

■ In $x - k \cdot e^x$ tritt x in Basis und Exponent auf.
Nullstellen nach Grafik:
$k \leq 0$: 1 Nullstelle
$0 < k < k^*$: Zwei Nullstellen
$k > k^*$: keine Nullstellen
Wenn Hochpunkt auf der x-Achse liegt, findet Übergang von „2 Nullstellen" zu „keine Nullstelle" statt.
Rechnung: $\ln\left(\frac{1}{k}\right) - 1 = 0 \Rightarrow k = k^* = \frac{1}{e} \approx 0{,}3679$;

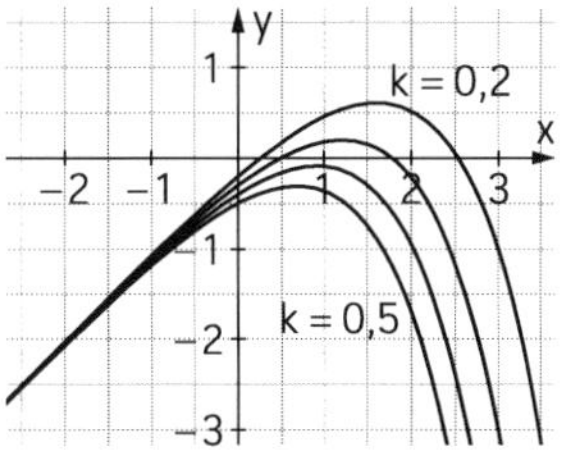

c) ■ Tangenten in $(1 \mid 1 - k \cdot e)$:
$t_k(x) = (1 - k \cdot e) \cdot (x - 1) + 1 - k \cdot e = (1 - k \cdot e) \cdot x$
Die Tangenten verlaufen durch $(0 \mid 0)$.
$\int_0^1 f_k(x)\,dx = \frac{1}{2(e-1)} \approx 0{,}290988$

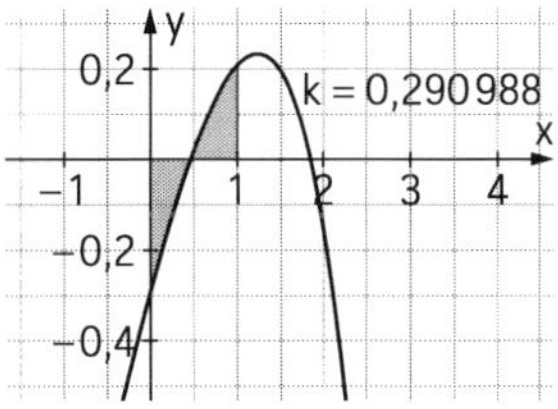

147 **3** *Produkte mit e-Funktionen*

a) $f_1(x) \rightarrow$ schwarze Kurve
$f_2(x) \rightarrow$ rote Kurve
$f_3(x) \rightarrow$ grüne Kurve
$f_4(x) \rightarrow$ blaue Kurve

b) Gleichung der Tangente von f_1 in $P\left(-1 \middle| -\frac{1}{e}\right)$: $y = \frac{2}{e}x + \frac{1}{e}$
Gleichung der Tangente von f_1 in $P(0|0)$: $y = x$
Gleichung der Tangente von f_2 in $P(-1|-e)$: $y = 2ex + e$
Gleichung der Tangente von f_2 in $P(0|0)$: $y = x$
Gleichung der Tangente von f_3 in $P\left(-1 \middle| \frac{1}{e}\right)$: $y = -\frac{1}{e}x$
Gleichung der Tangente von f_3 in $P(0|0)$: $y = 0$
Gleichung der Tangente von f_4 in $P\left(-1 \middle| -\frac{2}{e}\right)$: $y = -\frac{1}{e}x - \frac{3}{e}$
Gleichung der Tangente von f_4 in $P(0|-1)$: $y = -1$

c) Nullstellen von f_1: $x = 0$
Extrempunkte von f_1: $P_E\left(-1 \middle| -\frac{1}{e}\right)$ ist ein Tiefpunkt
Wendepunkte von f_1: $P_W\left(-2 \middle| -\frac{2}{e^2}\right)$
Nullstellen von f_2: $x = 0$
Extrempunkte von f_2: $P_E\left(1 \middle| \frac{1}{e}\right)$ ist ein Hochpunkt
Wendepunkte von f_2: $P_W\left(2 \middle| \frac{2}{e^2}\right)$
Nullstellen von f_3: $x = 0$
Extrempunkte von f_3: $P_T(0|0)$ ist ein Tiefpunkt; $P_H\left(-2 \middle| \frac{4}{e^2}\right)$ ist ein Hochpunkt
Wendepunkte von f_3: $P_W\left(-2 + \sqrt{2} \,|\, 0{,}19\right)$ und $P_W\left(-2 - \sqrt{2} \,|\, 0{,}38\right)$
Nullstellen von f_4: $x = 1$
Extrempunkte von f_4: $P_E(0|-1)$ ist ein Tiefpunkt
Wendepunkte von f_4: $P_W\left(-1 \middle| -\frac{2}{e}\right)$

4 *Flächeninhalte und Schnittpunkte – Schätzen und Rechnen*

a)
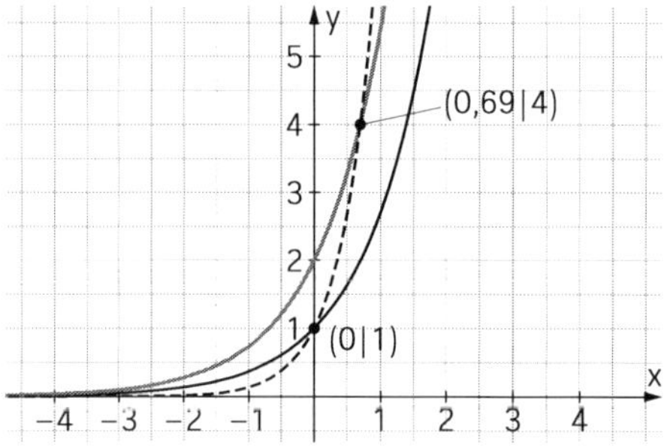

(1)-(2) $e^x = 2e^x \Leftrightarrow 1 = 2$ keine Schnittpunkte
(1)-(3) $e^x = e^{2x} \Leftrightarrow x = 2x \Rightarrow x = 0$; $S(0|1)$
(2)-(3) $2e^x = e^{2x} \Leftrightarrow 2 = e^x \Rightarrow x = \ln(2)$; $S(\ln(2)|4)$

b) Die Schätzung kann zum Beispiel mithilfe der Graphen erfolgen. Man erhält grob $A_a \approx 1{,}5$ FE, $A_b \approx 3$ FE und $A_c \approx 3{,}5$ FE.
Die Rechnung mithilfe des Integrals liefert dann:

a) $f(x) = e^x$ $\quad F(x) = e^x$ $\quad A = \int_0^1 f(x)\,dx = [F(x)]_0^1 = \ldots \approx 1{,}72$ FE

b) $g(x) = 2e^x$ $\quad G(x) = 2e^x$ $\quad A \approx 3{,}44$ FE

c) $h(x) = e^{2x}$ $\quad H(x) = \frac{1}{2}e^{2x}$ $\quad A \approx 3{,}19$ FE

147 **5** *Flächen 1*

a) $f_1(x) = e^x$; $f_2(x) = e^{-x}$; $f_3(x) = -e^x$; $f_4(x) = -e^{-x}$

b) $A = 2 \cdot \left(\int_{-2}^{0} e^{-x}dx + \int_0^2 e^x dx \right) = 2 \cdot \left([-e^{-x}]_{-2}^{0} + [e^x]_0^2 \right)$
$= 2 \cdot (2e^2 - 2) \approx 25{,}56$ FE

c) Tangenten: $y = x + 1$; $y = 1 - x$; $y = -x - 1$; $y = x - 1$
Die vier Tangenten bilden Quadrat mit der Kantenlänge $\sqrt{2}$.
Normalen: $y = 1 - x$; $y = x + 1$; $y = x - 1$; $y = -x - 1$
Die Normalen bilden dasselbe Quadrat.
Gemetrisch: Tangente an eine Funktion ist Normale an einer anderen.

148 **6** *Flächen 2*

a) $F = \int_{-4}^{0} e^x dx - 0{,}5 = 0{,}5 - e^{-4} \approx 0{,}4817$

b) $F = 3e - \int_{-2}^{1} ex\,dx = 2e + e{-}2 \approx 5{,}5719$

d) $F = 2\int_0^{\ln(2)} (2e^{-x} - 1)\,dx = 2(1 - \ln(2)) \approx 0{,}6137$
(Symmetrie ausnutzen)

7 *Besondere Eigenschaft der e-Funktion*

- $g'(x) = c \cdot e^x = g(x)$ (Faktorregel)
- $c \neq 1$: $h'(x) = c \cdot e^{cx} = c \cdot h(x) \neq h(x)$ (Kettenregel)
- (1) $d'(x) = 1 \cdot e^{x+c} = d(x)$ (Kettenregel)
  (2) $d(x) = e^c \cdot e^x \rightarrow d'(x)\ e^c \cdot e^x = d(x)$ (Faktorregel)

148 **8** *Intensivtraining – Charakteristische Punkte*

	a) $f(x) = 4x - e^x$	b) $f(x) = e^x - e \cdot x$
Skizze	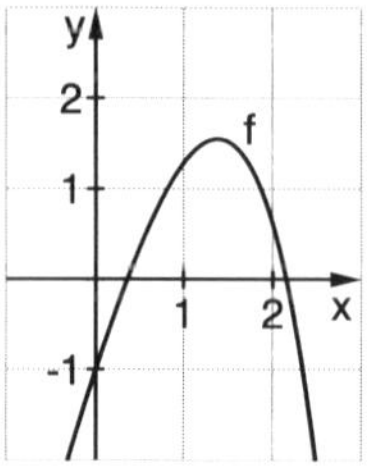	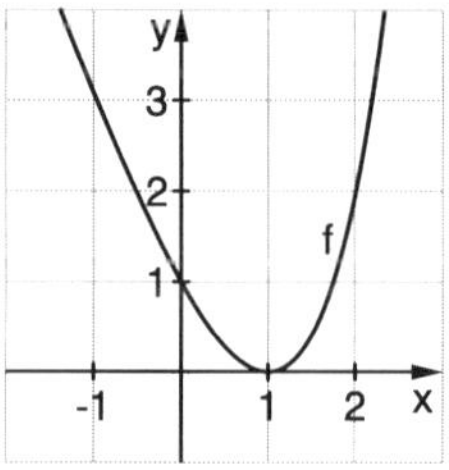
Schnittpunkte mit Koordinatenachsen	$(0\|-1)$ $(0{,}36\|0)$; $(2{,}15\|0)$ (grafisch-numerisch)	$(0\|1)$ $(1\|0)$ keine Lösungsformel, aber exakter Nachweis möglich: $e^1 - e \cdot 1 = 0$
Lokale Extrempunkte	HP $(\ln(4)\|4\ln(4) - 4)$	TP $(1\|0)$ (Hieraus folgt auch die Nullstelle.)

	c) $f(x) = (x - 2) \cdot e^x$	d) $f(x) = x^2 \cdot e^x$
Skizze	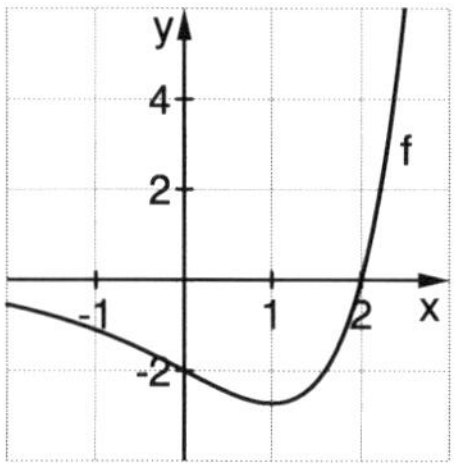	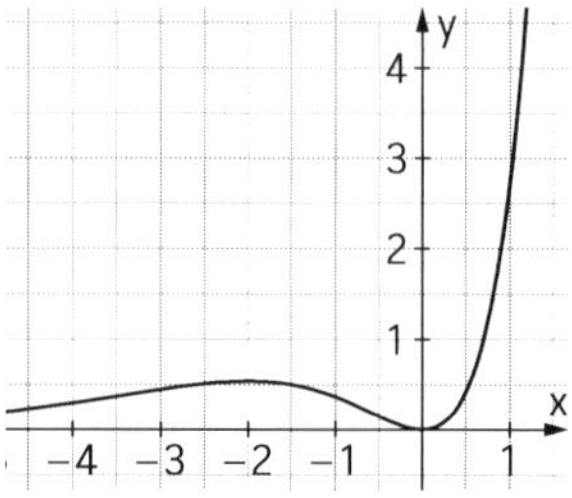
Schnittpunkte mit Koordinatenachsen	$(0\|-2)$ $(2\|0)$	$(0\|0)$
Lokale Extrempunkte	TP $(1\|-e)$ $f'(x) = (x - 1) \cdot ex$	HP $\left(-2\middle\|\frac{4}{e^2}\right)$; TP $(0\|0)$

In a) und b) tritt bei Berechnung der Nullstellen„x“ sowohl als Exponent als auch als Basis auf, so dass die Gleichungen nicht allgemein mit einer Lösungsformel gelöst werden können.

9 *Intensivtraining – Tangenten und Normalen*

	Tangente in $(0\|f(0))$ und $(2\|f(2))$	Normale in $(0\|f(0))$ und $((2\|f(2))$
a)	$y = 2x + 1$ $y = 2e^4x - 3e^4$	$y = -\frac{1}{2}x + 1$ $y = -\frac{1}{2e^4}x + e^4 + \frac{1}{e^4}$
b)	$y = 2x + 2$ $y = 2e^2x - 2e^2$	$y = -\frac{1}{2}x + 2$ $y = \frac{-1}{2e^2x} + 2e^2 + \frac{1}{e^2}$
c)	$y = 2x + 1$ $y = (e^2 + 1)x - e^2$	$y = \frac{-1}{2}x + 1$ $y = \frac{-1}{e^2 + 1}x + \frac{2}{e^2 + 1} + e^2 + 2$
d)	$y = x$ $y = 3e^2x - 4e^2$	$y = -x$ $y = \frac{-1}{3e^2}x + 2e^2 + \frac{2}{3e^2}$

148 **10** *Eine besondere Funktion*

a) $f'(x) = e^x - e^{-x}$
$f''(x) = e^x + e^{-x} = f(x)$
$g'(x) = 2x$
$g''(x) = 2$
f und g sehen ähnlich aus. Die Ableitungen sind aber sehr unterschiedlich. Bei f wiederholen sie sich, bei g ist es ab der dritten Ableitung $y = 0$.

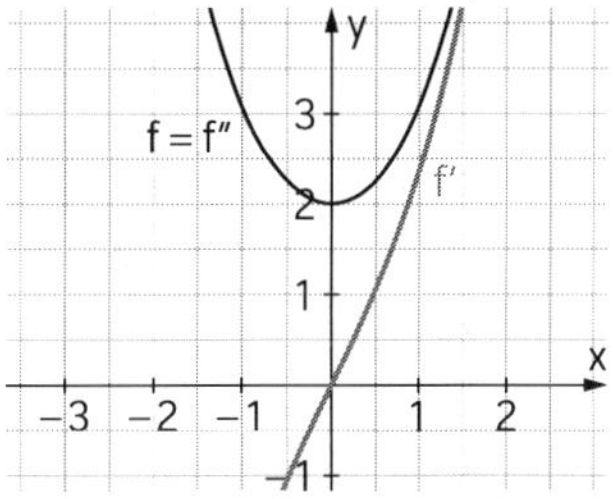

b) $f'(a) = e^a + e^{-a}$; $\int_0^a f(x)\,dx = [e^x - e^{-x}]_0^a = e^a - e^{-a}$

Die Steigung an der Stelle a stimmt mit dem Flächeninhalt unter der Kurve in [0; a] überein. Mit der Ableitung können hier Flächeninhalte berechnet werden.

11 *Ein Extremalproblem*

Für den Flächeninhalt des Rechtecks gilt $A(t) = t \cdot f(t) = t \cdot e^{-t}$.
Wenn für ein t_0 mit $0 < t_0 \leq 2$ $A'(t_0) = 0$ und $A''(t_0) < 0$ gilt, ist das Rechteck mit den Eckpunkten $P(t_0 | f(t_0))$ maximal. Diese Bedingungen sind für $t_0 = 1$ erfüllt. Der maximale Flächeninhalt des Rechtecks beträgt ca. $37\,cm^2$ wegen $A(1) = e^{-1} \approx 0{,}37$.

149 **12** *Asymptoten, Extrempunkte und Flächen*

a) $e^{2x} \xrightarrow[x \to -\infty]{} 0$; $e^x \xrightarrow[x \to -\infty]{} 0 \Rightarrow f(x) \xrightarrow[x \to -\infty]{} 0 - 2 \cdot 0 + 1 = 1$;

$e^{2x} - 2e^x + 1 = (e^x - 1)^2 \xrightarrow[x \to \infty]{} \infty$

b) Tiefpunkt: $(0|0)$; Wendepunkt: $WP\left(\ln\left(\frac{1}{2}\right) \middle| \frac{1}{4}\right)$

c) $f(x) = 1 \Rightarrow x = \ln(2)$: Schnittpunkt $(\ln(2)|1)$

Orange Fläche 1	Orange Fläche 2	Lila Fläche
$2 \cdot \int_0^{\ln(2)} f(x)\,dx = 2\ln(2) - 1 \approx 0{,}3863$	$2 \cdot \int_{-4}^{0} f(x)\,dx = 5 - e^{-8} + 4e^{-4} \approx 5{,}0729$	$2 \cdot \int_{-\infty}^{\ln(2)} (1 - f(x))\,dx = 4$

13 *Zwei Funktionenscharen*

(1) a) $4 = e - k \Rightarrow k = e - 4$

b) $f_k(2) = e^2 - 2k$; $e^2 - 2k = 0 \Rightarrow k = \frac{1}{2}e^2$

c) $F_1(x) = e^x - \frac{1}{2}x^2 + c$; $e_1 - \frac{1}{2} + c = 0$

$\Rightarrow c = \frac{1}{2} - e$

d) (1) $\int_{-1}^{1} f_k(x)\,dx = \left[e^x - \frac{k}{2}x^2\right]_{-1}^{1} = e - \frac{1}{e}$

(2) $\int_{-t}^{t} f_1(x)\,dx = \left[e^x - \frac{1}{2}x^2\right]_{-t}^{t} = e^t - \frac{1}{e^t}$

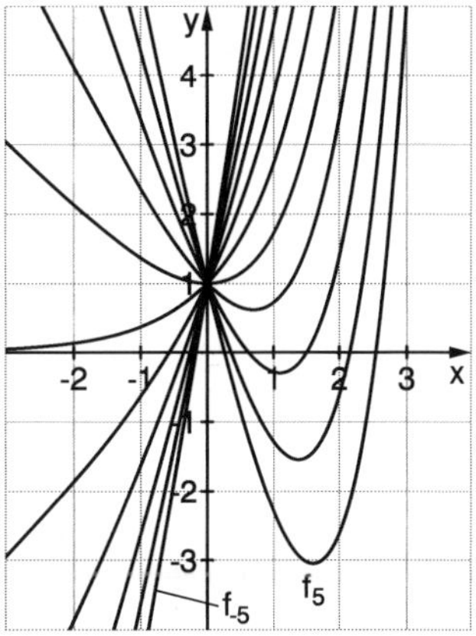

(2) a) ■ $(0 - k)e^0 = 0 \Rightarrow k = 0$

■ $(1 - k)e^1 = 1 \Rightarrow k = 1 - \frac{1}{e} \approx 0{,}6321$

■ $f_k'(x) = (1 + x - k)e^x$; $(1 + 1 - k)e^1 = 2 \Rightarrow k = 2 - \frac{2}{e} \approx 1{,}2642$

b) $f_k''(x) = (2 + x - k)e^x$; $(2 + 0 - k)e^0 - 0 \Rightarrow k = 2$

c) $f_k'(1) = 0 \Rightarrow (2 - k)e^1 = 0 \Rightarrow k = 2$

149 **14** *Weitere Fragen zur Schar aus Beispiel A*

a) $f_k''(x) = k \cdot e^x - 4 \cdot e^{2x} = e^x \cdot (k - 4e^x) = 0 \Rightarrow x = \ln\left(\frac{k}{4}\right)$: WP$\left(\ln\left(\frac{k}{4}\right) \middle| \frac{3k^2}{16}\right)$

$y = 3 \cdot e^{2 \cdot \ln\left(\frac{k}{4}\right)} = 3 \cdot \left(e^{\ln\left(\frac{k}{4}\right)}\right)^2 = 3 \cdot \frac{k^2}{16}$

b) Schnittpunkt mit y-Achse: $(0 | k - 1)$: Tangente: $t_k(x) = (k - 2) \cdot x + k - 1$

■ t_4 $(k = 4)$ hat die Steigung 2.

■ $t_{2,5}$ $(k = 2{,}5)$ verläuft durch $(1 | 2)$.

■ Ansatz: $(k - 2) \cdot \left(-\frac{1}{2}\right) = -1 \Rightarrow k = 4$; Schnittpunkt: $S\left(\frac{4}{5} \middle| \frac{23}{5}\right)$

c) (1) Welche Kurve der Schar verläuft durch den Punkt $(1 | -1)$?

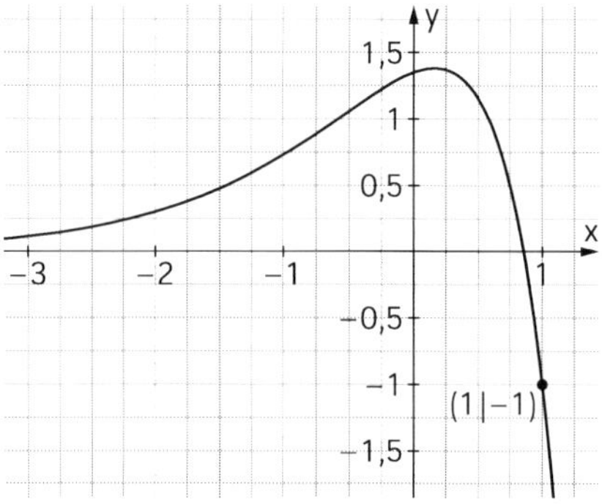

(2) Wo hat die Kurve zu $k = -2$ die Steigung 1?

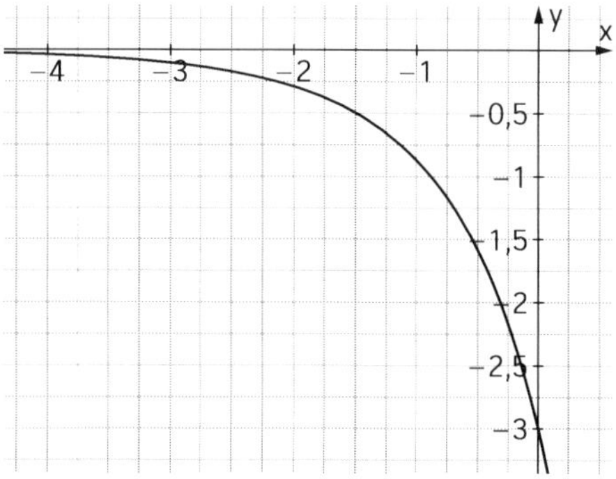

(3) Welche Kurve der Schar umschließt mit der x-Achse im Intervall $[-1; 1]$ eine Fläche mit dem orientierten Inhalt 0?

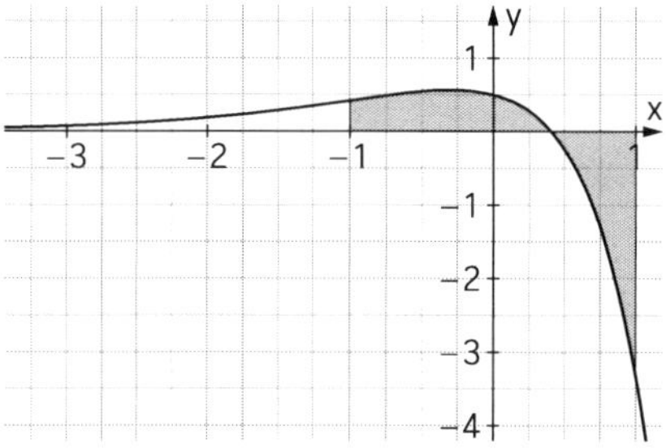

(4) In welchem Intervall $[-1; a]$ umschließt die Kurve zu $k = 3$ mit der x-Achse eine Fläche mit dem orientierten Inhalt 0?

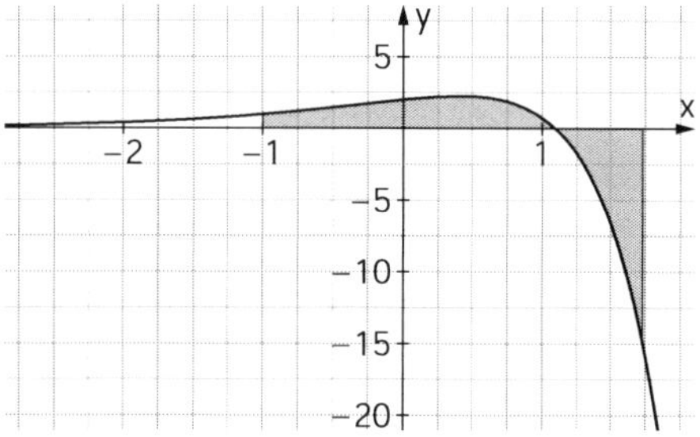

150 15 *Verknüpfung linearer Funktionen mit Exponentialfunktionen*

a)

Zuordnung	Begründung
(1) ≙ (B)	Wegen $f_b(0) = b$ hängt hier der y-Achsenabschnitt von b ab.
(2) ≙ (C)	Das Vorzeichen der f_a-Werte ergibt sich aus dem Zusammenspiel der Vorzeichen der Werte von a und x.
(3) ≙ (A)	Für $x < 0$ gilt $f_k(x) < 0$ (Graph im 3. Quadranten) und für $x > 0$ gilt $f_k(x) > 0$ (Graph im 1. Quadranten).

Tabelle zu (2) ≙ (C):

	a > 0	**a < 0**
x > 0	$f_a(x) > 0$ 1. Quadrant	$f_a(x) < 0$ 4. Quadrant
x < 0	$f_a(x) < 0$ 3. Quadrant	$f_a(x) > 0$ 2. Quadrant

b)

	$f_b(x) = (x + b) \cdot e^x$	$f_a(x) = a \cdot x \cdot e^x$	$f_k(x) = x \cdot e^{kx}$
Nullstellen	$x = -b$	$x = 0$	$x = 0$
Hochpunkte	keine	$\left(-1 \middle| -\frac{a}{e}\right)$ (für a < 0)	$\left(-\frac{1}{k} \middle| -\frac{1}{k \cdot e}\right)$ (für k < 0)
Tiefpunkte	$T\left(-(1+b) \middle| -\frac{1}{e^{1+b}}\right)$	$\left(-1 \middle| -\frac{a}{e}\right)$ (für a > 0)	$\left(-\frac{1}{k} \middle| -\frac{1}{k \cdot e}\right)$ (für k > 0)
Wendepunkte	$W\left(-(2+b) \middle| -\frac{2}{e^{2+b}}\right)$	$\left(-2 \middle| -\frac{2a}{e^2}\right)$	$\left(-\frac{2}{k} \middle| -\frac{2}{k \cdot e^2}\right)$
Ortskurve der Extrempunkte	$g_E(x) = -e^x$	$x = -1$	$g_E(x) = \frac{x}{e}$
Ortskurve der Wendepunkte	$g_W(x) = -2 \cdot e^x$	$x = -2$	$g_W(x) = \frac{x}{e^2}$
Verhalten für $x \to -\infty$	$f_b(x) \to 0$ ($e^x \to 0$ schneller als $x \to -\infty$)	$f_a(x) \to 0$ ($e^x \to 0$ schneller als $a \cdot x \to \pm\infty$)	Für $k > 0$: $f_k(x) \to 0$ ($e^{kx} \to 0$ schneller als $x \to -\infty$) Für $k < 0$: $f_k(x) \to -\infty$ ($e^{kx} \to +\infty$ schneller als $a \cdot x \to -\infty$)
Verhalten für $x \to +\infty$	$f_b(x) \to +\infty$ (beide Faktoren streben gegen $+\infty$)	Für $a > 0$: $f_a(x) \to +\infty$ Für $a < 0$: $f_a(x) \to -\infty$ ($e^x \to +\infty$)	Für $k > 0$: $f_k(x) \to +\infty$ (beide Faktoren streben gegen $+\infty$) Für $k < 0$: $f_k(x) \to -\infty$ ($e^{kx} \to 0$ schneller als $x \to +\infty$)

c) Vergleich der Funktionenscharen $f_b(x)$, $f_a(x)$ und $f_k(x)$ (es gelten $a \neq 0$ und $k \neq 0$)

Gemeinsamkeiten	Unterschiede
Gemeinsame Grundlage f Gemeinsamer Spezialfall $f(x) = x \cdot e^x$ Globalverhalten: Jeder Graph besteht aus 2 Ästen, von denen der eine sich der x-Achse anschmiegt und der andere nach $+\infty$ oder $-\infty$ wandert. Jeder Graph hat genau eine Nullstelle. Jeder Graph hat genau einen Extrempunkt. Jeder Graph hat genau einen Wendepunkt.	Mit Ausnahme des gemeinsamen Spezialfalls sind die Parameterwerte unterschiedlich: (1) Bei $f_b(x)$ gilt $a = 1 = k$. (2) Bei $f_a(x)$ gilt $b = 0$, $k = 1$. (3) Bei $f_k(x)$ gilt $a = 1$, $b = 0$. Typischer Graphenverlauf, die Lage der Nullstellen, der Extrem- und der Wendepunkte sowie der Verlauf der Ortskurven der Extrem- und der Wendepunkte sind von Schar zu Schar verschieden.
Einfluss der Parameter: Nur der Parameter b hat Einfluss auf die Lage der Nullstellen. Die Extrem- und die Wendestelle hängen von den Parametern b und k, nicht aber vom Parameter a ab.	

d) $f(x) = (ax + b) \cdot e^{kx}$

- Nullstellen: $f(x) = 0 \Rightarrow x = -\frac{b}{a}$
- Extrempunkte: $f'(x) = 0,\ f'(x) = e^{kx} \cdot (akx + a + bk) \Rightarrow x = -\frac{1}{k} - \frac{b}{a}$

  Hochpunkt $H\left(-\frac{1}{k} - \frac{b}{a} \middle| -\frac{a}{k} \cdot e^{-1-\frac{kb}{a}}\right)$ für a, k > 0 oder a, k < 0

  Tiefpunkt $T\left(-\frac{1}{k} - \frac{b}{a} \middle| -\frac{a}{k} \cdot e^{-1-\frac{kb}{a}}\right)$ für a > 0 und b < 0 oder a < 0 und b > 0
- Wendepunkte: $f''(x) = 0,\ f''(x) = e^{kx} \cdot (ax \cdot (kx + 2) + bkx + b)$

  $$\Rightarrow x_{1,2} = \frac{-2a + bk \pm \sqrt{4a^2 + b^2k^2}}{2ak}$$
- Verhalten für $x \to \pm\infty$:

  $x \to \infty$: $f(x) \to \infty$ für a, k > 0, $b \in \mathbb{R}$; $f(x) \to -\infty$ für a < 0, k > 0, $b \in \mathbb{R}$;
  $f(x) \to 0$ für a, $b \in \mathbb{R}$, k < 0

  $x \to -\infty$: $f(x) \to \infty$ für a, k < 0, $b \in \mathbb{R}$; $f(x) \to -\infty$ für a > 0, k < 0, $b \in \mathbb{R}$;
  $f(x) \to 0$ für a, $b \in \mathbb{R}$, k > 0

150 **16** *Verknüpfung von Potenzfunktionen mit e-Funktionen*

a) $f_1 \to B$; $f_2 \to C$; $f_3 \to A$

Begründungen:

- $e^x > 0$, also gilt $f_2(x) > 0$
- $(0|0)$ ist Sattelpunkt in A, also ist $x = 0$ dreifache Nullstelle $\to f_3$
- Überschlagswerte für Funktionswerte bestimmen:
  $f_1(-3) = -3 \cdot e^{-3}$, $f_2(-3) = 9 \cdot e^{-3}$, $f_3(-3) = -27 \cdot e^{-3}$

Qualitative Beschreibung:

x > 0: zunehmend schnelleres Wachsen über alle Grenzen

x < 0: n gerade: oberhalb der x-Achse, ein Hochpunkt;
n ungerade: unterhalb der x-Achse, ein Tiefpunkt;
Graphen ‚schlagen' immer weiter aus, je größer n wird, nähern sich für $x \to -\infty$ asymptotisch der x-Achse.

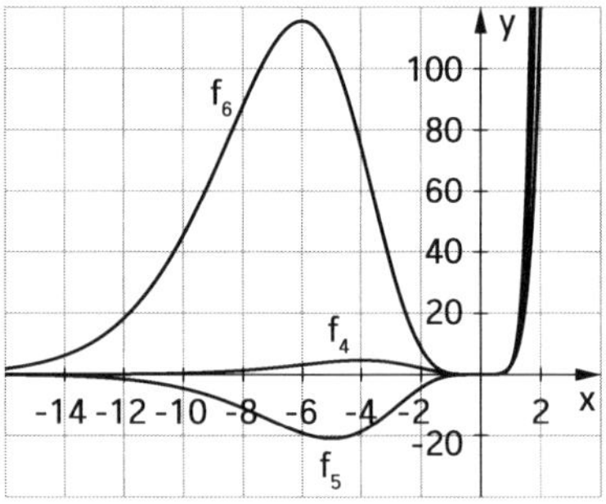

b) $f_1'(x) = (x + 1)e^x$ | $f_2'(x) = (x^2 + 2x)e^x$ | $f_3'(x) = (x^3 + 3x^2)e^x$

$f_1''(x) = (x + 2)e^x$ | $f_2''(x) = (x^2 + 4x + 2)e^x$ | $f_3''(x) = (x^3 + 6x^2 + 6x)e^{xw}$

$TP\left(-1 \middle| -\frac{1}{e}\right)$ | $HP\left(-2 \middle| \frac{4}{e^2}\right)$ | $HP\left(-3 \middle| \frac{-27}{e^3}\right)$

$WP\left(-2 \middle| -\frac{2}{e^2}\right)$ | $x_{w_{1,2}} = -2 \pm \sqrt{2} \approx \begin{cases} -3{,}414 \\ -0{,}586 \end{cases}$ | $x_{w_{1,2}} = -3 \pm \sqrt{3} \approx \begin{cases} -4{,}732 \\ -1{,}268 \end{cases}$

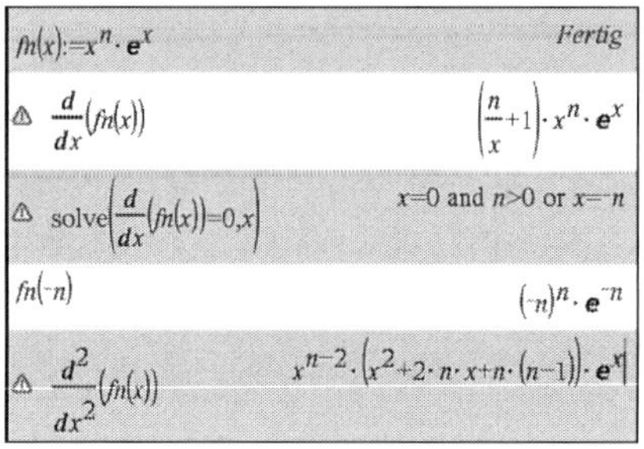

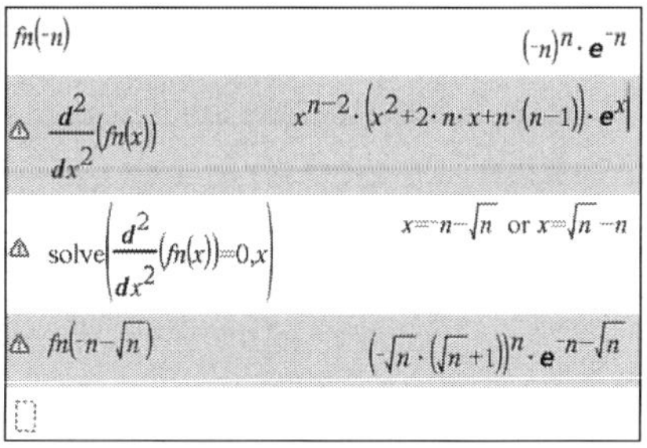

150 17 *Forschungsaufgaben*

Schüleraktivität. Mögliche Anregungen/Hinweise:

- Alle Parameter bis auf einen fest wählen.
- Für ausgewählte Parameter 0 einsetzen, Spezialfälle betrachten.
- Mit GTR oder Funktionenplotter Übersicht über grafische Verläufe bekommen, Einzelfälle algebraisch untersuchen.

$f(x) = e^{ax^2+bx+c}$

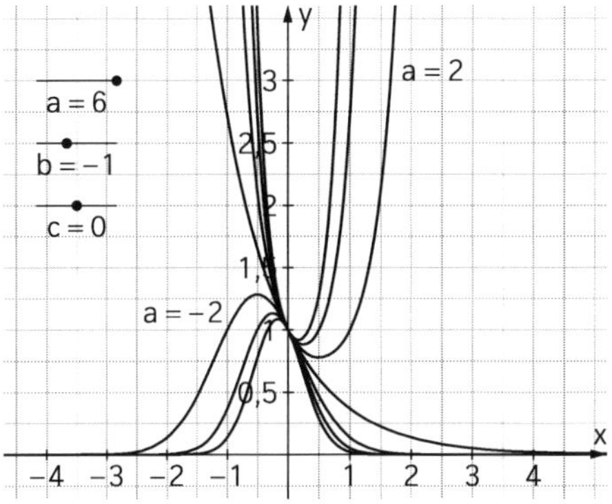

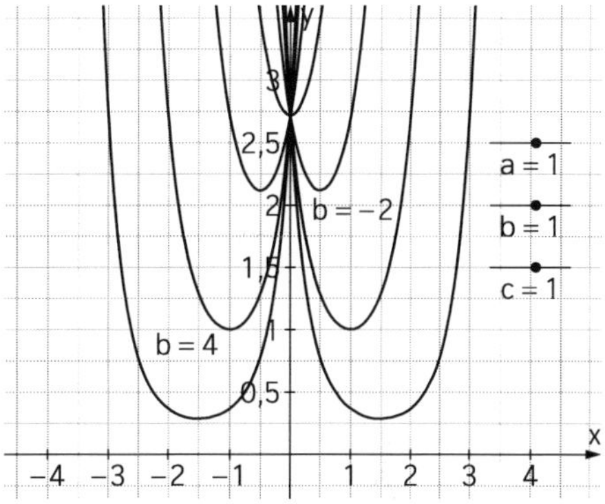

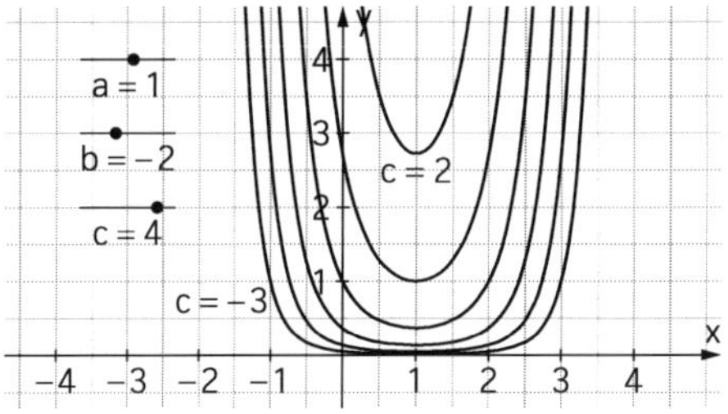

$f(x) = x^2 \cdot e^{ax+b}$

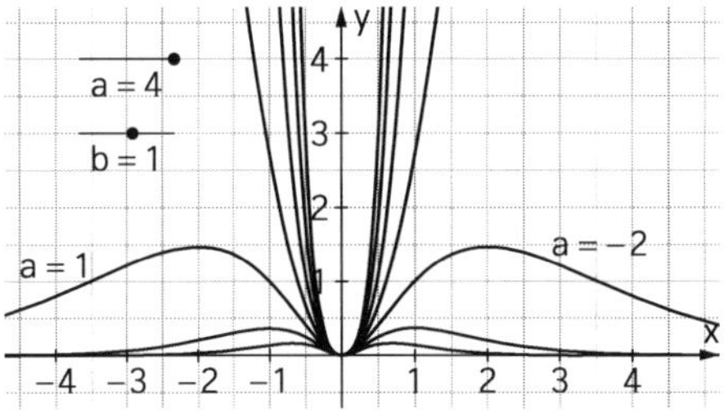

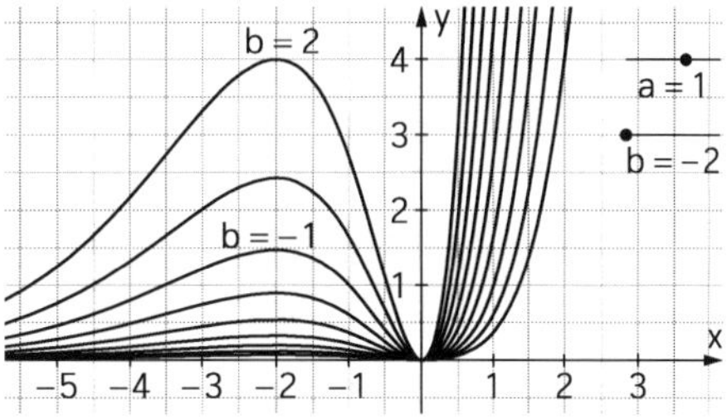

$f(x) = a \cdot e^{bx} + cx$

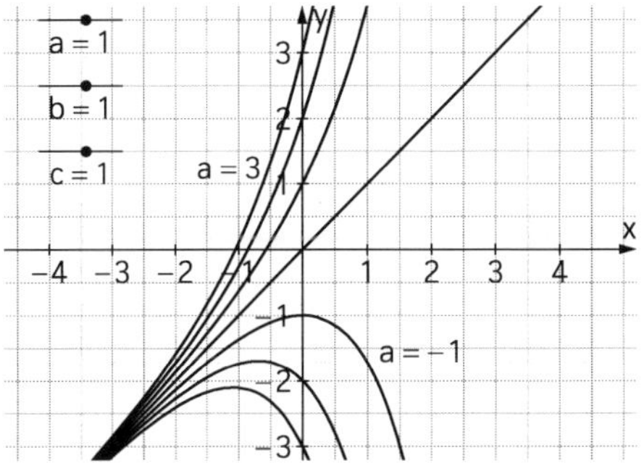

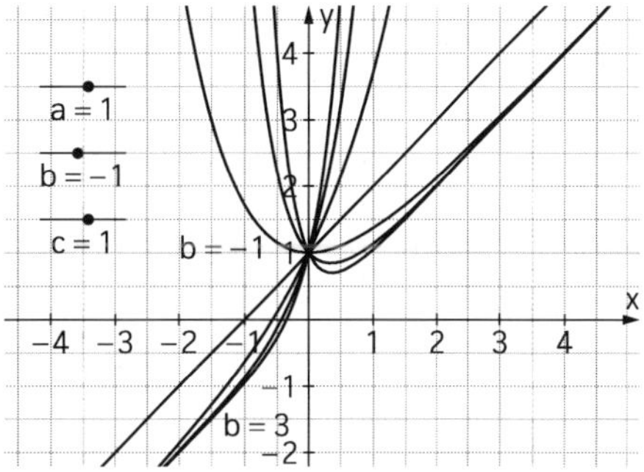

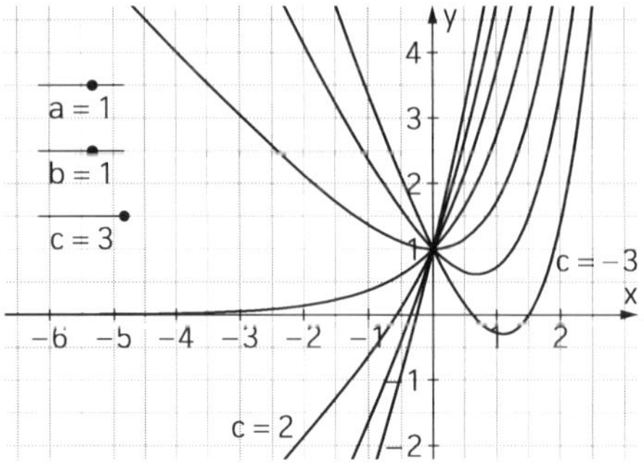

151 **18** *Tangenten und ein Extremwertproblem*

a)

Punkt	Tangente	Nullstelle	b) Fläche Dreieck
$(0\,\vert\,1)$	$y = x + 1$	$x = -1$	$F = 0{,}5$
$(1\,\vert\,e)$	$y = e^x$	$x = 0$	kein Dreieck
$(-1\,\vert\,e^{-1})$	$y = e^{-1}x + 2e^{-1}$	$x = -2$	$F = \frac{2}{e} \approx 0{,}7358$
$(2\,\vert\,e^2)$	$y = e^2x - e^2$	$x = 1$	$F = \frac{1}{2}e^2 \approx 3{,}6945$
$(-2\,\vert\,e^{-2})$	$y = e^{-2}x + 3e^{-2}$	$x = -3$	$F = \frac{9}{2e^2} \approx 0{,}6090$

Die Nullstelle der Tangente von $y = e^x$ im Punkt $(t\,|\,e^t)$ ist $x = t - 1$, also um 1 kleiner als die x-Koordinate des Berührpunktes.Geometrische Konstruktion: Berührpunkt und Schnittpunkt mit x-Achse legen Tangente fest.

c) Tangente in $(t\,|\,e^t)$: $y = e^t x + (1 - t)e^t$; Nullstelle: $x = t - 1$

Fläche des Dreiecks: $A(t) = \frac{1}{2}(t - 1)(t - 1)e^t = \frac{1}{2}(t - 1)^2 e^t$

Lokale Extrempunkte von $A(t)$: $A'(t) = \frac{1}{2}(t^2 - 1)e^t$;

$TP(1\,|\,0)$; $HP(-1\,|\,2e^{-1}) \approx (-1\,|\,0{,}7358)$

Der Tiefpunkt markiert den Fall, dass kein Dreieck existiert.

19 *Eine Glockenkurve*

a) Symmetrie: $f(-x) = e^{-\frac{1}{2}(-x)^2} = e^{-\frac{1}{2}x^2} = f(x)$

Verhalten für $x \to \pm\infty$

$\lim\limits_{x \to \pm\infty} e^{-\frac{1}{2}x^2} = „e^{-\infty}“ = 0$ (x-Achse ist Asymptote für $x \to \pm\infty$)

$f'(x) = -x \cdot e^{-\frac{1}{2}x^2} = 0 \Rightarrow x = 0$; $HP(0\,|\,1)$

Wegen $f(x) > 0$ und des Verhaltens für $x \to \pm\infty$ muss es Hochpunkt sein.

b) (1) $f''(x) = (x^2 - 1)e^{-\frac{1}{2}x^2}$; $f''(x) = 0 \Rightarrow x_{1,2} = \pm 1$

$WP1\left(-1\,\middle|\,\frac{1}{\sqrt{e}}\right)$; $WP_2\left(1\,\middle|\,\frac{1}{\sqrt{e}}\right)$;

Tangenten in Wendepunkten: $y = -\frac{1}{\sqrt{e}}x + \frac{2}{\sqrt{e}}$ bzw. $y = \frac{1}{\sqrt{e}}x + \frac{2}{\sqrt{e}}$

$F = \frac{1}{2} \cdot 2 \cdot \frac{2}{\sqrt{e}} = \frac{2}{\sqrt{e}} \approx 1{,}213$

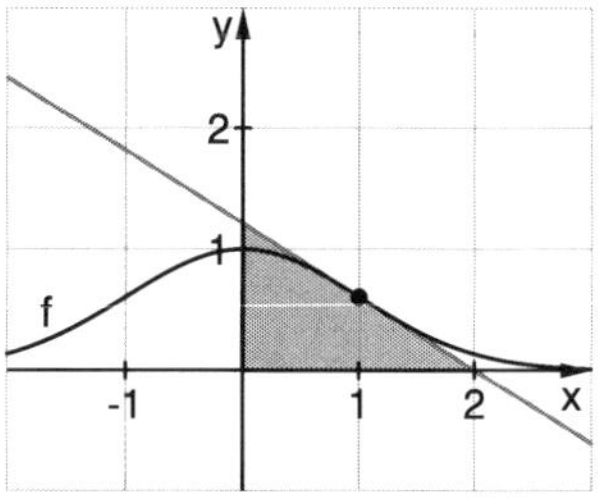

(2) Näherung mit Verbindung durch
$y = bx^2 + 1$ in $[0;\ 1]$ bzw. $y = b(x-3)^2$ in $[1;\ 2]$:

$f_1(x) = \left(\frac{1}{\sqrt{e}} - 1\right)x^2 + 1;\ f_2(x) = \frac{1}{4\sqrt{e}}(x-3)^2$

$F = \int_0^1 f_1(x)\,dx + \int_1^2 f_2(x)\,dx \approx 0{,}87 + 0{,}35 = 1{,}22$

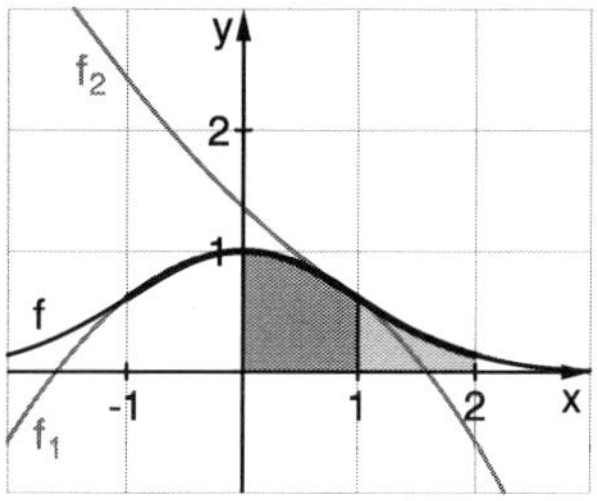

(3) Kubische Regression mit (0|1), (0,5|0,88), (1|0,6), (1,5|0,32) und (2|0,14):
$g(x) = 0{,}17x^3 - 0{,}55x^2 - 0{,}01x + 1$

$\int_0^2 g(x)\,dx \approx 1{,}19$

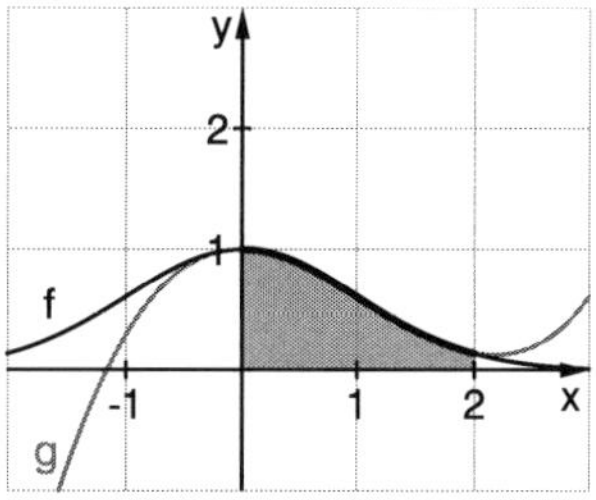

Sichern und Vernetzen – Vermischte Aufgaben zu Kapitel 3

155 **1** *Ableitungen bestimmen*

a) $f'(x) = 2x \cdot x^3 + x^2 \cdot 3x^2 = 5x^4$ (Produkt-, Potenzregel) oder:
$f(x) = x^{2+3} = x^5 \Rightarrow f'(x) = 5x^4$ (Potenzregel)

b) $f'(x) = \cos(x) \cdot \cos(x) + \sin(x) \cdot (-\sin(x)) = (\cos(x))^2 - (\sin(x))^2$ (Produktregel)

c) $f'(x) = 0{,}3 \cdot e^{0{,}1x}$ (Kettenregel)

d) $f'(x) = 2x(x^2+1) + (x^2-1)2x = 2x^3 + 2x + 2x^3 - 2x = 4x^3$ (Produkt-, Summen-, Potenzregel) oder: $f(x) = x^4 - 1$ (3. binomische Formel) $\Rightarrow f'(x) = 4x^3$ (Potenz-, Summenregel)

e) $f'(x) = e^x + 2e^{2x}$ (Summen-, Kettenregel)

f) $f(x) = e^x \cdot e^{2x} = e^{2x+x} = e^{3x} \Rightarrow f'(x) \Rightarrow 3e^{3x}$ (Potenz-, Kettenregel) oder:
$f'(x) = e^x \cdot 2 \cdot e^{2x} + e^x \cdot e^{2x} = 3e^x e^{2x} = 3e^{3x}$ (Produkt-, Kettenregel, Potenzgesetz)

g) $f(x) = 1\,e^{-x} + x \cdot (-1) \cdot e^{-x} = (x-1)e^{-x}$ (Produkt-, Kettenregel)

h) $f(x) = 2x^6 \Rightarrow f'(x) = 12x^5$ (Potenzgesetz, Potenzregel)

i) $f'(x) = 2x \cdot e^x + (x^2-2) \cdot e^x = (x^2 + 2x - 2) \cdot e^x$ (Produktregel)

j) Kettenregel: $f'(x) = (-4x+4) \cdot e^{-x^2+2x}$

k) Kettenregel: $f'(x) = 2 \cdot (e^x - k) \cdot (e^x - kx)$
Produktregel: $f(x) = (e^x - kx) \cdot (e^x - kx)$
$f'(x) = (e^x - k) \cdot (e^x - kx) + (e^x - kx) \cdot (e^x - k) = 2 \cdot (e^x - k) \cdot (e^x - kx)$

l) $f'(x) = 2x \cdot \cos(x^2) \cdot \cos(2x) + \sin(x^2) \cdot 2 \cdot (-\sin(2x))$
$= 2x \cdot \cos(x^2) \cdot \cos(2x) - 2\sin(x^2) \cdot \sin(2x)$

2 *Terme*

a) 5 b) $\frac{1}{2}$ c) e d) Term kann nicht zusammengefasst werden. e) 1

3 *Gleichungen*

a) $x = -\ln(34) \approx -3{,}5264$

b) $x = \frac{1}{2} \cdot \ln(1000) \approx 3{,}4539$

c) Keine algebraische Lösung möglich. Siehe Skizze.

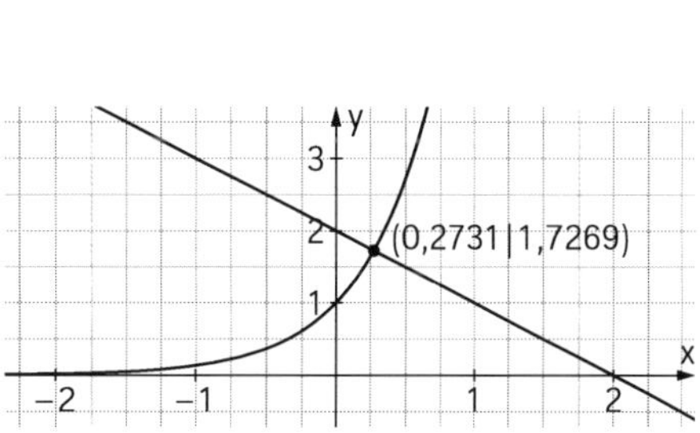

d) $x = e^2 + 4$

155

4 *Bewegte Graphen*

	a) Funktionsgleichung, geometrische Abbildungen	b) Asymptote
(1)	$f(x) = e^x + 2$ Verschiebung um 2 in die positive y-Richtung	$y = 2$ für $x \to -\infty$
(2)	$f(x) = e^{-x} + 1$ Spiegelung an der y-Achse Verschiebung um 1 in die positive y-Richtung	$y = 1$ für $x \to +\infty$
(3)	$f(x) = e^x - 1$ Verschiebung um 1 in die negative y-Richtung	$y = -1$ für $x \to -\infty$
(4)	$f(x) = -e^x$ Spiegelung an der x-Achse	$y = 0$ für $x \to -\infty$
(5)	$f(x) = -e^{-x}$ Spiegelung an der y- und an der x-Achse	$y = 0$ für $x \to +\infty$

5 *Lokale Extrempunkte und Tangenten*

	Hochpunkte	Tiefpunkte	Schnittpunkte mit Koordinatenachsen	Tangenten	
a)	keine	$TP(1 \mid -e)$	$P(0 \mid -2)$ $Q(2 \mid 0)$	$t_P = -x - 2$ $t_Q = e^2 \cdot (x - 2)$	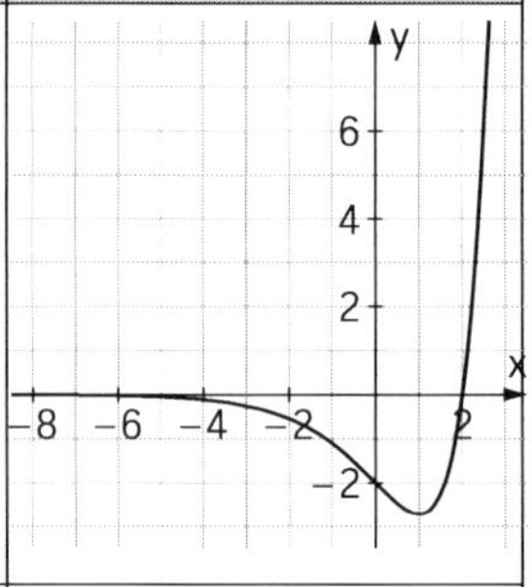
b)	keine	$TP(0 \mid 2)$	$Q(0 \mid 2)$	$t_Q = 2$	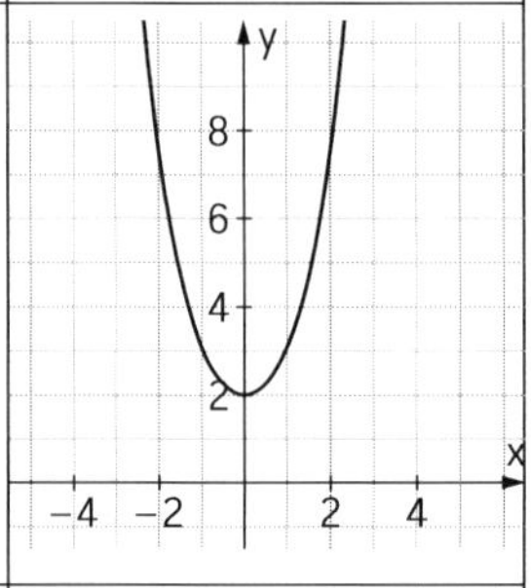
c)	keine	$TP\left(-2 \mid -\frac{4}{e}\right)$	$P(0 \mid 0)$	$t_P = 2x$	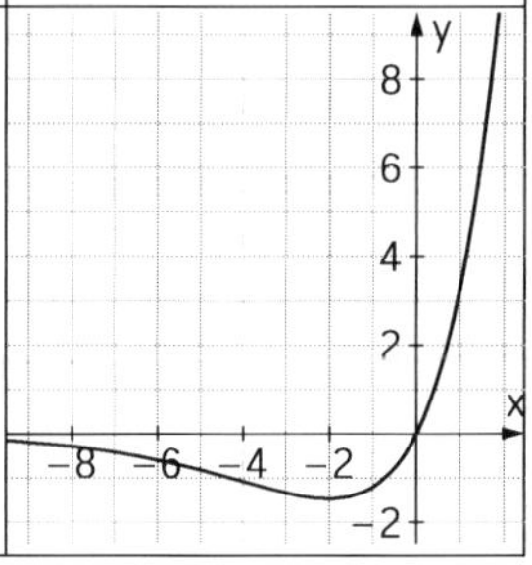

6 *Integrale zuordnen*

(1) ≙ (A), (2) ≙ (C), (3) ≙ (B), (4) ≙ (C) Zu (D): $e^5 - 1 = \int_0^5 e^x\,dx$

156 **7** *Parameterwerte bestimmen*

a) $50 = 6 \cdot e^{3k}$
$\Rightarrow k = \frac{1}{3}\ln\left(\frac{25}{3}\right) \approx 0{,}7068$

b) $A = -196 \cdot e^{0{,}05} \approx -206{,}05$

c) $A = 15 \cdot e^{0{,}03} \approx 15{,}46$

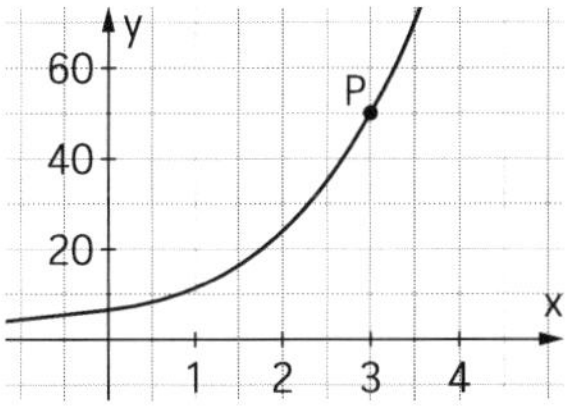

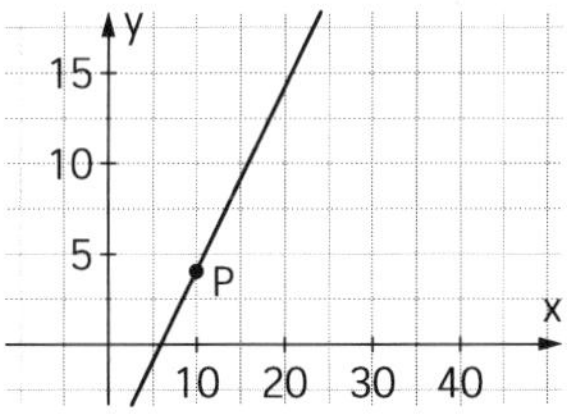

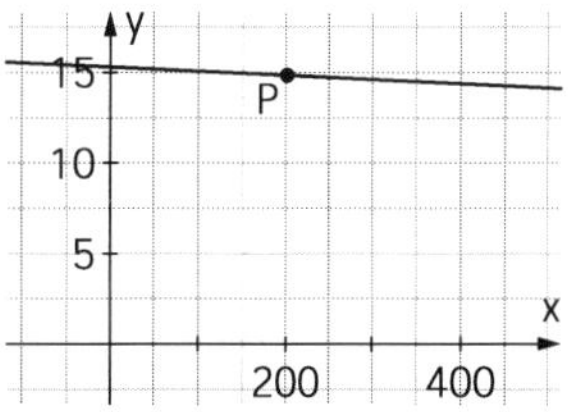

8 *Flächeninhalte*

a) Lila Fläche: $2 \cdot \int_0^1 (e^x - e^x)\,dx = 2e + \frac{2}{e} - 4 \approx 2{,}2$

Orangene Fläche: $4 \cdot \int_{-1}^{0} f_1(x)\,dx = 4 - \frac{4}{e} \approx 2{,}5$

b) Orangene Fläche: $2 \cdot \int_{-\ln(2)}^{0} \left(f_1(x) - f_3(x)\right)dx = 4 \cdot \ln(2) - 2 \approx 0{,}77$

Bestimmung der Schnittstellen von f_1 mit f_3: $[\,f_1(x) \Leftrightarrow x - \ln(2)$ oder $x = \ln(2)\,]$

c) Orangene Fläche: $3 \cdot 3 - 2 \cdot \int_1^3 \ln(x)\,dx = 13 - 6 \cdot \ln(3) \approx 6{,}4$

9 *Eine Funktionenschar*

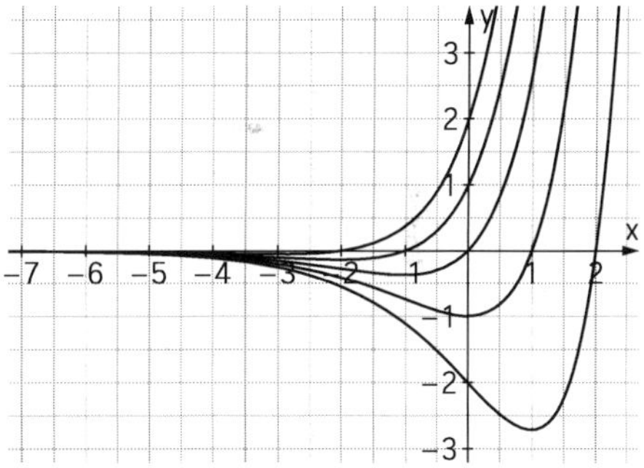

a) Wegen $f_k(0) = (0 - k) \cdot e^0 = -k$ folgt $k = -2;\ -1;\ 0;\ 1;\ 2$. Für $f_k = 2;\ 1;\ 0;\ -1;\ 2$ entsprechend.

b) Aus $f_k(1) = 1$ folgt $k = 1 - \frac{1}{e}$

c) Aus $f_k'(0) = 0$ folgt $k = 1$

d) Bestimmung der Schnittstellen mit der x-Achse: Aus $f_k(x) = 0$ folgt $x = k$.
Annahme: $f_k(x)$ hat an der Stelle $x = k$ eine waagerechte Tangente. Also gilt $0 = f_k'(x) = (1 + k - k) \cdot e^k = e^k$.
Das ist ein Widerspruch, da $e^k > 0$ für alle $k \in \mathbb{R}$ gilt. Die Annahme ist also falsch.

e) Die Funktionenschar hat keine Hochpunkte.
Für alle $k \in \mathbb{R}$ hat $f_k(x)$ genau einen Tiefpunkt $T_k\left(k - 1 \mid -e^{k-1}\right)$
Für die y-Koordinate y des Tiefpunktes gilt: $y = -e^x$.
Für alle $k \in \mathbb{R}$ hat $f_k(x)$ genau einen Wendepunkt $W_k(k - 2 \mid -2 \cdot e^{k-2})$.
Für die y-Koordinate y des Wendepunktes gilt: $y = -2 \cdot e^x$.

10 *Der Größe nach ordnen*

Es gilt:
$-e < -1 = \ln\left(\frac{1}{e}\right) < 0 = \ln(1) < e^{-1} < 1 = e^0 = \ln(e) < \sqrt{2} < \sqrt{3} < 2 = \ln(e^2) = e^{\ln(2)} < e < \pi < 4$

156 **11** *Einzelinformationen*

(1) $f_1(x) = g(x) + h(x) \Rightarrow f_1(-1) = 3 + 2 = 5;\ f_1(0) = 4 + 1 = 5;\ f_1(2) = 0 + 0 = 0$

$f_1'(x) = g'(x) + h'(x) \Rightarrow f_1'(-1) = 4 + 5 = 9;\ f_1'(0) = -3 + 3 = 0;\ f_1'(2) = 2 - 1 = 1$

(2) $f_2(x) = g(x) \cdot h(x) \Rightarrow f_1(-1) = 3 \cdot 2 = 6;\ f_1(0) = 4 \cdot 1 = 4;\ f_1(2) = 0 \cdot 0 = 0$

$f_2'(x) = g'(x) \cdot h(x) + g(x) \cdot h'(x) \Rightarrow f_2'(-1) = 4 \cdot 2 + 3 \cdot 5 = 23;$

$f_2'(0) = -3 \cdot 1 + 4 \cdot 3 = 9;\ f_2'(2) = 2 \cdot 0 + 0 \cdot (-1) = 9$

(3) $f_3(x) = g(h(x)) \Rightarrow f_3(-1) = g(h(-1)) = g(2) = 0;\ f_3(0) = g(h(0)) = g(1) = ?;$

$f_3(2) = g(h(2)) = g(0) = 4$

$f_3'(x) = g'(h(x)) \cdot h'(x) \Rightarrow f_3'(-1) = g'(h(-1)) \cdot h'(-1) = g'(2) \cdot 5 = 2 \cdot 5 = 10$

$f_3'(0) = g'(h(0)) \cdot h'(0) = g'(1) \cdot 3 = ?;$

$f_3'(2) = g'(h(2)) \cdot h'(2) = g'(0) \cdot (-1) = -3 \cdot (-1) = 3$

(4) $f_4(x) = h(g(x)) \Rightarrow f_4(-1) = h(g(-1)) = h(3) = ?;\ f_4(0) = h(g(0)) = h(4) = ?;$

$f_4(2) = h(g(2)) = h(0) = 1$

$f_4'(x) = h'(g(x)) \cdot g'(x) \Rightarrow f_4'(-1) = h'(g(-1)) \cdot g'(-1) = h'(3) \cdot 4 = ?;$

$f_4'(0) = h'(g(0)) \cdot g'(0) = h'(4) \cdot (-3) = ?;$

$f_4'(2) = h'(g(2)) \cdot g'(2) = h'(0) \cdot 2 = 3 \cdot 2 = 6$

Manche Berechnungen sind nicht möglich, da dazu die notwendigen Werte nicht in der Tabelle enthalten sind.

12 *Funktionsgraphen zeichnen*

$f'(x) = a \cdot k \cdot e^{kx}$ und $f'(x) = a \cdot k^2 \cdot e^{kx}$ folgt:

<table>
<tr><th></th><th>$f'(x) > 0$, d.h. $a \cdot k > 0$</th><th>$f'(x) < 0$, d.h. $a \cdot k < 0$</th></tr>
<tr><td>$f''(x) > 0$, d.h. $a > 0$</td><td>A: $a > 0,\ k > 0$
Bsp. $f(x) = e^x$
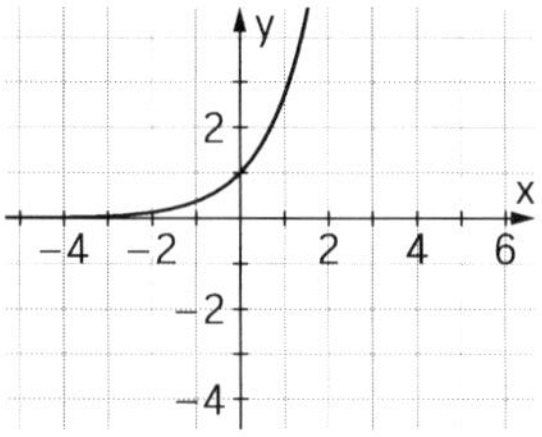
</td><td>B: $a > 0,\ k < 0$
Bsp. $f(x) = e^{-x}$
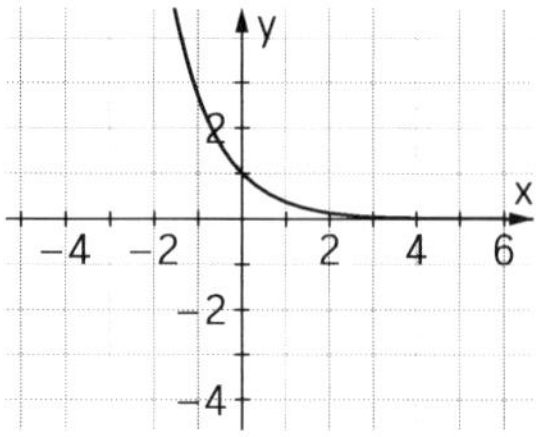
</td></tr>
<tr><td>$f''(x) < 0$, d.h. $a < 0$</td><td>C: $a < 0,\ k < 0$
Bsp. $f(x) = -e^{-x}$
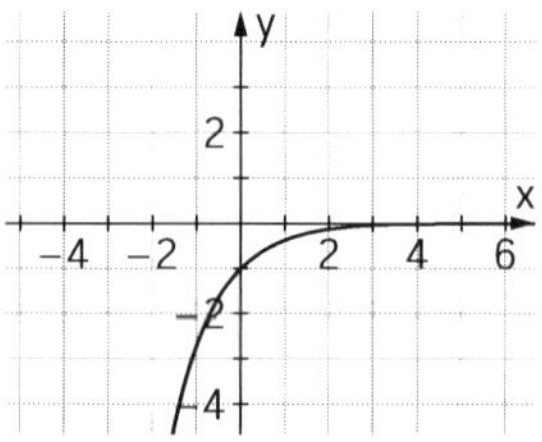
</td><td>D: $a < 0,\ k > 0$
Bsp. $f(x) = -e^x$
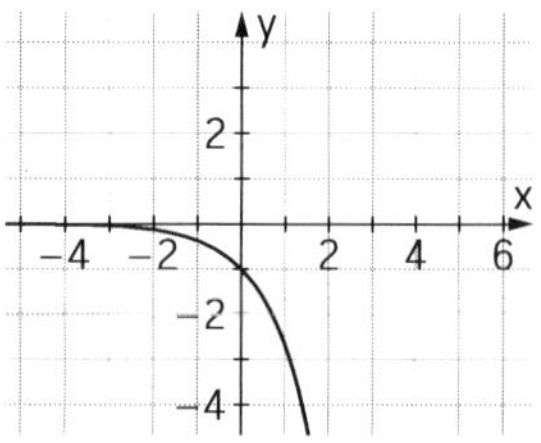
</td></tr>
</table>

157 **13** *Wahr oder falsch?*

(1) Wahr. Hier wird ein Potenzgesetz auf e^x angewandt.

(2) Falsch. Es gilt $f'(x) = e^{-x} \neq e^x = -(-e^{-(-x)}) = -f(-x)$.

(3) Wahr. Es gilt für alle $a \in \mathbb{R}$: $e^{a+x} = e^a \cdot e^x$, d.h. es ist eine Verschiebung um a entlang der x-Achse aber auch eine Streckung mit Faktor e^a entlang der y-Achse.

(4) Falsch. Denn es gilt $f'(x) = -e^{-x} \neq e^x = f(-x)$.

157 **14** *Warum-Fragen*

a) Der Definitionsbereich der Logarithmusfunktion f ist der Wertebereich der Exponentialfunktion $g(x) = e^x$, nämlich $\mathbb{R}_{>0}$. Angenommen, f(x) wäre auch für ein $x = a < 0$ definiert. Dann gäbe es ein x so, dass $e^x = a < 0$. ⇒ Widerspruch

b)
- Potenzregel gilt nur, wenn „x“ Basis ist, nicht Exponent
- Skizze von $f'(x) = x \cdot e^{x-1}$ zeigt, dass es negative Funktionswerte gibt. Dann müsste e^x auch dort fallend sein.
- Für $x = 0$ wäre $f'(0) = 0$. e^x hat aber keine waagerechten Tangenten.

15 *Funktionsbeziehungen*

Die eine Funktion ist jeweils die Umkehrung der anderen Funktion:
$\ln(e^x) = x$; $(\sqrt{x})^2 = x$
Während zu e^x genau eine Umkehrfunktion existiert, sind es zu x^2 zwei, nämlich $\sqrt{x}$ und $-\sqrt{x}$.

16 *Erläutern, Begründen und Skizzieren*

a) Die Darstellungen sind äquivalent, denn nach den Potenzgesetzen gilt:
$(e^x)^2 = e^x \cdot e^x = e^{x+x} = e^{2x}$

b) $f_1'(x) = 2 \cdot e^x \cdot e^x = 2 \cdot e^{2x}$ (Kettenregel; die äußere Funktion ist eine quadratische Funktion.)
$f_2'(x) = 2 \cdot e^{2x}$ (Kettenregel; die äußere Funktion ist eine Exponentialfunktion.)
$f_3'(x) = e^x \cdot e^x + e^x \cdot e^x = 2 \cdot e^{2x}$ (Produktregel)
Die Ergebnisse sind jeweils gleich. Je nach Darstellungsform des Terms kann man die eine oder die andere Ableitungsregel verwenden.

c) Bei $f_2(x) = e^{2x}$ kann man eine Stammfunktion z. B. $\left(F(x) = \frac{1}{2} \cdot e^{2x}\right)$ unmittelbar bilden, weil der Funktionsterm wie eine Exponentialfunktion aussieht. Die anderen beiden Funktionsterme haben die Form einer quadratischen Funktion bzw. eines Produktes zweier Funktionen, man braucht dann weitere Regeln zum Bilden der Stammfunktion. Eine der Darstellungsformen des Funktionsterms ist beim Integrieren besonders günstig.

d) Auswirkungen durch das Quadrieren

$f(x) = e^x$ **$f_{neu}(x) = (e^x)^2$**	**$g(x) = x$** **$g_{neu}(x) = x^2$**	**$h(x) = \sin(x)$** **$h_{neu}(x) = (\sin(x))^2$**
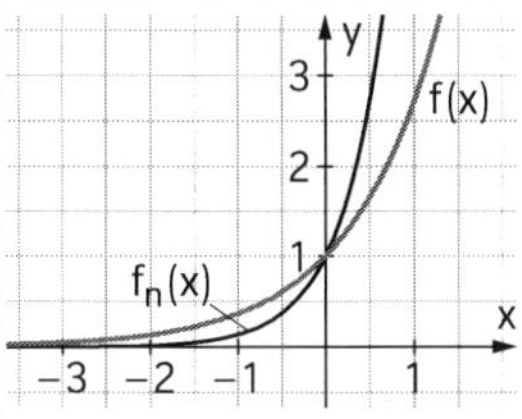	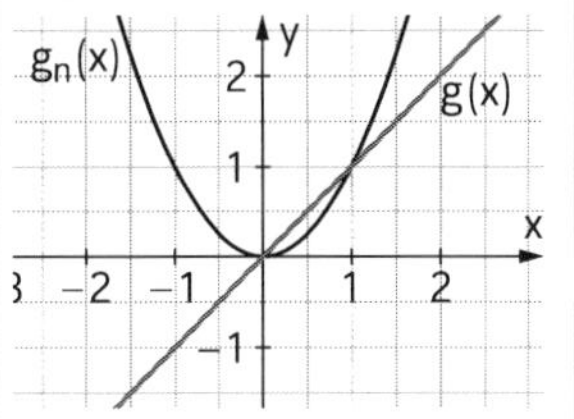	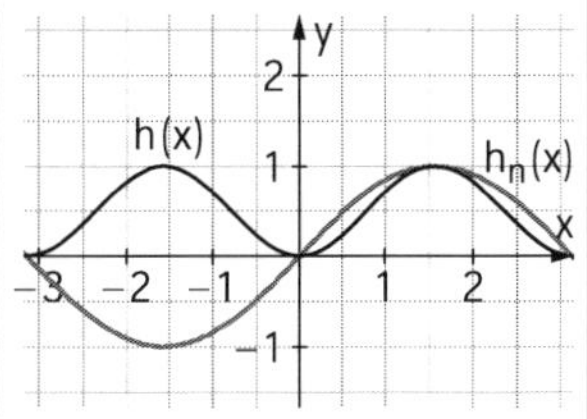
Durch das Quadrieren einer Exponentialfunktion entsteht wieder eine Exponentialfunktion. Beide Funktionen haben gleiches Verhalten für $x \to \infty$ und die gleiche Asymptote. Beide Funktionen sind linksgekrümmt. Das Quadrieren einer Exponentialfunktion hat Auswirkung vor allem auf quantitative Eigenschaften (Funktionswerte, Steigungswerte).	Das Quadrieren einer linearen Funktion wie $g(x) = x$ führt zu anderen qualitativen Eigenschaften: Die neue Funktion ist eine Parabel, mit besonderen geometrischen Eigenschaften. Insbesondere weist sie eine Krümmung auf. Die Gerade ist punktsymmetrisch, die Parabel spiegelsymmetrisch. Das Verhalten für $x \to \pm\infty$ hat sich durch das Quadrieren verändert. Während g(x) keine Extrempunkte hat, hat die Quadratfunktion einen Tiefpunkt.	Das Quadrieren einer Sinusfunktion entspricht geometrisch einer Verschiebung und einer Stauchung des Graphen. Die qualitativen Eigenschaften des Graphen (z. B. Periodizität, Existenz der Nullstellen, Extrem- und Wendepunkte, ...) bleiben erhalten. Es gilt: $(\sin(x))^2 = 0{,}5 + 0{,}5 \cdot \cos(2x + \pi)$

157 17 *Graphen werden Termen zugeordnet*

$f_1(x)$ – (A) $f_1'(x)$ – (E)	Nullstelle bei $x = 2$ nur bei (A); Steigung in Punkt $(0\|-2)$ nach Augenmaß in etwa 2.
$f_2(x)$ – (B) $f_2'(x)$ – (D)	Verläuft durch den Ursprung; $f_2(x)$ wächst für $x \to \infty$ über alle Grenzen, deswegen nicht (C), $f_2(x) > 0$ für alle x, also liegt der Graph oberhalb der x-Achse; $(0\|0)$ ist Tiefpunkt, also $f_2'(0) = 0$.
$f_3(x)$ – (C) $f_3'(x)$ – (F)	Verläuft durch den Ursprung; $f(2) = \frac{2}{e} \approx 0{,}7$; $x = 2$ ist Extremstelle, also $f_3'(2) = 0$.

18 *Wie schnell öffnet und schließt eine Tür?*

Die Tür öffnet sich mit abnehmender Geschwindigkeit (Zunahme des Öffnungswinkels). Nach ca. 1,5 Sekunden ist der maximale Öffnungswinkel von ca. 105° erreicht, ehe sich die Tür zunächst mit zunehmender Geschwindigkeit und nach ca. 4 Sekunden mit abnehmender Geschwindigkeit sanft schließt (x-Achse als Asymptote). Nach ca. 12 Sekunden ist die Tür geschlossen.

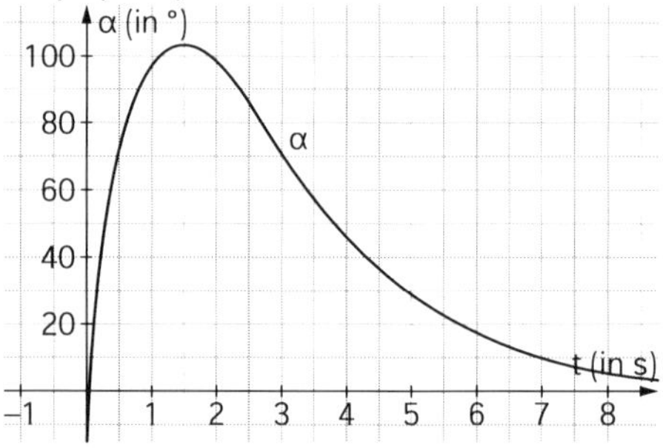

- Tür ganz offen: $\alpha'(t) = (200 - 140t) \cdot e^{-0{,}7t}$;
  $\alpha'(t) = 0 \Rightarrow x = \frac{10}{7} \approx 1{,}4286$
  Nach ca. 1,4 sek. ist die Tür ganz offen.
- Im Modell gilt zwar $\alpha(t) \neq 0$ für $t > 0$, es gilt aber $\alpha(15) \approx 0{,}08$. Nimmt man eine Türbreite von 1 m an, steht die Tür dann noch $\sin(0{,}08) \approx 0{,}0014$ m, also etwas mehr als 1 mm auf.
- $\alpha''(t) = (98t - 280) \cdot e^{-0{,}7t}$;
  $\alpha''(t) = 0 \Rightarrow x = \frac{20}{7} \approx 2{,}8571$. Nach ca. 2,9 sek. ist die Schließbewegung am schnellsten.

Kapitel 4
Wachstum

Didaktische Hinweise

Während im bisherigen Unterricht das Aufstellen geeigneter Funktionsterme direkt zu den Modellen führte, werden in diesem Kapitel die grundlegenden Wachstumsmodelle (4.1, 4.2, 4.3) durch ihr charakteristisches Änderungsverhalten in Bezug auf die Bestände modelliert, wie es auch im KC vorgesehen ist. Der Zugang zum Modell erfolgt also über Differenzialgleichungen (DGLn). Ausgangspunkt der Modellierung ist zunächst die sprachliche Formulierung des Zusammenhanges von Änderung und Bestand, auf die dann die Formalisierung zur DGL folgt. Es werden keine Lösungsalgorithmen oder gar Existenz- und Eindeutigkeitssätze formuliert, zentral ist die Ausbildung adäquater Grundvorstellungen zu dieser Art des Modellierens und zu DGLn. Um Übersichtlichkeit und dann auch Nachhaltigkeit im Lernprozess zu erreichen, sind alle Lernabschnitte in derselben Struktur, vor allem in der Formulierung des Basiswissens, aufgebaut. Dies beginnt konsequenterweise immer mit der DGL ehe die Lösungsfunktion genannt wird. Fakultativ wird durchgehend in 4.1, 4.2 und 4.3 die Arbeit mit Richtungsfeldern angeboten. Dies ist so eingebaut, dass einerseits geneigte Lehrkräfte diesen produktiven, verstehensorientierten Weg ohne Aufwand gehen können, anderseits aber auch ein Weglassen durch deutliche Markierung einfach möglich ist und den Fortgang in keiner Weise einschränkt.
In 4.4 werden weitere Sachsituationen im Kontext von Wachstum durch zusammengesetzte e-Funktionen und ganzrationale Funktionen, jetzt ohne DGLn, untersucht. Damit werden anwendungsbezogen die in 3.4 erfolgten innermathematischen Problemstellungen ergänzt und die Untersuchungen mit e-Funktionen zu einem Abschluss gebracht. 4.5 bietet fakultativ eine spezielle, für das Modellieren produktive, Sichtweise auf Wachstumsvorgänge an, indem neuartige Diagramme betrachtet und untersucht werden.
Zu 4.1: In zwei Sachzusammenhängen werden zunächst aus Klasse 10 bekannte Fragestellungen zum exponentiellen Wachstum aufgenommen und mit dem neuen Werkzeug „e" behandelt. Am Ende der Aufgabe wird der Blick auf die konstituierende DGL gerichtet und das Änderungsverhalten damit beschrieben. In einem zweiten Zugang werden am Beispiel von drei kanonischen Kontexten Sachsituation, sprachliche Formulierung von Änderungsverhalten und DGLn konstruktiv in Beziehung gesetzt und durch Angabe und Auswertung der einfach zu erschließenden Lösungsfunktionen ergänzt. Fakultativ wird in Aufgabe 3 die grafische Auswertung der DGLn aus Aufgabe 2 durch Richtungsfelder ergänzt. Damit wird ein Werkzeug zur wirkmächtigen Untersuchung von DGLn eingeführt, das in der Tradition grafisch-numerischer Verfahren im Zusammenhang mit dem Lösen von Gleichungen und der Untersuchung von Funktionen steht. In 1.5 wird eine Möglichkeit zur Erstbegegnung mit Richtungsfeldern im Zusammenhang mit der Integralrechnung gegeben, so dass hier eine Kontinuität und Vernetzung möglich ist, aber natürlich auch ein Einstieg. Integrale bestimmen ist Lösen von DGLn.
Eine nicht zu unterschätzende Schwierigkeit im Zusammenhang mit dem exponentiellen Wachstum besteht in der notwendigen Unterscheidung zwischen mittleren Änderungsraten, wie sie in Prozentangaben innerhalb von Sachzusammenhängen meistens gegeben sind („20 % pro Monat dazu") und der Wachstumskonstanten k, wie sie in der Wachstumsfunktion und DGL auftritt, die sich auf eine momentane Änderung bezieht. Deswegen wird dieser Aspekt ausführlich und anschaulich im Basiswissen notiert. Nach einer Übungsphase zu klassischen Problemen zum exponentiellen Wachstum und einem Vergleich mit linearem Wachstum mit historischen, fachübergreifenden Aspekten, wird modulhaft eine Aufgabensequenz zum Modellieren mit Daten angeboten, wie sie die Funktionskapitel zu NEUE WEGE auch in der Sek1 und in 11 durchziehen. Das Basiswissen ist hier eng an das entsprechende Basiswissen aus Klasse 10 angelegt, so dass für Unterrichtende und Schüler Verlässlichkeit und Klarheit entsteht. Die Untersuchung der Entwicklung der Weltbe-

völkerung und die Entwicklung eines Verfahrens zum numerischen Lösen von DGLn schließen den Lernabschnitt ab. Schüler erfahren hier, dass exponentielles Wachstum die Entwicklung als Ganzes in den letzten 2000 Jahren nur schlecht erfasst. Das Euler-Verfahren setzt die Tradition grafisch-numerischer Lösungsverfahren für Gleichungen fort.

Zu 4.2: Der Lernabschnitt zum begrenzten Wachstum folgt in seiner Struktur dem Lernabschnitt zum exponentiellen Wachstum. Das Basiswissen ist in gleicher Weise tabellarisch in Text – Formel – Grafik strukturiert, was Transparenz für die Lernenden und Klarheit für die Lehrenden schafft. In einer ersten Aufgabe werden qualitative Modellierungen von Wachstum mit Grenze verglichen. Die zweite Aufgabe führt direkt zum begrenzten Wachstum und seiner DGL (Aufgabe 2). Besonders schön und lernwirksam, mindestens motivierend, ist es, wenn Schüler in
Experimenten die Daten selber erzeugen, deren Auswertung dann zur Suche nach passenden Modellen wird.
Dazu werden zwei unterschiedliche Experimente aus Physik und Sozialwissenschaften angeboten, die ohne großen organisatorischen Aufwand, das Erzeugen authentischer Daten ermöglichen. Parallel werden aber auch Datensätze vorgegeben. In der Übungsphase sind Anwendungssituationen, wie auch in den anderen Lernabschnitten des Buchs in blauen Kästen formuliert, so dass eine schnelle Übersicht und klare Struktur für unterschiedliche methodische Umsetzungen entstehen. Fakultativ wird das strukturell gleiche Zufluss -Abflussmodell thematisiert.

Zu 4.3 : In einem ersten Zugang zum logistischen Wachstum ist die Modellierung des Wirkzusammenhanges mit einer
DGL Ausgangspunkt der Modellierung, d.h., es wird gedanklich modelliert, ohne Datensatz. Die Ausbreitung
eines Gerüchts eignet sich gut, weil dieser Sachverhalt eine leichte Zuordnung zu den Teilen der DGL ermöglicht. Hier liegt jetzt das erste Mal die Situation vor, dass Schülerinnen und Schüler die Modellierung mit der DGL in ihrer Überlagerung von exponentiellem und begrenzten Wachstum selbsttätig gelingen kann, die Lösungsfunktion liegt außerhalb ihres Erfahrungshorizonts. In einem weiteren Zugang wird der historische Datensatz zum Wachstum von Sonnenblumen Ausgangspunkt der Modellierung. Nach festigenden Übungen zum Zusammenhang zwischen DGL und Funktion, werden neben der charakteristischen Eigenschaft des logistischen Wachstums (an Stelle mit maximaler Wachstumsgeschwindigkeit liegt der halbe Grenzbestand vor), auch unterschiedliche Gestalten und inhaltliche Interpretationen des logistischen Wachstums behandelt (Aufgabe 10). Modellierungen von Datensätzen, die Untersuchung von Auswirkungen von Parametervariationen und ein erstes Modell, das nicht nur monotones Wachstum beschreibt („Wachstum mit Gift"), beschließen die Übungsphase. In der zweiten grünen Ebene wird ausführlich ein Beispiel der Nutzung des logistischen Modells in den Sprachwissenschaften mit authentischen Daten gegeben. Daneben runden ein Text zum historischen Hintergrund und eine abschließende zusammenfassende Aufgabe die Auseinandersetzung mit Wachstum ab. Hier haben alle kanonischen Funktionen der Schulmathematik ihren Auftritt und werden mit der „DGL-Brille" vergleichend betrachtet.

Zu 4.4: Dieser Lernabschnitt ist die anwendungsorientierte Zwillingsschwester des innermathematischen Bruders in 3.4.
In zwei unterschiedlichen Sachkontexten können Schüler unterschiedliche Erfahrungen im Umgang mit zusammengesetzten Exponentialfunktionen sammeln. Hier treten verschiedene, in anderen Kapiteln erarbeitete, Inhalte und Fragestellungen auf, die nun mit Hilfe der neuen Funktionsklasse bearbeitet werden
(Funktionsbestimmung, Extremwerte, Rekonstruktionen aus Änderungen,...). Das Basiswissen zeigt exemplarisch
und ausführlich am Beispiel einer abiturähnlichen Problemstellung den Weg von den außermathematischen Fragestellungen (Problemen) zur Mathematisierung und Lösung mit Dokumentation auf. In den Übungen führen unterschiedliche Anwendungskontexte auf Fragestellungen, die mit bekannten Verfahren bearbeitet werden können. Hier stehen Modellierungsaktivitäten im Mittelpunkt. Die Aufgaben sind umfangreicher, vernetzen mit unterschiedlichen Inhalten und trainieren damit auch für die schriftliche Abiturprüfung.

Zu 4.5 (fakultativ): Trägt man f'(x) über f(x) ab, dann wird exponentielles Wachstum zu einer Ursprungsgeraden (f'(x)=k·f(x)), man erhält Phasendiagramme. Diese Diagramme sind also mit der DGL gegeben, wenn f'(x) nur von f(x) abhängt. Die Produktivität dieser Diagramme liegt nun darin, dass aus ihnen ein Bestandsdiagramm qualitativ entwickelt werden kann, die DGL wird also grafisch – anschaulich gelöst. Beim exponentiellen Wachstum kann die algebraische Lösung noch leicht erschlossen werden, spätestens beim logistischen Wachstum gelingt das aber nicht. Wenn aber mit der DGL das Phasendiagramm vorliegt, kann hieran qualitativ der s-förmige Verlauf erschlossen werden (Aufgabe 4). Die besondere heuristische Kraft der Phasendiagramme (aber auch der Arbeit mit Richtungsfeldern) können Schülerinnen und Schüler dann beim Modellieren komplexerer Situationen erfahren (Aufgabe 6 (Fischfang), Aufgabe 7 (Wandertaube)).

Lösungen

4.1 Exponentielles Wachstum

160 **1** *Von Heuschrecken und Nashörnern*

a) Heuschrecken: $f(x) = 1000 \cdot 1{,}3^x$; Nashörner: $h(x) = 200 \cdot 0{,}9^x$

b) Heuschrecken: $A = 1000$; $\ln(1{,}3) = 0{,}262\,36...$

Nashörner: $A = 200$; $\ln(0{,}9) = -0{,}105\,36...$; $h(x) = 200 \cdot e^{-0{,}1054\,x}$

c) $1000 \cdot e^{\ln(1{,}3)x} = 300\,000\,000\,000 \;\Rightarrow\; x \approx 74{,}4$

Nach noch nicht einmal 1,5 Jahren wäre die Rekordzahl erreicht. Das Modell ist aber mit sehr hoher Wahrscheinlichkeit nicht für so einen langen Zeitraum angemessen.

$200 \cdot e^{-0{,}1054\,x} = 100 \;\Rightarrow\; x = \frac{\ln(0{,}5)}{-0{,}1054} = 6{,}5763...$

Halbierung des Bestandes nach ca. 6,5 Jahren.

d) Heuschrecken: $h'(x) = 0{,}2624 \cdot 1000 \cdot e^{0{,}2624\,x} = 0{,}2624 \cdot h(x)$

Nashörner: $n'(x) = -0{,}1054 \cdot 200 \cdot e^{-0{,}1054\,x} = -0{,}1054 \cdot n(x)$

2 *Geschwindigkeit, Vermehrung und Verkäufe*

a) (A) – (E) – (2); (B) – (D) – (3); (C) – (F) – (1)

b) (1) $f_1(x) = 2x + c$; (2) $f_2(x) = \frac{1}{4}x^2 + c$; (3) $f_3(x) = e^{\ln(1{,}25)x} + c \approx e^{0{,}2231\,x} + c$

Verschiebungen in y-Richtung verändern die Steigung (das Änderungsverhalten) nicht. Algebraisch zeigt sich dies darin, dass die Ableitung von Konstanten Null ist.

161 **3** *Geschwindigkeit, Vermehrung und Verkäufe – grafische Lösungen*

a)

x	y	$f_1'(x)$	$f_2'(x)$	$f_3'(x)$
−1	2	2	−2	0,44
0	1	2	0	0,22
0	5	2	0	1,12
1	0	2	2	0
1	4	2	2	0,89
2	2	2	4	0,44
3	5	2	6	1,12
4	3	2	8	0,67
5	1	2	10	0,22

(1) $f_1'(x) = 2$

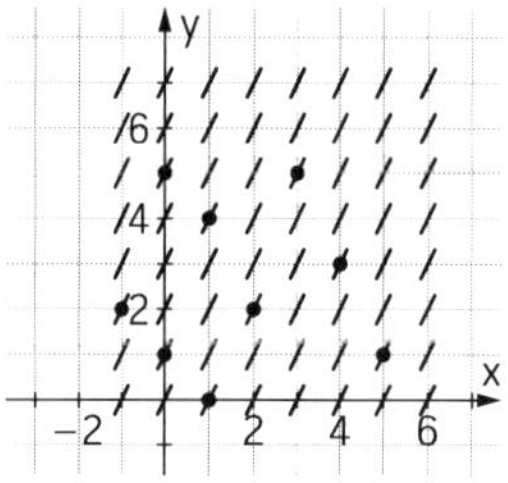

(2) $f_2'(x) = 0{,}5\,x$

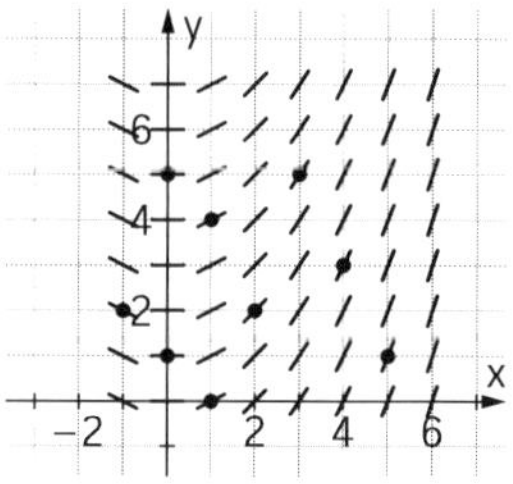

(3) $f_3'(x) = \ln(1{,}25) \cdot f_3(x)$

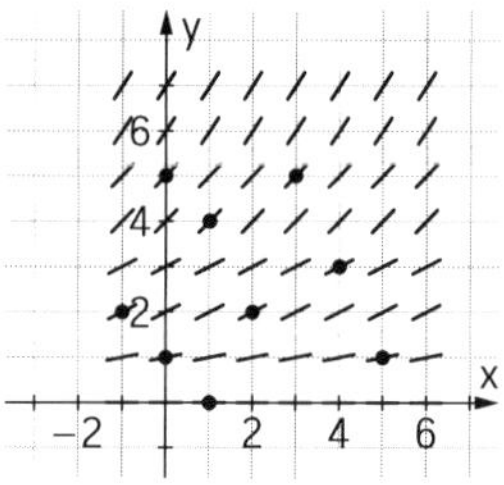

b)

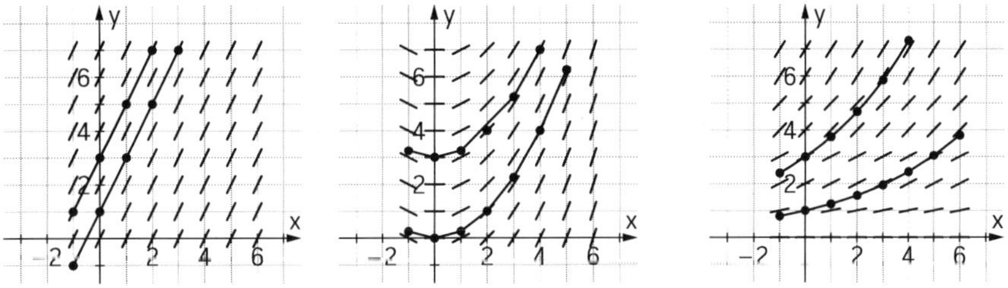

163 **4** *Von der prozentualen Zunahme/Abnahme zur Wachstumskonstanten*

	Wachstumsfaktor	Funktion
(1)	1,04	$f(x) = A \cdot e^{\ln(1{,}04)x} = A \cdot e^{0{,}0392x}$
(2)	0,88	$f(x) = A \cdot e^{\ln(0{,}88)x} = A \cdot e^{-0{,}1278x}$
(3)	3	$f(x) = A \cdot e^{\ln(3)x} = A \cdot e^{1{,}0986x}$
(4)	0,5	$f(x) = A \cdot e^{\ln(0{,}5)x} = A \cdot e^{-0{,}6931x}$

5 *Von der Wachstumskonstanten zum Wachstumsfaktor und Prozentsatz*

(1) $k = 0{,}3 = \ln(b) \Rightarrow b = e^{0{,}3} = 1{,}35$; $p = 35\,\%$; $A = 100$
(2) $k = -0{,}002 = \ln(b) \Rightarrow b = 0{,}998$; $p = -0{,}2\,\%$; $A = 5$
(3) $k = 4 = \ln(b) \Rightarrow b = 54{,}598$; $p = 5360\,\%$; $A = 1$
(4) $k = 0{,}0158 = \ln(b) \Rightarrow b = 1{,}016$; $p = 1{,}6\,\%$; $A = 25$

6 *Zusammenhang zwischen Wachstumskonstante und Prozentsatz*

$k = \ln(b) = \ln\left(1 + \frac{p}{100}\right)$

Für $p \leq 20\,\%$ stimmen die beiden Funktionen $k^*(p)$ und $k(p)$ fast überein. Je größer p ist, desto größer der Unterschied.

164 **7** *Lösungsfunktionen*

a) $f(x) = 2 \cdot e^{1{,}3x}$
b) $f(x) = 5000 \cdot e^{-1{,}2x}$
c) $f(x) = A \cdot e^{0{,}5x}$; $2 = A \cdot e^{0{,}5 \cdot 1}$
$\Rightarrow A = \frac{2}{e^{0{,}5}} = \frac{2}{\sqrt{e}}$/
$\Rightarrow f(x) = \frac{2}{\sqrt{e}} \cdot e^{0{,}5x}$

8 *Differentialgleichungen lösen*

a) (1) $f(x) = m \cdot e^{0{,}257x}$

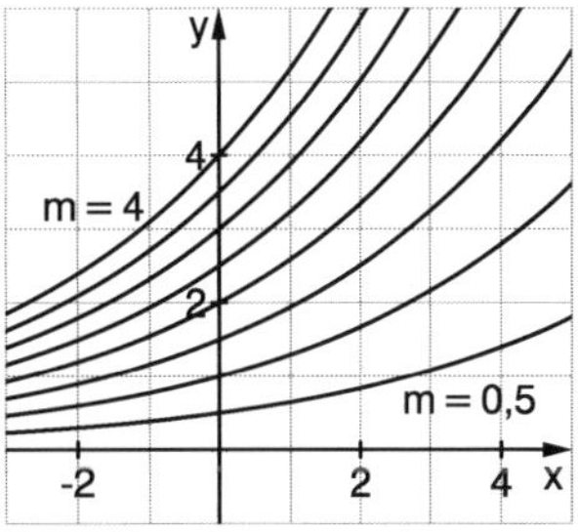

(2) $f(x) = 3e^{mx}$

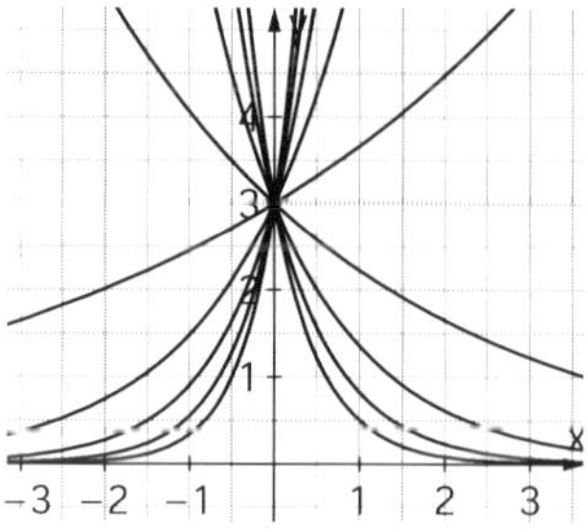

(3) $f(x) = mx + 3$

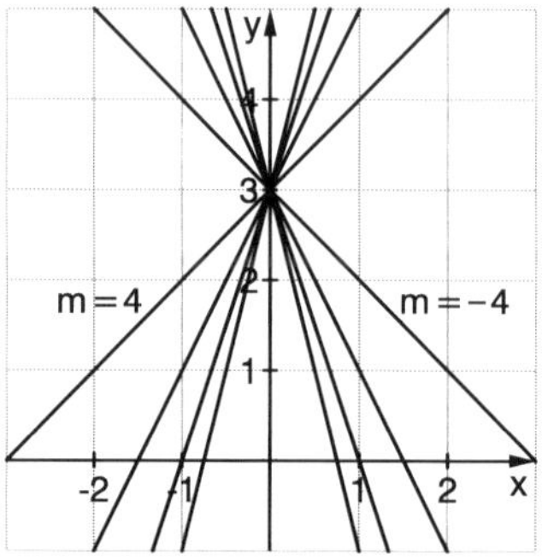

(4) $f(x) = x^2 + x + c$

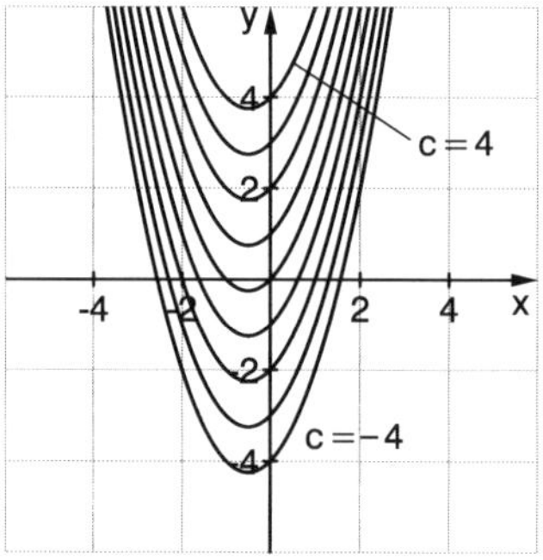

(5) $f(x) = \ln(x) + 10$

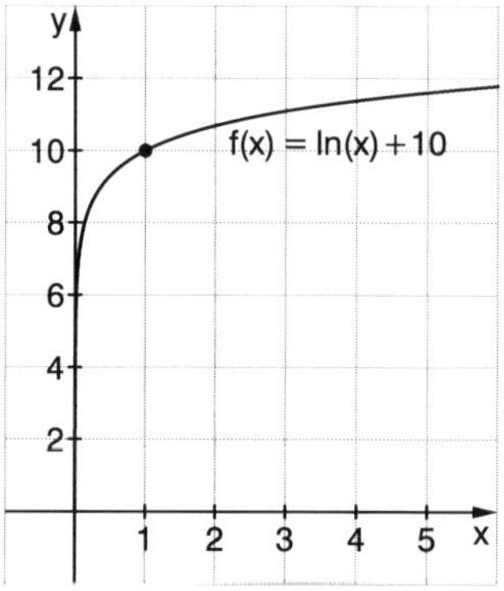

(6) $f(x) = A \cdot e^{-x}$

$1 = A \cdot e^{-2} = \frac{A}{e^2} \Rightarrow A = e^2$

$\Rightarrow f(x) = e^2 \cdot e^{-x}$

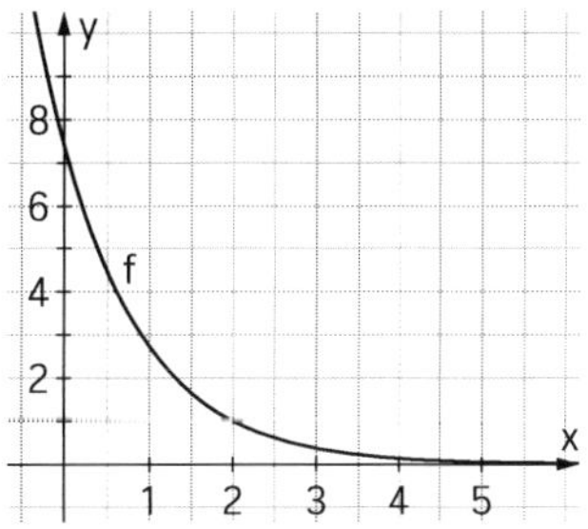

b) (4) $f(x) = x^2 + x + c$ ist Stammfunktion von $f'(x) = 2x + 1$.

(5) $f(x) = \ln(x) + 10$ ist Stammfunktion von $f'(x) = \frac{1}{x}$; $f(1) = 10$.

Wenn die DGL nur von „x" abhängt, dann ist „DGL lösen" dasselbe wie integrieren.

164 **9** *Bakterien*

a) $A = 10000$; $k = 0{,}15 = \ln(b) \Rightarrow b = 1{,}16 \Rightarrow p = 16\,\%$;
$f(x) = 10000 \cdot e^{0{,}15x}$

b) $f(7) = 28577$ (1 Woche); $f(30) = 900171 \approx 900000$ (1 Monat)

c) $f'(x) = 1500\,e^{0{,}15x}$

	1. Woche	2. Woche	3. Woche	1. Monat
mittlere Änd.rate	$\frac{f(7) - f(0)}{7} = 2654$	$\frac{f(14) - f(7)}{7} = 7584$	$\frac{f(21) - f(14)}{7} = 21671$	$\frac{f(30) - f(0)}{30} = 29672$
momentane Änd.rate	$f'(7) = 4286$	$f'(14) = 12249$	$f'(21) = 35004$	$f'(30) = 135026$

Die mittlere Änderungsrate liegt immer zwischen den momentanen Änderungsraten der Intervallgrenzen (z. B. $4286 < 7584 < 12249$).

10 *Halbwertszeit*

a) Ansatz: $\frac{A}{2} = A\,e^{-kt_H}$.

Gleichung nach t_H auflösen: $t_H = \frac{\ln(2)}{k}$

b) Zwei Größen x und y sind antiproportional, wenn $y = \frac{k}{x}$ gilt oder $x \cdot y = k$.
Hier $t_H \cdot k = \ln(2)$.

c)

Nuklid	Zerfallskonstante
235 U	$k = 0{,}000985$
14 C	$k = 0{,}000121$
226 Ra	$k = 0{,}000433$
222 Rn	$k = 0{,}182407$
223 TH	$k = 1{,}15525$

164 **11** *Plutonium*

a)

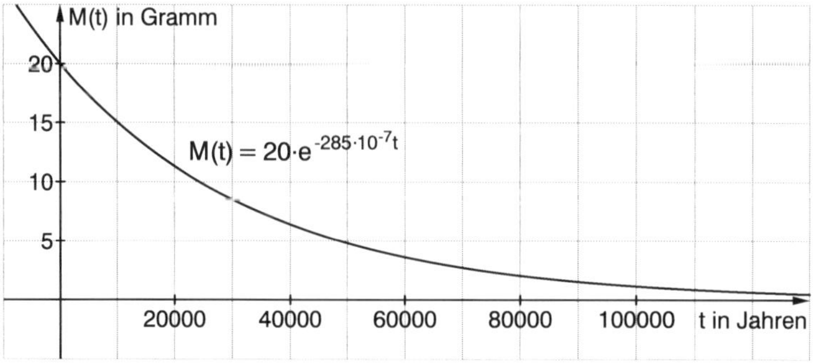

b) $M(1000) \approx 19{,}4\,g$; $1 = 20\,e^{-285 \cdot 10^{-7}t}$, also: $t \approx 105\,000$ Jahre

c) Mit $t_H = \frac{\ln(2)}{k}$ erhält man $t_H \approx 24\,321$ Jahre. Alternativ kann man 10 g für den Funktionswert M(t) einsetzen und nach t auflösen.

165 **12** *Verdopplungszeit*

a) Ansatz: $2A = A\,e^{kt_D}$; Gleichung nach t_D auflösen: $t_D = \frac{\ln(2)}{k}$
Die Gleichungen zur Verdopplungs- und zur Halbwertszeit sind identisch. Dies liegt daran, dass sich das negative Argument der e-Funktion beim Logarithmieren mit dem Funktionswert gerade wieder aufhebt (siehe Aufgabe 10).

b)
- Bei einem Bevölkerungswachstum von 1,7 % pro Jahr ergibt sich eine Wachstumskonstante von $k = \ln(1{,}017)$. Damit folgt $t_D \approx 41$ Jahre.
- 1 % Wachstum entsprechen $k_1 = \ln(1{,}01)$ und damit $t_{D1} \approx 70$ Jahre.
  2 % Wachstum entsprechen $k_2 = \ln(1{,}02)$ und damit $t_{D2} \approx 35$ Jahre.
- Für die Wachstumsgeschwindigkeit gilt zu Beginn: $f'(0) = A \cdot k \cdot e^{k \cdot 0} = A \cdot k$
  Einsetzen: $t_D = \frac{\ln(2)}{k} \Rightarrow f'(t_D) = A \cdot k \cdot e^{k \cdot \frac{\ln(2)}{k}} = A \cdot k \cdot e^{\ln(2)} = A \cdot k \cdot 2$
  Die Wachstumsgeschwindigkeit verdoppelt sich in der Zeit t_D.

13 *Waschbären*

a) t: Anzahl der Jahre; f(t): Anzahl der Waschbären (in Tausend)
$f(t) = 20 \cdot e^{kt}$; $f(3) = 20 \cdot e^{3k} = 40 \Rightarrow k = \frac{\ln(2)}{3} \approx 0{,}2310$
$\Rightarrow f(t) = 20 \cdot e^{0{,}2310t}$

b) $f(1) \approx 25{,}197$; $f(4) \approx 50{,}287$; $f(6) \approx 79{,}976$
Nach einem Jahr sind es ungefähr 25 000, nach vier Jahren etwa 50 000 und nach 6 Jahren etwa 80 000 Waschbären.
Da die Verdopplungszeit drei Jahre beträgt, kann man den Bestand nach sechs Jahren einfach schätzen: $20\,000 \cdot 2 \cdot 2 = 80\,000$.

14 *Lineares und quadratisches Wachstum*

- (1) $f(x) = c \cdot x \Rightarrow f'(x) = c$; (2) $f(x) = \frac{a}{2} \cdot x^2 \Rightarrow f'(x) = a \cdot x$
- (1) Die Änderung ist konstant. (2) Die Änderung ist proportional zur Zeit (zu x).
- (1) $f(x) = c \cdot x + b$ (2) $f(x) = \frac{a}{2} \cdot x^2 + c$

165 **15** *Exponentielles und lineares Wachstum*

a) $f(x) = 80 \cdot 1{,}15^x = 80 \cdot e^{\ln(1{,}15)x} = 80 \cdot e^{0{,}14x}$; exponentielles Wachstum
b) $f(x) = -0{,}5x + 24$; lineares Wachstum
c) $f(x) = A \cdot 0{,}95^x = A \cdot e^{\ln(0{,}95)x} = A \cdot e^{-0{,}051x}$; exponentielles Wachstum
d) $f(x) = 13 \cdot 0{,}95^x = 13 \cdot e^{-0{,}051x}$; exponentielles Wachstum
e) $f(x) = 50x$ (in l) $= 0{,}05x$ (in m^3); $f'(x) = 0{,}05$; $A = 0$; lineares Wachstum
f) $f(x) = 5000 \cdot 1{,}025^x = 5000 \cdot e^{0{,}0247x}$; exponentielles Wachstum

166 **16** *Seerosen*

Der See ist ein Jahr bevor er „stirbt“ halbvoll mit Seerosen bedeckt. Zu diesem Zeitpunkt ist er also schon kurz vorm Umkippen. Wer das exponentielle Wachstumsprinzip kennt, weiß dies, wer linear denkt, vermutet, dass der See auch erst seine halbe Lebenszeit hinter sich hat. Mit VON DITFURTH: Die Natur zählt exponentiell.

17 *Bevölkerung und Nahrungsmittel*

- MALTHUS erlebte starkes (vielleicht eben exponentielles) Bevölkerungswachstum; er wusste, dass dieses Wachstum stärker („linksgekrümmte Kurven“) als lineares ist. In landwirtschaftlicher, oft technikfreier Umgebung erscheint Nahrungsmittelproduktion dann auch eher linear zu verlaufen (Verdopplung des Arbeitseinsatzes führt zu Verdopplung der Produktion).

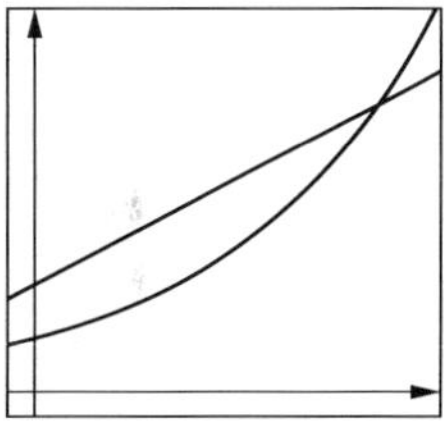

- Es folgt, dass das Bevölkerungswachstum irgendwann die Produktion übersteigt. Der „Krisenpunkt“ könnte der Schnittpunkt der Kurven sein.
- Die später einsetzende Industrialisierung ermöglichte effektivere Nahrungsmittelproduktion etc.

18 *Exponentielles und quadratisches Wachstum im Vergleich*

a) f_2 hat in $(0|1)$ wohl die Steigung 0, ist also eine Parabel.

b)

$f_1(x) = e^x$	$f_2(x) = 1{,}7x^2$
$f_1'(x) = e^x$	$f_2'(x) = 3{,}4x$
$f_1''(x) = e^x$	$f_2''(x) = 3{,}4$
$f_1'''(x) = e^x$	$f_2'''(x) = 0$
$\Rightarrow$ Alle Graphen sind identisch.	$\Rightarrow$ Alle Graphen bis auf f_2''' sind unterschiedlich, ab f_2''' entsprechen sie der x-Achse.

c) $1{,}7x^2 + 1 \neq 3{,}4x$ (Ausnahme: die beiden Lösungen der quadratischen Gleichung)

$g(x) = 1{,}7x^2 + 1$ löst aber die DGL $g'(x) = 2 \cdot \frac{g(x) - 1}{x}$:

$$2 \cdot \frac{g(x) - 1}{x} = 2 \cdot \frac{1{,}7x^2 + 1 - 1}{x} = 2 \cdot 1{,}7x = 3{,}4x = g'(x)$$

d) Bei Polynomen wird der Grad der 1. Ableitung immer um 1 geringer und Polynome von unterschiedlichem Grad sind immer verschieden.

167 **19** *Ein Zeitungsartikel aus dem Jahr 1997*

a) Mit exponentieller Regression:

Quotienten: $\frac{0{,}4}{0{,}2} = 2$; $\frac{0{,}7}{0{,}4} = 1{,}75$; $\frac{1{,}3}{0{,}7} = 1{,}86$; $\frac{16{,}1}{9{,}5} = 1{,}7$; $\frac{2{,}2}{1{,}3} = 1{,}7$; $\frac{4{,}9}{2{,}2} = 2{,}23$; $\frac{9{,}5}{4{,}9} = 1{,}94$

$\Rightarrow$ Quotienten ungefähr konstant, also ist exponentielles Modell angemessen.

$f(x) = 0{,}200586 \cdot 1{,}8776^x$
$= 0{,}200586 \cdot e^{\ln(1{,}8776)x} \approx 0{,}2 \cdot e^{0{,}63x}$

mit $A = 0{,}2$ und Messwert:

(1) $(5|4{,}9)$: $f(x) = 0{,}2 \cdot e^{kx}$

$4{,}9 = 0{,}2 \cdot e^{5k}$

$\rightarrow k = \frac{1}{5}\ln(24{,}5) \approx 0{,}64$

$f(x) = 0{,}2 \cdot e^{0{,}64x}$

(2) $(7|16{,}1)$: $f(x) = 0{,}2 \cdot e^{kx}$

$16{,}1 = 0{,}2 \cdot e^{7k}$

$\Rightarrow k \approx 0{,}627$

$f(x) = 0{,}2 \cdot e^{0{,}627x}$

b) Prognose 2010: $0{,}2 \cdot e^{0{,}63 \cdot 20} \approx 59\,311$

Es sind ca. 59 Milliarden Rechner unmöglich.

Das Modell dafür (Prognose) ist nicht mehr geeignet.

168

20 *Hundewelpen*

Nach Augenmaß können Gerade, Parabel und Exponentialfunktion passen.

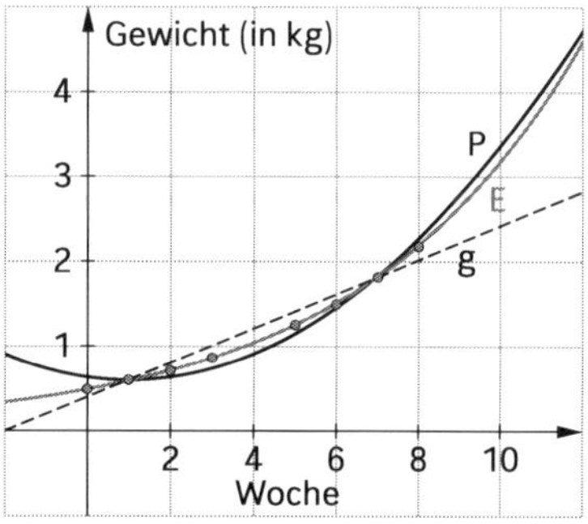

- Gerade: $m = \frac{1{,}82 - 0{,}61}{7 - 1} = \frac{1{,}21}{6} \approx 0{,}2017$;
  $g(x) = 0{,}2017x + 0{,}4$
- Parabel: SP $(1|0{,}61)$;
  $P(x) = a(x-1)^2 + 0{,}61$
  $1{,}82 = a(7-1)^2 + 0{,}61 \Rightarrow a = 0{,}034$
  $P(x) = 0{,}034(x-1)^2 + 0{,}61$
- Exponentialfunktion:
  $E(0) = 0{,}5$ $\quad E(x) = 0{,}5 \cdot e^{kx}$
  $1{,}82 = 0{,}5 \cdot e^{7k} \Rightarrow k = \frac{1}{7}\ln(3{,}64) \approx 0{,}185$
  $E(x) = 0{,}5 \cdot e^{0{,}185x}$
- Prognosen:

x	g(x)	P(x)	E(x)
15	3,43	7,27	8,02
30	6,46	29,2	128,62 (absurd)

Mittelfristig sind alle 3 Modelle unpassend, weil es ein Maximalgewicht gibt.

21 *Kresse*

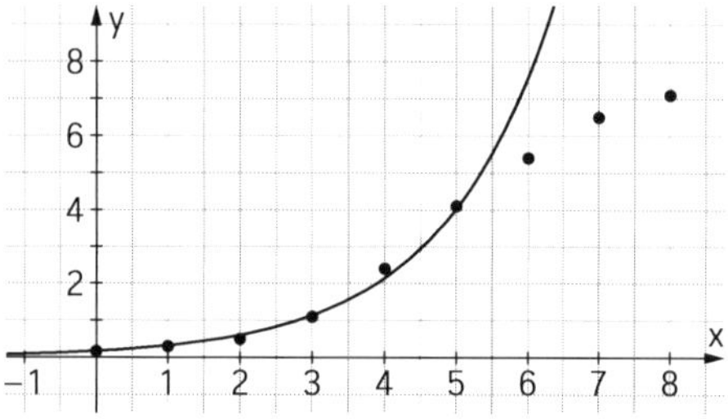

a)
- Exponentielle Regression:
  $f(x) = 0{,}1707 \cdot e^{0{,}6323x}$
- $m = \frac{f(6) - f(0)}{6 - 0} = \frac{7{,}5793 - 0{,}1707}{6}$
  $\approx 1{,}2348$
  Die mittlere Wachstumsrate in der ersten Woche beträgt ca. $1{,}23\,\frac{\text{cm}}{\text{Tag}}$.
- $f(x) = 0{,}1079 \cdot e^{0{,}6323x} = 10$
  $\Rightarrow x \approx \frac{\ln(92{,}6784)}{0{,}6323} \approx 7{,}16$

b) Ein exponentielles Modell passt nicht mehr. Das Wachstum nimmt ab. Das ist stimmig, weil es obere Grenzen für die Höhe der Pflanze gibt.

22 *Ein Fischbestand – drei Modelle*

a) A und B passen sehr gut zu den Datenpunkten, C nach vier Jahren nicht mehr so gut.

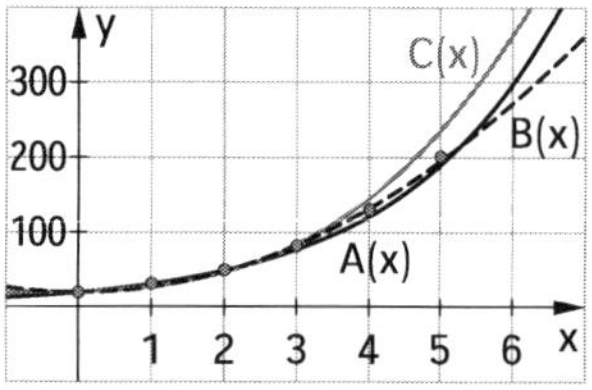

b)

	A	B	C
nach 3 Jahren	A (3) ≈ 77	A (3) ≈ 83	A (3) ≈ 84
nach 5 Jahren	A (5) ≈ 190	A (3) ≈ 195	A (3) ≈ 236

b)

	A	B	C
Wann 800 Fische?	nach ca. 8,2 Jahren	nach ca. 10,6 Jahren	nach ca. 8,2 Jahren

Langfristig wird kein Modell passen, in den ersten 5 Jahren passen A und B ziemlich gleich gut.

c) Schon nach 5 Jahren unterscheiden sich die Prognosen erheblich, bei noch längerfristigen Prognosen werden die Unterschiede noch größer, obwohl die Datenpassung bei allen drei Modellen annähernd gleich gut ist, die Prognosen sind also annähernd gleich gut begründet, wenn man die Datenpassung als alleiniges Kriterium nimmt.

169 23 *Weltbevölkerung*

a)

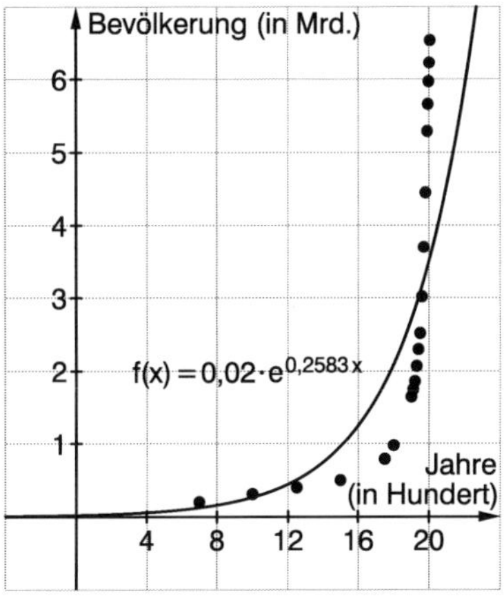

Mit Schiebereglern kann man annähernd gut passende Exponentialfunktion finden, allerdings sind die Koeffizienten wenig ‚realistisch'.

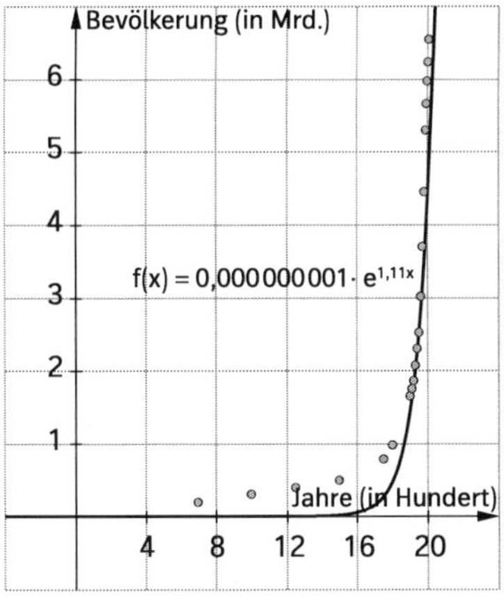

b) linear: $y = 0{,}056x - 0{,}19$

exponentiell: $y = 0{,}06 \cdot e^{0{,}1505x}$

Schnelles Wachstum bei exponentiellem Wachstum wirkt sich zu Beginn noch nicht aus.

Mit Ansatz $f(x) = a \cdot e^{kx} + b$ kann man mit Parametervariation (Schiebereglern) z. B. finden:

$$f(x) = \begin{cases} 0{,}06\,e^{0{,}15x} & 0 \le x < 17{,}5 \\ e^{0{,}11x} - 6 & 17{,}5 \le x \le 19{,}5 \\ 1{,}5\,e^{0{,}17x} - 38{,}7 & 19{,}5 < x \le 20{,}06 \end{cases}$$

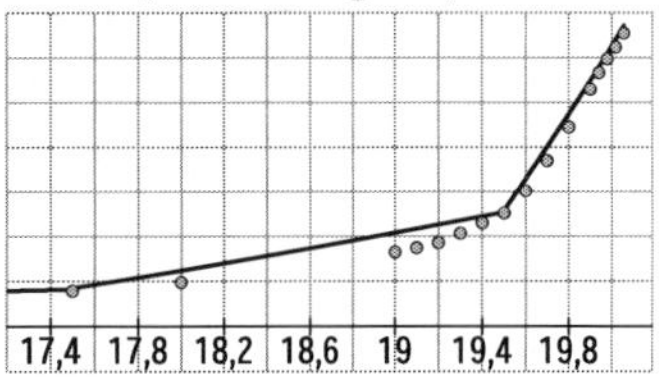

Die Verbindungen sind nicht knickfrei, die Passung meist nur mäßig gut. In gleicher Weise sinnvoll wären hier lineare Verbindungen (vgl. Bemerkung oben).
Weil man je nach Änderung der Daten immer eine passende Funktion findet, flickt man entsprechende Funktionen an, die aber dann nur zu bestehenden Daten passen, also keine Prognosen ermöglichen.

c) $0{,}2 \to 0{,}4$: 550 Jahre
$0{,}4 \to 0{,}8$: 500 Jahre
$0{,}8 \to 1{,}6$: ca. 150 Jahre
$1{,}6 \to 3{,}2$: ca. 70 Jahre
Die Verdopplungszeiträume werden immer kürzer, daher liegt stärkeres Wachstum als exponentielles Wachstum vor.
Die Änderung ist proportional zum Quadrat des Bestandes. Das Wachstum ist stärker als exponentielles Wachstum, weil Quadrate von x für $x > 1$ stärker wachsen als x.

d) $f'(x) = 20 \cdot 6 \cdot (6x - 125)^{-2} = \frac{120}{(6x-125)^2} = \frac{0{,}3 \cdot 400}{(6x-125)^2} = 0{,}3 \cdot \left(\frac{20}{6x-125}\right)^2 = 0{,}3 \cdot (f(x))^2$

Jahr	Daten	Modell
1750	0,79	1,00
1800	0,98	1,18
1900	1,65	1,82
1910	1,75	1,92
1920	1,86	2,04
1930	2,07	2,17
1940	2,30	2,33
1950	2,52	2,50
1960	3,02	2,70
1970	3,70	2,94
1980	4,45	3,23
1990	5,29	3,57
1998	5,97	3,91
2006	6,54	4,31
2012	7,00	4,67

Die Passung ist zwar nur mäßig gut, für genauere Passung müssen die Parameter in $\frac{a}{b \cdot x - c}$ sehr fein verändert werden. Die Funktionswerte wachsen für $x \to \frac{125}{6} \approx 20{,}83$ über alle Grenzen. In einem endlichen Zeitintervall würde die Weltbevölkerung „ins Unendliche wachsen“.

e) 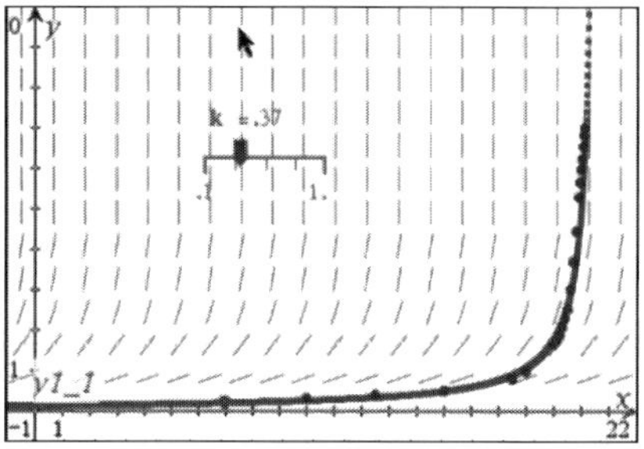

$k = 0{,}37$ passt gut zu den Daten.

Anmerkung: Löst man die DGL mit einem CAS und bspw. dem sinvollen Anfangswert (19,6 | 2) erhält man:

deSolve$(y' = k \cdot y^2$ and $y(19.6) = 3, x, y)$

$$y = \frac{-15}{15 \cdot k \cdot x - 294 \cdot k - 5}$$

$welt(x) := \frac{-15}{15 \cdot k \cdot x - 294 \cdot k - 5} | k = 0.37$ *Fertig*

$welt(x)$ $$\frac{-1500}{555 \cdot x - 11378}$$

Eine Überprüfung der Passung der Daten mit welt (x) zeigt bessere Übereinstimmung als f aus d).

170 **24** *Ein Näherungsverfahren zum Lösen von DGLn*

a)

	$\Delta x = 0{,}5$		$\Delta x = 0{,}1$		
n	x_n	y_n	x_n	y_n	$y = e^{0{,}2x}$
0	0	1	0	1	1
1	0,5	1,1	0,1	1,02	1,0202
2	1	1,21	0,2	1,0404	1,0408
3	1,5	1,331	0,3	1,0612	1,0618
4	2	1,4641	0,4	1,0824	1,0833
5	2,5	1,6105	0,5	1,1041	1,1052
6	3	1,7716	1	1,219	1,2214
7	3,5	1,9487	2	1,4859	1,4918
8	4	2,1436	3	1,8114	1,8221

Man erkennt deutlich, dass für $\Delta x = 0{,}1$ die Näherung an die exakte Lösung besser ist als für $\Delta x = 0{,}5$.

b) (1) $x_{n+1} = x_n + 0{,}5$
$y_{n+1} = y_n + 0{,}5 \cdot 0{,}5\, x_{n+1}$

x_n	y_n
0	1
0,5	1,125
1	1,375
1,5	1,75
2	2,25

(2) $x_{n+1} = x_n + 1$
$y_{n+1} = y_n + 1 \cdot \frac{1}{y_n}$

x_n	y_n
0	2
1	2,5
2	2,9
3	3,2448
4	3,553

Lösungsfunktionen sind:

(1) $f(x) = \frac{1}{4}x^2 + 1$

(2) $f(x) = \sqrt{2x + 4}$

c) (1)

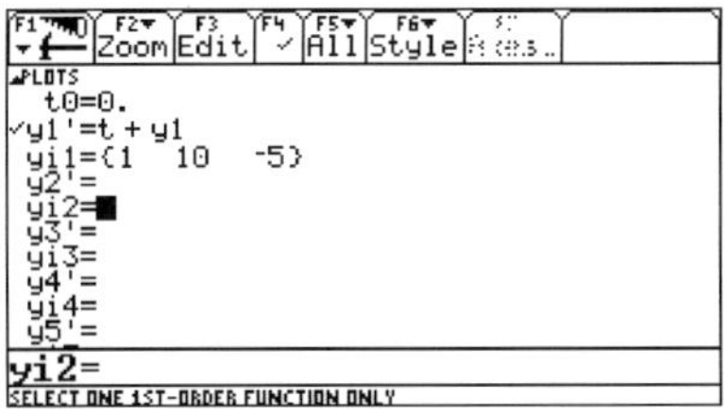

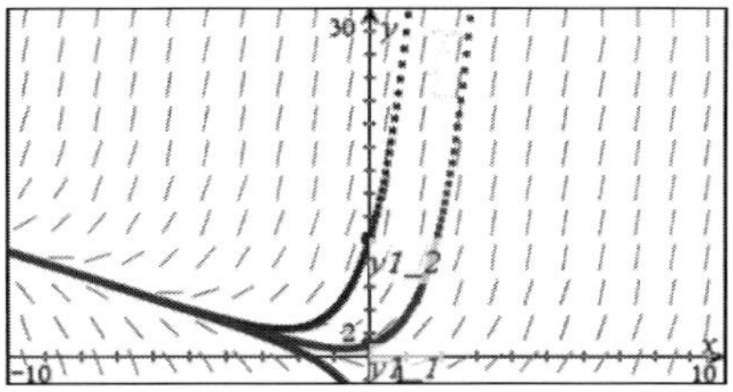

(2)

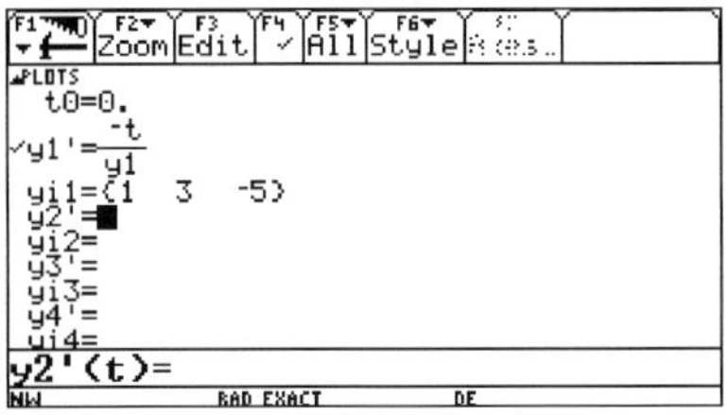

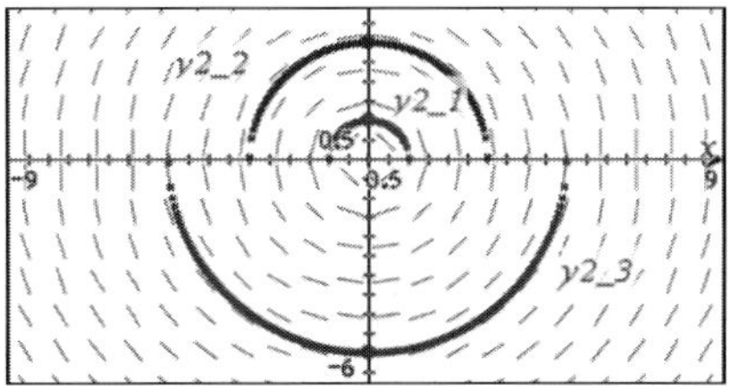

(3)

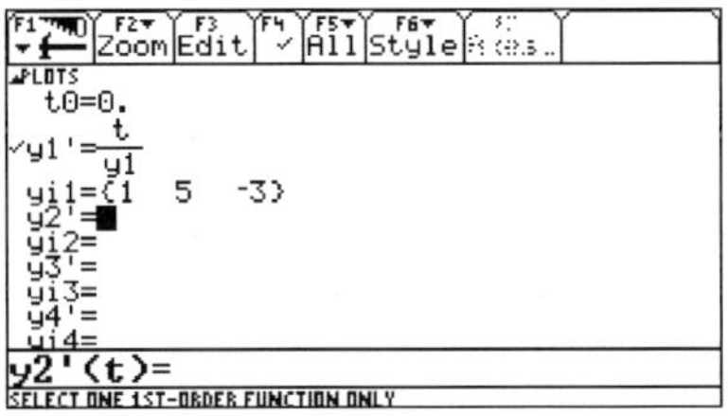

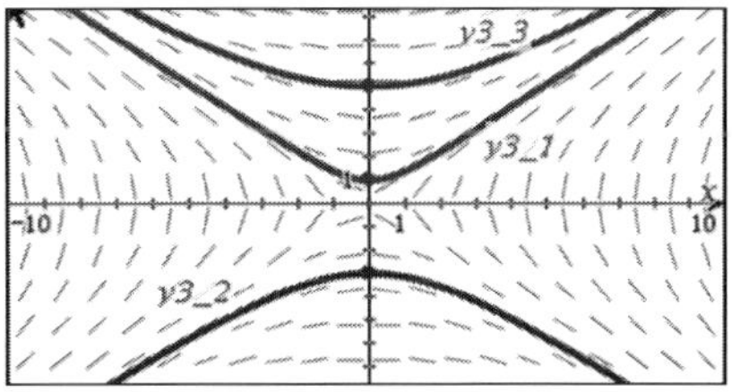

(4) 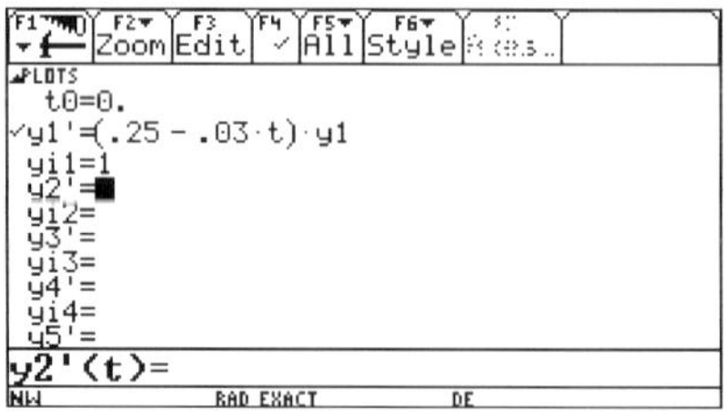

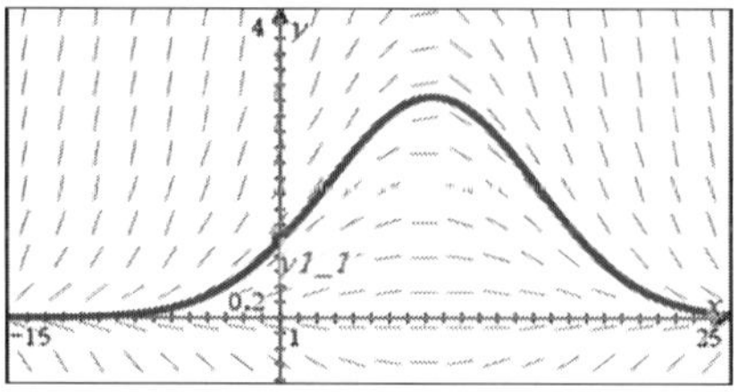

Lösungsfunktionen sind:

(1) $f(x) = (A + 1) \cdot e^x - x - 1$

(2) $f(x) = \sqrt{A^2 - x^2}$

(3) $f(x) = \sqrt{x^2 + A^2}$

(4) $f(x) = e^{gx - \frac{sx^2}{2}}$

4.2 Begrenztes Wachstum

171 **1** *Smartphones, Sonnenblumen, ein Gerücht und Säugetiere*

a)

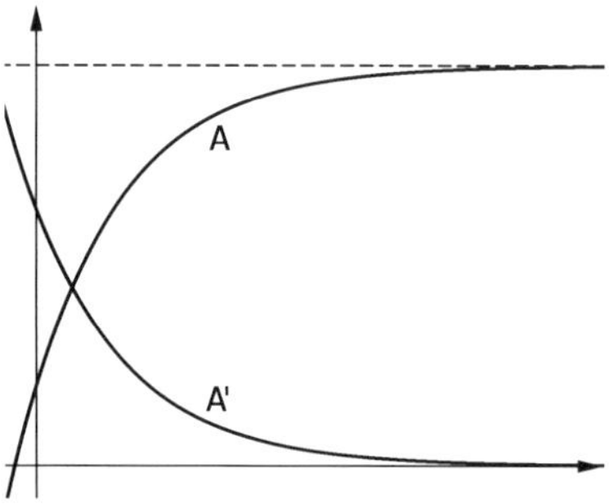

A: Stärkstes Wachstum zu Beginn, dann zunehmend abnehmende Wachstumsgeschwindigkeit, Einpendeln bei Grenze.

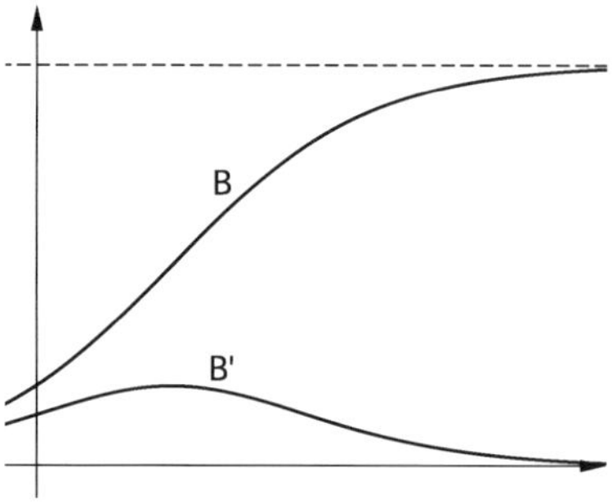

B: Zunächst zunehmende Wachs tumsgeschwindigkeit, dann Punkt mit höchster Wachstumsgeschwin digkeit (Wendepunkt), danach abnehmendes Wachstum bis Einpendeln bei Grenze.

b) (1) (A): Bei Markteinführung größte Verkaufsraten.

(2) (B): Zunächst langsames Wachsen (vom Keim zur Pflanze), dann schnelleres Wachstum.

(3) (B): Zunächst erfahren es nur wenige, dann immer mehr, bis man immer mehr auf Mitschüler trifft, die es schon kennen, so dass Wachstumsrate wieder abnimmt, bis (fast) alle Schüler das Gerücht kennen.

(4) (A): Zunächst wird man viele Tiere schnell nennen können, dann fallen einem zunehmend weniger ein, bis der Person alle ihr bekannten Tiere genannt sind.

171 **2** *Ein TV-Gerät*

a) Die Änderung ist proportional zur Differenz aus maximal absetzbarer Menge und zum Zeitpunkt x abgesetzter Menge.
Je mehr Geräte verkauft sind, desto kleiner die Anzahl potentieller Käufer, die Zunahme der Verkäufe wird also mit der Zeit abnehmen.

b) ■ (1) $f'(x) = (-0{,}15) \cdot (-18) \cdot e^{-0{,}15x} = 0{,}15 \cdot 18 \cdot e^{-0{,}15x}$
(2) $f'(x) = 0{,}15 \cdot (20 - (-18 \cdot e^{-0{,}15x} + 20) = 0{,}15 \cdot 18 \cdot e^{-0{,}15x}$
■ $f(10) \approx 15{,}98$; nach zehn Monaten sind ca. 16000 Geräte abgesetzt.
$f(x) = 10 \Rightarrow x = -\frac{20}{3} \cdot \ln\left(\frac{5}{9}\right) \approx 3{,}92$; nach knapp vier Monaten ist die Hälfte der Geräte verkauft.
4 Monate: $f'(4) \approx 1{,}48$; Verkaufsrate ca. 1,5 Geräte am Ende des Monats.
10 Monate: $f'(4) \approx 0{,}60$; Verkaufsrate gut 0,5 Geräte am Ende des Monats.

c) Die Zunahme der Verkaufszahlen nimmt ab. Nach dem mathematischen Modell werden nie keine Geräte mehr verkauft, weil f(x) nicht 20000 erreicht.
Nach ca. 50 Jahren werden alle Geräte verkauft sein. Nach 30 Jahren werden nur noch sehr wenige Geräte verkauft. Über längeren Zeitraum hinweg (hier: ca. 20 Jahre) ist das Modell vermutlich zunehmend weniger passend.

172 **3** *Ein Experiment aus der Physik*

a) Die Grenze ist $y = 20$ (Raumtemperatur) und nicht die x-Achse ($y = 0$).
„Je mehr Zeit vergeht, desto langsamer kühlt der Kaffee ab."
„Je näher die Kaffeetemperatur an der Raumtemperatur ist, desto langsamer verläuft die Abkühlung."

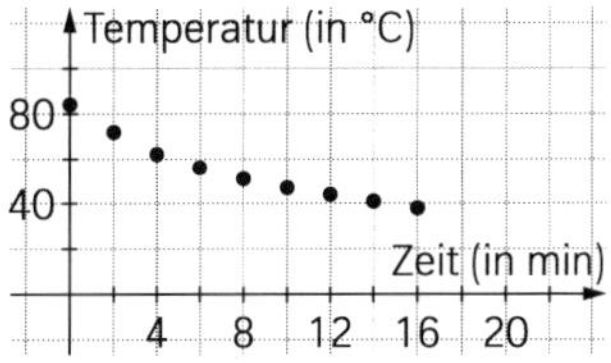

b) Die Abkühlungsgeschwindigkeit des Kaffee ist proportional zur Differenz aus Raumtemperatur und momentaner Kaffeetemperatur.

c) (B) $f(x) = 64 \cdot e^{-kx} + 20$; $f'(x) = k \cdot (20 - f(x))$
$f'(x) = -64k \cdot e^{-kx}$
$k \cdot (20 - f(x)) = k \cdot (20 - (64 \cdot e^{-kx} + 20)) = -64k \cdot e^{-kx} = f'(x)$
Passendes k z. B. mit (10|47):
$47 = 64 \cdot e^{-10k} + 20 \Rightarrow k = -\frac{1}{10}\ln\left(\frac{27}{64}\right) \approx 0{,}0863 \Rightarrow f(x) = 64 \cdot e^{-0{,}0863x} + 20$

4 *Ein Experiment aus der Psychologie*

a) ■ Je mehr Zeit vergeht, desto weniger neue Tiere fallen einem ein.
■ Die Zunahme der Nennungen nimmt mit der Zeit ab.
■ Je näher man an die einem bekannte Anzahl kommt, desto weniger fallen einem noch ein.
■ Die Änderung ist proportional
– zu der Anzahl noch bekannten Tiere
– zur Differenz aus bekannten und schon genannten Tieren.
$f'(x) = k \cdot (G - f(x))$
G: Anzahl maximal bekannter Tiere
k: steuert Geschwindigkeit und Menge der pro Zeiteinheit genannten Tiere.

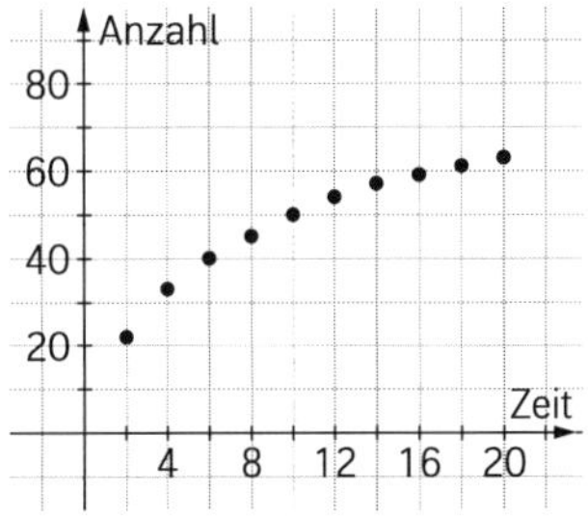

b) ■ t: Zeit; m: „Wachstumskonstante" der Nennungen, G: Anzahl maximal bekannter Tiere.
(1) $f'(x) = m \cdot G \cdot e^{-m \cdot t}$
(2) $f'(t) = m \cdot (G - (-G \cdot e^{-mt} + G)) = m \cdot G \cdot e^{-m \cdot t}$

- Grenze aus Datensatz vermuten: G = 68;
- Anfangswert: (0|0)
- einen Messwert benutzen: $f(10) = 50 = -68 \cdot e^{-10m\cdot} + 20$
  $\Rightarrow\ m = -\frac{1}{10} \cdot \ln\left(\frac{9}{34}\right) \approx 0{,}1329$

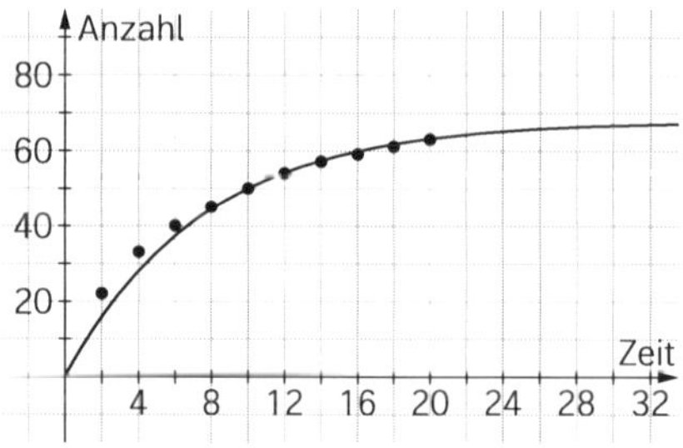

c)

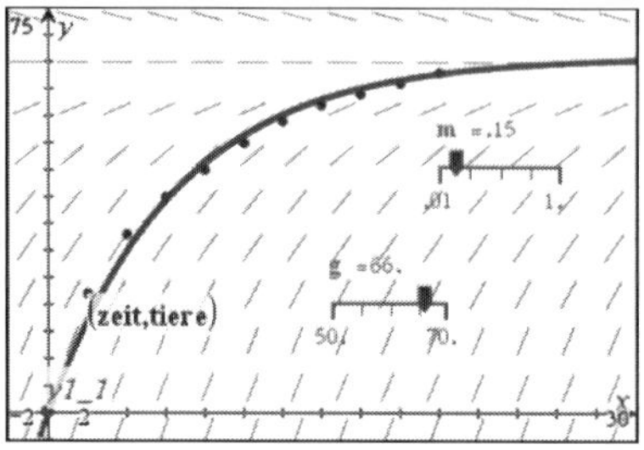

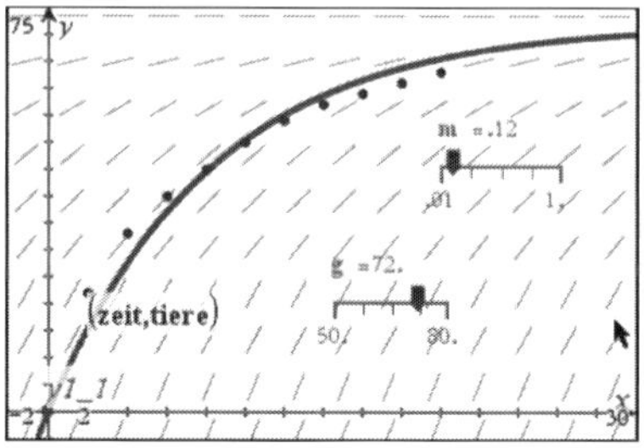

Wenn die Grenze zu hoch gesetzt wird, gelingt keine überzeugende Passung mehr.

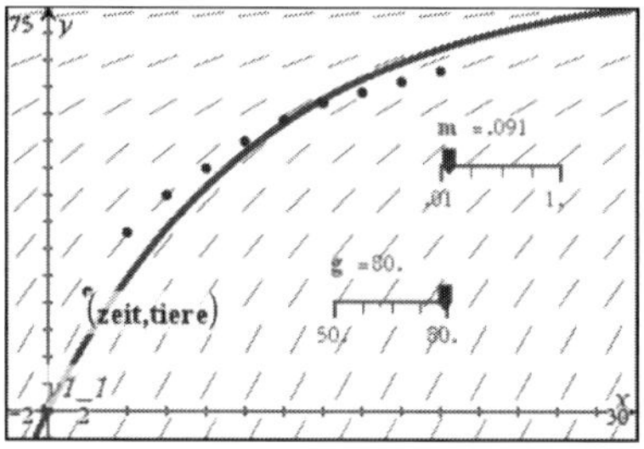

174 5 *DGL und Funktion aus bekannten Parametern*

a) $f_1'(x) = 0{,}15 \cdot (250 - f_1(x))$
$f_1(0) = 50$
$f_1(x) = -200 \cdot e^{-0{,}15x} + 250$
Ein Anfangsbestand von 50 Tieren lebt in einem Lebensraum, der 250 Tieren Existenz ermöglicht. Er vermehrt sich mit einer Wachstumskonstanten $k = 0{,}15$ proportional zum möglichen Restbestand $250 - f_1(x)$.

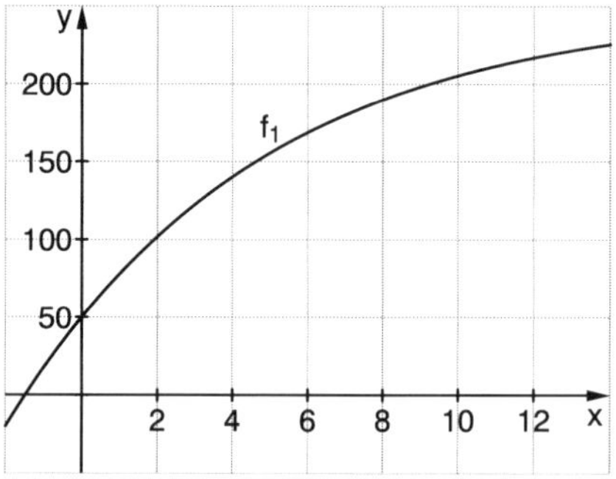

b) $f_2'(x) = 0{,}3 \cdot (20\,000 - f_2(x))$
$f_2(0) = 32\,000$
$f_2(x) = 12\,000 \cdot e^{-0{,}3x} + 20\,000$

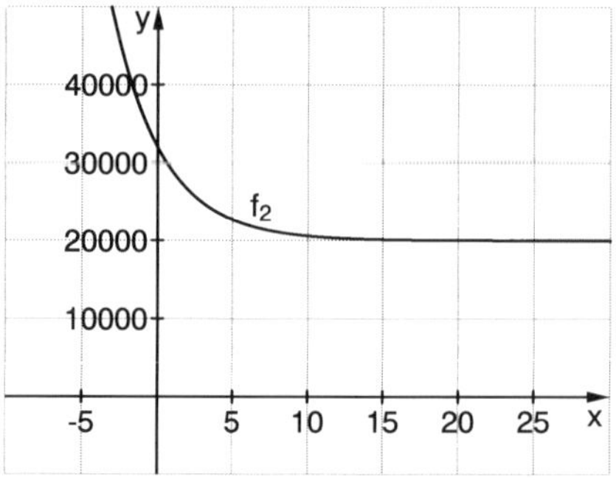

c) $f_3'(x) = 0{,}1 \cdot (4 - f_3(x))$
$f_3(0) = A$
$f_3(x) = (A - 4) \cdot e^{-0{,}1x} + 4$

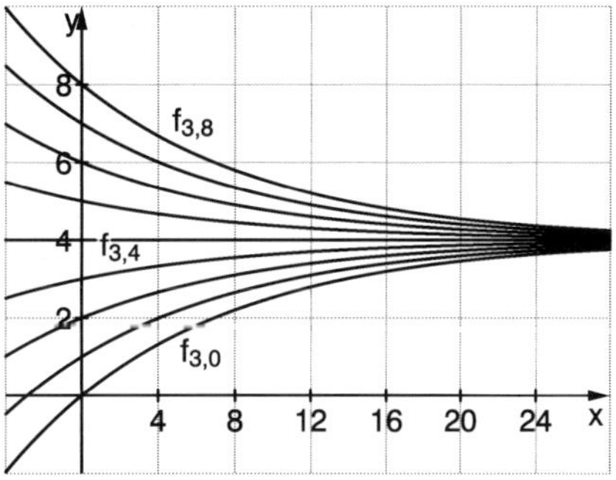

d) $f_4'(x) = 0{,}18 \cdot (250 - f_4(x))$
$f_4(0) = 250$
$f_4(x) = 0 \cdot e^{-0{,}18x} + 250 = 250$
Wenn $A = G$, dann gilt $f(x) = G$.

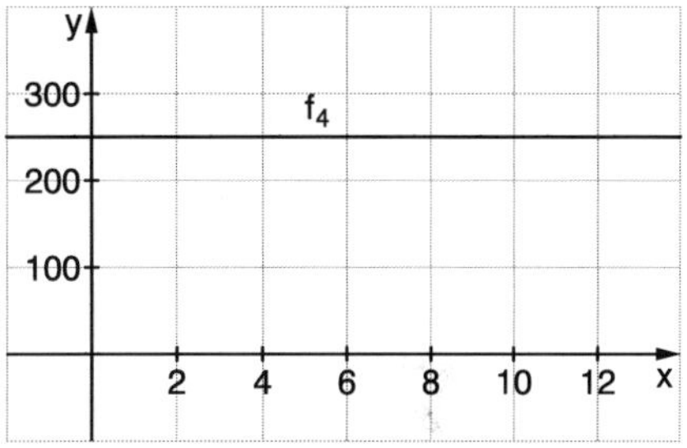

174 **6** *Funktion aus DGL bestimmen*

a) $f(x) = -75 \cdot e^{-0{,}4x} + 100$

b) $f(x) = 150 \cdot e^{-0{,}05x} + 250$

c) $f'(x) = 0{,}1 \cdot (4000 - f(x))$
$f(x) = -3500 \cdot e^{-0{,}1x} + 4000$

d) $f(x) = -50 \cdot e^{-0{,}1x} + 100$

7 *Allgemeiner Nachweis*

(1) $f'(x) = (-k) \cdot (A - G) \cdot e^{-k \cdot x}$

(2) $f'(x) = k \cdot \left(G - \left((A - G) \cdot e^{-k \cdot x} + G\right)\right) = k \cdot \left(-(A - G) \cdot e^{-k \cdot x}\right) = (-k) \cdot (A - G) \cdot e^{-k \cdot x}$
$f'(x) = k \cdot (G - f(x)) = k \cdot G - k \cdot f(x) \underset{a = -k;\ b = k \cdot G}{=} a \cdot f(x) + b$

8 *Orangensaft und Kaffee*

a) ■ $f'(x) = 0{,}05 \cdot (25 - f(x))$; $f(x) = -22 \cdot e^{-0{,}05x} + 25$
■ $f'(x) = 0{,}05 \cdot (18 - f(x)$; $f(x) = -11 \cdot e^{-0{,}05x} + 18$

b) $G = 21$; $f(0) = 90 \Rightarrow f(x) = 69 \cdot e^{-kx} + 21$

(1) $f(x) = 69 \cdot e^{-0{,}1x} + 21 = 55 \Rightarrow x = -10 \cdot \ln\left(\frac{34}{69}\right) \approx 7{,}0775$
$f(60) \approx 21{,}17$; nach einer Stunde hat der Kaffee annähernd Raumtemperatur erreicht.

(2) $f(x) = 69 \cdot e^{-0{,}07x} + 21 = 55 \Rightarrow x = -\frac{100}{7} \cdot \ln\left(\frac{34}{69}\right) \approx 10{,}1107$
$f(120) \approx 21{,}0155$; nach ca. zwei Stunden hat der Kaffee annähernd Raumtemperatur erreicht.

(3) $f(x) = 69 \cdot e^{-0{,}05x} + 21 = 55 \Rightarrow x = -20 \cdot \ln\left(\frac{34}{69}\right) \approx 14{,}1549$
$f(150) \approx 21{,}0382$; nach ca. 2,5 Stunden hat der Kaffee annähernd Raumtemperatur erreicht.

174 **9** *Staubsaugerroboter*

a) 40 000 ist Grenze. Zu Beginn $(x = 0)$ sind noch keine Geräte verkauft: $A = 0$.
$-40000 \cdot e^{-k} + 40000 = 4285 \Rightarrow k = -\ln\left(\frac{4285 - 40000}{-40000}\right) \approx 0{,}1133$

b) $f(12) \approx 29729$ Vermutlich wird die Firma nicht ganz so viele Geräte im ersten Jahr verkaufen.

■ Grafische Lösung

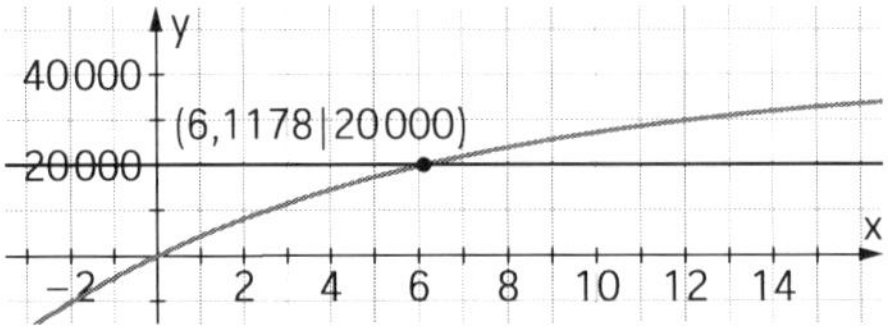

Nach gut einem halben Jahr werden nach dem Modell 20 000 Geräte verkauft sein

■ Nach dem Modell werden nie genau alle ein Gerät gekauft haben (40 000 ist Grenzwert, der nicht exakt erreicht wird). Gute Näherungswerte: $f(48) = 39827$; $f(60) = 39955$
Nach 4 bis 5 Jahren werden alle Geräte verkauft sein.

c) $m_{sek} = \frac{29729}{12} \approx 2477$; $f'(x) = 4532 \cdot e^{-0{,}1133x} = 2477 \Rightarrow x \approx 5{,}33$
Nach gut 5 Monaten hat die lokale Änderungsrate diesen Wert.
Sie gibt die Änderung nach genau 5,33 Monaten an.

175 **10** *Einatmen*

a)

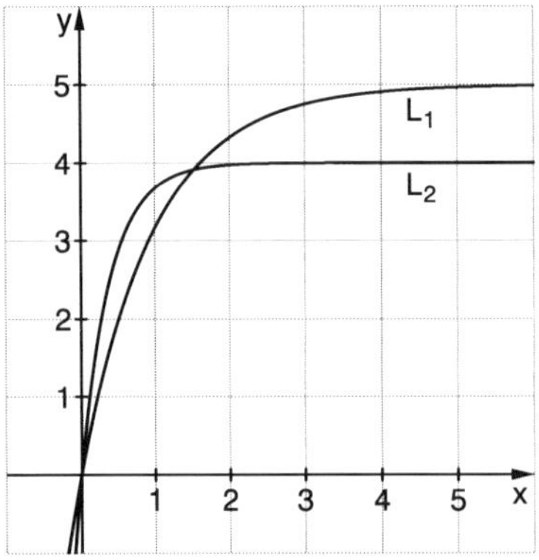

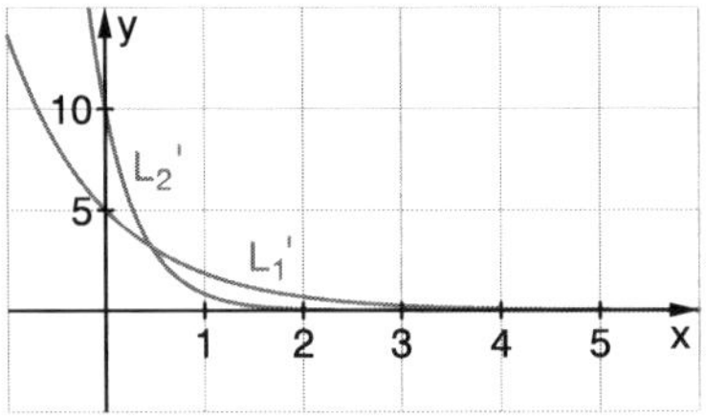

L_1 atmet nicht so schnell ein wie L_2, hat dafür aber größeres Atemvolumen (Grenze bei 5 l statt 4 l bei L_2). Bei beiden ist die Geschwindigkeit des Einatmens („Einatmungsrate") zu Beginn des Einatmens am größten.

b) $L_1'(x) = 5e^{-x}$; $L_2'(x) = 10e^{-2{,}5x}$
Beide Ableitungen sind monoton fallend. L_2 hat zu Beginn $(x = 0)$ eine größere Änderungsrate. Präzisierung der Beschreibung aus a): Der Rückgang der Einatmungsgeschwindigkeit ist bei L_2 schneller, nach ca. einer halben Sekunde atmet L_1 schneller als L_2 ein (L_2' oberhalb von L_1').

c) Die Gleichung $L_1(x) = L_2(x)$ lässt sich nur grafisch-numerisch lösen, man erhält $x \approx 1{,}52$. Nach ca. 1,5 Sekunden haben beide Personen die gleiche Menge Luft eingeatmet.
$L_1'(1{,}5) \approx 1{,}1\,\frac{l}{s}$; $L_2'(1{,}5) \approx 0{,}24\,\frac{l}{s}$
Die Einatmungsgeschwindigkeit von L_1 ist zu diesem Zeitpunkt ungefähr viermal so groß wie die von L_2.

d) V: Maximales Atemvolumen; k: Maß für Geschwindigkeit des Einatmens

(1) Variiert wird das maximale Atemvolumen. Dies wird unabhängig von der Intensität (Geschwindigkeit) des Einatmens nach 5 Sekunden erreicht.

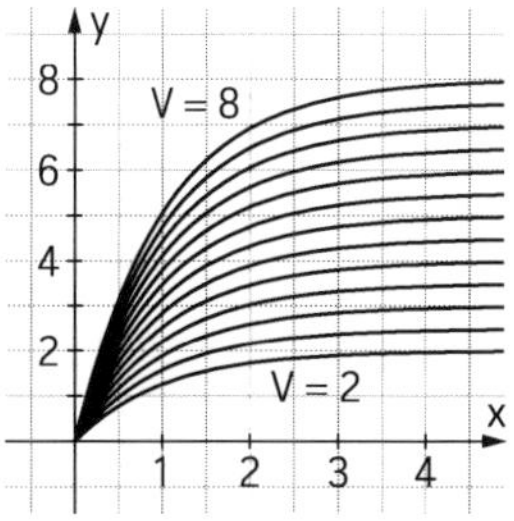

$L_V(x) = V - V \cdot e^{-x}$
$L_V(5) = V - V \cdot e^{-5} = 3$
$\Rightarrow V \cdot (1 - e^{-5}) = 3 \Rightarrow V \approx 3{,}02$
$L_1(x) = 3{,}02 - 3{,}02 \cdot e^{-x}$

(2) Variiert wird die Intensität (Geschwindigkeit) des Einatmens. Dies beeinfluss das maximale Atemvolumen nach 5 Sekunden stark. Bei geringer Geschwindigkeit ist nach 5 Sekunden nur halb so viel Volumen erreicht wie bei hoher Geschwindigkeit.

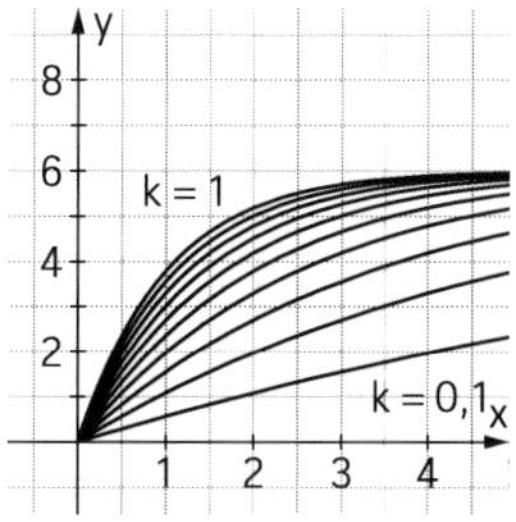

$L_k(x) = 6 - 6 \cdot e^{-kx}$
$L_k(5) = 6 - 6 \cdot e^{-5k} = 3 \Rightarrow k \approx 0{,}1386$
$L_2(x) = 6 - 6 \cdot e^{-0{,}1386x}$

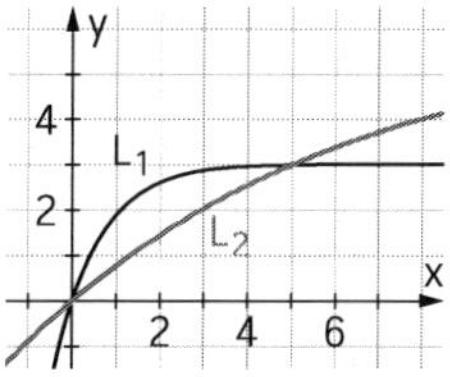

Während bei L_1 das maximale Volumen fast erreicht ist, ist dies bei L_2 erst das halbe maximale Volumen.

175 11 *Eine Tierpopulation*

a) $A = 20$; $k = \ln(1{,}2) \approx 0{,}1823$
Die exponentielle Regression passt besser, was auch zu erwarten ist, da f nur die ersten beiden Messwerte berücksichtigt.

b) Grafisch numerische Lösung

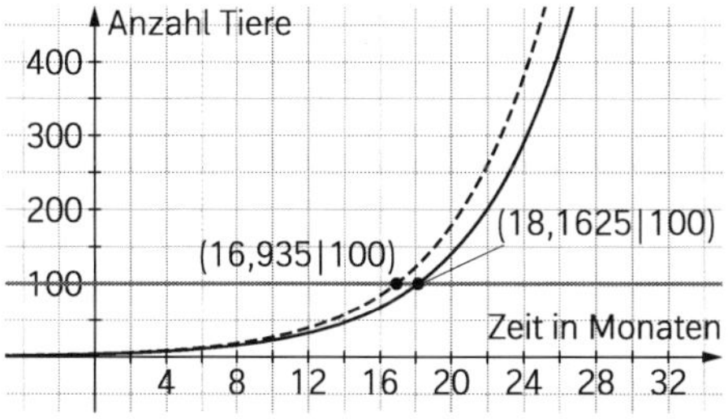

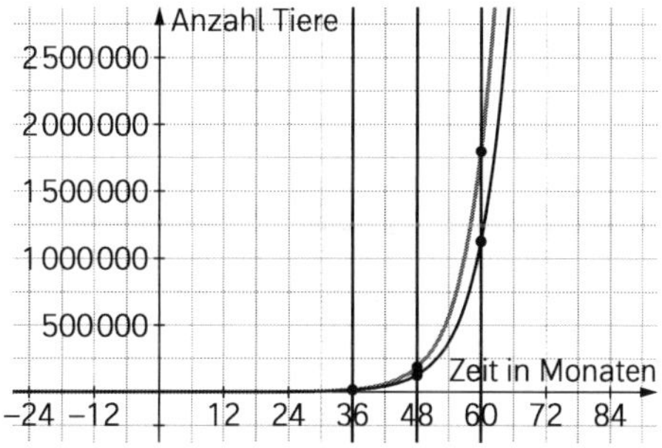

	Änd.rate > 100	3 Jahre	4 Jahre	5 Jahre
f	ca. 18 Monate	14176	126394	1126950
r	ca. 17 Monate	19374	186710	1799308

Die Anzahlen sind absolut unrealistisch. Ein solches exponentielles Wachstum wird nicht über einen längeren Zeitraum vorliegen.

c) ■ Grenzkapazität: 600 Vögel

■ $-1400 \cdot e^{-0{,}1x} + 600 - 540 \Rightarrow x \approx 31{,}5$
Nach ca. 31 bis 32 Monaten wird die Population aus 540 Tieren bestehen.

■ $g'(x) = 140 \cdot e^{-0{,}1x} \Rightarrow g'(12) \approx 42{,}17;\; f'(12) \approx 32{,}5$. Der Übergang beschreibt eine abrupte Änderung der Bestandsentwicklung (Knick im grafischen Übergang).
Es gilt $f(12) \approx g(12) \approx 178{,}3$.
g sinnvoll, weil mit den Funktionswerten auch die Änderungsraten Näherungswerte sind.

176 12 *Tablet*

a) ■ $f'(x) = 0{,}15 \cdot (12 - f(x)),\; f(0) = 1;\; f(x) = -11 \cdot e^{-0{,}15x} + 12$ (x in Monaten, y in Millionen)

■ $f(12) \approx 10{,}18$. Nach einem Jahr werden gut 10 Millionen Eipits verkauft sein.

■ $f(11{,}5) \approx 10{,}04$. Nach ca. 11,5 Monaten werden mehr als 10 Millionen Geräte verkauft sein.

■ $f(48) \approx 11{,}9988$. Nach ca. 4 Jahren wird so gut wie kein Gerät mehr verkauft.

b) (1) $f_G'(x) = 0{,}15 \cdot (G - f_G(x)),\; f_G(0) = 1$
$f_G(x) = (1 - G) \cdot e^{-0{,}15x} + G$

(2) $f_k'(x) = k \cdot (12 - f_k(x)),\; f_k(0) = 1$
$f_k(x) = -11 \cdot e^{-kx} + 12$

(3) $f_A'(x) = 0{,}15 \cdot (12 - f_A(x)),\; f_A(0) = A$
$f_A(x) = (A - 12) \cdot e^{-0{,}15x} + 12$

(1) Annähernd gleichzeitiges Erreichen der maximalen Verkaufsmenge unabhängig davon wie groß diese ist. Dies ist von Sachsituation her überraschend (vgl. Exkurs S.186)

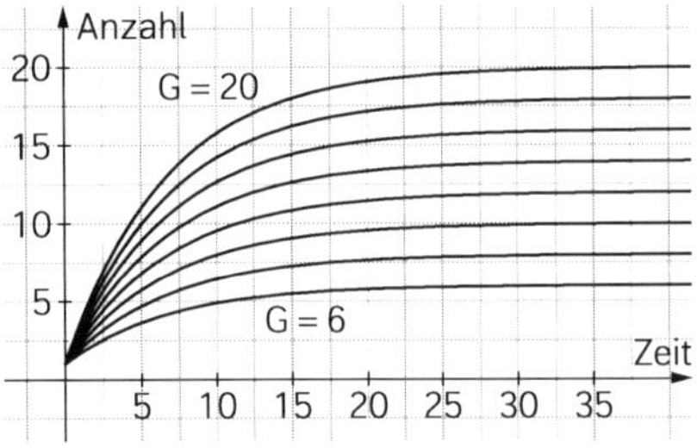

(2) Je größer k (Verkaufsrate) desto schnelleres Annähern an maximale Verkaufsmenge. Für k = 1 schon nach 6 Monaten so gut wie alle Geräte verkauft.

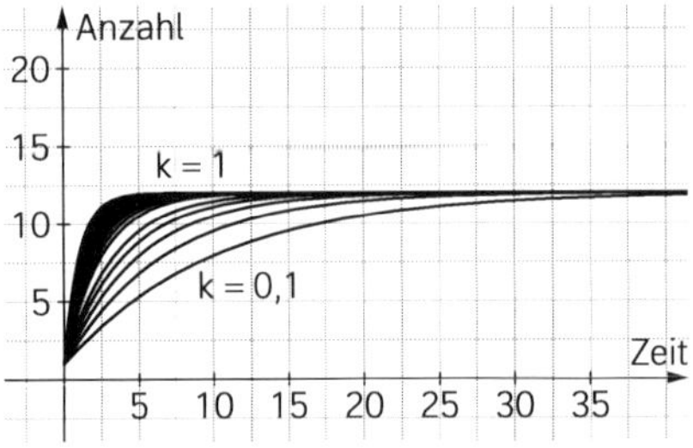

(3) Unabhängig von der Menge, die zu Beginn verkauft wird, sind nach ca. 2 Jahren die meisten Geräte verkauft. Je mehr Zeit vergeht, desto weniger wirkt sich die anfänglich verkaufte Menge auf die Verkaufsmenge aus.

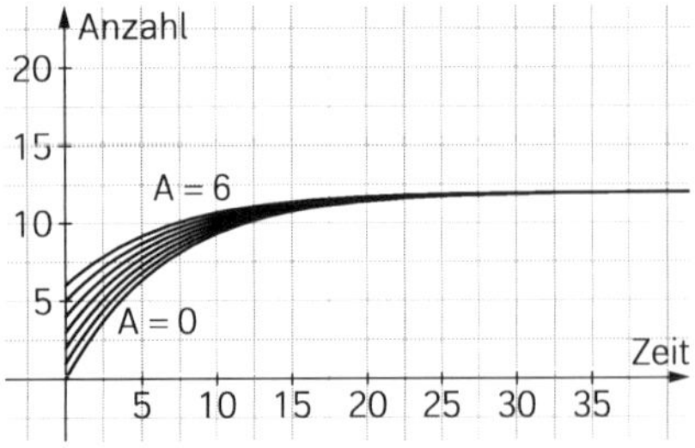

c) (A) $f_G(10) = (1 - G) \cdot e^{-1{,}5} + G \approx 0{,}22 - 0{,}22G + G = 0{,}78G + 0{,}22$
Die Anzahl wächst annähernd linear mit der maximal verkaufbaren Menge.

(B) $f_k(10) = -11 \cdot e^{-10k} + 12$
Die Anzahl wächst sehr schnell begrenzt gegen 12.

(C) $f_A(10) = (A - 12) \cdot e^{-1,5} + 12 \approx 0,22A - 2,68 + 12 = 0,22A + 9,32$
Die Anzahl wächst annähernd linear mit der anfänglich verkauften Menge.

176 **13** *Die Kurve der Sünde*

Fehler im Buch: Skalierung x-Achse: „1 Mio." statt „2 Mio."
Achtung: Ab 500 000 wird Skalierung auf x-Achse geändert, die Skalierung auf y-Achse beginnt erst bei 200.

(1) Sinnvoller Anfangswert ist (0|0); Angenommene absolute Höchstgeschwindigkeit: 420 km/h, benutzter Messwert: Aston Martin S V12: (250|330), x in 1000.
$-420 \cdot e^{-250k} + 420 = 330 \Rightarrow k = -\frac{1}{250} \cdot \ln\left(\frac{3}{14}\right) \approx 0{,}006161$
Modell passt bis 200 000 € schlecht.

(2) Bessere Passung mit Anfangswert (0|200), obwohl dies von Sache her eigentlich nicht möglich ist (ein Auto, das nichts kostet fährt 200 km/h!), angenommene absolute Höchstgeschwindigkeit: 420 km/h, benutzter Messwert: Aston Martin S V12: (250|330)
$(210 - 420) \cdot e^{-250k} + 420 = 330 \Rightarrow k = -\frac{1}{250} \cdot \ln\left(\frac{3}{7}\right) \approx 0{,}003389$

Anmerkungen:

1. Soll das Modell zu allen ausgewählten Messwerten passen und außerdem vom Sachzusammenhang her sinnvollen Anfangswert (0|0) haben, ist begrenztes Wachstum kein geeignetes Modell.
2. Da die meisten Autos im Preissegment 30 000 bis 200 000 € liegen, sollte bei einer Modellierung in diesem Bereich eine möglichst gute Übereinstimmung vorliegen. Mit einem CAS können auch nicht lineare Gleichungssyteme gelöst werden.

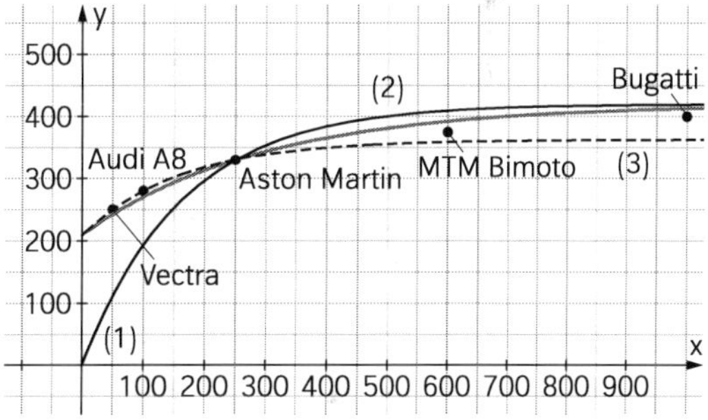

solve$((a-g)\cdot e^{-50\cdot k}+g=250$ and $(a-g)\cdot e^{-100\cdot k}+g=280$
$a=209.107$ and $g=362.623$ and $k=0.006195$

Mit „Opel Vectra", „Audi RS6 plus" und „Aston Martin" erhält man (3):

177 **14** *Ein Medikament*

a) Hier liegen exponentieller Abbau und lineare Zunahme vor.
DGL: $f'(x) = \ln(0{,}7) \cdot f(x) + 100$
Lösungsfunktion:
$f(x) = \frac{100}{\ln(0{,}7)} \cdot e^{\ln(0{,}7)x} - \frac{100}{\ln(0{,}7)}$
$\approx -280{,}4 \cdot e^{-0{,}3567x} + 280{,}4$
Langfristig: $-\frac{100}{\ln(0{,}7)} \approx 280\,\text{mg}$
Auf Dauer befinden sich im Körper etwa 280 mg Wirkstoff.

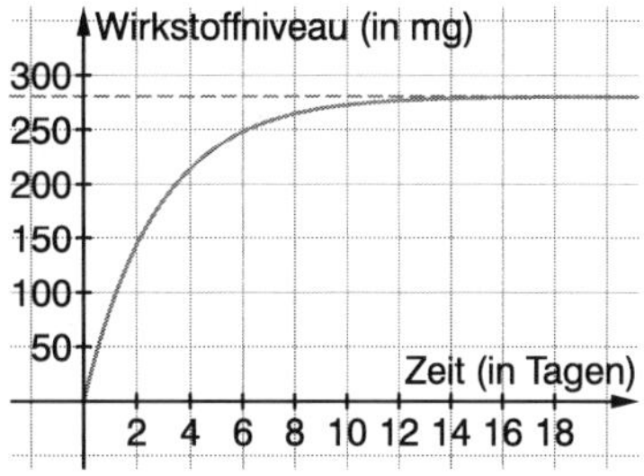

b) $G = -\frac{b}{k} \Rightarrow 500 = -\frac{b}{\ln(0{,}7)}$
$\Rightarrow b = -500 \cdot \ln(0{,}7) \approx 178{,}34$
$f(x) \approx -500 \cdot e^{-0{,}3567x} + 500$
Es müssen täglich ca. 178 mg eingenommen werden.

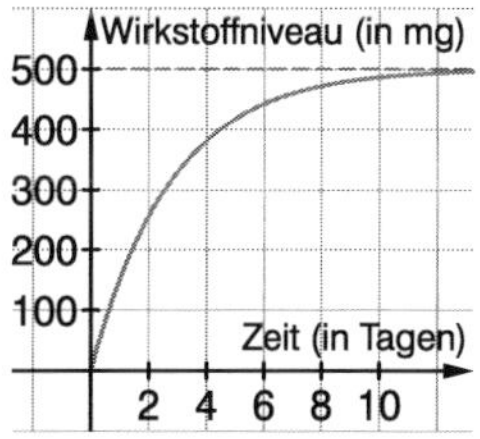

177 **15** *Ein Selbstreinigungsmodell*

a) $p = 50\,\% \Rightarrow k = \ln(0{,}5) \approx -0{,}693$
$f'(x) = -0{,}693 \cdot f(x) + 40;\ f(0) = 0$
$\Rightarrow f(x) = -57{,}72 \cdot e^{-0{,}693x} + 57{,}72$
$f(x) \to 57{,}72$
Ja, der Grenzbestand wird bei ca. 58 Tonnen liegen.

b) Einleitung von b Tonnen Dünger: $f(x) = -1{,}44\,b \cdot e^{-0{,}693x} + 1{,}44\,b$
$f(x) \to 1{,}44\,b$
Langfristig wird ungefähr das 1,5-fache der jährlich zugeführten Menge im See sein.
$1{,}44\,b = 30 \Rightarrow b = 20{,}8$
Es dürfen maximal 21 Tonnen jährlich eingeleitet werden, damit der langfristige Bestand nicht über 30 Tonnen liegt.

c) 40t wird nicht konstant bleiben, auch 50%-Abbaurate kann bei Veränderung des Wassers schwanken.

178 **16** *Forellenzucht*

$A = 2000;\ k = 0{,}26$

$f'_{500}(x) = 0{,}26 \cdot f_{500}(x) - 500$

$f_{500}(x) = 77 \cdot e^{0{,}26x} + 1923$

$f'_{550}(x) = 0{,}26 \cdot f_{550}(x) - 550$

$f_{550}(x) = -115 \cdot e^{0{,}26x} + 2115$

Wenn 50 Fische mehr geangelt werden, stirbt
der Bestand nach ca. 11 Jahren aus.
$2000 \cdot 0{,}26 = 520$
Wenn mehr als 520 Fische geangelt werden, stirbt der Bestand aus, bei 520 bleibt er konstant, bei weniger als 520 wächst er über alle Grenzen.

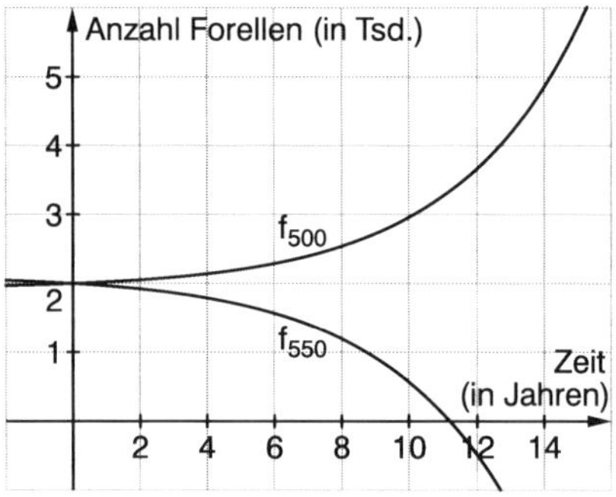

17 *Begrenztes Wachstum und Zufluss-Abfluss-Modell: Variationen*

a) $f(x) = (A - 3) \cdot e^{2x} + G$
Der Bestand strebt für $x \to \infty$ von der „Grenze" weg und wächst $(A > 3)$ bzw. fällt $(A < 3)$ über alle Grenzen. Für $x \to -\infty$ konvergiert Bestand gegen Grenze 3.

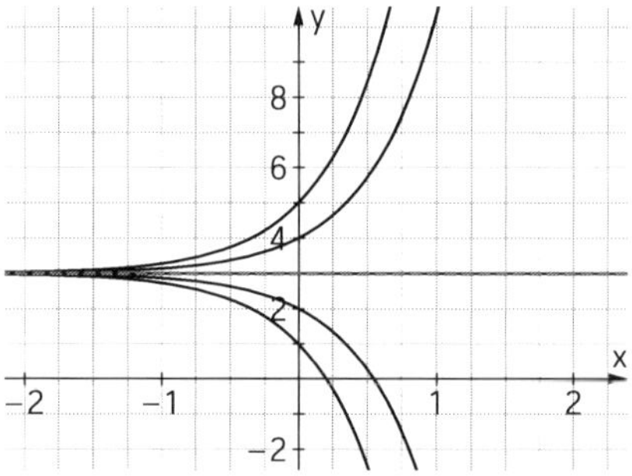

b) Wegen $G = -\frac{b}{k}$ und $k > 0$ begrenztes Wachstum gilt:
(A) – (3); (B) – (4); (C) – (2); (D) – (1)
Begrenztes Wachstum $(k > 0)$: Startwerte in Nähe der Grenze führen zu schneller Annäherung an Grenze
Zufluss-Abfluss $(k < 0)$: Wenn Startwerte nur etwas größer als „Grenze" sind, streben Werte gegen $+\infty$, wenn etwas kleiner, streben sie gegen $-\infty$, die „Grenze" „stößt" die Werte ab.

178 **18** *Kaffeeabkühlung – mal anders*

(1) $f'(x) = \frac{-380}{(x+6)^2}$

(2) $f'(x) = k \cdot (20 - f(x))$

$= k \cdot \left(20 - \left(\frac{380}{x+6} + 20\right)\right)$

$= \frac{-380 \cdot k}{x+6}$

(1) und (2) liefern im Allgemeinen unterschiedliche Ausdrücke, oder: (1) und (2) stimmen nur für $k = x + 6$ überein, k darf aber nicht von x abhängen.

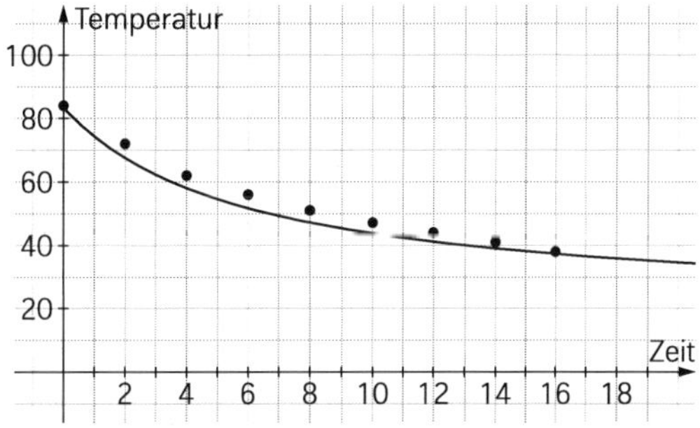

4.3 Logistisches Wachstum

179 **1** *Ein Gerücht*

a)

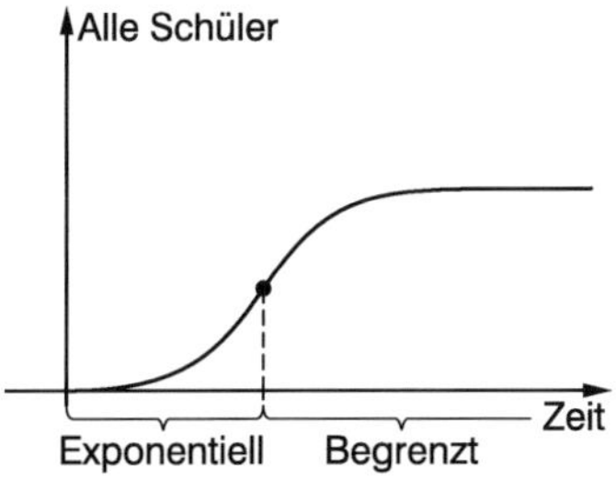

Das Gerücht wird sich zunächst schnell ausbreiten, weil es noch weniger kennen, dann langsamer, weil man immer wieder auf Schüler trifft, die es schon kennen.

- In der ersten Phase passt Art des exponentiellen Wachstums, später dann Art des begrenzten Wachstums.
- Es passt (3): Änderung ist proportional zum Produkt aus Bestand und Restbestand. (Anmerkung: Wenn etwas zu zwei „Dingen" proportional ist, folgt nicht unmittelbar, dass es dann auch zum Produkt proportional ist).

  (1): $f'(x) = 0{,}002 \cdot f(x) + 0{,}002 \cdot (900 - f(x)) = 0{,}002 \cdot f(x) + 0{,}002 \cdot 900 - 0{,}002 \cdot f(x) = 1{,}8$
  $\rightarrow$ konstantes Wachstum

  (2) $f'(x) = 0{,}002 \cdot f(x) + 0{,}004 \cdot (900 - f(x))$
  $= 0{,}002 \cdot f(x) + 0{,}004 \cdot 900 - 0{,}004 \cdot f(x) = -0{,}002 \cdot f(x) + 3{,}6$
  $\rightarrow$ begrenztes Wachstum

b) (1)

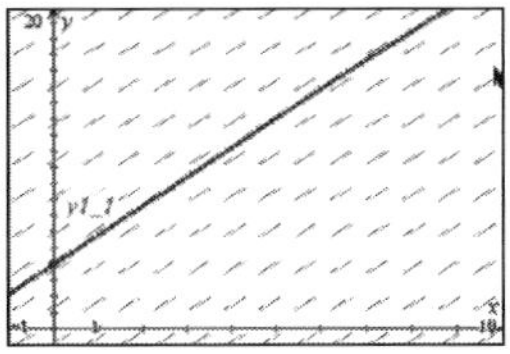

(2)

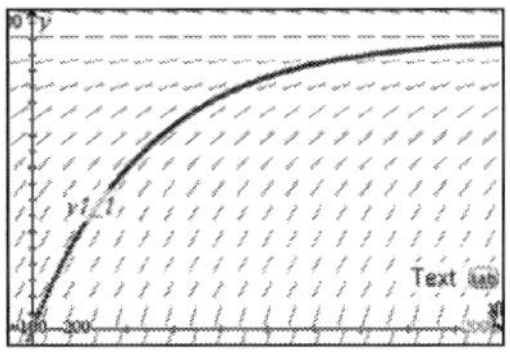

(3)

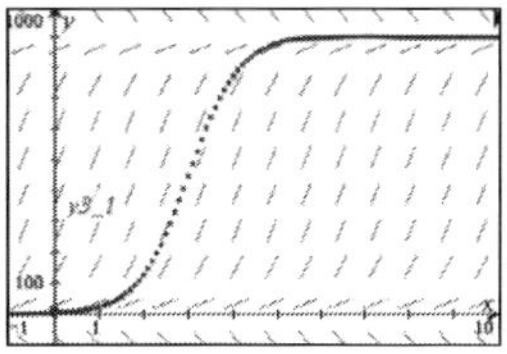

c) $f(0) = \frac{900}{1 + 224} = 4$

$f(x) \xrightarrow[x \to \infty]{} \frac{900}{1 + 224 \cdot 0} = 900$

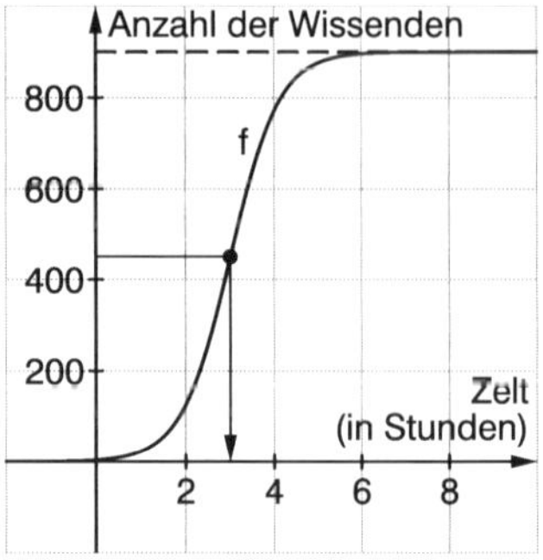

d) $f(2) = 126{,}39...$
$f(4) = 771{,}05...$
Nach 2 Stunden kennen es ca. 126 Schüler, nach 4 Stunden ca. 771.
$f(3) = 447{,}37...$ Nach ca. 3 Stunden kennen 450 Schüler das Gerücht.
Exakt wird 900 von f nicht erreicht, aber $f(8) \approx 899{,}89...$
Nach ca. 8 Stunden kennen alle das Gerücht.

e) ■ Es ist keine passende Ableitungsregel bekannt.
■ (1)

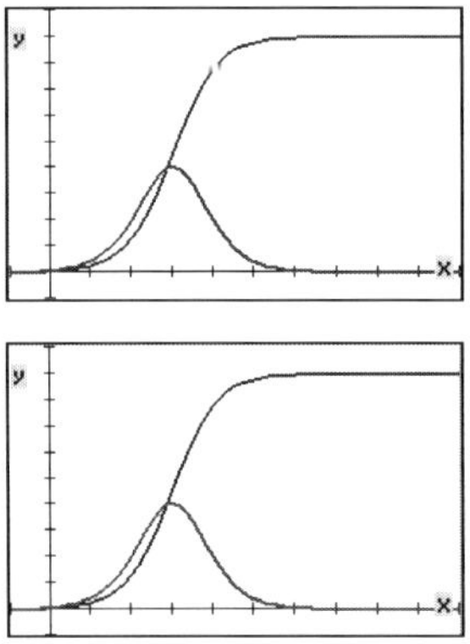

(2) Anmerkung: Einstellung: exakt

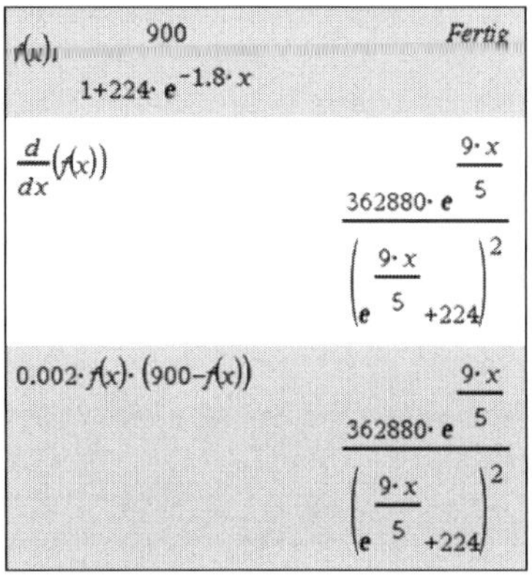

$$f(x) = \frac{4 \cdot 900}{4 + (900 - 4) \cdot e^{-0{,}002 \cdot 900 \cdot x}} = \frac{4 \cdot 900}{4 \cdot (1 + 224 \cdot e^{-1{,}8x})} = \frac{900}{1 + 224 \cdot e^{-1{,}8x}}$$

180 2 *Sonnenblumen*

a) Wegen der Rechtskrümmung ab 40 Tagen passt exponentielles Wachstum nicht, wegen der Linkskrümmung zu Beginn passt begrenztes Wachstum nicht.
Bis ca. $x = 40$ zunehmend schnelleres Wachstum, danach abnehmendes Wachsen, Stabilisierung (Grenze) bei ca. 255 cm.

$f(x) = \frac{260}{1 + 25 \cdot e^{-0{,}1x}} \xrightarrow[x \to \infty]{} \frac{260}{1} = 260$

Die Sonnenblume würde 260 cm hoch werden. Stärkstes Wachstum ist nach etwa 32 Tagen.

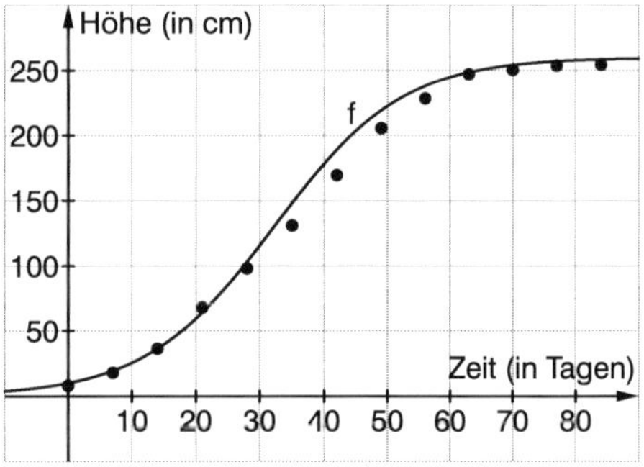

b) In der DGL äußert sich die gleichzeitige Proportionalität im Produkt aus Bestand und Restbestand.

c) Es ist keine passende Ableitungsregel bekannt.
Fehler im Buch, hier der korrekte Screenshot:

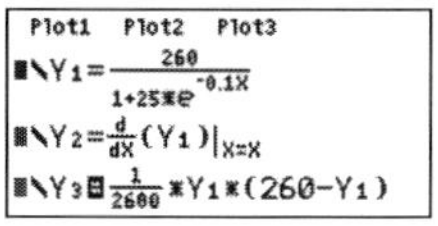

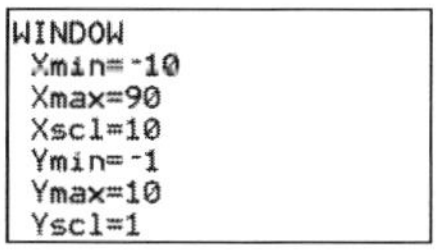

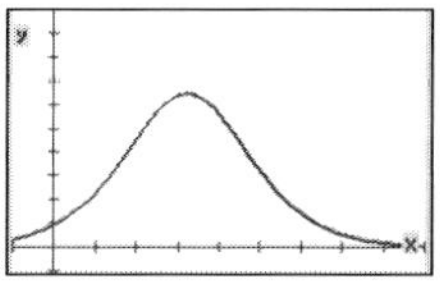

- $f(x) = \frac{10 \cdot 260}{10 + (260 - 10) \cdot e^{-\frac{1}{2600} \cdot 260 \cdot x}} = \frac{10 \cdot 260}{10 \cdot (1 + 25 \cdot e^{-0,1x})} = \frac{260}{1 + 25 \cdot e^{-0,1x}}$

  Der Vorteil liegt darin, dass man an der Formel direkt Anfangsbestand und Grenzbestand ablesen kann.

182 **3** *Funktion finden zu einer DGL*

a) $k = 0{,}008$; $G = 50$ $f(x) = \frac{150}{3 + 47 \cdot e^{-0,4x}}$
$A = 3$

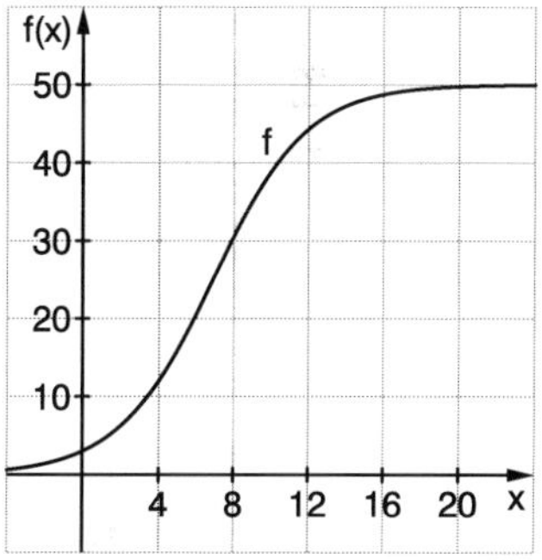

b) $k = 0{,}01$; $G = 7$ $f(x) = \frac{7}{1 + 6 \cdot e^{-0,07x}}$
$A = 1$

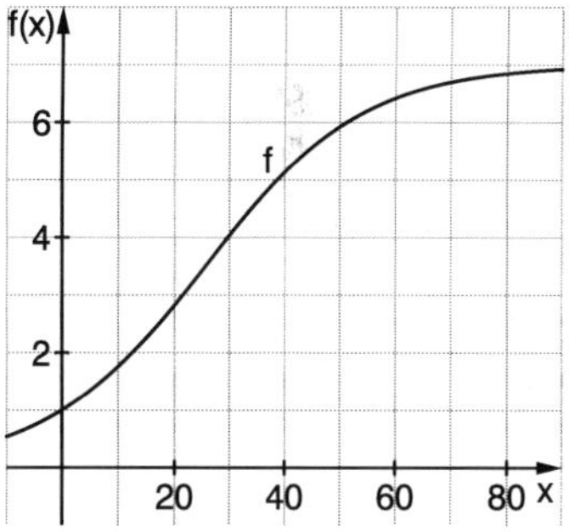

c) $k = 0{,}1$; $G = 10$ $f_A(x) = \frac{10 \cdot A}{A + (10 - A) \cdot e^{-x}}$
A variabel

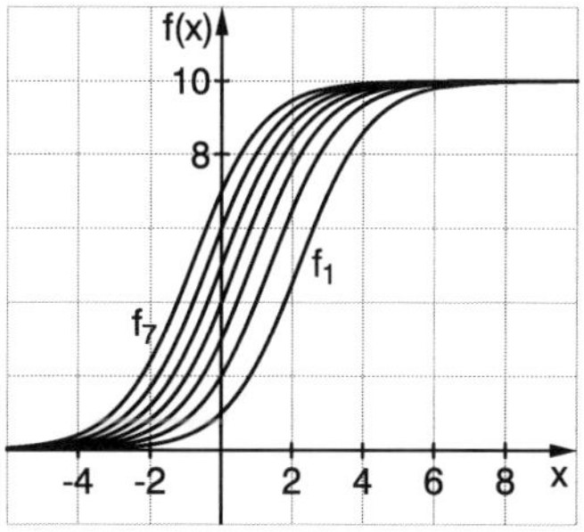

d) $k = 0{,}02$; G variabel
$A = 10$
$f_G(x) = \frac{10 \cdot G}{10 + (G - 10) \cdot e^{-0{,}02 \cdot Gx}}$

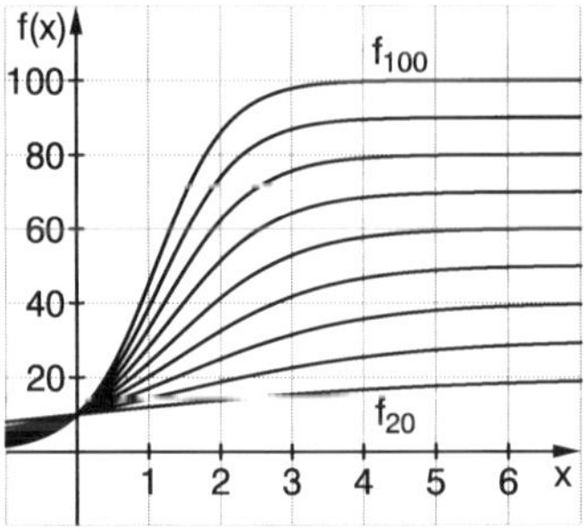

e) k variabel; $G = 300$
$A = 25$
$f_k(x) = \frac{7500}{25 + 275 \cdot e^{-300 \cdot k \cdot x}}$

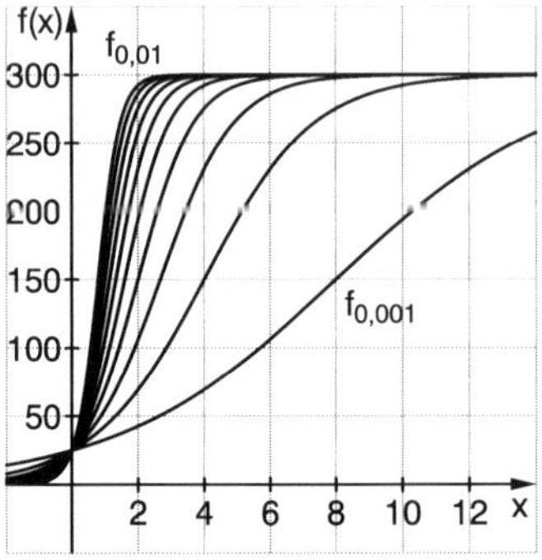

f) $f'(x) = 0{,}2 \cdot f(x) \cdot (8 - f(x))$
$k = 0{,}2$; $G = 8$
$A = 1$
$f(x) = \frac{8}{1 + 7 \cdot e^{-1{,}6x}}$

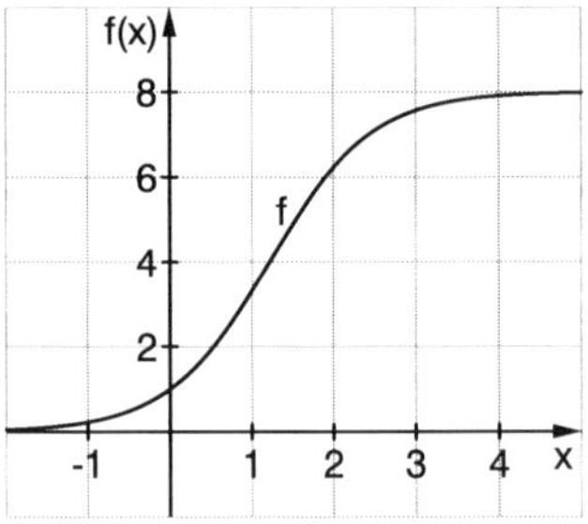

182 4 *DGL finden zu einer Funktion*

a) $A = 5$; $G = 30$	$f'(x) = 0{,}02 \cdot f(x) \cdot (30 - f(x))$	$k = 0{,}02$
b) $A = 100$; $G = 200$	$f'(x) = 0{,}0005 \cdot f(x) \cdot (200 - f(x))$	$k = 0{,}0005$
c) $A = 1$; $G = 9$	$f'(x) = \frac{1}{60} \cdot f(x) \cdot (9 - f(x))$	$k = \frac{1}{60} \approx 0{,}017$
d) $A = 15$; $G = 10$	$f'(x) = 0{,}03 \cdot f(x) \cdot (10 - f(x))$	$k = 0{,}03$

183 5 *Parameterbestimmung für Funktionen bei gegebenem Punkt*

a) $6 = \frac{20}{1 + 4 \cdot e^{-k}}$ $\Rightarrow 6 + 24 \cdot e^{-k} = 20$

$\Rightarrow e^{-k} = \frac{7}{12}$ $\Rightarrow k = -\ln\left(\frac{7}{12}\right) \approx 0{,}539$

b) $8 = \frac{100}{c + 2 \cdot e^{-0{,}2}}$ $\Rightarrow 8c + 16 \cdot e^{-0{,}2} = 100$

$\Rightarrow c = \frac{100 - 16 \cdot e^{-0{,}2}}{8} \approx 10{,}86$

c) $25 = \frac{a}{1 + 5 \cdot e^{-0{,}1}}$ $\Rightarrow a = 25 + 125 \cdot e^{-0{,}1} \approx 138{,}1$

183 **6** *Funktion und DGL aus Grafik*

a) $A = 10$; $G = 120$ Punkt: $(1\,|\,60)$

$$\Rightarrow f(x) = \frac{1200}{10 + 110 \cdot e^{-120kx}}$$

$$60 = \frac{1200}{10 + 110 \cdot e^{-120k}}$$

$$\rightarrow 600 + 6600 \cdot e^{-120k} = 1200 \rightarrow e^{-120k} = \frac{1}{11} \Rightarrow k = -\frac{1}{120}\ln\left(\frac{1}{11}\right) \approx 0{,}02$$

b) $A = 30$; $G = 80$ Punkt: $(4\,|\,60)$

$$\Rightarrow f(x) = \frac{2400}{30 + 50 \cdot e^{-80kx}}$$

$$60 = \frac{2400}{30 + 50 \cdot e^{-320k}} \Rightarrow k = \frac{1}{320}\ln(5) \approx 0{,}005$$

c) $A = 10$; $G = 200$ Punkt: $(1\,|\,100)$

$$f(x) = \frac{2000}{10 + 190 \cdot e^{-200kx}}$$

$$100 = \frac{2000}{10 + 190 \cdot e^{-200k}} \Rightarrow k = \frac{1}{200}\ln(19) \approx 0{,}147$$

7 *Funktionsgleichungen – Variationen*

(1) $$f(x) = \frac{G}{1 + \left(\frac{G}{A} - 1\right) \cdot e^{-kGx}} = \frac{A \cdot G}{A\left(1 + \left(\frac{G}{A} - 1\right) \cdot e^{-kGx}\right)} = \frac{A \cdot G}{A + (G - A) \cdot e^{-kGx}}$$

(2) Vgl. (1): $a = G$; $b = \frac{G}{A} - 1$; $C = k \cdot G$

(3) $$f(x) = \frac{A \cdot G \cdot e^{kGx}}{e^{kGx} \cdot \left(A + (G - A) \cdot e^{-kGx}\right)} = \frac{AG}{A + (G - A) \cdot e^{-kGx}}$$

8 *Forellen und eine Grippewelle*

	Forellen	**Feriencamp**
a)	$f'(x) = 0{,}0015 \cdot f(x) \cdot (600 - f(x))$ $A = 50$ $f(x) = \frac{30000}{50 + 550 \cdot e^{-0{,}9x}}$	$g(x) = \frac{15 \cdot 180}{15 + 165 \cdot e^{-180kx}}$ $g(x) = \frac{2700}{15 + 165 \cdot e^{-180k}} = 24 \Rightarrow k = 0{,}0029$ $g(x) = \frac{2700}{15 + 165 \cdot e\wedge{-0{,}522x}}$

	Forellen	Feriencamp
b)	$300 = \frac{30\,000}{50 + 550 \cdot e^{-0{,}9x}}$ $15\,000 + 165\,000 \cdot e^{-0{,}9x} = 30\,000$ $e^{0{,}9x} = 11$ $x = \frac{10}{9} \ln(11) \approx 2{,}664$ Der halbe Grenzbestand ist nach gut 2,5 Jahren erreicht. 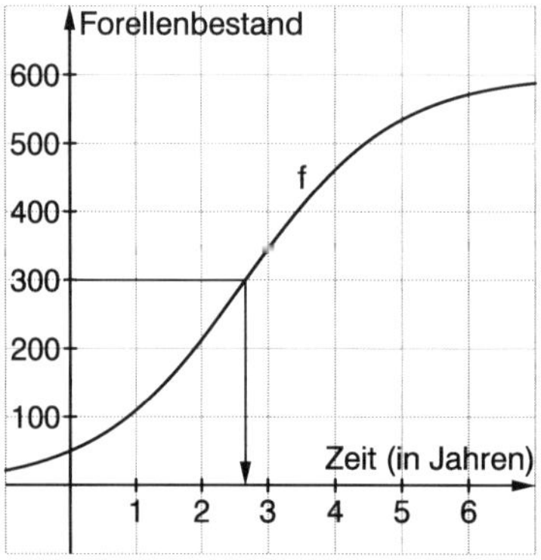 	$90 = \frac{2700}{15 + 165 \cdot e^{-0{,}522x}} \Rightarrow x \approx 4{,}594$ Nach ca. 4,5 Wochen sind 90 Jugendliche erkrankt. 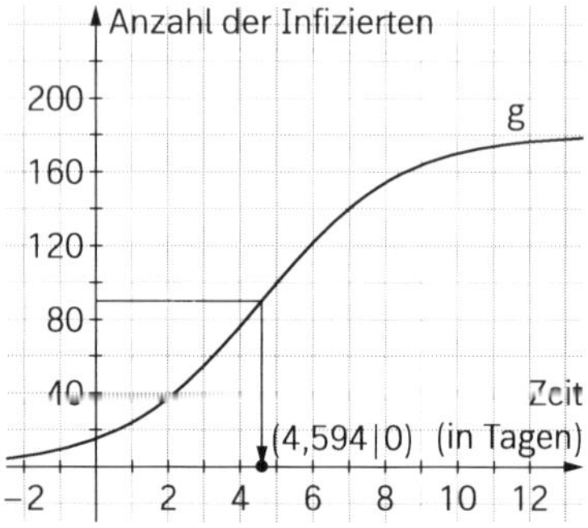
c)	Ableitung numerisch mit nderive oder msek. Lösungen grafisch-tabellarisch: 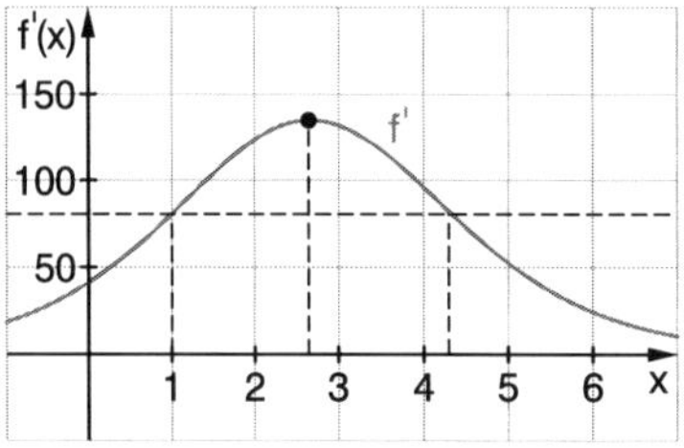 $f'(1) \approx 0{,}86 \approx f'(4{,}3)$ Maximale Wachstumsgeschwindigkeit ist nach gut 2,5 Jahren. ($x \approx 2{,}66$)	Ableitung numerisch mit nderive oder msek. Lösungen grafisch-tabellarisch: 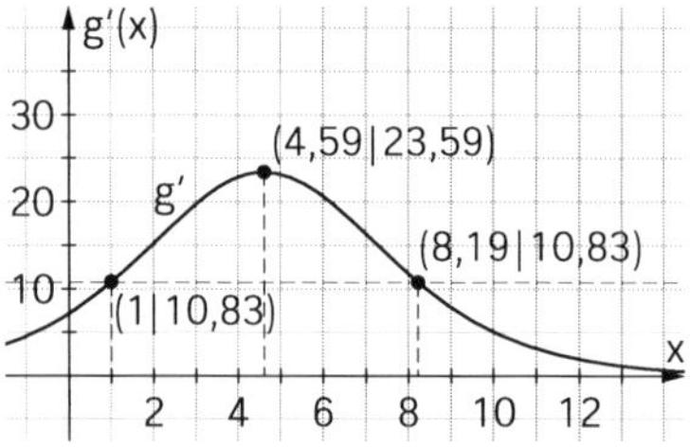 Wachstumsgeschwindigkeit zu $t = 1$ und $t \approx 10$: $\approx 9{,}8$ Nach ca. 4,5 Wochen ist die Wachstumsgeschwindigkeit am größten.

d) Vermutung: Die maximale Wachstumsgeschwindigkeit ist zu dem Zeitpunkt, wenn der halbe Grenzbestand erreicht ist. Oder: Die y-Koordinate des Wendepunktes ist $\frac{1}{2}G$.
Überprüfung mit Funktionen aus Aufgabe 4 mithilfe von:
- GTR und z. B. „nDeriv"
- Sekantensteigungsfunktion $\text{msek}(x) = \frac{f(x + 0{,}001) - f(x)}{0{,}001}$
- CAS

184 9 *Die Kraft des CAS*

a)
- Johanna leitet die DGL $f'(x) = \ldots$ ab und erzeugt damit eine zweite Ableitung, die sie dann „gleich 0 setzt" und die zugehörige Gleichung löst.
- $f'(x) = 0$: Beim logistischen Wachstum gilt: $f'(x) > 0$, es gibt keine lokalen Extrempunkte.
  $k = 0$: Man erhält $f(x) = A$, also kein logistisches Wachstum für $k = 0$.
- $f''(x) = \big(k \cdot f(x) \cdot (G - f(x))\big)' = k \cdot f'(x) \cdot \big(G - f(x)\big) + k \cdot f(x) \cdot \big(-f'(x)\big)$
  $= k \cdot f'(x) \cdot G - k \cdot f'(x) \cdot f(x) - k \cdot f'(x) \cdot f(x) = k \cdot f'(x) \cdot \big(G - 2 \cdot f(x)\big)$

b) ■ 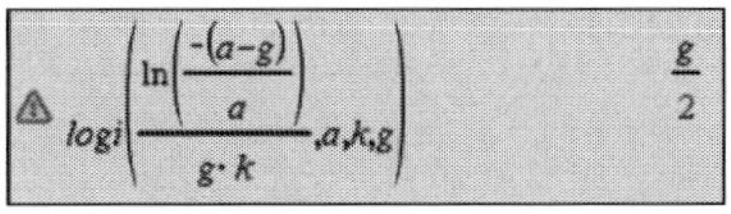

■ $a \neq 0$: Wo kein Bestand, kann auch nichts wachsen
$a - g = 0 \Leftrightarrow a = g$: Wenn Anfangsbestand mit Grenzbestand übereinstimmt, gibt es kein Wachstum, sondern konstante Bestandsentwicklung.
$g \neq 0$: Wenn Wachstum vorhanden $(k > 0)$, kann Grenzbestand nicht 0 sein.
$k \neq 0$: Man erhält $f(x) = A$, also kein logistisches Wachstum für $k = 0$ (vgl. a)).

184 **10** *Unterschiedliche Situationen – gleicher Modelltyp*

a) (1) – (B); (2) – (A); (3) – (C)

b) ■ $f'(x) = k \cdot f(x) \cdot (G - f(x)) = k \cdot G \cdot f(x) - k \cdot (f(x))^2 = f(x) \cdot (k \cdot G - k \cdot f(x))$

■ Die (mathematische) Äquivalenz der drei Gelichungen zeigt die Gleichwertigkeit, die aus den inhaltlich unterschiedlichen Interpretationen nicht ohne weiteres ableitbar ist.

185 **11** *Pflanzenwachstum*

Möglicher Ansatz:
A aus Tabelle, G aus Grafik vermuten, Messwert (hier: 6. Tag) einsetzen. Man erhält Gleichung für k. Diese kann algebraisch gelöst werden, hier aber auch grafisch-numerische Lösung sinnvoll, weil man auch bei algebraischer Lösung in sinnvoller Weise runden wird.

a) $G = 65$

$$\frac{0{,}4 \cdot 65}{0{,}4 + (65 - 0{,}4) \cdot e^{-65 \cdot k \cdot 6}} = \frac{26}{0{,}4 + 64{,}6 \cdot e^{-390k}} = 18{,}9$$

$$\Leftrightarrow 0{,}4 + 64{,}6 \cdot e^{-390k} = \frac{26}{18{,}9} = 1{,}481\,48$$

$$\Leftrightarrow e^{-390k} = 0{,}015\,10$$

$$\Leftrightarrow k = \frac{-\ln(0{,}0151\,0)}{390} \approx 0{,}010\,75$$

$$f(x) = \frac{26}{0{,}4 + 64{,}6 \cdot e^{-0{,}698\,84x}}$$

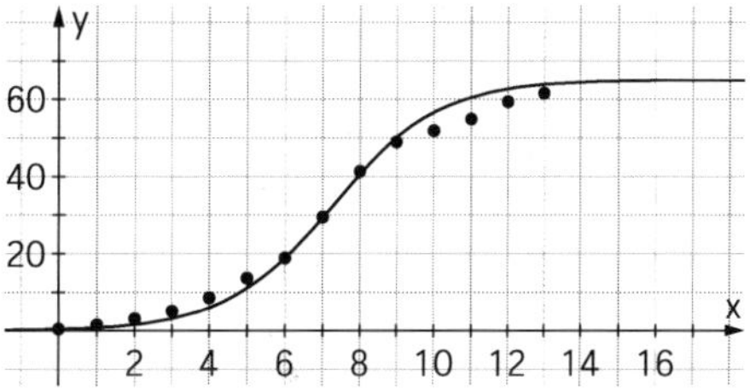

b) $G = 40$

$$\frac{0{,}1 \cdot 40}{0{,}1 + (40 - 0{,}1) \cdot e^{-40 \cdot k \cdot 6}} = \frac{4}{0{,}1 + 39{,}9 \cdot e^{-240k}} = 13$$

$$\Leftrightarrow e^{-240k} = 0{,}00521$$

$$\Leftrightarrow k = \frac{-\ln(0{,}005\,21)}{240} \approx 0{,}021\,91$$

$$f(x) = \frac{4}{0{,}1 + 39{,}9 \cdot e^{-0.8764x}}$$

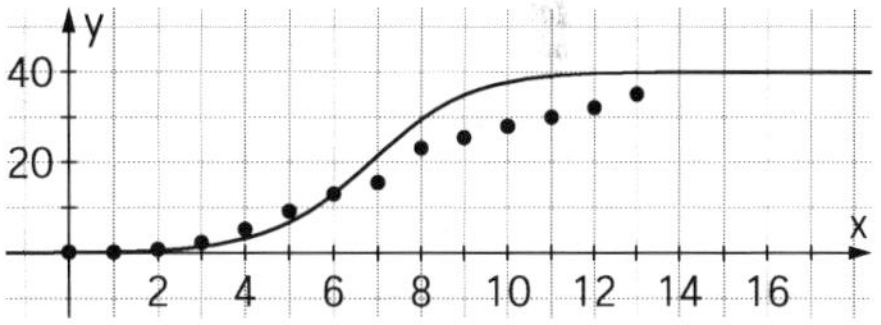

Die Passung überzeugt noch nicht richtig. Mit Schiebereglern für Parameter bessere Passung erreichbar.

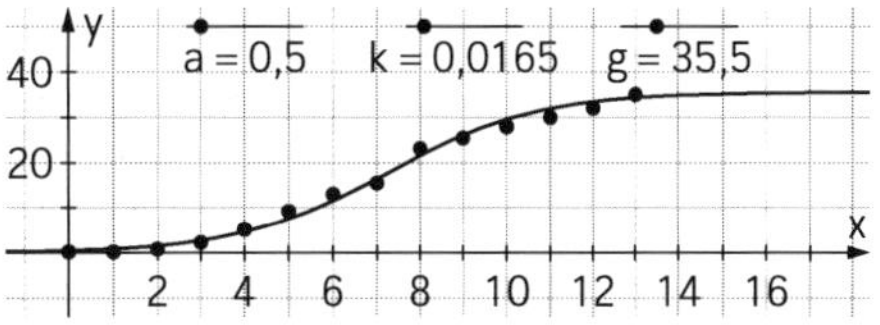

c) $G = 70$

$$\frac{4 \cdot 70}{4 + (70 - 4) \cdot e^{-70 \cdot k \cdot 6}} = \frac{280}{4 + 66 \cdot e^{-420k}} = 17$$

$$\Leftrightarrow e^{-420k} = 0{,}188\,94$$

$$\Leftrightarrow k = \frac{-\ln(0{,}188\,94)}{420} \approx 0{,}003\,97$$

$$f(x) = \frac{280}{4 + 66 \cdot e^{-0..2777x}}$$

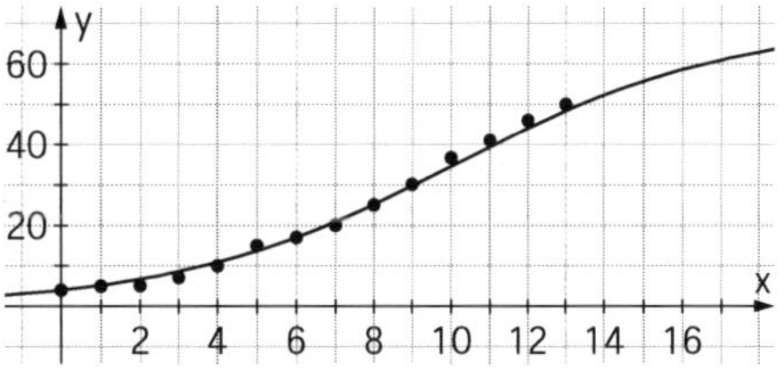

Modellfindung mit CAS:

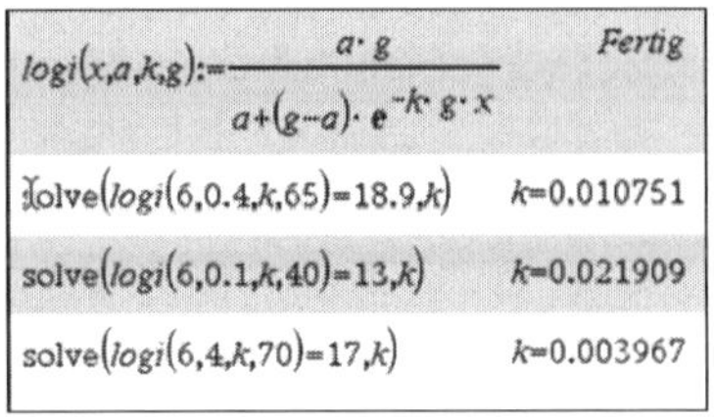

185 12 *Die Entwicklung der Bevölkerung der USA seit 1790*

a) $\frac{4 \cdot 400}{4 + 396 \cdot e^{-400 \cdot 180 \cdot k}} = 200$

$\Leftrightarrow 4 + 396 \cdot e^{-72000 \cdot k} = \frac{1600}{200}$

$\Leftrightarrow e^{-72000 \cdot k} = \frac{1}{99} \approx 0{,}0101$

$\Leftrightarrow k = \frac{-\ln(0{,}0101)}{72000} \approx 0{,}0000038$

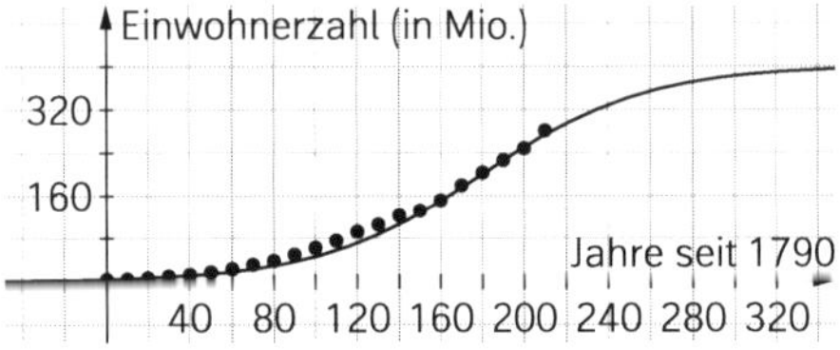

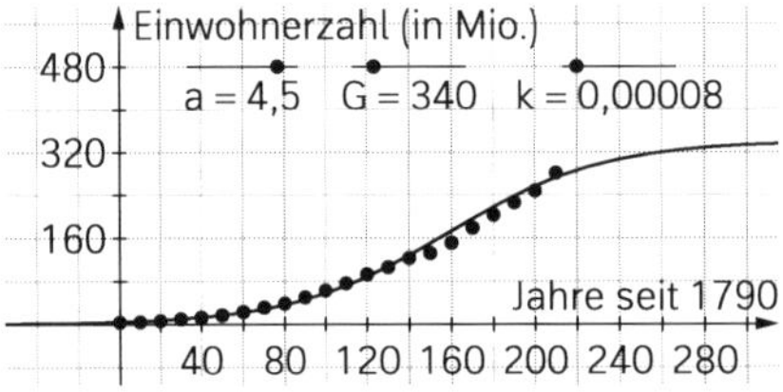

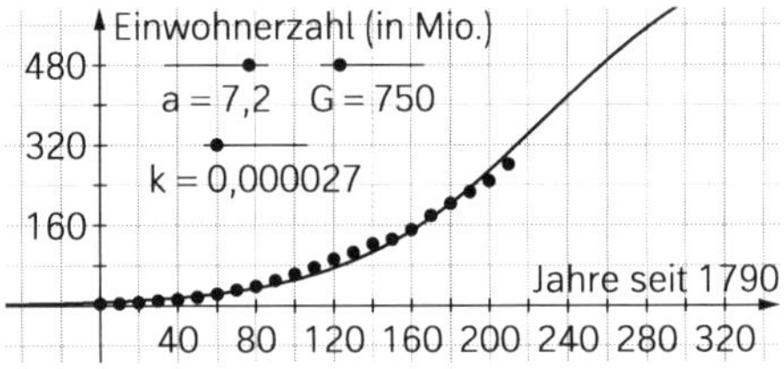

b) Die Daten in Beispiel C zeigen, dass der Messzeitraum schon den Wendepunkt überschritten hat. Modellierungen mit unterschiedlichen Daten, Anfangswerten und Grenzen werden nahe beieinander liegen. Da der Wendepunkt beim logistischen Wachstum den halben Grenzbestand markiert, können hier sinvolle Grenzen in einem recht engen Bereich erschlossen werden. Ist der Wendepunkt noch nicht erreicht (Beispiel: Bevölkerungsdaten USA), lassen sich keine klaren Aussagen über Grenzen machen.

186 13 *Eine Bärenpopulation mit Variationen*

	A = 1; G = 5; k var.	**k = 0,15; A = 1; G var.**	**k = 0,15; G = 5; A var.**
Handlung	wachstumsfördernde bzw. -hemmende Maßnahmen (Futterdosierung, ...)	Vergrößern bzw. Verkleinern des Lebensraums	Variation des anfänglich ausgesetzten Bestandes bzw. Zeitpunkt des Beginns der Messung
Funktionsgleichung	$f_k(x) = \frac{5}{1 + 4 \cdot e^{-5kx}}$	$f_G(x) = \frac{G}{1 + (G-1) \cdot e^{-0{,}15Gx}}$	$f_A(x) = \frac{5A}{A + (5-A) \cdot e^{-0{,}75x}}$
Parameterbereich	$0 < k \leq 1$ Schrittweite 0,05	$1 < G < 20$ Schrittweite 0,5	$0 < A < 10$ Schrittweite 0,5
Grafik	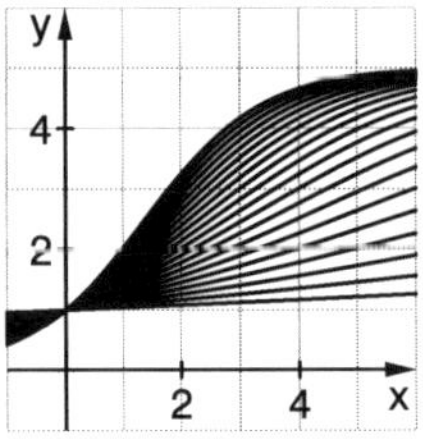	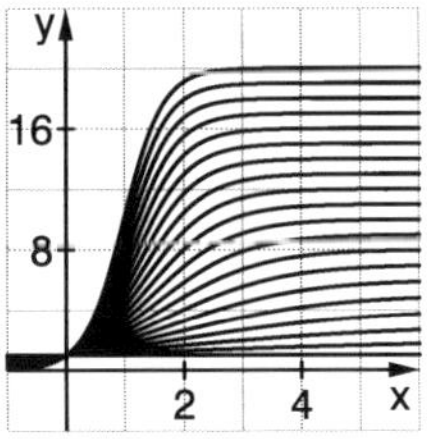	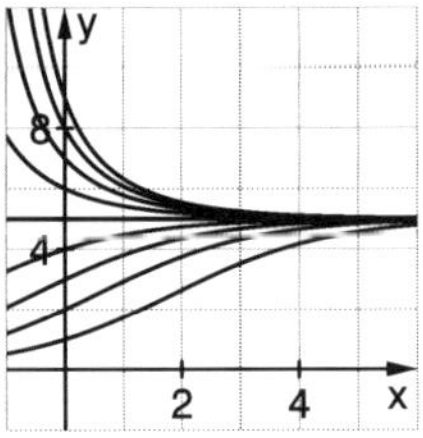

	A = 1; G = 5; k var.	k = 0,15; A = 1; G var.	k = 0,15; G = 5; A var.
Interpretation	Bestände wachsen unterschiedlich schnell gegen die Grenze 500; die Grenze ist unabhängig von k.	Erwartet: Bestände wachsen gegen die jeweilige Grenze. Unerwartet: Je größer die Grenze, desto schnelleres Wachsen zur Grenze (vgl. Kasten „Eine Modellanalyse ...“).	Bei Anfangsbeständen unterhalb des Grenzbestandes wächst der Bestand gegen die Grenze. Wenn A > G, dann Abnahme des Bestandes gegen die Grenze. Die Grenze ist unabhängig vom Anfangsbestand.

b) Wenn mehr Bären in dem Wildpark leben als eigentlich dauerhaft möglich ist, wird der Bestand wohl bis zum Grenzbestand abnehmen.
Grafik: Je höher der Anfangsbestand, je größer die Differenz zum Grenzbestand, desto schnellere Abnahme des Bestandes, annähernd zeitgleiches „Einpendeln“ beim Grenzbestand.

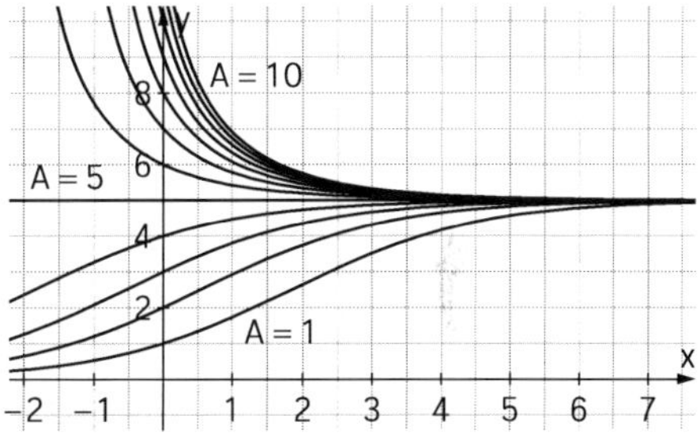

186 14 *Eine Bärenpopulation – revisited*

a) $f_A(x) = \frac{5 \cdot A}{A + (5 - A) \cdot e^{-0.75x}}$

Wie erwartet, wird hier der Grenzbestand später erreicht, wenn die Grenze noch weit vom Anfangsbestand entfernt ist.
Anmerkung: Für direkte Vergleichbarkeit mit der Population aus Aufgabe 13 muss hier $k^* = k \cdot G = 0{,}15 \cdot 5 = 0{,}75$ gewählt werden.

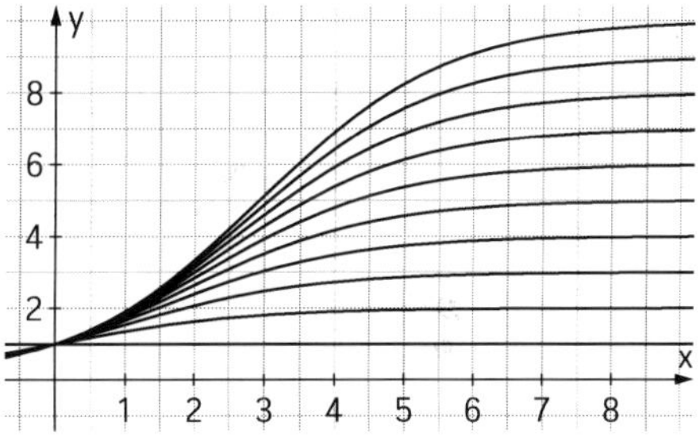

b) Mit GTR: Beispiel: A = 1; k = 0,75; G = 5:

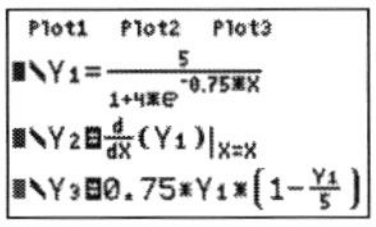

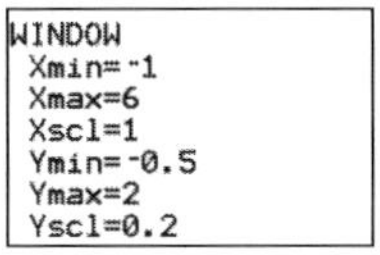

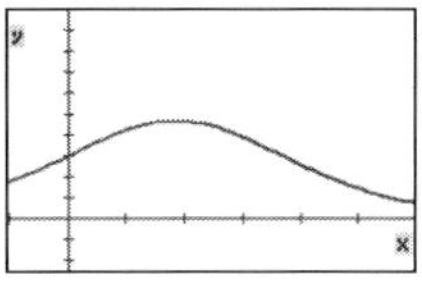

Mit CAS:

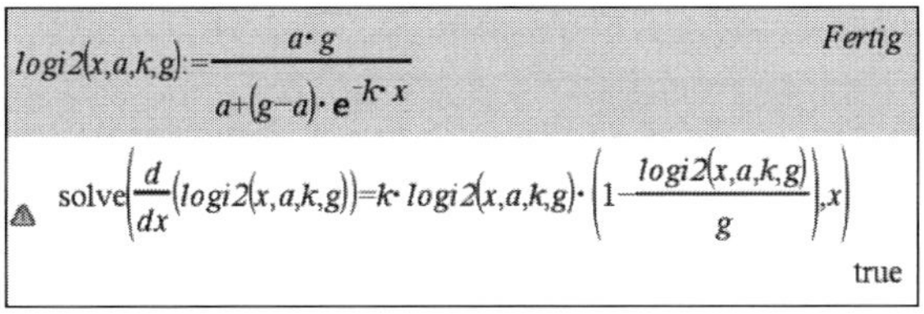

187 15 *Wachstum mit „Gift" oder Grippe mit Heilung*

a) Der Wachstumsfaktor $g - s \cdot x$ setzt sich aus der konstanten Geburtenrate g und einer zur Zeit proportionalen Sterberate s zusammen. Mit zunehmender Zeit wird $s \cdot x$ im Vergleich zu g immer größer, sodass irgendwann $s \cdot x > g$ gilt. Der Bestand muss dann für $x > \frac{g}{s}$ abnehmen und langfristig aussterben.
Bakterienbestand: Aussterben der Bakterien
Grippewelle: „Aussterben" der Grippekranken, also vollständiges Abklingen der Grippewelle.

(A) $g = 0{,}25;\ s = 0{,}03$

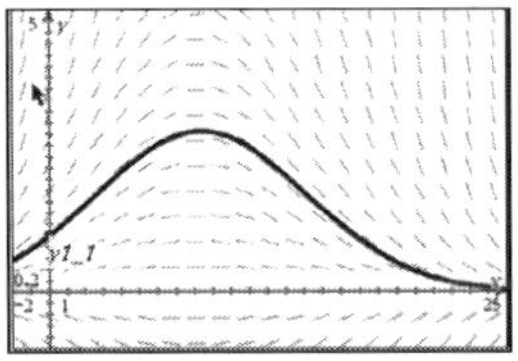

$g = 0{,}3;\ s = 0{,}03$

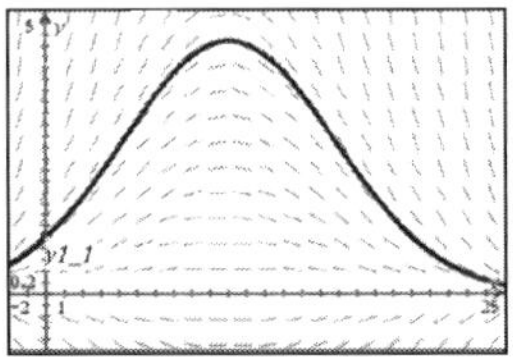

$g = 0{,}25;\ s = 0{,}05$

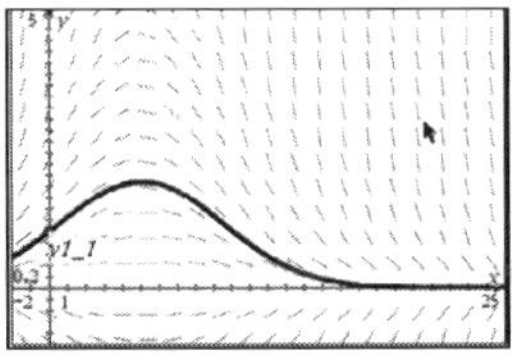

(B) $f'(x) = (g - s \cdot x) \cdot e^{g \cdot x - \frac{s}{2} \cdot x^2} = (g - s \cdot x) \cdot f(x)$

$f(x) = e^{0.25 \cdot x - 0.015 \cdot x^2};\ f'(x) = (0{,}25 - 0{,}03 \cdot x) \cdot e^{0{,}25 \cdot x - 0{,}015 \cdot x^2}$

$f''(x) = -0{,}03 \cdot e^{0{,}25 \cdot x - 0{,}015 \cdot x^2} + (0{,}25 - 0{,}03 \cdot x)^2 \cdot e^{0{,}25 \cdot x - 0{,}015 \cdot x^2}$

$= (0{,}0009 x^2 - 0{,}015 x + 0{,}0325) \cdot e^{0{,}25 \cdot x - 0{,}015 \cdot x^2}$

$f'(x) = 0 \Leftrightarrow x = \frac{25}{3}$

$\Rightarrow \text{HP}\left(\frac{25}{3} \middle| e^{\frac{24}{25}}\right) \approx (8{,}3333 | 2{,}8339)$

$f''(x) = 0$: $x_1 \approx 2{,}56;\ x_2 \approx 14{,}11$
(grafisch-numerisch)

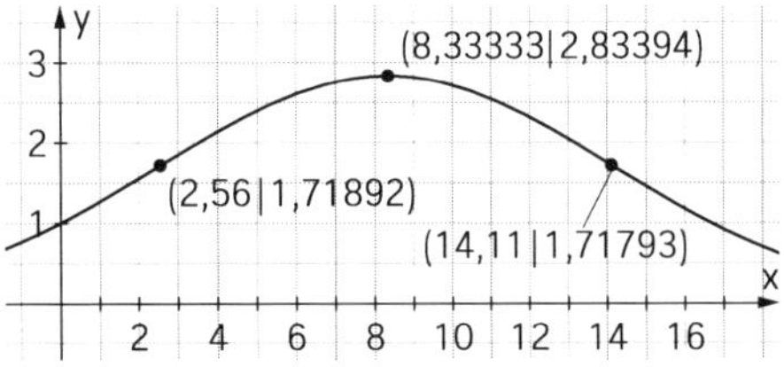

b) g: Ausbreitungsgeschwindigkeit (Ansteckungsrate)
s: Heilungsgeschwindigkeit (Gesundungsrate)

- (1)

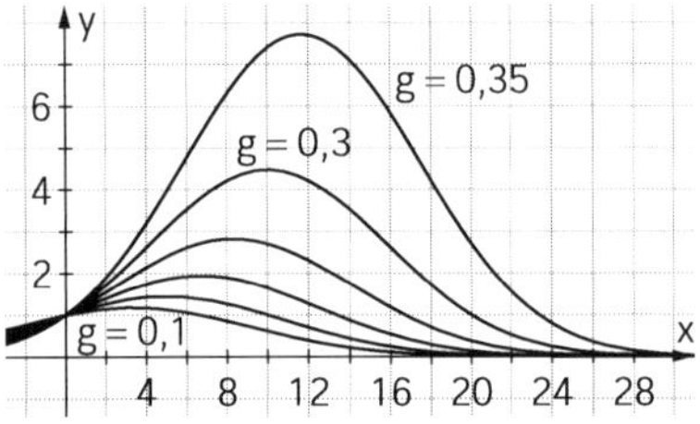

Erhöhung der Ansteckungsrate führt zu stärkerem Anwachsen der Grippekarnken und etwas späteren maximalen Krankenstand und Ausklingen der Grippewelle.

(2)

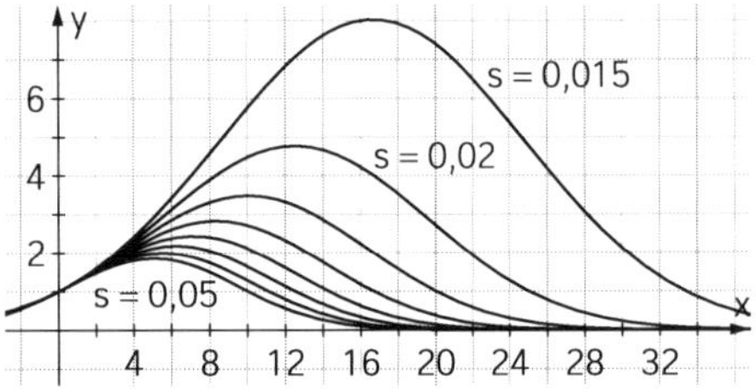

Erhöhung der Gesundungsrate führt zu geringerer Anzahl Kranker, Maximum wird wesentlich früher erreicht, bei geringer Gesundungsrate wesentlich spätereres Ausklingen der Grippewelle.

- Mit CAS.

$gift(x,g,s):=e^{g\cdot x-\frac{s}{2}\cdot x^2}$	*Fertig*
$dgift(x,g,s):=\frac{d}{dx}(gift(x,g,s))$	*Fertig*
$ddgift(x,g,s):=\frac{d^2}{dx^2}(gift(x,g,s))$	*Fertig*
$\text{solve}(dgift(x,g,0.03)=0,x)$	$x=33.3333\cdot g$
$gift(33\cdot g,g,0.03)$	$e^{\frac{3333\cdot g^2}{200}}$
$\text{solve}(ddgift(x,g,0.03)=0,x)$	$x=33.33\cdot(g-0.1732)$ or $x=33.33\cdot(g+0.1732)$
$\text{solve}(dgift(x,0.25,s)=0,x)$	$x=\frac{0.25}{s}$
$gift\left(\frac{0.25}{s},0.25,s\right)$	$\frac{1}{e^{32\cdot s}}$
$\text{solve}(ddgift(x,0.25,s)=0,x)$	$x=\frac{\sqrt{s}+0.25}{s}$ or $x=\frac{-(\sqrt{s}-0.25)}{s}$

188 **16** *Sprachwandelgesetz*

(1) $A = 38$; $G = 160$; $(3\,|\,110)$

$$110 = \frac{6080}{38 + 122\cdot e^{-480k}} \Rightarrow k \approx 0{,}004$$

$$\Rightarrow f_A(x) = \frac{6080}{38 + 122\cdot e^{-0{,}64x}}$$

Die Zahl wird nur unwesentlich ansteigen und sich bei ca. 160 Arabismen stabilisieren.

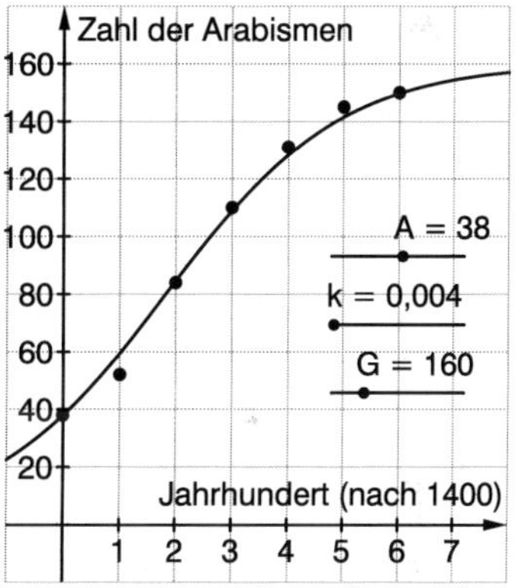

(2) Passung von E_1 und E_2 zu Daten

x	$E_1(x)$	$E_2(x)$
0	0,01	0,01
1	0,03	0,03
2	0,12	0,12
3	0,40	0,43
4	1,37	1,48
5	4,68	5,16
6	15,97	17,82
7	54,14	60,07
8	179,48	187,27
9	555,20	476,03

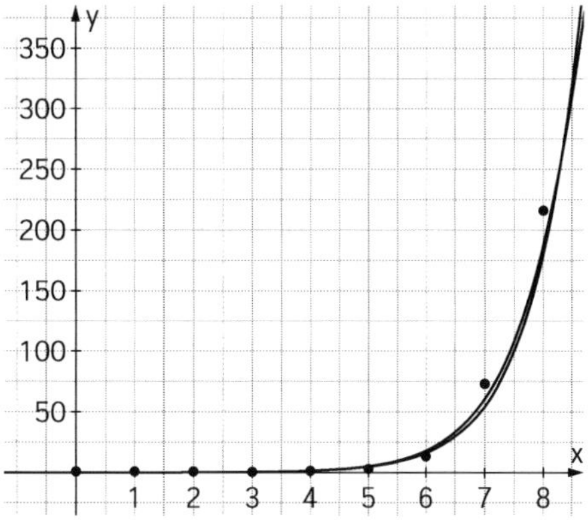

Da schon die Erhebung der Daten einigen Ungenauigkeiten unterworfen ist, ist die Passung angemessen.

Fehler in Auflage 1 des Buches: Die korrekten Formeln lauten

$$E_1(x) = \frac{4100}{1 + 409\,999\cdot e^{-1{,}23x}} \text{ und } E_2 = \frac{1250}{1 + 124\,999\cdot e^{-1{,}25x}}.$$

Modell mit $G = 6000$:

$A = 1$; $G = 6000$; $(9|500)$

$\Rightarrow k \approx 0{,}000167$

$\Rightarrow f_{E3}(x) = \frac{6000}{1 + 5999 \cdot e^{-0{,}7x}}$

Mit Plotter: $f_{E4}(x) = \frac{60}{0{,}01 + 5999{,}99 \cdot e^{-1{,}2x}}$

Zu den Latein-Daten passt kein wesentlich höherer Grenzbestand, weil die Daten schon stark „rechtsgekrümmt" sind und sich in der Stabilisierungsphase befinden.

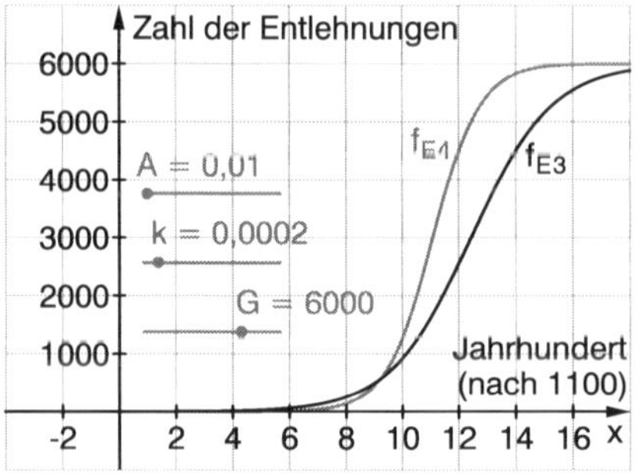

Diskussion von (1) und (2):

Wenn ein Datensatz nur den Anfang eines Wachstumsprozesses zeigt (Englisch), sind sehr unterschiedliche Prognosen möglich. Der Wendepunkt als charakteristischer Punkt (halber Grenzbestand) liegt noch nicht vor. Umgekehrt: Wenn aus Daten ein Krümmungswechsel der Bestandsfunktion ablesbar ist (Latein), kennt man den Grenzbestand ziemlich genau.

190 **17** *Ein DGL-Puzzle*

a) (1) – (e) – (A) – (IV) (2) – (a) – (B) – (V)
(3) – (d) – (D) – (II) (4) – (c) – (E) – (III)
(5) – (b) – (C) – (I)

b) (A) $f'(x) = \ln(k) \cdot k^x = \ln(k) \cdot f(x)$ (B) $f'(x) = \frac{k}{x}$

(C) $f'(x) = k \cdot x$ (D) $f'(x) = k$

(E) $f'(x) = \frac{1}{2}(2kx)^{-\frac{1}{2}} \cdot 2k = \frac{k}{\sqrt{2kx}} = \frac{k}{f(x)}$

Reihenfolge: $k \cdot \ln(x) \to \sqrt{2kx} \to kx \to \frac{1}{2}kx^2 \to kx$

c) $\left.\begin{array}{l} f(x) = \sin(x) \\ f'(x) = \cos(x) \\ f''(x) = -\sin(x) \end{array}\right\} \Rightarrow f''(x) = -f(x)$

Die 2. Ableitung ist das Negative der Ausgangsfunktion.

$f(x) = x^k$

$f'(x) = k \cdot x^{k-1} = \frac{k \cdot x^k}{x^1} = \frac{k \cdot f(x)}{x}$

Die Änderung ist proportional zum Quotienten aus Bestand und Zeit.

4.4 Modelle mit e-Funktionen

191 **1** *Konzentration eines Medikaments*

a) Verabreichung zum Zeitpunkt $t = 0$

Eliminationsphase: $t > 0$

Wirkungseintritt nach ca. 2,5 Stunden, Wirkungsdauer ca. 23 Stunden

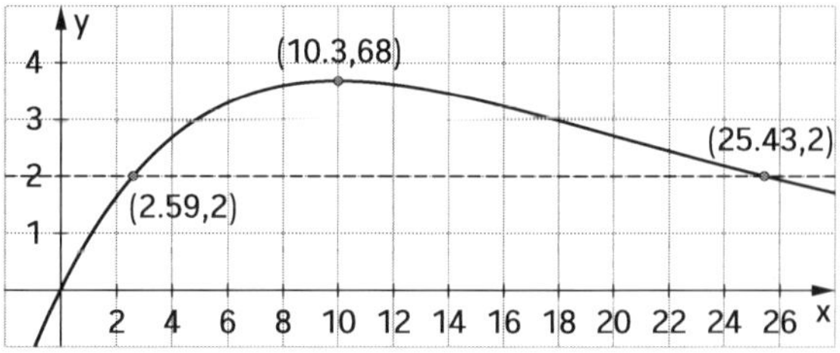

Aufbauphase und maximale Wirkungsstärke:

Extrempunkt:

$K'(t) = (1 - 0{,}1t) \cdot e^{-0{,}1t} \Rightarrow HP\left(10 \middle| \frac{10}{e}\right)$

Aufbauphase: 10 Stunden

Maximale Wirkungsstärke wird nach 10 Stunden erreicht mit maximal wirksamer Konzentration von $3{,}7\,\frac{mg}{kg}$.

b) ■ Extrempunkt:
$K'(t) = (1-0{,}1\,t)\cdot e^{-0{,}1t} \Rightarrow HP\left(10\,\middle|\,\frac{10}{e}\right)$
Aufbauphase: 10 Stunden
Maximale Wirkungsstärke wird nach 10 Stunden erreicht mit maximal wirksamer Konzentration von $3{,}7\,\frac{mg}{kg}$.

■ Stärkster Aufbau zu Beginn, weil dort die größte Steigung vorliegt (Kurve rechtsgekrümmt)
Stärkster Abbau nach 20 Stunden:
$K''(t) = (0{,}01\,t-0{,}2)\cdot e^{-0{,}1t} \Rightarrow WP\left(20\,\middle|\,\frac{20}{e^2}\right)$

■ Nach Modell ist das Medikament nie vollständig abgebaut, aber $K(96)\approx 0{,}0065$.
Nach vier Tagen sind also nur noch ca. $0{,}0065\,\frac{mg}{kg}$ Körpergewicht vorhanden.

■ $K(t)=2 \Rightarrow t_1 = 2{,}59;\; t_2 = 25{,}43$ (grafisch-numerisch) $t_2 - t_1 = 22{,}84$
Wirkungsdauer: knapp 23 Stunden.
Durchschnittliche Konzentration: $\frac{1}{22{,}84}\cdot\int_{2{,}59}^{25{,}43} K(t)\,dt \approx 3{,}035\,\frac{mg}{kg}$

c) Je größer c, desto geringer ist das Wirkungsmaximum und die Wirkungsdauer. Der qualitative Verlauf der Wirkung ist gleich.

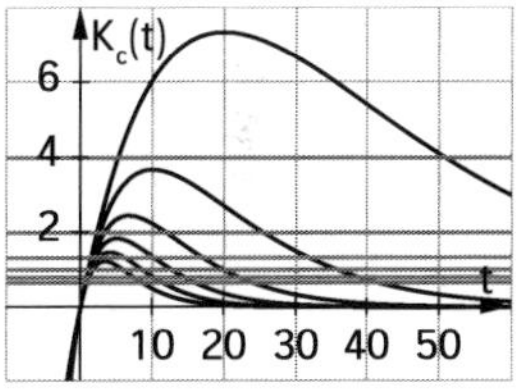

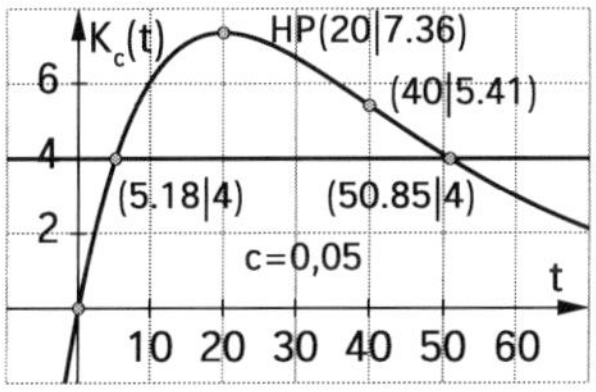

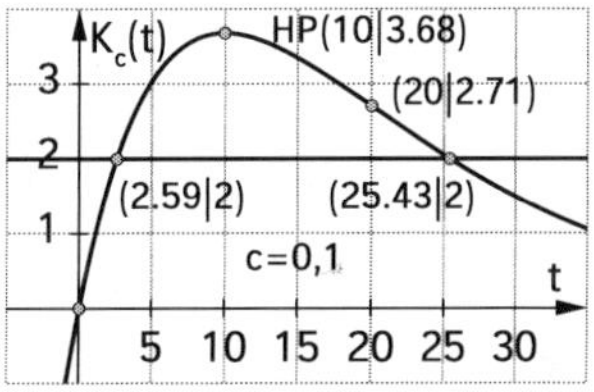

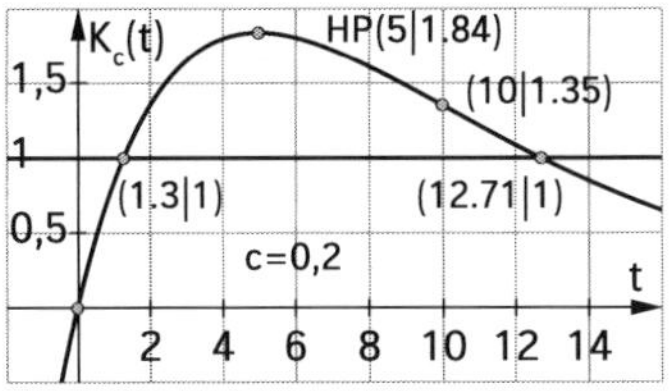

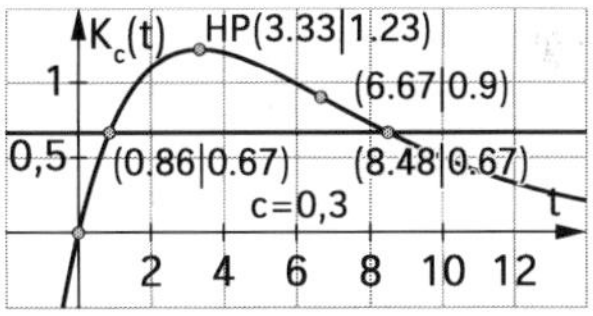

■ Wirkungsdauer: $t\cdot e^{-ct} = \frac{0{,}2}{c}$ Gleichung kann nur grafisch-numerisch gelöst werden.

■ Maximale Wirkungsstärke: $K_c'(t) = (1-ct)e^{-ct} = 0 \Rightarrow HP\left(\frac{1}{c}\,\middle|\,\frac{1}{c\cdot e}\right)$
Maximale Wirkungsstärke tritt nach $\frac{1}{c}$ Stunden ein und ist $\frac{1}{c\cdot e}$ hoch.

■ Zeitpunkte für stärksten Aufbau: $t = 0$
Zeitpunkt für stärksten Abbau: $K_c''(t) = c(ct-2)e^{-ct} = 0 \Rightarrow t = \frac{2}{c}$

192 2 *Aus der Ökonomie*

a) Je größer die Absatzmenge, desto geringer der Stückpreis. Es können alle drei Modelle sinnvoll sein.
(1) Bestimmte Absatzmenge nur zu erreichen, wenn Produkt verschenkt wird (Nullstelle).
(2) Für beliebig große Absatzmengen kann konstant niedriger Stückpreis erzielt werden (asymptotisches Verhalten).

(3) Stückpreis nimmt mit Erhöhung der Absatzmenge zunehmend langsamer ab, bei sehr hohen Absatzzahlen ist aber praktisch kein Stückpreis mehr zu erzielen.

Der Satz „ Je mehr verkauft wird, desto höher der Umsatz.“ gilt nicht, weil bei höheren Verkaufszahlen die zu erzielenden Stückpreise sinken.

Umsatz könnte annähernd konstant sein oder einer nach unten geöffneten Parabel ähneln.

b) ■ Verlauf ähnlich wie bei (3) (exponentieller Zerfall)

$U_1(x) = x \cdot P_1(x) = 300x \cdot e^{-0{,}02x}$

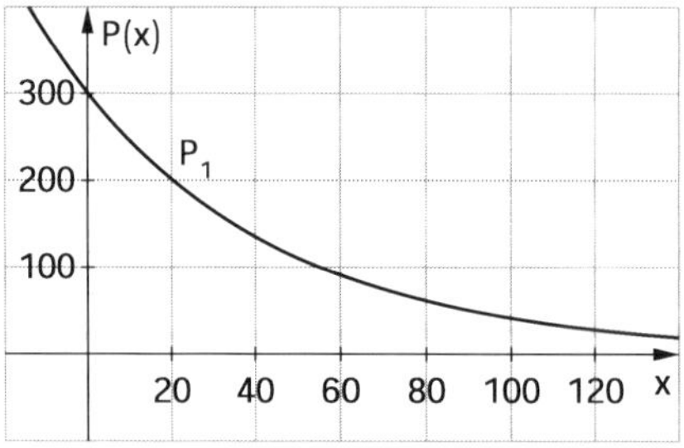

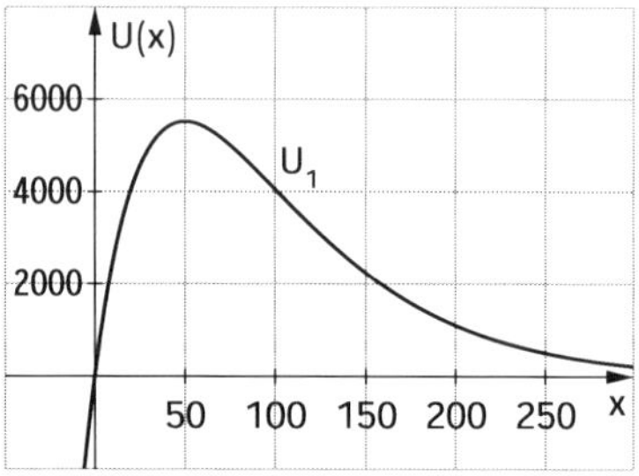

U_1: Schnelles Anwachsen des Umsatzes bis zu einem Absatz von ca. 50 Stück. Danach erst zunehmender, dann abnehmender Umsatzrückgang, bei sehr hohen Absatzzahlen kaum Umsatz (Stückpreis zu niedrig).

Maximaler Umsatz: $U_1'(x) = (300 - 6x) \cdot e^{-0{,}02x} = 0 \Rightarrow x = 50$; $U_1(50) \approx 5518$

Der maximale Umsatz beträgt ca. 5500 € bei einem Absatz von 50 Stück.

c)

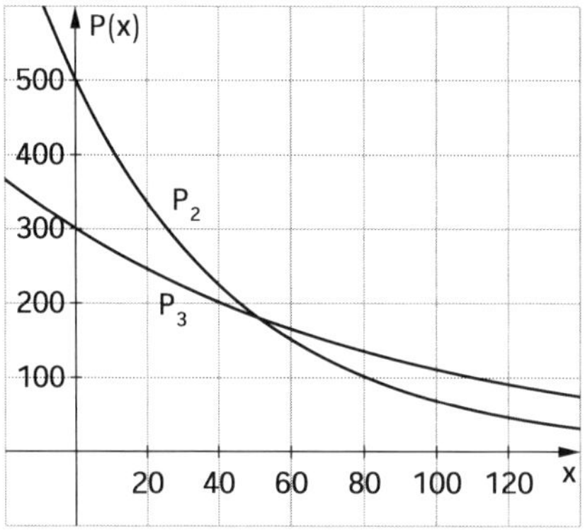

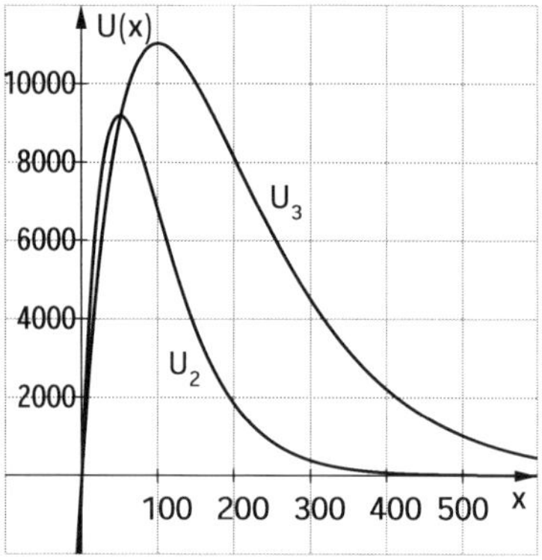

Die Umsätze entwickeln sich qualitativ ähnlich.

U_2: Umsatzrückgang schon bei geringeren Stückzahlen.

d) $U_4(x) = -1{,}5x^2 + 300x$;
$U_5(x) = 100x + 5000$

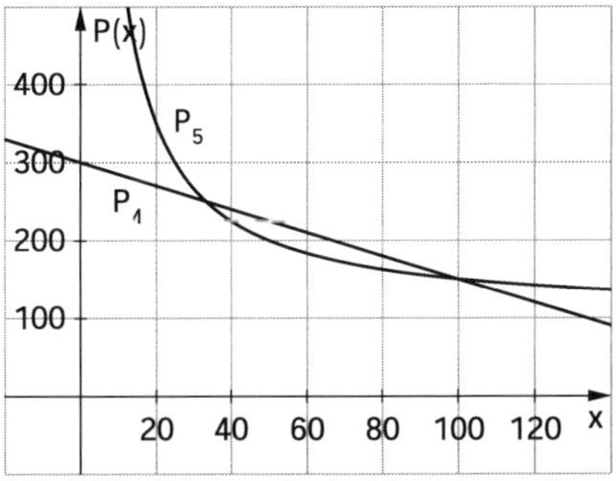

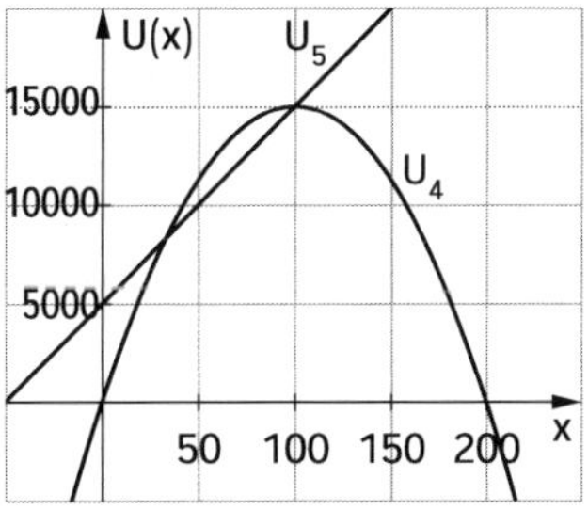

U_4: Symmetrischer Anstieg bis 100 Stück, ab 200 Stück kein Umsatz mehr.
U_5: Linearer Umsatzanstieg (Grenzpreis beträgt 100€, also $U(x) = 100x$)
Mit Ausnahme von P_5 mit U_5 sind ab einer gewissen Absatzmenge keine Umsätze mehr zu erzielen, weil Stückpreis zu niedrig wird.

194 **3** *Ausatmen*

a) Hochpunkt: $A'(t) = (50 - 150t) \cdot e^{-3t} = 0 \Rightarrow t = \frac{1}{3}$.
Wendepunkt: $A''(t) = (450t - 300) \cdot e^{-3t} = 0 \Rightarrow t = \frac{2}{3}$
Nach einer Drittel Sekunde ist der Atemfluss maximal, nach zwei Drittel Sekunde nimmt der Atemfluss am stärksten ab.

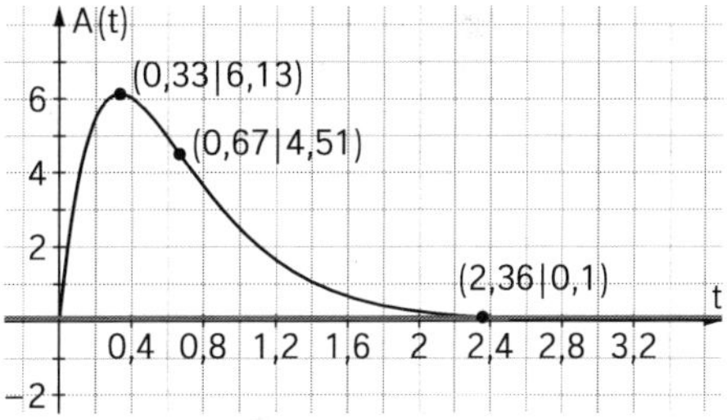

Atemfluss kleiner $0{,}1\,\frac{l}{s}$:
$(50 - 150t) \cdot e^{-3t} < 0{,}1$
Grafisch-numerische Lösung: $t \approx 2{,}36$
Nach ca. 2,4 Sekunden wird der Messvorgang beendet.

b) In Lunge vorhandene Luft: $\int_0^3 A(t)\,dt \approx 5{,}549$ (grafisch-numerisch)
75 % von 5,549: 4,162; $\int_0^1 A(t)\,dt \approx 4{,}449$
Der Patient kann bezüglich dieses Kriteriums als gesund eingestuft werden.

c) CAS: $\int_{\frac{1}{3}-k}^{\frac{1}{3}+k} A(t)\,dt = 2 \Rightarrow k_1 \approx -0{,}686;\ k_2 \approx 0{,}171;\ k_3 \approx 0{,}565$
Nur k_2 in Sachsituation sinnvoll: $I = [0{,}16;0{,}50]$
GTR:

```
Plot1  Plot2  Plot3
\Y1=50*X*e^(-3*X)
\Y2=∫(1/3-X → 1/3+X)(Y1(X))dX
\Y3=
\Y4=
\Y5=
```

X	Y2			
0.12	1.4391			
0.13	1.5528			
0.14	1.665			
0.15	1.7754			
0.16	1.8841			
0.17	1.9907			
0.18	2.0953			
0.19	2.1975			
0.2	2.2973			
0.21	2.3945			
0.22	2.4889			

X=0.17

195

4 *Ein Medikament*

a) ■ Die Wirkung steigt am Anfang am stärksten, der Anstieg verlangsamt sich, bis die maximale Wirkung (Hochpunkt) erreicht ist. Danach nimmt die Wirkung immer schneller bis zum Wendepunkt ab. Danach verlangsamt sich die Abnahme.

Unterschiede:

Der Hochpunkt wird bei f_1 zu früherem Zeitpunkt als bei f_2 erreicht, die maximale Wirkung ist aber nicht so groß. Das höher dosierte Medikament wirkt zu jedem Zeitpunkt stärker.

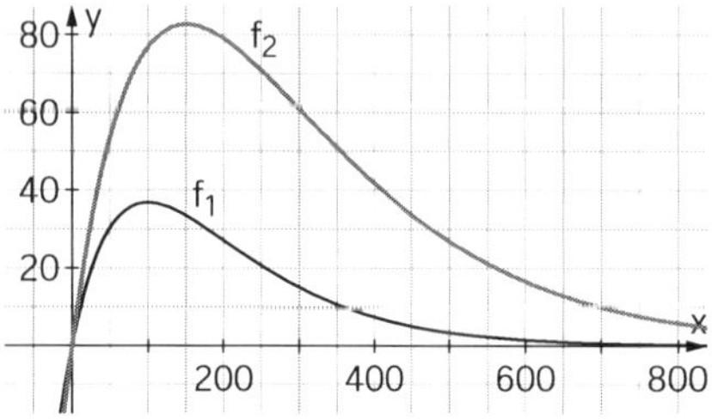

■ $f_1'(x) = (1 - 0{,}01\,x) \cdot e^{-0{,}01\,x} = 0 \;\Rightarrow\; x = 100;\; f_1(100) = \frac{100}{e} \approx 36{,}79$

$f_2'(x) = (1{,}5 - 0{,}01\,x) \cdot e^{\frac{-x}{150}} = 0 \;\Rightarrow\; x = 150;\; f_2(150) = \frac{225}{e} \approx 82{,}77$

$f_1''(x) = (0{,}0001\,x - 0{,}02) \cdot e^{-0{,}01\,x} = 0 \;\Rightarrow\; x = 200;\; f_1(200) = \frac{200}{e^2} \approx 27{,}07$

$f_2''(x) = \left(\frac{x}{15000} - \frac{1}{50}\right) \cdot e^{\frac{-x}{150}} = 0 \;\Rightarrow\; x = 300;\; f_2(300) = \frac{450}{e^2} \approx 60{,}9$

f_1: Maximum der Wirkung von ca. 37 % nach 1 h 40 min; maximale Abnahme nach 3 h 20 min mit Wirkung von ca. 27 %.

f_2: Maximum der Wirkung von ca. 83 % nach 2 h 30 min; maximale Abnahme nach 5 h mit Wirkung von ca. 61 %.

b) $\int_0^{720} f_1(x)\,dx \approx 9939;\; \int_0^{720} f_2(x)\,dx \approx 32\,140$

■ Da kein Wirkzeitraum explizit angegeben ist, werden für verschiedene Zeiträume numerische Werte bestimmt. Da keine Stammfunktion bekannt ist, kann auch nicht das entsprechende unbestimmte Integral untersucht werden.

	1 Tag	2 Tage	3 Tage
f_1	10000	10000	10000
f_2	33730	33750	33750

Die Belastung scheint bei f_1 gegen 10000 zu konvergieren, bei f_2 gegen 33750.

5 *Aufnahme und Abgabe von Stoffen*

a) Zunehmend langsamere Aufnahme im Blut.
Nach gut einer halben Stunde Abgabe, zunächst mit zunehmender Geschwindigkeit, nach ca. 2,5 Stunden mit abnehmender Geschwindigkeit.

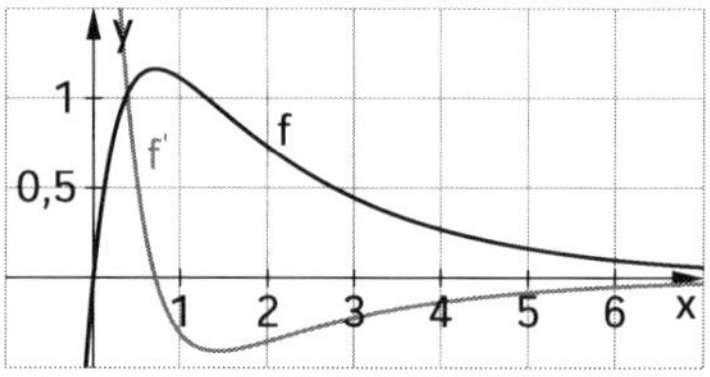

$f'(x) = 2(-0{,}5\,e^{-0{,}5x} + 3\,e^{-3x}) = 0$

$\Rightarrow \quad 6\,e^{-3x} - e^{-0{,}5x} \quad \Rightarrow \quad x_e = \frac{2}{5}\ln(6) \approx 0{,}7167$

$f\left(\frac{2}{5}\ln(6)\right) = 2\left(6^{-\frac{1}{5}} - 6^{-\frac{6}{5}}\right) = \frac{5}{18}\,6^{\frac{4}{5}} \approx 1{,}1647;\;$ HP $\approx (0{,}7\,|\,1{,}16)$

$f''(x) = 2(0{,}25\,e^{-0{,}5x} - 9\,e^{-3x}) = 0 \quad \Rightarrow \quad x_W = \frac{4}{5}\ln(6) = 2x_e;\;$ WP $\approx (1{,}4\,|\,0{,}95)$

Anmerkung: Grafisch-numerische Lösungen sind hier angemessen. Das $x_W = 2x_e$ gilt, erschließt vollständig erst die algebraische Lösung.

b) Wirkzeitraum durch Schnitt von f mit y = 0,25:
Grafisch-numerisch: Wirkbeginn nach ca. 3 – 4 Minuten, Wirkung bis gut 4 Stunden

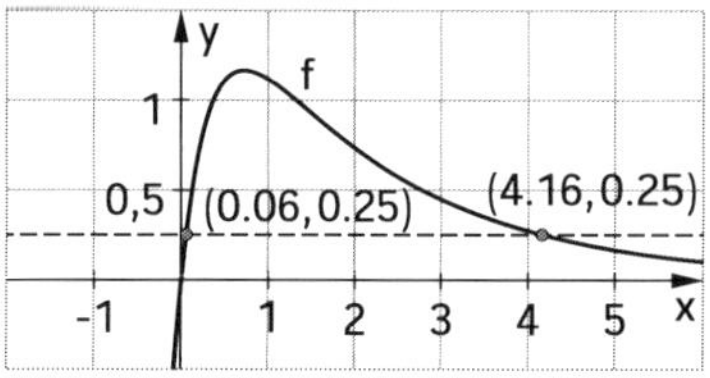

c) k bewirkt Streckung in y-Richtung.
Bedeutung im Sachkontext: Geschwindigkeit der Aufnahme und Abgabe variiert, maximale Konzentration bleibt immer zum selben Zeitpunkt.

a reguliert Menge der Konzentration, die aufgenommen und abgebaut werden kann. Dies hängt vom Medikament, aber auch von der Konstitution des Patienten ab. Mit besserer Aufnahme (kleiner werdender Wert von a) wird aber auch der Zeitpunkt der maximalen Konzentration im Körper herausgezögert.
Je größer b wird, desto mehr Aufnahme des Medikamentes findet statt und der Zeitpunkt der maximalen Konzentration ist früher.
a und b regeln Geschwindigkeit der Aufnahme und Abgabe. Die Wirkung von b verläuft also „umgekehrt" wie die von a.
$a < b$: Es kann nicht mehr abgebaut werden als aufgenommen wird.

	Funktionsgleichung	Konzentration nach 2 h 1 mg/l?
(1)	$f(x) = k \cdot (e^{-0,5x} - e^{-3x})$	$k \approx 2,7367$
(2)	$f(x) = 2 \cdot (e^{-ax} - e^{-3x})$	$a \approx 0,3441$
(3)	$f(x) = 2 \cdot (e^{-0,5x} - e^{-bx})$	nicht möglich

Zusatz: In (3) ist $f_2(b) = 2(e^{-1} - e^{-2b}) = \frac{2}{e} - 2 \cdot e^{-2b}$
Dies ist begrenztes Wachstum mit
$f_2(0) = \frac{2}{e} - 2 \approx -1,264$ und $G = \frac{2}{e} < 1$

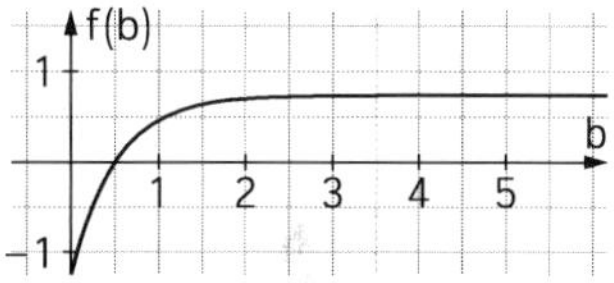

$fk(x,k):=k\cdot(e^{-0.5\cdot x}-e^{-3\cdot x})$	*Fertig*
$fa(x,a):=2\cdot(e^{-a\cdot x}-e^{-3\cdot x})$	*Fertig*
$fb(x,b):=2\cdot(e^{-0.5\cdot x}-e^{-b\cdot x})$	*Fertig*
$\text{solve}\left(\frac{d}{dx}(fk(x,k))=0,x\right)$	$x=\frac{2\cdot\ln(6)}{5}$ or $k=0$
$\text{solve}\left(\frac{d}{dx}(fa(x,a))=0,x\right)$	$x=\frac{\ln\left(\frac{a}{3}\right)}{a-3}$ and $a\geq0$
$\text{solve}\left(\frac{d}{dx}(fb(x,b))=0,x\right)$	$x=\frac{2\cdot\ln(2\cdot b)}{2\cdot b-1}$ and $b\geq0$
$\text{solve}\left(\frac{d^2}{dx^2}(fk(x,k))=0,x\right)$	$x=\frac{4\cdot\ln(6)}{5}$ or $k=0$
$\text{solve}\left(\frac{d^2}{dx^2}(fa(x,a))=0,x\right)$	$x=\frac{\ln\left(\frac{a^2}{9}\right)}{a-3}$
$\text{solve}\left(\frac{d^2}{dx^2}(fb(x,b))=0,x\right)$	$x=\frac{2\cdot\ln(4\cdot b^2)}{2\cdot b-1}$

196 6 *Kaffeeautomaten*

a)

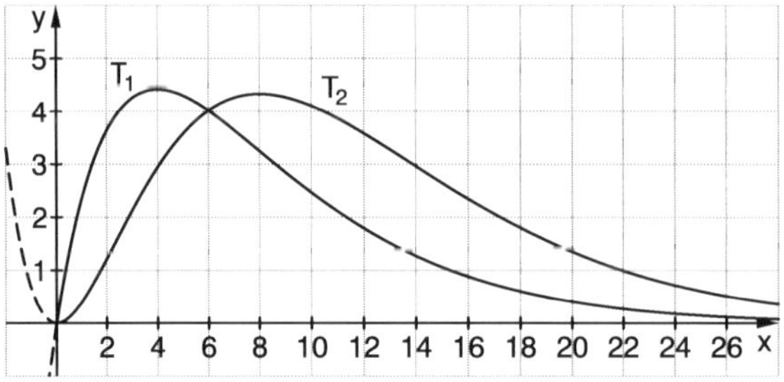

T_1: Zu Beginn schnellster Absatzzuwachs, nach ca. 4 Monaten ist die maximale Absatzrate von ca. 4500 Geräten pro Monat erreicht. Danach erst zunehmender, dann abnehmender Rückgang des Absatzes. Nach ca. 2,5 Jahren kein nennenswerter Absatz mehr.

T_2: Zunächst zunehmender Absatzzuwachs, ehe mit abnehmendem Zuwachs nach ca. 8 Monaten das Maximum erreicht ist. Kein nennenswerter Verkauf mehr nach ca. 3 Jahren. Da die Fläche unterhalb des Graphen von T_2 ersichtlich größer ist als die von T_1, werden von T_2 insgesamt mehr Geräte verkauft.

Der wesentliche Unterschied liegt im Beginn des Verkaufs, wo bei T_1 unmittelbar mit Markteinführung die höchste Zuwachsrate erzielt wird, die bei T_2 erst nach ca. 3 Monaten erreicht ist, das Produkt T_2 wird nach dem Modell zunächst langsamer, aber dafür letztendlich erfolgreicher verkauft.

b) T_1: $T_1'(x) = \left(3 - \frac{3}{4}x\right)e^{-0{,}25x} = 0 \quad \Rightarrow \quad x = 4;\ T_1(4) = \frac{12}{e} \approx 4{,}4146;\ \text{HP}(4\,|\,4{,}4146)$

T_2: $T_2'(x) = \left(x - \frac{x^2}{8}\right)e^{-0{,}25x} = 0 \quad \Rightarrow \quad x = 0 \text{ oder } x = 8;\ \text{TP}(0\,|\,0);\ \text{HP}\left(8\,\middle|\,\frac{32}{e^2}\right) \approx (8\,|\,4{,}3307)$

Typ 1 wird nach 4 Monaten maximal abgesetzt, es werden dann ca. 4400 Automaten pro Monat verkauft.

Typ 2 wird nach 8 Monaten maximal abgesetzt, es werden dann ca. 4300 Automaten pro Monat verkauft.

$T_1''(x) = \left(\frac{3}{16}x - \frac{3}{2}\right)e^{-0{,}25x} = 0 \quad \Rightarrow \quad x = 8$

$T_2''(x) = \left(\frac{x^2}{32} - \frac{x}{2} + 1\right)e^{-0{,}25x} = 0 \quad \Rightarrow \quad x_{1,2} = 8 \pm \sqrt{32} \approx \begin{cases} 2{,}3431 \\ 13{,}6569 \end{cases}$

Der zweite Wendepunkt bei $x \approx 2{,}3$ zeigt, dass es bei T_2 noch einen Krümmungswechsel, also einen Wechsel von zunehmender zu abnehmender Zunahme der Absatzrate gibt.

c) T_1: $\int_0^3 T_1(x)\,dx \approx 8{,}3212;\qquad \int_0^{24} T_1(x)\,dx \approx 47{,}1671$

T_2: $\int_0^3 T_2(x)\,dx \approx 2{,}5923;\qquad \int_0^{24} T_2(x)\,dx \approx 60{,}0340$

Die anschaulichen Beschreibungen aus a) werden bestätigt und präzisiert: Während von T_1 in den ersten 3 Monaten mehr als dreimal so viel Geräte wie von T_2 abgesetzt werden, werden in den ersten zwei Jahren von T_2 insgesamt ca. 30 % mehr verkauft.

d) 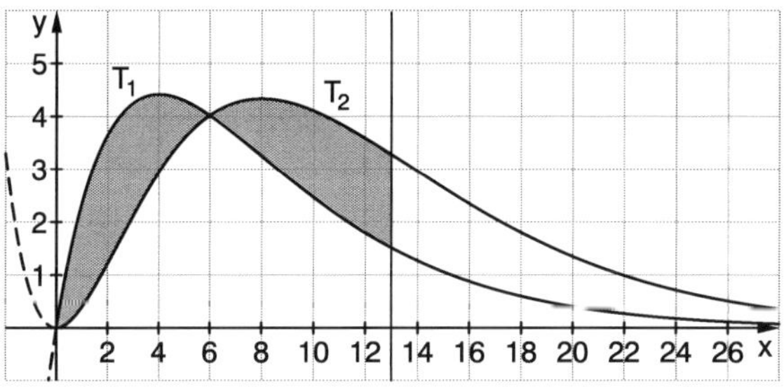

Gleichviel Geräte sind zu dem Zeitpunkt verkauft, wenn die Flächen unterhalb der Graphen gleich groß sind, rechnerisch muss die Gleichung

$$\int_0^t T1(x)\,dx = \int_0^t T2(x)\,dx$$

gelöst werden. Dies führt auf die transzendente Gleichung $8e^{0,25x} - x^2 - 2x - 8 = 0$. Man ist also auf grafisch-numerische Verfahren angewiesen. Nach gut einem Jahr sind beide Geräte gleichviel verkauft worden.

196 **7** *Eine Digitalkamera*

a) In den ersten 10 Wochen werden zunehmend mehr Kameras verkauft, die größte Wachstumsrate ist beim Verkaufsstart. Nach 10 Wochen Abnahme der wöchentlichen Verkaufszahlen, erst mit zunehmender Geschwindigkeit, dann mit abnehmender. Langfristig werden keine Kameras mehr verkauft. Plausibel, weil zu Beginn Neuheit und Attraktivität, nach gewisser Zeit aber Sättigung mit rückgänngigen Verkaufszahlen. f ist eine Änderungsrate, Gesamtzahl der verkauften Geräte ist damit „Bestand aus Änderung“. Zu zeigen ist: $G'(x) = f(x)$

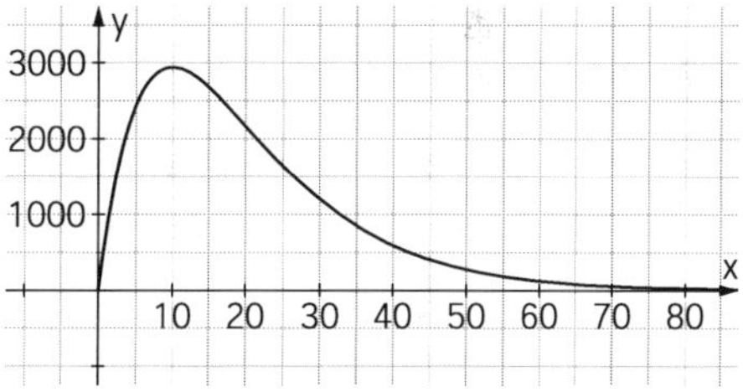

$G'(x) = -8000 \cdot \left(1 \cdot e^{-0,1}x + (x+10)(-0,1)e^{-0,1x}\right)$

$\quad = -8000 \cdot \left(e^{-0,1x} - 0,1\,x e^{-0,1} - e^{-0,1x}\right) = 800\,x e^{-0,1x} = f(x)$

$G(26) \approx 58\,609$

Im ersten halben Jahr werden knapp 60000 Kameras verkauft.

b) $f'(x) = (800 - 80x) \cdot e^{-0,1x}$; $f''(x) = (8x - 160) \cdot e^{-0,1x}$

$HP\left(10 \middle| \frac{8000}{e}\right) \approx 2943$

In der 10. Woche wird die Maximalzahl von ca. 2900 Kameras verkauft werden.

Wendestelle: $x_W = 20$

Nach 20 Wochen ist die Abnahme der wöchentlichen Verkaufszahlen am größten.

Anmerkung: Grafisch-numerische Lösung hier akzeptiert, wobei der Wendepunkt schwer ablesbar ist, sodass hier analytische Lösung erwartet werden kann.

c) Weil die Fläche B größer ist als die Fläche A, müssen Kameras vorproduziert werden. Die Anzahl ergibt sich aus der Differenz der Flächeninhalte, innermathematisch ist es hier also der orientierte Inhalt zwischen 0 und s_2.

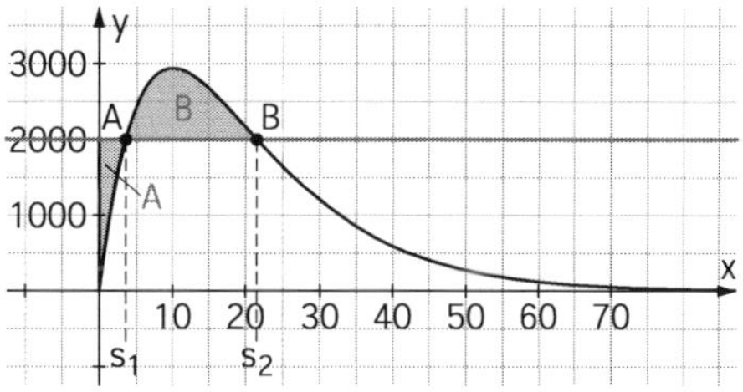

$f(x) = 2000 \Rightarrow s_1 \approx 3,57$; $s_2 \approx 21,53$

$$\int_0^{21,53} f(x) - 2000\,dx \approx 7646$$

Es müssen ca. 8000 Kameras vorweg produziert werden.

d) Ansatz: $G(x) = 75\,000$
Grafische Lösung liefert: Nach ca. 45 Wochen sollte die Produktion eingestellt werden.

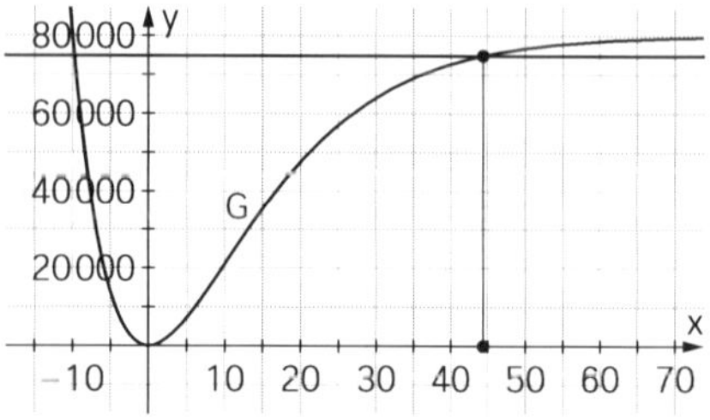

197 8 *Ein blutdrucksenkendes Mittel*

a) Zunächst zunehmende Wirkung bis Maximum nach ca. 2 Stunden, dann wieder abnehmende Wirkung. Das Maximum scheint unabhängig von der verabreichten Menge m zu sein. Langfristig gibt es keine Wirkung mehr. Es fällt auf, dass die Wirkung ab einer gewissen Menge (vgl. Grafik $5 < m < 8$) wieder schwächer wird. Alle Scharkurven haben einen Hochpunkt, zwei Wendepunkte und nähern sich asymptotisch der x-Achse.

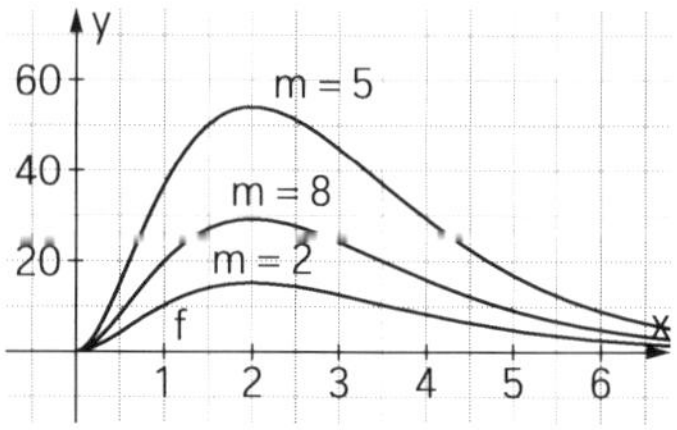

$\lim\limits_{x \to \infty} W_m(x) = 0$, weil e^{-x} schneller gegen 0 konvergiert als x^2 gegen ∞.

b) $f'_m(x) = m^2(9-m)\cdot\left(2x\cdot e^{-x} + x^2\cdot(-1)e^{-x}\right) = m^2(9-m)\cdot(2x - x^2)\cdot e^{-x}$

$f'_m(x) = 0 \Rightarrow \begin{matrix} x_1 = 0\text{: TP}(0|0) \\ x_2 = 2\text{: HP}(2|-4m^2(m-9)\cdot e^{-2}) \end{matrix}$

Eine Erhöhung der Menge führt zwar zunächst zu schnellerem Anstieg der Wirkung, die maximale Wirkung wird aber unabhängig von der Dosis nach zwei Stunden erreicht.

Mit $\max(x) = -4m^2(m-9)\cdot e^{-2}$ erhält man nach Grafik: Bis zu einer Dosis von ca. 6 mg (Bestätigung der Vermutung aus a)) ansteigende maximale Wirkung, dann schneller Abfall der Wirkung.
Bei einer Dosis von 9 mg keine Wirkung mehr (Überdosis).
Optimale Dosis nach Grafik:
6 mg mit Wirkung von ca. 58

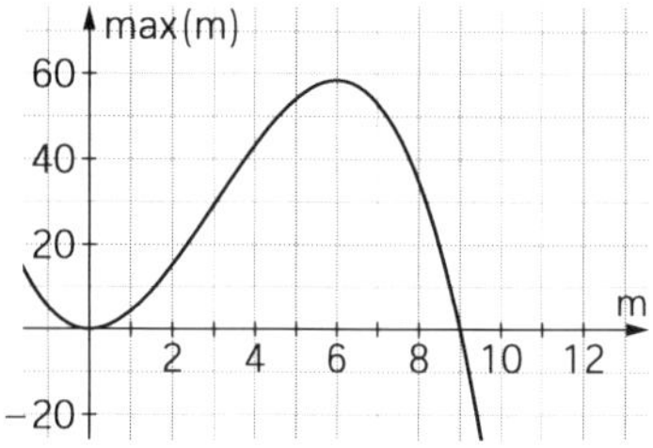

c) Stärkste Wirkungsänderung:
$f''_x(x) = x^2(9-m)(x^2 - 4x + 2)e^{-x} = 0$

$\Rightarrow x_{1,2} = 2 \pm \sqrt{2} \approx \begin{cases} 0{,}6 \\ 3{,}4 \end{cases}$

Summe der Wirkungen im Wirkungszeitraum:

$W(m) = \int_{0,6}^{3,4} f_m(x)\,dx \approx 1{,}27\,m^2(9-m)$

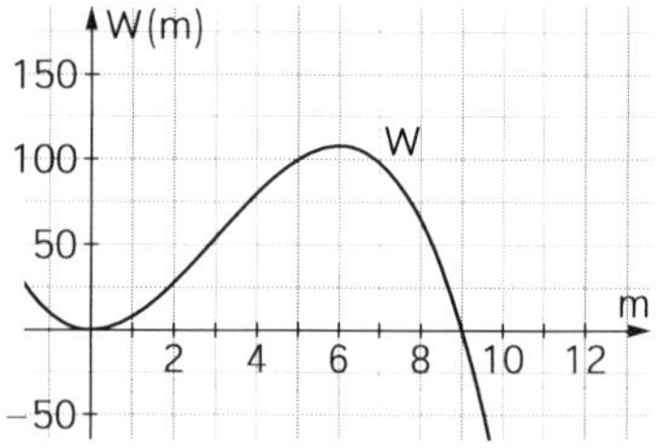

„Viel hilft viel" ist hier falsch, ab $m = 6$ zunehmend weniger Wirkung. Dies passt zur optimalen Dosis bei $m = 6$.
Bei der optimalen Dosis ist also auch die Wirksumme maximal.

197 **9** *Eine Hängebrücke*

a) Funktion zwischen A und B: 3 Bedingungen, also $f(x) = ax^2 + bx + c$

(I) $(-1000|0)$:
$1\,000\,000a - 1000b + c = 0$

(II) $(-600|80)$:
$360\,000a - 600b + c = 80$

(III) $f'(-1000) = 0{,}05$:
$-2000a + b = 0{,}05$

$\Rightarrow f_{AB}(x) = \frac{3}{8000}x^2 + \frac{4}{5}x + 425$

Aus Symmetriegründen erhält man:
$f_{CD}(x) = \frac{3}{8000}x^2 - \frac{4}{5}x + 425$

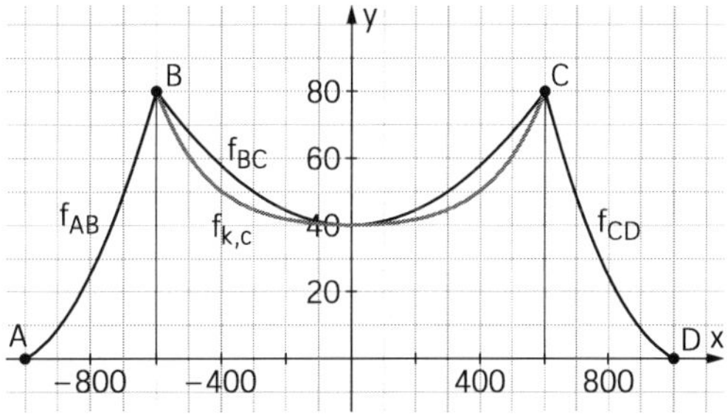

Funktion zwischen B und C:
Ansatz mit Symmetrie, also $f(x) = ax^2 + 40$
Mit $(-600|80)$ erhält man: $f_{BC}(x) = \frac{1}{9000}x^2 + 40$

b) $(0|40)$: $e^{0k} + e^{-0k} + c = 40 \Rightarrow c = 38$
Gleichung zur Bestimmung von k z. B. mit $(600|80)$: $e^{600k} + e^{-600k} + 38 = 80$
Nachweis durch Einsetzen: $e^{600 \cdot 0.00623} + e^{-600 \cdot 0.00623} = 42{,}037... \approx 42$

c) $f_{k,c}$ aus b) hängt an den Enden stärker durch. Abweichung kann mithilfe der Differenzfunktion $d(x) = f_{BC}(x) - f_{k,c}(x)$ untersucht werden.
Die größte Abweichung beträgt ca. 8 m in 155 m Entfernung von den Pylonen.

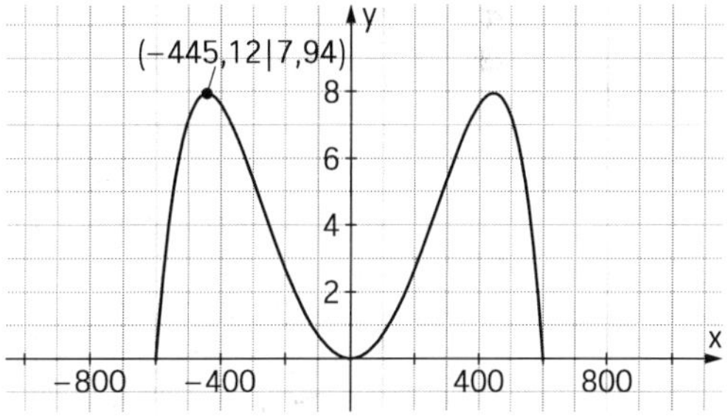

198 **10** *Kettenlinie*

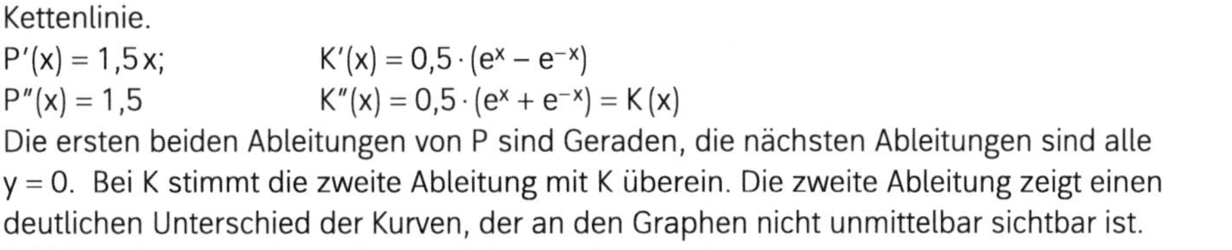

Die Parabel verläuft zunächst enger zusammen, läuft dann aber weiter auseinander als die Kettenlinie.

$P'(x) = 1{,}5x$; $K'(x) = 0{,}5 \cdot (e^x - e^{-x})$

$P''(x) = 1{,}5$ $K''(x) = 0{,}5 \cdot (e^x + e^{-x}) = K(x)$

Die ersten beiden Ableitungen von P sind Geraden, die nächsten Ableitungen sind alle $y = 0$. Bei K stimmt die zweite Ableitung mit K überein. Die zweite Ableitung zeigt einen deutlichen Unterschied der Kurven, der an den Graphen nicht unmittelbar sichtbar ist.

(A)(1) Steigung an der Stelle a: $K'(a) = 0{,}5 \cdot (e^a - e^{-a})$

(2) $\int_0^a K(x)\,dx = \left[\frac{1}{2}(e^x - e^{-x})\right]_0^a = \frac{1}{2}(e^a - e^{-a})$

(3) $\sqrt{1 + \left(\frac{1}{2} \cdot (e^x - e^{-x})\right)^2} = \sqrt{1 + \frac{1}{4}(e^{2x} - 2e^x e^{-x} + e^{-2x})}$

$= \sqrt{\frac{1}{4}e^{2x} + \frac{1}{2} + \frac{1}{4}e^{-2x}} = \sqrt{\frac{1}{4}(e^x + e^{-x})^2} = \frac{1}{2}(e^x + e^{-x}) = K(x)$

$\int_0^a \left(\frac{1}{2}(e^x + e^{-x})\right)dx = \frac{1}{2}(e^a - e^{-a})$

Steigung, Fläche und Bogenlänge stimmen an jeder Stelle überein.

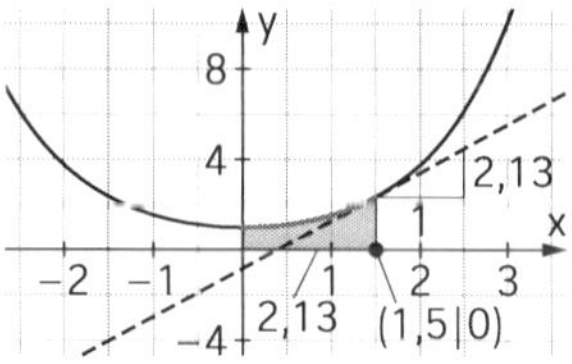

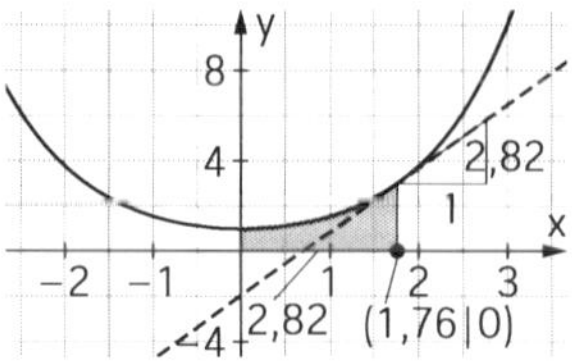

(B) $K_k'(x) = \frac{1}{2}(e^{kx} - e^{-kx})$; $K_k''(x) = \frac{k}{2}(e^{kx} + e^{-kx})$

$$c \cdot \sqrt{1 + \left(\frac{1}{2}(e^{kx} - e^{-kx})\right)^2} = c \cdot \sqrt{1 + \frac{1}{4}(e^{2kx} - 2e^{kx}e^{-kx} + e^{-2kx})} = c \cdot \sqrt{1 + \frac{1}{4}(e^{2kx} - 2 + e^{-2kx})}$$

$$= c \cdot \sqrt{\frac{1}{4}(e^{2kx} + 2 + e^{-2kx})}$$

$$= c \cdot \sqrt{\frac{1}{4}(e^{kx} + e^{-kx})^2} = \frac{c}{2}(e^{kx} + e^{-kx}) \underset{c=k}{=} K_k''(x)$$

$P_a'(x) = 2ax$; $P_a''(x) = 2a$

$c \cdot \sqrt{1 + (2ax)^2} = c \cdot \sqrt{1 + 4a^2x^2} \neq 2a = P_a''(x)$

(C): $K(x) = \frac{1}{2}(e^x + e^{-x})$

Es gilt: $K'(x) = \frac{1}{2}(e^x - e^{-x})$; $K''(x) = K(x) \Rightarrow K^{(2n+1)}(0) = 0$; $K^{(2n)}(0) = 1$

Mit $K(0) = 1$; $K'(0) = 0$; $K''(0) = 1$ erhält man:

$P_2(x) = \frac{1}{2}x^2 + 1$

Da die Kettenlinie achsensymmetrisch zur y-Achse ist $(K(x) = K(-x))$, sind auch die Näherungspolynome achsensymmetrisch zur y-Achse. Damit ergibt sich für das Polynom 4. Grades der Ansatz:

$P_4(x) = ax^4 + bx^2 + c$

Mit $K(0) = 1$; $K''(0) = 1$; $K^{(IV)}(0) = 1$ erhält man:

$P_4(x) = \frac{1}{24}x^4 + \frac{1}{2}x^2 + 1$

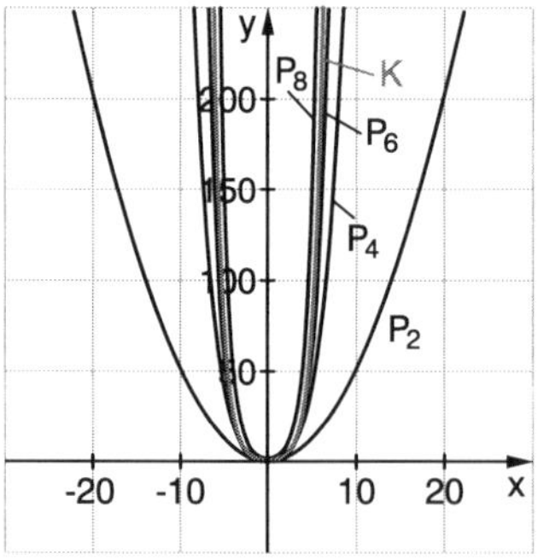

Analog erhält man für P_6 dann

$P_6(x) = \frac{1}{720}x^6 + \frac{1}{24}x^4 + \frac{1}{2}x^2 + 1$

und für P_8 dann $P_8(x) = \frac{1}{40320}x^8 + \frac{1}{720}x^6 + \frac{1}{24}x^4 + \frac{1}{2}x^2 + 1$

und schließlich $P_n(x) = \frac{1}{n!}x^n + \frac{1}{(n-2)!}x^{n-2} + \ldots + \frac{1}{2}x^2 + 1.$

4.5 Phasendiagramme (fakultativ)

199 **1** *Vom Phasendiagramm zum Bestandsdiagramm*

a) Bestands- und Änderungsdiagramm sind beides Exponentialfunktionen (charakteristisch für diese Funktionenklasse), Phasendiagramm ist Proportionalität (Ursprungsgerade), weil dem „x" (f(x)) das y („f'(x)") zugeordnet wird und f' und f proportional sind.

b)

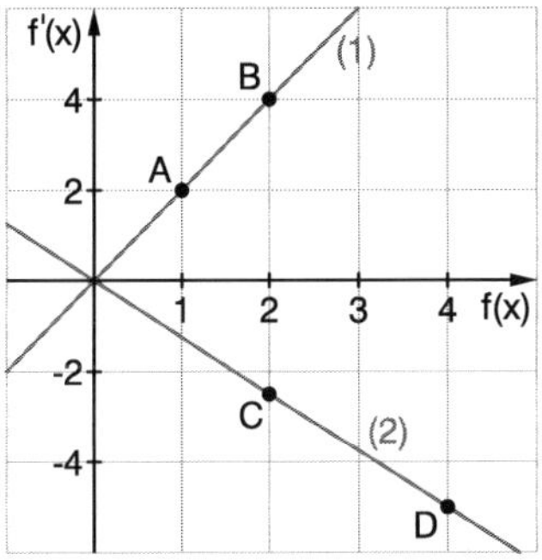

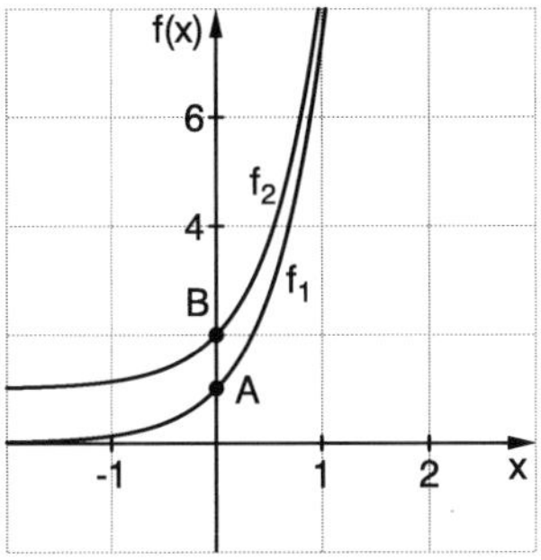

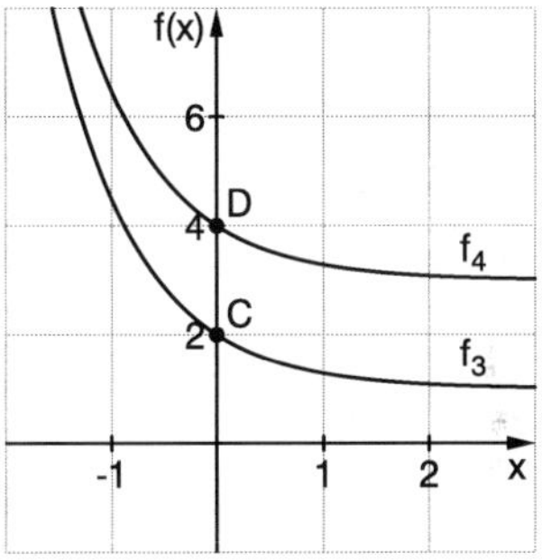

$f_1(x) = e^{2x}$; $f_2(x) = e^{2x} + 1$ $f_3(x) = e^{-1,25x} + 1$; $f_4(x) = e^{-1,25x} + 3$

c) (1) $f'(x) = 1{,}5\, f(x)$

(2) $f'(x) = -0{,}75\, f(x)$

Wenn man in (0|0) startet, bleibt man in (0|0), es gibt ja keine Änderung, wenn nichts vorhanden ist.

200 2 *Phasendiagramme des begrenzten Wachstums*

a) $f'(x) = -k \cdot f(x) + k \cdot G$

b) A: Wachstum mit abnehmender Rate

B: Zerfall, zunehmend weniger schnell

Bestände streben gegen 4

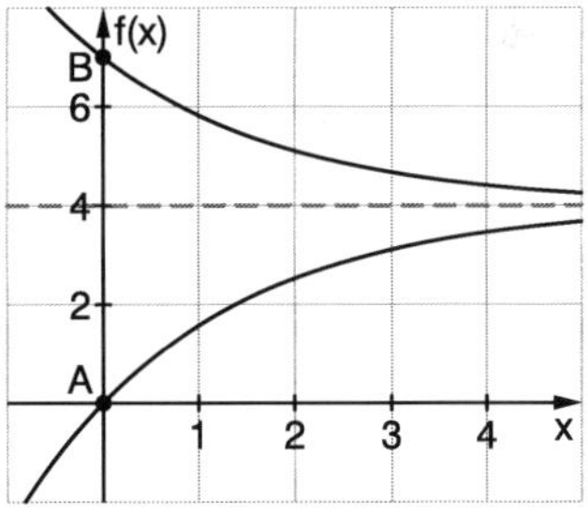

A: Zunehmend schnelleres Wachstum

B: Zunehmend schnellere Abnahme

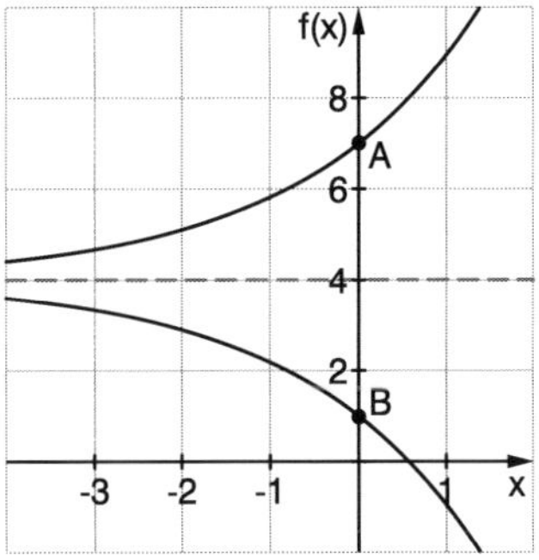

201 3 *Anziehendes und Abstoßendes*

a)

	k > 0	k < 0
G > 0	(C) (3)	(D) (2)
G < 0	(B) (4)	(A) (1)

b) ■ Nullstelle im Phasendiagramm heißt $f'(x) = 0$, also keine Änderung. „Im Grenzwert" ist die Steigung 0.

■ Start in Nullstelle: Konstanter Bestand $y = x_n$

■ (B), (C) anziehend: Unabhängig von A strebt $f(x) \to G$.

(A), (D) abstoßend: Für $A > G$ gilt: $f(x) \to \infty$

Für $A < G$ gilt: $f(x) \to -\infty$

c) Start etwas oberhalb des Fixwertes: $f(x) \to \infty$

Start etwas unterhalb des Fixwertes: $f(x) \to -\infty$

4 *Phasendiagramm des logistischen Wachstums*

a) ■ Allgemeine DGL des logistischen Wachstums: $f'(x) = k \cdot f(x) \cdot (G - f(x))$. Ordnet man den Funktionswerten f(x) die Ableitung f'(x) zu, handelt es sich um Parabeln mit den Nullstellen 0 und G.

Im Beispiel: $f'(x) = \frac{1}{4} \cdot f(x) \cdot (6 - f(x))$ mit Scheitel $(3|2{,}25)$; $G = 6$; $k = 0{,}25$:

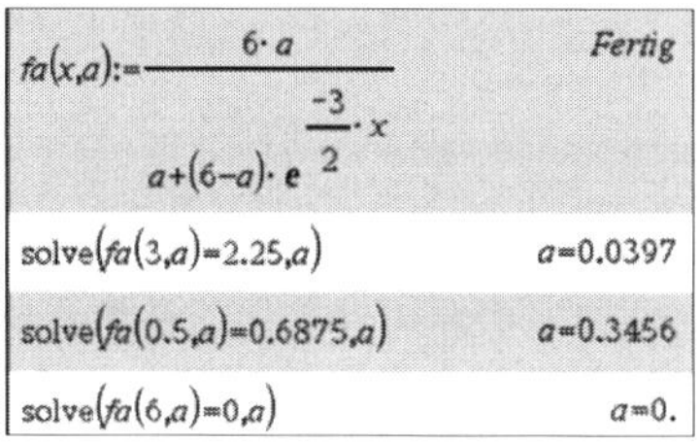

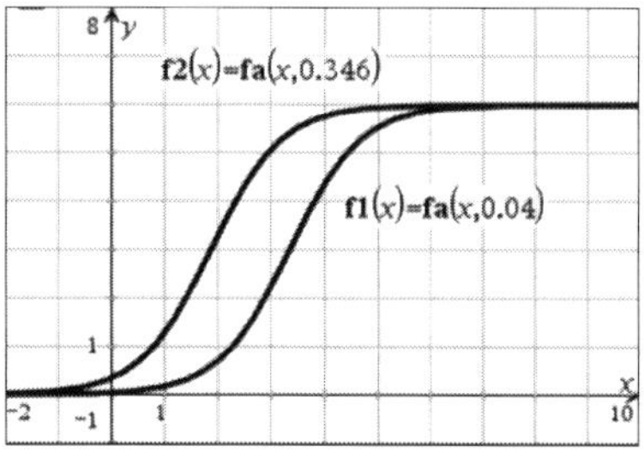

b) ■ Die Phasendiagramme sind Parabeln mit Maximum an der Stelle $\frac{1}{2}G$. Das ist gerade der Bestand, bei dem die Wachstumsgeschwindigkeit maximal ist, also die Wendestelle.

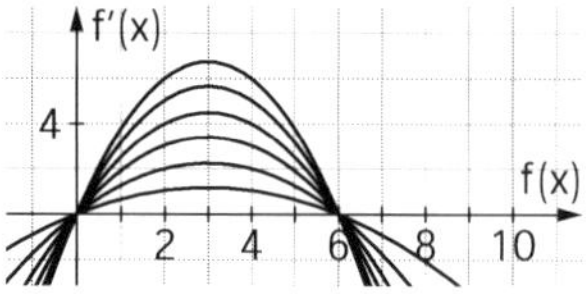

■ Startet man etwas rechts von $(0|0)$, bewegt man sich $(f'(x) > 0)$ nach rechts, also von $(0|0)$ weg mit zunehmender Änderungsrate.

Startet man in der Nähe von G, bewegt man sich

– für $f(x) < G$ nach rechts $(f'(x) > 0)$ auf G zu mit gegen 0 konvergierender Änderungsrate.

– für $f(x) > G$ nach links $(f'(x) < 0)$ auf G zu mit gegen 0 konvergierender Änderungsrate.

■ Wenn die Steigung des Graphen des Phasendiagramms im Schnittpunkt mit der x-Achse

– positiv ist, handelt es sich um einen abstoßenden Fixpunkt.

– negativ ist, handelt es sich um einen anziehenden Fixpunkt.

c) Die blauen Geraden stellen das Phasendiagramm des exponentiellen und des begrenzten Wachstums dar. Zusammen ergibt sich in [0; 6] ein „Dach" als Phasendiagramm. Dieses Diagramm beschreibt ein Wachstum, das zunächst nur exponentiell ist und dann ab dem halben Grenzbestand nur begrenzt ist.

d) $k = -0{,}25;\; G = 6$

$A = 2$: $f_2(x) = \frac{12}{2 + 4e^{1{,}5x}}$

$A = 4$: $f_4(x) = \frac{24}{4 + 2e^{1{,}5x}}$

$A = 8$: $f_8(x) = \frac{48}{8 - 2e^{1{,}5x}}$

$(0|0)$ ist anziehender Fixpunkt.

$(G|0)$ ist abstoßender Fixpunkt.

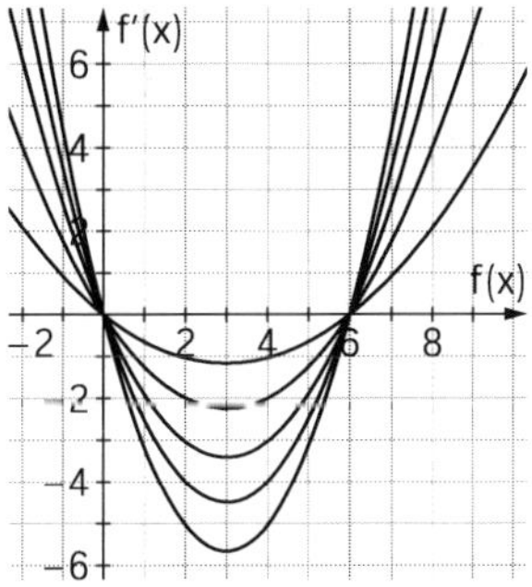

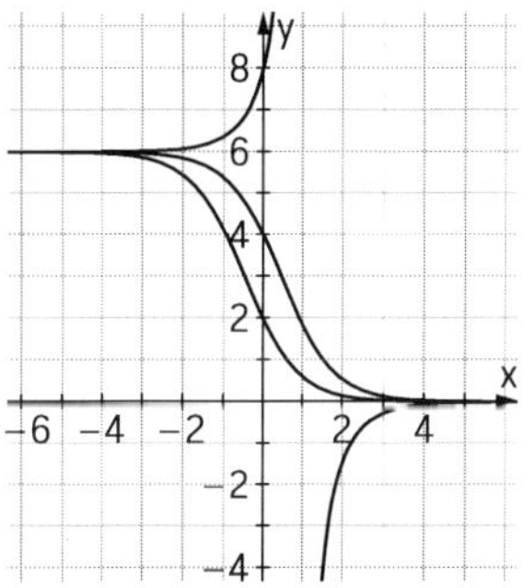

202 **5** *Phasendiagramm beim linearen und quadratischen Wachstum*

a) Parallele zur x-Achse; Phasen- und Änderungsdiagramme stimmen überein.

b) ■ Weil in der DGL auch das „x" auftritt.

■ $k = \frac{1}{2}$: $f(x) = \frac{1}{4}x^2 + 1 \;\Leftrightarrow\; x_{1,2} = \pm\sqrt{4 \cdot f(x) - 4}$; $f'(x) = \pm\frac{1}{2} \cdot \sqrt{4 \cdot f(x) - 4}$

$k = -\frac{1}{2}$: $f(x) = -\frac{1}{4}x^2 + 1 \;\Leftrightarrow\; x_{1,2} = \pm\sqrt{4 - 4 \cdot f(x)}$; $f'(x) = \mp\frac{1}{2} \cdot \sqrt{4 - 4 \cdot f(x)}$

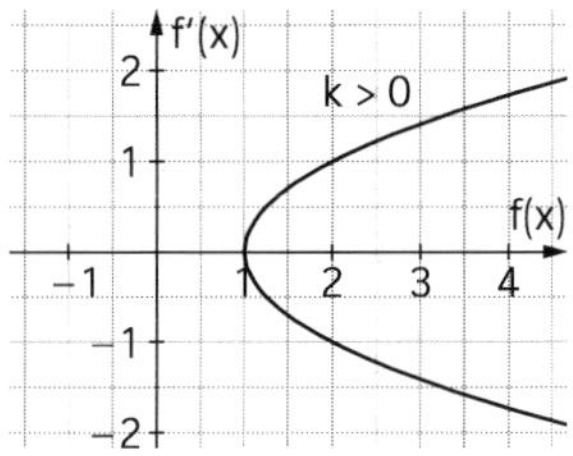

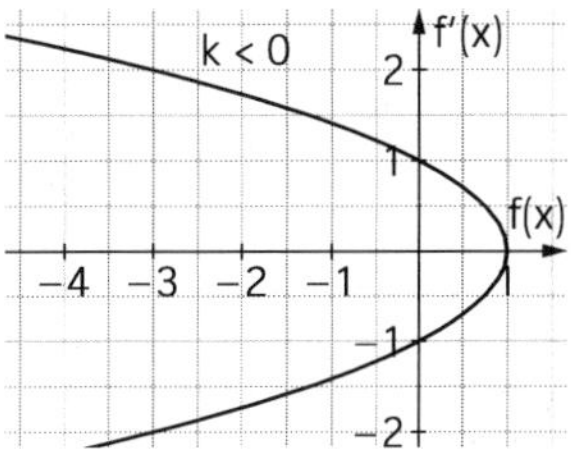

c) Man erkennt deutlich, dass das quadratische Wachstum bezüglich Wachstumsstärke zwischen dem linearen Wachstum und dem exponentiellen Wachstum liegt. Zunehmende Wachstumsgeschwindigkeit bei quadratischem und exponentiellen Wachstum, aber lineare Funktionen steigen stärker als Wurzelfunktionen.

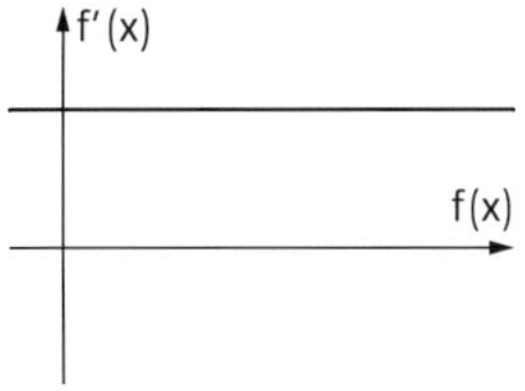

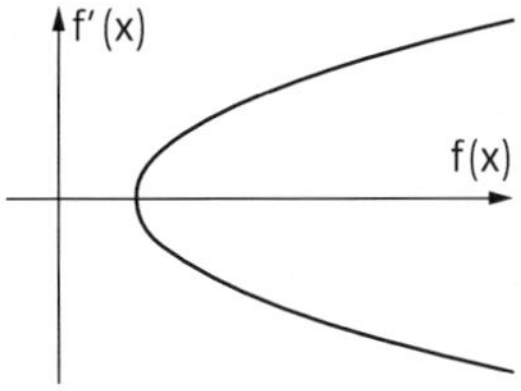

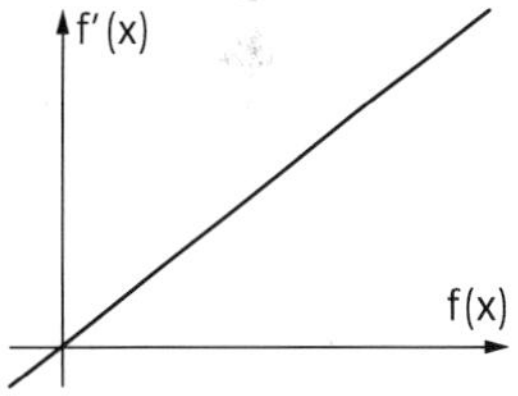

6 *Fischfang*

(1) Der Bestand wächst logistisch, die Menge gefangener Fische ist proportional zum Bestand (Proportionalitätsfaktor k).

(2) Der Bestand wächst logistisch, es wird die konstante Menge c gefangen.

Zu (1)

$$f'(x) = 0{,}1 \cdot f(x) \cdot (5 - f(x)) - k \cdot f(x)$$
$$= 0{,}1 \cdot f(x) \cdot (5 - f(x) - 10k)$$
$$= 0{,}1 \cdot f(x) \cdot (5 - 10k - f(x))$$

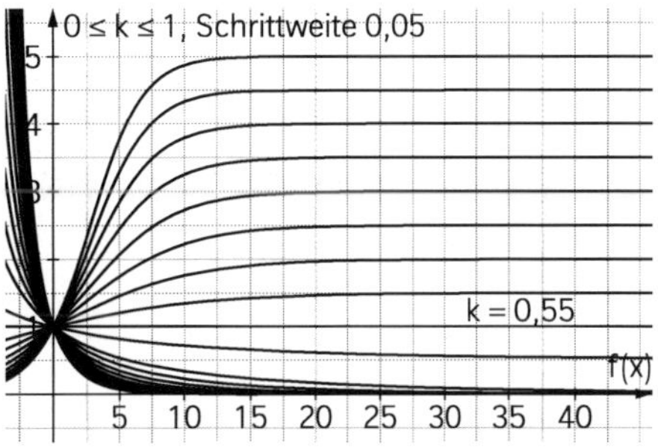

Mit $k = 0{,}1$ und $G = 5 - 10k$ hat die DGL die Form des logistischen Wachstums. Mit $A = 1$ erhält man durch Einsetzen in die allgemeine Formel für logistisches Wachstum die angegebene Funktionsgleichung. Bei kleinem k wächst der Bestand gegen die Grenze, die für größer werdendes k immer niedriger wird. Für $k = 0{,}4$ erhält man konstante Bestandsentwicklung, für $k > 0{,}4$ verringert sich zunächst der Bestand, stabilisiert sich aber bei Bestandsmengen unter 1000 Fischen. Für $k > 0{,}5$ stirbt der Bestand langfristig aus. Rechnerischer Nachweis: Konstanter Bestand, wenn $A = G$, also
$5 - 10k = 1 \Rightarrow k = 0{,}4$ Für $k > 0{,}4$ gilt $G < 0$.
Für $k = 0{,}5$ wird der Nenner von $f_k(x)$ Null, f_k ist also dann nicht definiert.
$f'(x) = -0{,}1 \cdot \left(f(x)\right)^2$ Die DGL hat damit eine ganz andere Struktur.
$$g'(x) = \frac{-10}{(x+10)^2} = -0{,}1 \cdot \frac{100}{(x+10)^2} = -0{,}1 \cdot \left(\frac{10}{x+10}\right)^2 = -0{,}1 \cdot (g(x))^2$$
Wegen $\lim\limits_{x \to \infty} g(x) = 0$ stirbt der Fischbestand für $k = 0{,}5$ langfristig aus.
Fischfangempfehlung: Unproblematisch, wenn man immer maximal 40 % des vorhandenen Bestandes abfischt. Bei 40 % bis 50 % Verringerung des Bestandes aber Stabilisierung bei geringer Menge. Bei mehr als 50 % Fang stirbt Population (langfristig) aus.

zu (2)
$c > 0$, weil es Fang gibt und $c < 1$, weil man nicht mehr fangen kann als da ist.
Die DGL (2) beschreibt im $\left(f(x)\,|\,f'(x)\right)$-Diagramm eine Parabel mit dem Scheitelpunkt $\left(2{,}5\,\middle|\,\frac{5}{8} - c\right)$

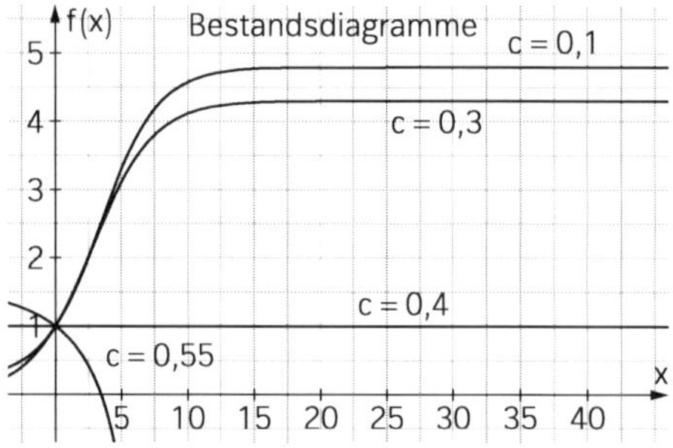

Da die x-Koordinate unabhängig von c ist, handelt es sich um in y-Richtung verschobene Parabeln. Für $c < 0{,}4$ stabilisiert sich der Bestand wie bei (1) bei kleiner werdenden Grenzbeständen, wenn die Fangmenge zunimmt. Wenn 400 Fische gefangen werden, bleibt Bestand konstant bei 1000 Fischen. Werden mehr als 400 Fische gefangen, nimmt der Bestand mit zunehmender Geschwindigkeit ab und stirbt schnell aus.
Fischfangempfehlung: Werden unabhängig vom vorhandenen Bestand bis zu 400 Fische gefangen, stabilisiert sich Bestand bei geringer werdender Gesamtmenge. Werden nur wenig mehr gefangen, kommt es zu einem schnellen Aussterben. Dieses Modell ist also sehr sensibel bezüglich einer Erhöhung der Fangmenge, bei minimaler Erhöhung kann die weitere Bestandsentwicklung einen qualitativ vollständig anderen Verlauf nehmen.

Vergleich und Bewertung der beiden Modelle:
Ein Fischfang nach (1) setzt die Kenntnis des jeweiligen Bestandes voraus, was nicht immer einfach zu erreichen ist, (2) ist dann sinnvoll, wenn die kritische Fangmenge bekannt ist.
An beiden Modellen kann man in vereinfachter Form unterschiedliche Fangmethoden verdeutlichen. In Selbstversorgungskulturen haben sich sinnvolle Fangmengen im Laufe der Zeit entwickelt und führen bei entsprechender Lebensweise zu einer stabilen Entwicklung. Erntet man unter Optimierungsgesichtspunkten (Weiterverkauf etc.), dann sollte man (1) wählen, was aber wiederum zusätzliches Wissen über die aktuellen Bestände voraussetzt.

203 7 *Wandertaube*

a)

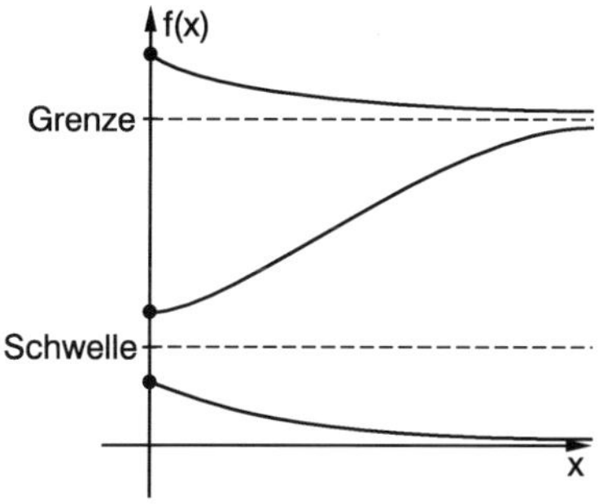

b) Die Nullstellen sind Grenzen bzw. Schwellenwerte.
f(x) = 3 Schwellenwert; f(x) = 10 Kapazitätsgrenze
(1) Änderung ist proportional zu Bestand und zu Differenz aus Schwellenwert und Bestand und zu Differenz aus Kapazitätsgrenze und Bestand.
(2) Änderung ist proportional zu Differenz aus Schwellenwert und Bestand und zu Differenz aus Kapazitätsgrenze und Bestand.
In (1) noch zusätzliche Proportionalität zu Bestand.

(A) (1)

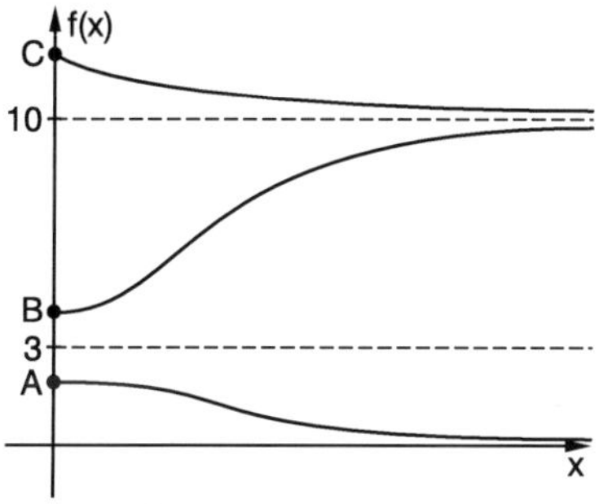

(2)

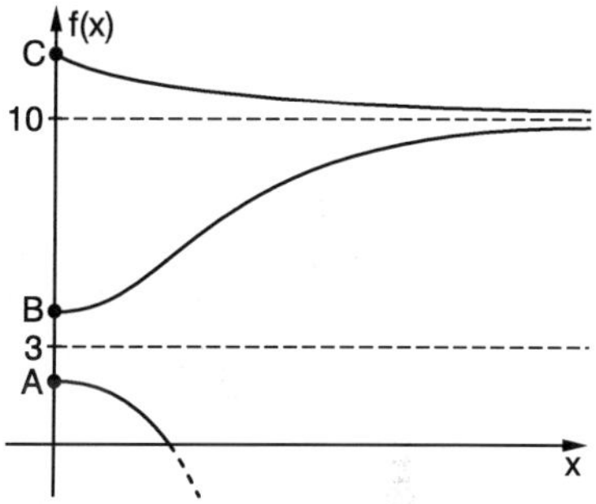

(B) (1)

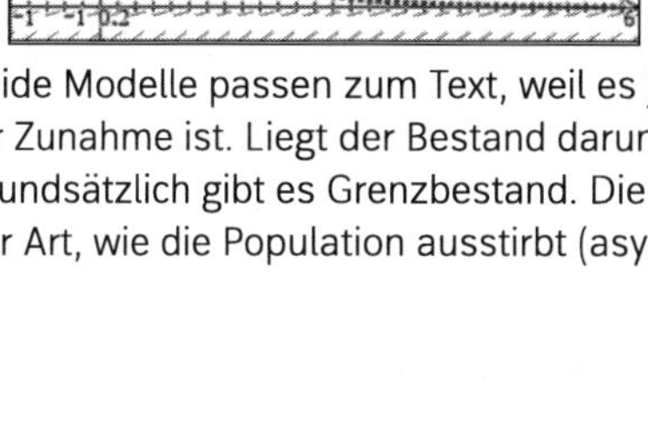

(2)

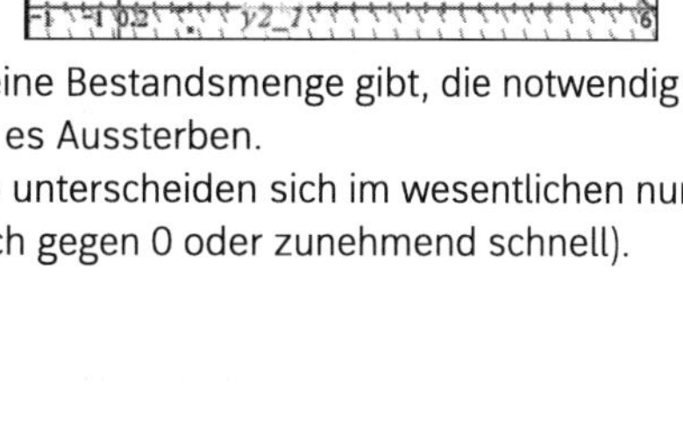

Beide Modelle passen zum Text, weil es jeweils eine Bestandsmenge gibt, die notwendig für Zunahme ist. Liegt der Bestand darunter, gibt es Aussterben.
Grundsätzlich gibt es Grenzbestand. Die Modelle unterscheiden sich im wesentlichen nur in der Art, wie die Population ausstirbt (asymptotisch gegen 0 oder zunehmend schnell).

203 8 *Neuartige Phasendiagramme*

(1) Aus den Extrempunkten im Phasendiagramm werden Wendepunkte im Bestandsdiagramm, hier also: Wendepunkte, wenn der Bestand 3 ist. $(5|0)$ im Phasendiagramm wird im Bestandsdiagramm zu Hochpunkt mit y-Koordinate 5.

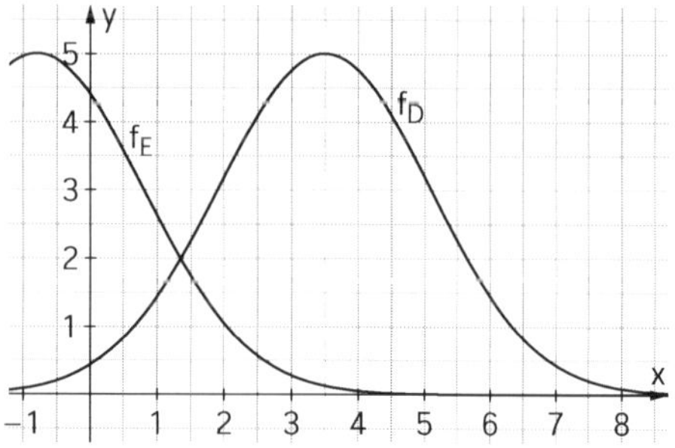

(2) Punkte des Kreise haben hier Koordinaten $(f(x)|f'(x))$. Für Punkte P des Kreises mit Radius 1 gilt auch $P(\cos(x)|\sin(x))$, wegen $(\sin(x))^2 + (\cos(x))^2 = 1$; Bestandsfunktion ist also $f(x) = \cos(x)$

Sichern und Vernetzen – Vermischte Aufgaben zu Kapitel 4

206 1 *DGL – Funktion– Anfangswert*

	DGL	Anfangswert	Funktion
a)	$f'(x) = 0{,}72 \cdot f(x)$	$f(0) = 150$	$f(x) = 150 \cdot e^{0{,}72x}$
b)	$f'(x) = 2{,}3$	$f(0) = A$	$f(x) = 2{,}3x + A$
c)	$f'(x) = 0{,}1 \cdot f(x) \cdot (20 - f(x))$	$f(0) = 3$	$f(x) = \frac{60}{3 + 17 \cdot e^{-2x}}$
d)	$f'(x) = -0{,}34 \cdot f(x)$	$f(0) = 200$	$f(x) = 200 \cdot e^{-0{,}34x}$
e)	$f'(x) = 2 \cdot \frac{f(x) - 10}{x}$	$f(0) = 10$	$f(x) = 0{,}25x^2 + 10$
f)	$f'(x) = -0{,}1 \cdot f(x) + 10$	$f(0) = 25$	$f(x) = -75 \cdot e^{-0{,}1x} + 100$
g)	$f'(x) = k \cdot f(x) - 30$	$f(0) = 5$	$f(x) = \left(5 - \frac{30}{k}\right) \cdot e^{kx} + \frac{30}{k}$
h)	$f'(x) = 0{,}35 \cdot f(x) \cdot (100 - f(x))$	$f(0) = 30$	$f(x) = \frac{3000}{30 + 70e^{-0{,}35x}}$
i)	$f'(x) = 0{,}06 \cdot (40 - f(x))$	$f(0) = A$	$f(x) = (A - 40) \cdot e^{-0{,}06x} + 40$

a)
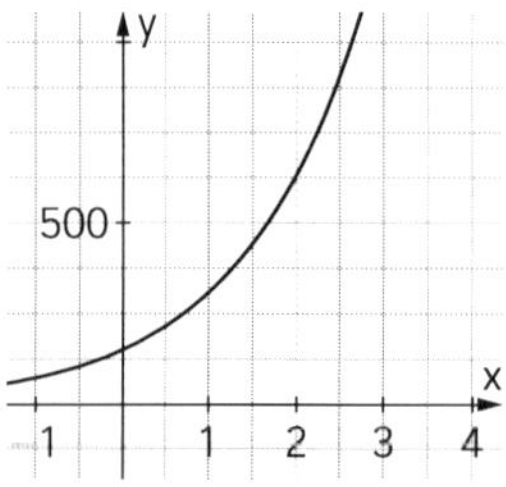

b)
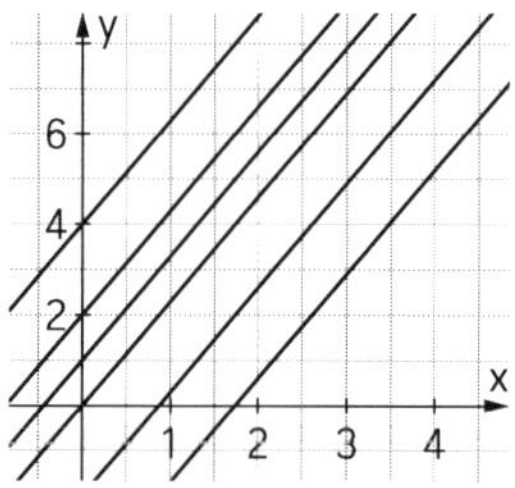

c)
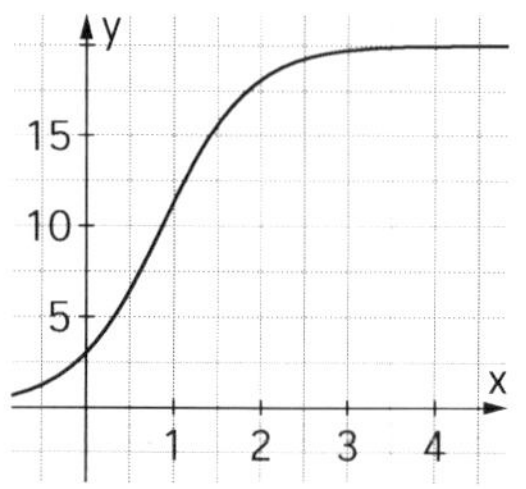

d)
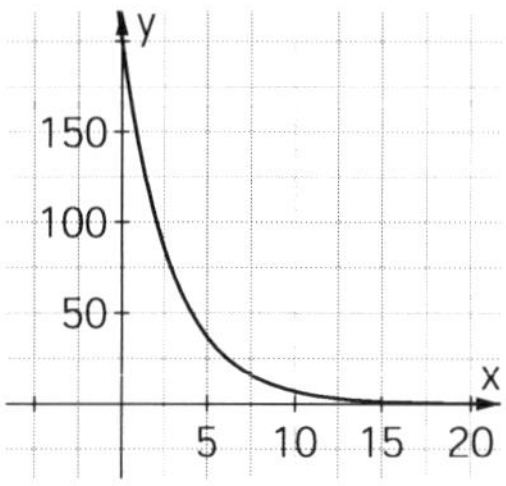

e)
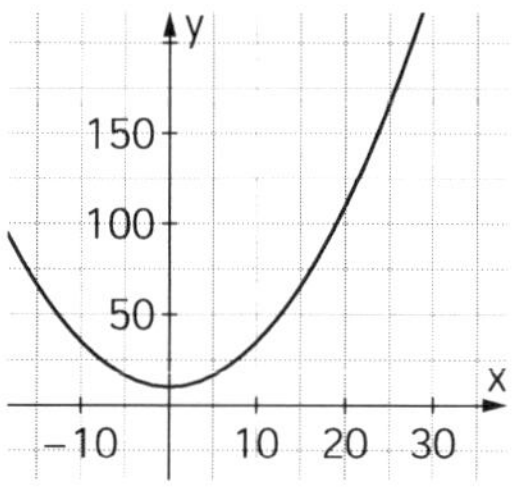

f)
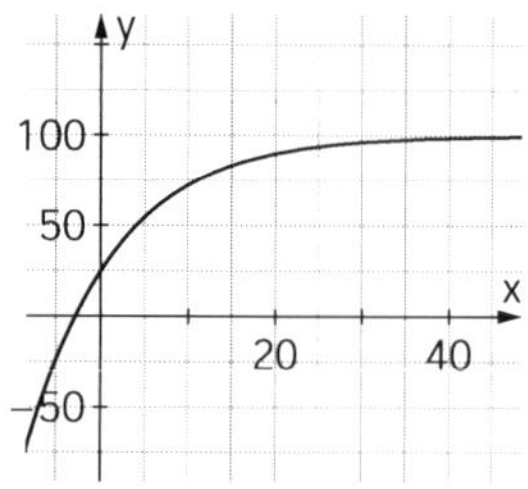

g)
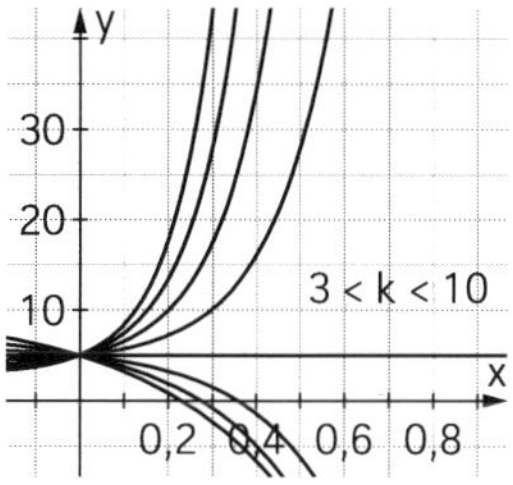

h)
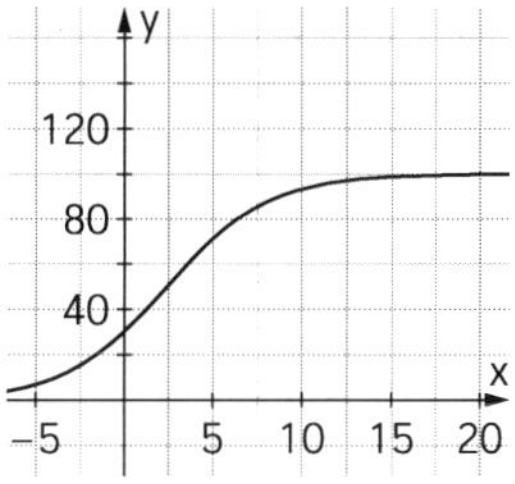

i)
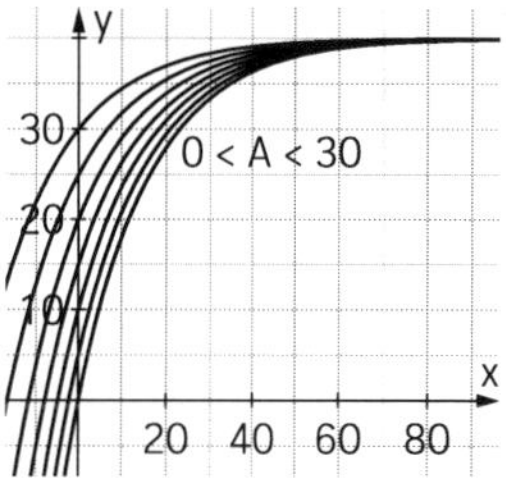

206

2 *Funktion – Graph – DGL*

$f_1 \rightarrow (B)$; $f_2 \rightarrow (C)$; $f_3 \rightarrow (A)$; $f_4 \rightarrow (D)$

$f_1'(x) = 0{,}4 \cdot (120 - f_1(x))$ $\quad f_2'(x) = 0{,}6 \cdot (100 - f_2(x))$

$f_3'(x) = 0{,}6 \cdot (90 - f_3(x))$ $\quad f_4'(x) = 0{,}3 \cdot (100 - f_4(x))$

3 *Parameter bestimmen*

a) $G = \frac{60 - 100\,e^{-0{,}06}}{1 - e^{-0{,}06}}$

$\approx -586{,}87$

b) Es gibt keine Funktion, die durch P verläuft, weil G = 50 und die Grenze nicht exakt erreicht werden kann.

c) $A = \frac{10}{3e + 2} \approx 0{,}98$

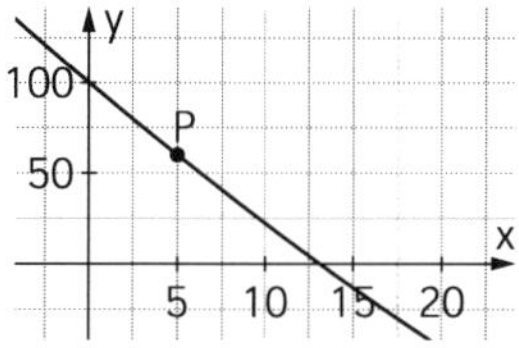

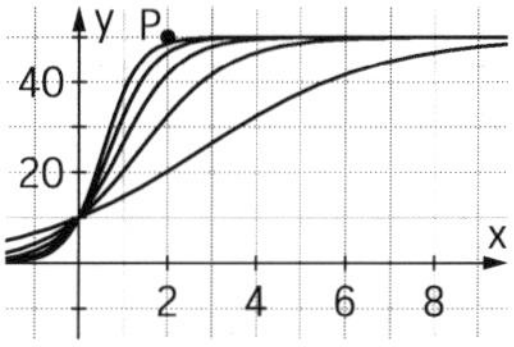

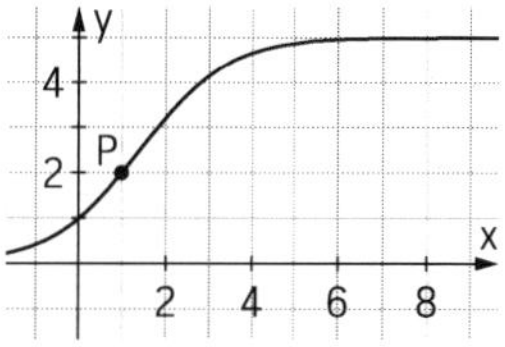

d) $50 = 6 \cdot e^{3k}$

$\Rightarrow k = \frac{1}{3} \ln\left(\frac{25}{5}\right) \approx 0{,}7068$

e) $a = -196 \cdot e^{0{,}005} \approx -206{,}05$

f) $A = 15 \cdot e^{0{,}03} \approx 15{,}46$

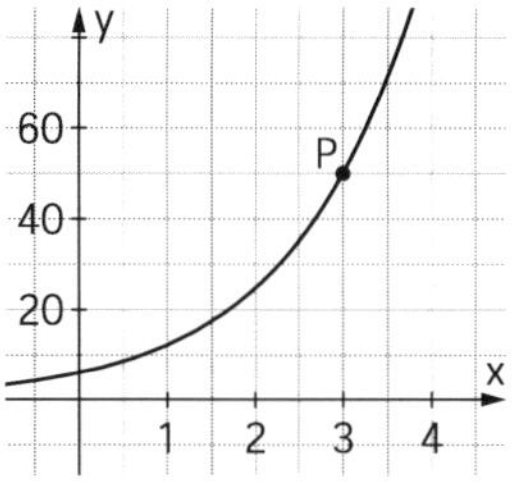

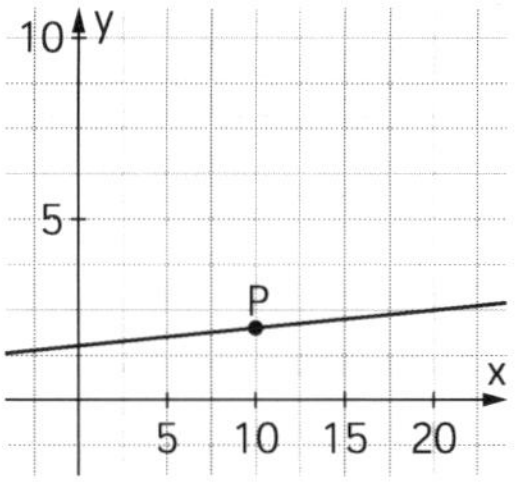

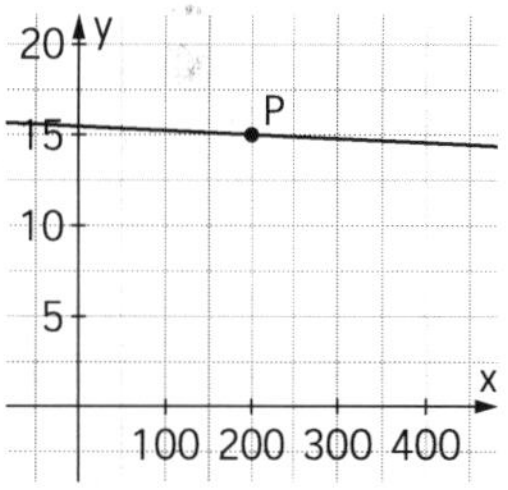

4 *Momentane Änderungsraten*

	Änderungsrate an der Stelle x = 5	**Momentane Änderungsrate gleich 1: f′(x) = 1**	**Verdopplung/Halbierung**
(1)	$f'(5) = 0{,}5 \cdot e^{5 \cdot 0{,}25} \approx 1{,}75$	$x = 4 \cdot \ln(2) \approx 2{,}77$	Verdopplung: $x = 4 \cdot \ln(2) \approx 2{,}77$
(2)	$f'(5) = -100 \cdot e^{5 \cdot (-0{,}1)} \approx 60{,}63$	keine Lösung, denn die Steigung ist überall negativ	Halbierung: $x = -10 \cdot \ln(0{,}5) \approx 6{,}93$
(3)	$f'(5) = -2{,}5 \cdot e^{5 \cdot (-0{,}05)} \approx -1{,}95$	keine Lösung, denn die Steigung ist überall negativ	Halbierung: $x = -20 \cdot \ln(0{,}3) \approx 24{,}08$

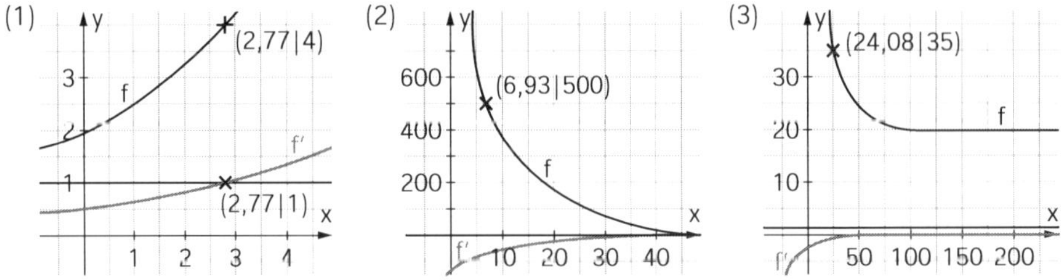

207

5 *Vom Text zur DGL zur Funktion*

a) $f'(x) = \ln(1{,}1) \cdot f(x) \approx 0{,}0953 \cdot f(x)$; $f(0) = 250$; $f(x) = 250 \cdot e^{\ln(1{,}1) \cdot x}$

b) $f'(x) = \ln(0{,}8) \cdot f(x) + 8000 \approx -0{,}2231 \cdot f(x) + 8000$

$f(0) = 52\,000$; $f(x) = \left(52\,000 + \frac{8000}{\ln(0{,}8)}\right) \cdot e^{\ln(0{,}8)x} - \frac{8000}{\ln(0{,}8)} \approx 16\,149 \cdot e^{-0{,}223fx} + 35\,851$

c) $f'(x) = -70$; $f(0) = 20\,000$; $f(x) = -70x + 20\,000$

d) Annahme: Gewichtsverlust exponentiell

$f'(x) = k \cdot (0{,}1 - f(x))$; $f(0) = 1$; $f(x) = 0{,}9 \cdot e^{-kx} + 0{,}1$

e) $f'(x) = \ln(1{,}15) \cdot f(x) - 400 \approx 0{,}1398 \cdot f(x) - 400$

$f(0) = 2000$; $f(x) = \left(2000 - \frac{400}{\ln(1{,}15)}\right) \cdot e^{\ln(1{,}15)x} + \frac{400}{\ln(1{,}15)} \approx -862 \cdot e^{0{,}1398x} + 2862$

6 *Wahr oder falsch?*

a) Wahr: In jeweils 12 Jahren zerfällt die Hälfte des jeweils noch vorhandenen Stoffes und 25 % ist die Hälfte von 50 %.

b) Wahr: Weil $A \cdot e^{kx} > 0$ für alle $A \neq 0$ gilt, verläuft keine exponentielle Wachstumsfunktion durch $(0|0)$. Für $A = 0$ erhält man den „pathologischen" Sonderfall $f(x) = 0$.

c) Wahr, da $(A - G)e^{-kx} + G \xrightarrow[x \to \infty]{} G$ für jedes $A \neq 0$. Ausnahme: Wenn $A = G$, dann ist $f(x) = G$ eine konstante Funktion.

d) Falsch: Das logistische Wachstum ist zu Beginn annähernd exponentielles und am Ende annähernd begrenztes Wachstum. Inhaltlich berücksichtigt dies die Tatsache, dass sich die Grenze natürlich von Beginn an auf die Populationsentwicklung auswirkt, es also kein anfänglich „freies" exponentielles Wachstum gibt.

Anmerkung: Eine genauere Klärung mithilfe der DGL und Phasendiagrammen ermöglicht 4.5 Aufgabe 4.

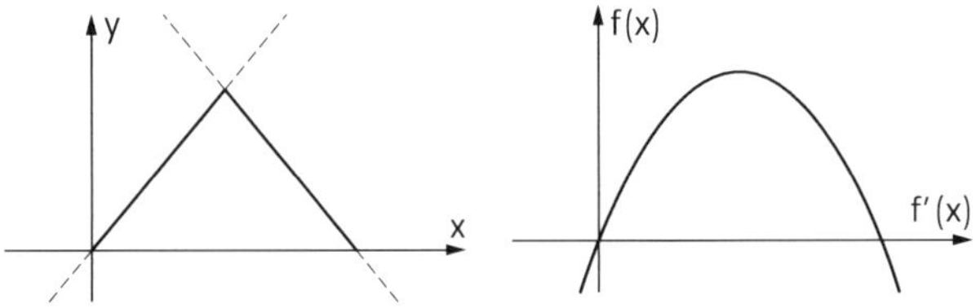

e) Wahr: Stammfunktionen sind Lösungen der DGL $f'(x) = g(x)$ bzw. in Notation der Integralrechnung formuliert: $F'(x) = f(x)$ Die Terme rechts vom „=" dürfen nur von „x" abhängen, nicht von y (bzw. f(x)).

f) Wahr: Für $G = 0$ und $k > 0$ erhält man $f(x) = (A - 0) \cdot e^{-kx} + 0 = A \cdot e^{-kx}$.

7 *Zwei Warum-Fragen*

a) Die Wachstumskonstante bezieht sich auf die momentane Änderung, die Prozentzahl der Änderung in einem Zeitabschnitt ist immer eine mittlere Änderung. (vgl. Basiswissen Seite 162)

b) Die Grenzbestände werden exakt erreicht, wenn e^{-kx} (begrenztes Wachstum) bzw. e^{-kGx} (logistisches Wachstum) genau 0 wären, weil dann $(A - G) \cdot 0 + G = G$ bzw. $\frac{A \cdot G}{A + (G - A) \cdot 0} = G$ sind. Beide Ausdrücke streben aber nur gegen 0, kommen der 0 beliebig nahe, haben den Grenzwert 0. Ausnahmefall: $A = G$; In diesem Fall handelt es sich aber um eine konstante Bestandsentwicklung, also kein begrenztes oder logistisches Wachstum mehr.

207 **8** *Vom Text zur DGL*

a) → (A) b) → (D) c) → (C) d) → (B)

9 *Füchse*

a) $f(x) = 250 \cdot e^{\frac{\ln(2)}{4}x}$

b) $f(1) \approx 297{,}30$; $f(3) \approx 420{,}45$

Nach einem Jahr sind es ca. 297 Füchse, nach drei Jahren 420 und nach acht Jahren1000 (Verdopplungszeit 4 Jahre).

c) $250 \cdot e^{\frac{\ln(2)}{4}x} = 10000 \Rightarrow x = \frac{4 \cdot \ln(40)}{\ln(2)} \approx 21{,}3$

Lösung auch grafisch-numerisch sinnvoll.

Nach ca. 21 Jahren werden es mehr als 10000 Füchse sein.

Modellkritik: Modell wohl kaum über einen so langen Zeitraum angemessen.

208 **10** *Zwei Datensätze*

Modellbeispiele für die Bestandsfunktion:

	Bestandsfunktion des Typs $g(x) = mx + b$	**Bestandsfunktion des Typs $f(x) = A \cdot e^{kx}$**
Tier A	$g_A(x) = 21{,}9x + 191{,}8$	$f_A(x) = 200 \cdot e^{0{,}2\ln\left(\frac{31}{20}\right)x}$
Tier B	$g_B(x) = -16{,}8x + 146{,}1$	$f_B(x) = 150 \cdot e^{0{,}2\ln\left(\frac{13}{30}\right)x}$

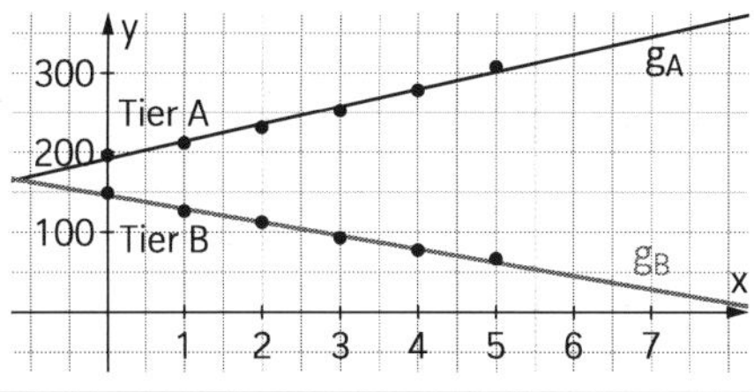

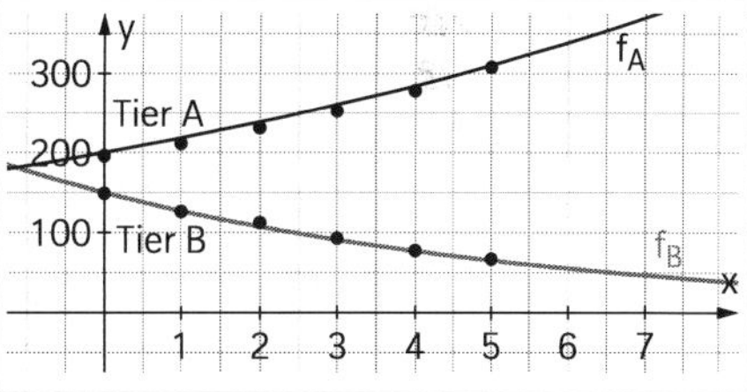

Prognose für den Bestand in den nächsten 5 Jahren ($x = 6, ..., 10$):

Zeit (in Jahren)	**6**	**7**	**8**	**9**	**10**
Tier A, Modell $g_A(x)$	323	345	367	389	411
Tier A, Modell $f_A(x)$	338	369	403	440	481
Tier B, Modell $g_B(x)$	45	29	12	−5	−22
Tier B, Modell $f_B(x)$	55	47	39	33	28

Vergleich der Modelle:

In den ersten 5 Jahren seit Beginn passen lineares und exponentielles Modell für beide Tierarten gut.

- Das lineare Modell $g(x) = mx + b$ geht von der Annahme aus, dass jedes Jahr der Bestand der Tierart A um ca. 22 Tiere pro Jahr steigt und der Bestand der Tierart B um ca. 17 Tiere pro Jahr sinkt. Dieses Modell kann berechtigt sein, wenn der Bestand von außen z. B. durch Quoten geregelt wird oder – wie bei Bienen – die Fortpflanzung nur Einzelnen (z. B. der Königin) vorbehalten ist. Das lineare Modell im Falle einer aussterbenden Population (wie hier bei $g_B(x)$) hat eine zeitlich begrenzte Gültigkeit: ein negativer Bestand ist bei einer Tierpopulation unrealistisch.
- Das exponentielle Modell $f(x) = A \cdot e^{k \cdot x}$ hat seine Berechtigung, wenn die Wachstumsgeschwindigkeit proportional zum Bestand ist (je mehr Tiere es gibt, desto höher ist die Geburtenrate, und umgekehrt); die Wachstumsgeschwindigkeit darf von keinen weiteren Faktoren abhängen. Dann gilt $f'(x) = k \cdot f(x)$ mit einer geeigneten Wachstumskonstanten k, wie das bei den Modellen $f_A(x)$ und $f_B(x)$ der Fall ist.

208

11 *Drei Modelle*

a) Die Graphen passen gut zu den Datenpunkten: Keines der Institute hat mit begrenztem Wachstum modelliert. Mögliche Begründung: Eine Ausgleichskurve des Datensatzes ist offensichtlich linksgekrümmt, der Graph bei einem begrenzten Wachstum wäre dagegen rechtsgekrümmt. Mit anderen Worten: Bei dem begrenzten Wachstum nimmt die Wachstumsgeschwindigkeit immer mehr ab, bei dem Datensatz nimmt sie dagegen zu.

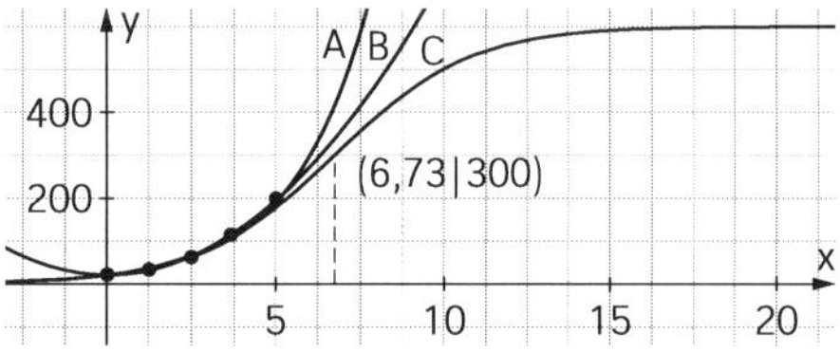

b)

Zeit x (in Jahren seit Beginn)	A(x)	B(x)	C(x)
8	732	468	392
10	1800	720	502

$A(x) = 800 \Rightarrow x \approx 8{,}2$
$B(x) = 800 \Rightarrow x \approx 10{,}6$
$C(x) = 800$ hat keine Lösung
Wann wird es 800 Fische im See geben?
Modell A: nach 8,2 Jahren seit Beginn
Modell B: nach 10,6 Jahren seit Beginn
Modell C: Nie, denn der Bestand wird die Obergrenze von 600 Fischen nicht überschreiten.
Die Modelle A und B wachsen für $x > 0$ monoton über alle Grenzen mit zunehmender Wachstumsgeschwindigkeit (Graphen linksgekrümmt). Es gibt also keinen Zeitpunkt stärksten Wachstums. Für Modell C gilt: Stärkstes Wachstum ist Extremstelle der Ableitung, also Nullstelle der zweiten Ableitung. $C''(x) = 0 \Rightarrow x = 2 \cdot \ln(29) \approx 6{,}7$.
Nach gut 6,5 Jahren wächst der Bestand nach C am stärksten.
Das Modell C ist realistischer, weil es die Begrenztheit des Raum- und Nahrungsmittelangebotes berücksichtigt. Die Modelle A und B gehen von der Annahme aus, dass die Ressourcen unbegrenzt sind.

12 *Ein Wachstumsmodell*

a) Langfristiges Verhalten:
Das langfristige Verhalten ist unabhängig von A.
(I) und (IV): Es gilt $f(x) \xrightarrow[x \to +\infty]{} +\infty$ wegen $e^{kx^2} \xrightarrow[x \to +\infty]{} +\infty$ für $k > 0$.
(II) und (III): Es gilt $f(x) \xrightarrow[x \to +\infty]{} 0$ wegen $e^{kx^2} \xrightarrow[x \to +\infty]{} 0$ für $k < 0$.

b)

Funktionenschar	Parameter A	Parameter k
(I)	$A = 1$	$0 < k \leq 1$
(II)	$A \in \{0{,}5;\ 1;\ 1{,}5;\ 2;\ 2{,}5;\ 3;\ 3{,}5\}$	$K \approx -5$
(III)	$A = 3$	$-1 \leq k < 0$
(IV)	$A \in \{0{,}5;1;1{,}5;2;2{,}5;3;3{,}5\}$	$k \approx 0{,}2$

Begründung für die Zuordnung:
Die Werte von A sind die Funktionswerte für $x = 0$ wegen $f(0) = A \cdot e^{k \cdot 0^2} = A$.
Der Wertebereich von k lässt sich mithilfe der Überlegung abschätzen, dass der Bestand für $k > 0$ wächst und für $k < 0$ sinkt. Etwas genauer kann man k mithilfe des Bestandswertes an der Stelle $x = 1$ bestimmen: Aus $f(1) = A \cdot e^{k \cdot 1^2} = A \cdot e^k$ folgt $k = \ln\left(\frac{f(1)}{A}\right)$.
Beschreibung der Wachstumsarten:
(I) Der Anfangsbestand ist jeweils gleich, das Wachstum ist jeweils unterschiedlich schnell. Die Unterschiede der Graphen nehmen zu.
(II) Der Anfangsbestand ist jeweils unterschiedlich. Die Abnahme wird für $x \in [0;\ 1]$ immer schneller und verlangsamt sich für $x > 1$. Die Unterschiede der Graphen werden immer geringer.
(III) Der Anfangsbestand ist jeweils gleich. Wo der jeweilige Wendepunkt liegt, hängt vom Wert k ab. Die Abnahmegeschwindigkeit nimmt bis zu einem (vom k abhängigen) Zeitpunkt zu und danach immer mehr ab. Die Unterschiede der Graphen nehmen zuerst zu und danach langsam ab.
(IV) Der Anfangsbestand ist jeweils unterschiedlich. Die Wachstumsgeschwindigkeit steigt.

c) Die stärkste Abnahme $(k < 0)$ liegt zu dem Zeitpunkt $x_W = \sqrt{-\frac{1}{2k}}$ vor.
Begründung:
Es gilt $f''(x_W) = 0$ und $f''(x)$ wechselt an der Stelle x_W das Vorzeichen von – nach +.
Zu diesem Zeitpunkt beträgt der Bestand $f(x) = A \cdot e^{-0{,}5} \approx 0{,}6 \cdot A$
Der Bestand nimmt immer schneller ab, bis er auf ca. 0,6 des Anfangswertes gesunken ist, und danach nimmt er immer langsamer ab.

d) $f'(x) = 2kx \cdot A \cdot e^{kx^2} = 2kx \cdot f(x) = k^* \cdot x \cdot f(x)$
Anmerkung: „k" in f und „k" in f′ sind nicht dieselbe Konstante.
Die Änderung ist proportional zur Zeit und zum Bestand.
Beim exponentiellen Wachstum tritt nur zum Bestand proportionale Änderung auf, beim logistischen Wachstum liegt Proportionalität zum Restbestand statt zur Zeit vor.

e) Exponentielles Wachstum: $\frac{f'(x)}{f(x)} = \frac{k \cdot A \cdot e^{kx}}{A \cdot e^{kx}} = k \Rightarrow (1)$
Modell hier: $\frac{f'(x)}{f(x)} = \frac{2k \cdot x \cdot A \cdot e^{kx^2}}{A \cdot e^{kx^2}} = 2k \cdot x \Rightarrow (2)$
Die Wachstumsintensität des hier behandelten Modells nimmt linear mit der Zeit zu, exponentielles Wachstum hat eine konstante Wachstumsintensität. Dies folgt unmittelbar aus der cahrakteristischen DGL $f'(x) = k \cdot f(x)$. Die Intensität des Modells hier ist also langfristig wesentlich größer als beim exponentiellen Wachstum. Für $k < 0$ erhält man Entsprechendes im negativen Bereich.

209 **13** *Algenwachstum*

a) $A(0|200)$; $B(7|350)$

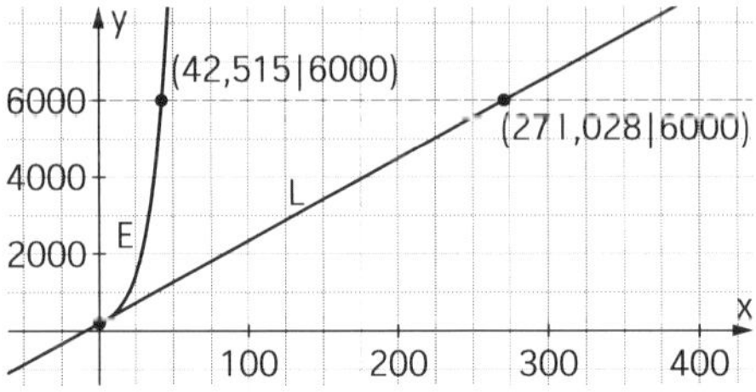

(1) $a = \frac{150}{7} \approx 21{,}4$; $b = 200$:
$L(t) = 21{,}4\,t + 200$

(2) $A = 200$; $k = \frac{1}{7}\ln\left(\frac{7}{4}\right) \approx 0{,}08$:
$E(t) = 200 \cdot e^{0{,}08\,t}$

Mit (1) wäre der See nach ca. 271 Wochen (ca. 5,2 Jahren) vollständig bedeckt, mit (2) nach 42,5 Wochen.
Beide Modelle sind ungeeignet, weil es nur Messwerte zum Anfangsstadium des Wachstumsprozesses gibt. Außerdem sind zwei Messdaten viel zu wenig, um aussagekräftige Modelle zu entwickeln. Hier passen beide Modelle sogar exakt. Gute Passung mit den Messwerten kann hier nicht als Kriterium mit herangezogen werden.

b) $G_1(0) = G_2(0) = 200$, $G_1(7) \approx 358$, $G_2(7) \approx 350$

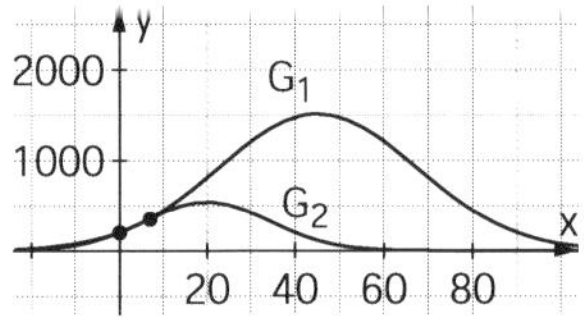

$G_1'(t) = (18 - 0{,}4\,t)\,e^{0{,}09t - 0{,}001\,t^2}$

$\Rightarrow$ HP$\left(45\middle|200\,e^{\frac{81}{40}}\right) \approx (45|1515{,}2)$

$G_2'(t) = (20 - t)\,e^{0{,}1\,t - 0{,}0025\,t^2}$

$\Rightarrow$ HP$(20|200\,e) \approx (20|543{,}7)$

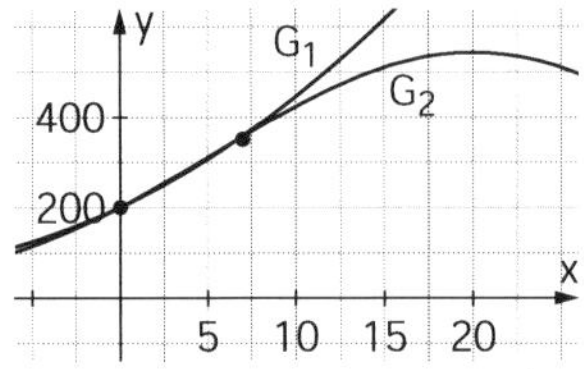

G_1: Fläche wird nach ca. 45 Wochen ungefähr ihren Maximalwert von ca. 1500 m² erreichen.
G_2: Fläche wird nach ca. 20 Wochen ungefähr ihren Maximalwert von ca. 550 m² erreichen.
Man müsste noch einen Messwert haben (z. B. nach 10 Wochen). Wenn der noch zu beiden Kurven passt, könnte man untersuchen, ob die mittlere Zunahme in [7; 10] kleiner oder größer als in [0; 7] ist. Dies lässt Rückschlüsse auf die erste Wendestelle zu, die bei G_1 bei $x \approx 22$ liegt, aber bei G_2 schon bei $x = 5$.

c) (1) und (2) nach Definition des linearen und exponentiellen Wachstums.
(3) $G_1'(t) = (0{,}09 - 0{,}002\,t) \cdot e^{0{,}09\,t - 0{,}001\,r^2} = (0{,}09 - 0{,}002\,t) \cdot G_1(t)$
(1) Die Änderung ist konstant.
(2) Die Änderung ist proportional zum Bestand.
(3) Die Änderung ist ein Vielfaches k des Bestandes, wobei sich der Faktor k aus einer konstanten (Geburten-)rate 0,1 und einer zur Zeit t proportionalen (Sterbe-)rate zusammensetzt.

14 *Fichtenwachstum*

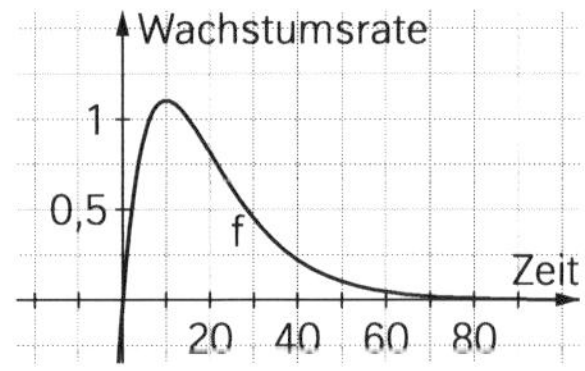

a) Die Fichte wächst zunächst mit zunehmender Geschwindigkeit. Nach ca. 10 Jahren nimmt die Wachstumsgeschwindigkeit ab, bis ca. 25 Jahre zunehmend, dann abnehmend, ehe nach ca. 70 Jahren kein Wachstum mehr stattfindet.
$f(30) \approx 0{,}4481$: Eine 30 Jahre alte Fichte wächst ungefähr 45 cm pro Jahr.

b) $f'(x) = (0{,}3 - 0{,}03\,x) \cdot e^{-0{,}1\,x} = 0 \Rightarrow x = 10$; $f(10) \approx 1{,}1036$
Die Fichte wächst nach 10 Jahren am stärksten mit ca. 1,1 m pro Jahr.

c) Die Höhe erhält man durch Aufsummieren der Änderungen (Rekonstruktion des Bestandes aus Änderung), also durch Integrieren. Geometrisch bedeutet dies die Flächenbestimmung unter f. Da das farbige Rechteck augenscheinlich größer ist als die Fläche unter der Kurve in [0; 20], ist die Fichte nach 20 Jahren noch keine 20 Meter hoch.

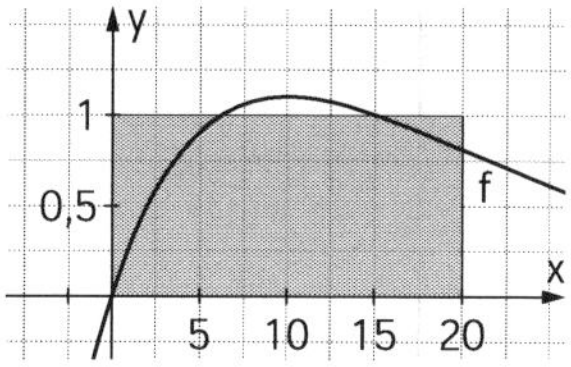

$F'(x) = -3\,(e^{-0,1x} + (-0,1)(x+10)\,e^{-0,1x}) = -3\,(e^{-0,1x} - 0,1x\,e^{-0,1x} - e^{-0,1x})$

$= 0,3x\,e^{-0,1x} = f(x)$ Wegen der Anfangshöhe gilt

$F(0) = 1 = -3 \cdot 10 \cdot 1 + c \;\Rightarrow\; c = 31$

$F(x) = -3\,(x+10)\,e^{-0,1x} + 31$

$F(20) \approx 18,82$: Nach 20 Jahren ist die Fichte ca. 19 m hoch.

$F(x) \xrightarrow[x \to \infty]{} 31$: Die Fichte wird ca. 31 m hoch.

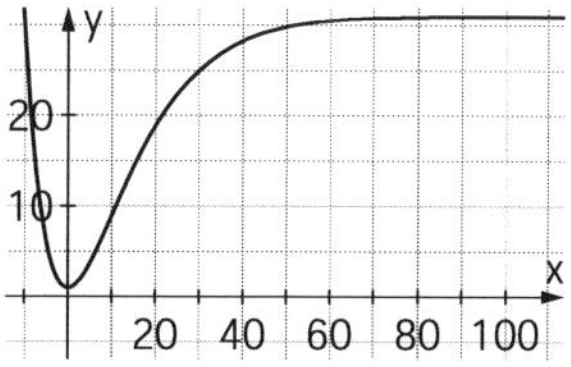

Graph passt zur Beschreibung (erst zunehmendes Wachstum, dann abnehmendes).

d) Schnitt von F mit $y = 8$: Grafisch-numerische Lösung: $x \approx 9,16$ Nach ca. 9 Jahren müssen die Fichten gefällt werden.

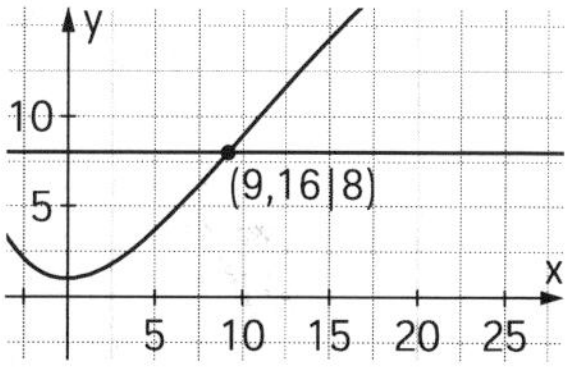

e)

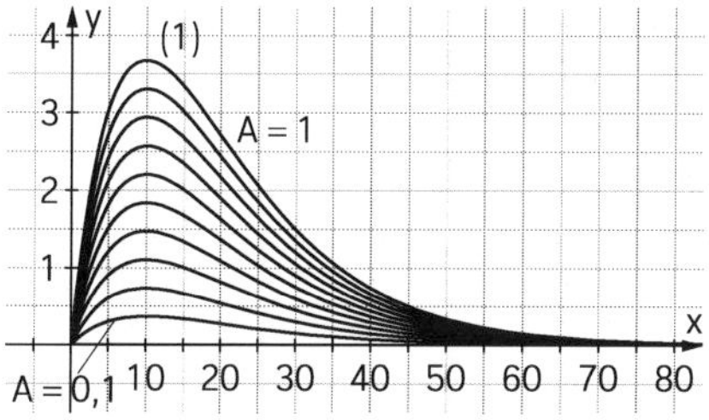

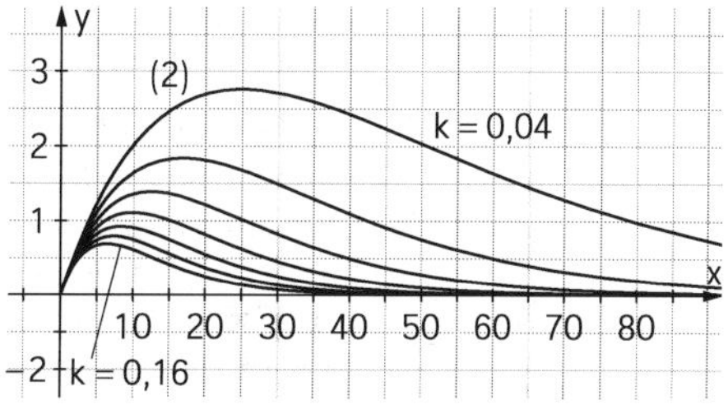

(1) Je größer A desto stärkeres Wachstum, Maximum der Wachstumsgeschwindigkeit wird vermutlich immer zur selben Zeit nach 10 Jahren erreicht. Nach 50 Jahren unabhängig von A annähernd maximale Höhe, kein nennenswertes Wachstum mehr.

(2) Annähernd gleich starkes Wachstum zu Beginn (ca. 2 Jahre). Je kleiner k desto stärker die Wachstumsrate, Maximum wird auch wesentlich später erreicht, Wachstumsphase bei kleinem k wesentlich länger als bei großem k.

A: Maß für Nährstoffreichtum und äußere Bedingungen (Temperatur, Licht, ...) ein- und derselben Art.

k: Unterschiedliche Bäume, da ersichtlich Höhe (Integral unter Kurve) sehr unterschiedlich, aber auch Düngung etc.

■

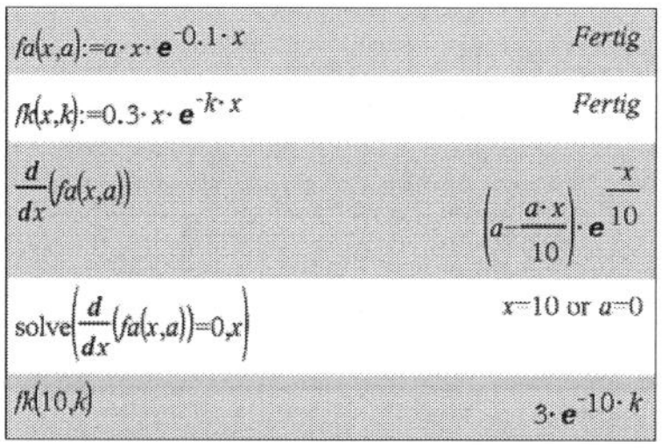

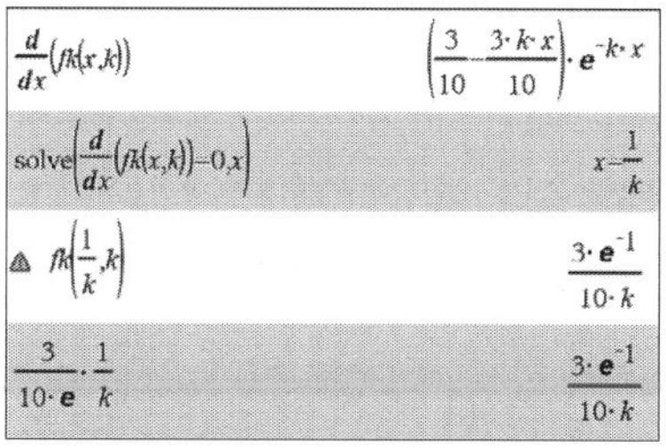

Die Hochpunkte bei (1) liegen auf Parallele zur y-Achse bei $x = 10$. Dies entspricht der obigen Vermutung. Begründung: A ist Streckung in y-Richtung. Die Ortskurve der Hochpunkte von (2) $(y \approx 0,11\,x)$ zeigt, dass der Zeitpunkt maximaler Wachstumsrate proportional mit der Zeit zunimmt. Nachweis der Ortskurve in den letzten beiden Zeilen des rechten Screenshots.